GRAMMAIRE GRECQUE.

ENSEIGNEMENT DES LANGUES FRANÇAISE, LATINE ET GRECQUE
D'après les mêmes principes par MM. Lemaire et Burnouf.

Premiers Principes de Grammaire française, *à l'usage des classes élémentaires*, par *M. Auguste Lemaire*, ancien professeur au lycée Louis-le-Grand; 1 vol. in-12, de 110 pages.

Exercices élémentaires sur les Premiers Principes de Grammaire de M. Auguste Lemaire, par un ancien professeur de l'Université; 1 vol. in-12.

Éléments de la Grammaire française, *à l'usage des classes de grammaire*, par *M. Auguste Lemaire*; ouvrage approuvé pour les écoles publiques; 1 vol. in-12, de 240 pages.

Exercices français sur les Éléments de Grammaire de M. Auguste Lemaire, par un ancien professeur de l'Université; 1 vol. in-12.

Grammaire complète de la Langue française, *à l'usage des classes des lettres*, par *M. Auguste Lemaire*; ouvrage approuvé pour les écoles publiques; 1 fort vol. in-8°, de 440 pages.

Premiers Principes de la Grammaire latine, *à l'usage des classes élémentaires*, extraits de la Méthode pour étudier la Langue latine, approuvée pour les lycées et collèges, par *J. L. Burnouf*, ancien inspecteur général de l'Université; in-8°.

Méthode pour étudier la Langue latine, *à l'usage des classes de grammaire et des lettres*, par *J. L. Burnouf*; ouvrage approuvé pour les lycées et collèges; 1 vol. in-8°.

Exercices élémentaires sur l'Abrégé de la Grammaire latine de J. L. Burnouf; Petit Cours de Thèmes et de Versions, accompagnés de vocabulaires, par *M. L. Frémont*: sixième édition; in-8°.

Cours complet et gradué de Thèmes latins, adapté à la Grammaire latine de J. L. Burnouf, par *M. Geoffroy*; in-8°.

Première Partie, contenant des Thèmes gradués sur les déclinaisons, les conjugaisons, le supplément et la syntaxe générale: troisième édition; in-8°.

Deuxième Partie, contenant des Thèmes gradués sur la syntaxe particulière et les gallicismes: troisième édition; in-8°.

Cours complet et gradué de Versions latines, adapté à la Grammaire latine de J. L. Burnouf, par *M. Vérien*; in-8°.

Première et Deuxième Parties, contenant une série graduée de Versions extraites d'auteurs de bonne latinité: deuxième édition; in-8°.

Premiers Principes de la Grammaire grecque, *à l'usage des classes élémentaires*, extraits de la Méthode pour étudier la Langue grecque, approuvée pour les lycées et collèges, par *J. L. Burnouf*; in-8°.

Méthode pour étudier la Langue grecque, *à l'usage des classes de grammaire et des lettres*, par *J. L. Burnouf*; ouvrage approuvé pour les lycées et collèges; 1 vol. in-8°.

Exercices élémentaires sur l'Abrégé de la Grammaire grecque de J. L. Burnouf, Petit Cours de Thèmes et de Versions, accompagnés de lexiques, par *M. Lemeignan*; in-8°.

Cours complet et gradué de Thèmes grecs, adapté à la Grammaire grecque de J. L. Burnouf, par *M. Longueville*; in-8°.

Première Partie, contenant des Thèmes gradués sur les déclinaisons et les conjugaisons, suivis d'Exercices généraux de traduction et d'un lexique: dixième édition; 1 vol. in-8°.

Deuxième Partie, contenant des Thèmes sur la syntaxe générale, suivis d'Exercices généraux de traduction et d'un lexique: cinquième édition; in-8°.

Troisième Partie, contenant des Thèmes sur la syntaxe particulière et les dialectes, suivis d'Exercices généraux de traduction et d'un lexique; in-8°.

Cours complet et gradué de Versions grecques, adapté à la Grammaire grecque de J. L. Burnouf, par *M. A. Bedel*; in-8°.

Première et Deuxième Parties, contenant des Versions graduées sur les déclinaisons et les conjugaisons, et la syntaxe générale, avec lexique: cinquième édition; in-8°.

Troisième Partie, contenant le complément des Versions sur la syntaxe générale et particulière, avec lexique; in-8°.

MÉTHODE

POUR

ÉTUDIER LA LANGUE GRECQUE

Par J. L. BURNOUF

MEMBRE DE L'INSTITUT
PROFESSEUR D'ÉLOQUENCE AU COLLÈGE DE FRANCE
INSPECTEUR GÉNÉRAL DES ÉTUDES.

Ouvrage approuvé pour les écoles publiques
par décision de S. Exc. M. le Ministre de l'Instruction publique.

Cartonné, 3 fr.

PARIS.

IMPRIMERIE ET LIBRAIRIE CLASSIQUES

De JULES DELALAIN et FILS

RUE DES ÉCOLES, VIS-A-VIS DE LA SORBONNE.

Tirage de 1865.

AVIS DE L'ÉDITEUR.

Depuis sa première publication en novembre 1813, cette Grammaire a été constamment améliorée. Il suffit, pour s'en convaincre, de comparer entre elles les diverses éditions.

Un grand nombre de changements utiles ont été faits successivement, mais toujours avec une prudente réserve. L'auteur a tenu avant tout à ce que son livre restât simple et facile. Les subtilités grammaticales et les curiosités philologiques doivent être bannies des ouvrages destinés à l'enseignement de la jeunesse.

Tous les renvois qui se trouvent dans ce livre sont faits par paragraphes et non par pages. Malgré les modifications introduites çà et là, les chiffres des paragraphes sont restés les mêmes dans toutes les éditions.

Les planches de cette Grammaire sont conservées en caractères mobiles; ce qui procure le moyen d'arriver à une correction aussi parfaite qu'il est possible, avantage très-précieux pour ces sortes d'ouvrages.

AVERTISSEMENT DE L'ÉDITION D'OCTOBRE 1859.

M. le Ministre de l'instruction publique a nommé, en 1858, une commission chargée d'indiquer dans un rapport les changements qu'il pourrait être utile d'introduire dans la Grammaire grecque de M. Burnouf. Ce rapport a été communiqué aux héritiers de M. Burnouf, et c'est sur les indications qu'il contient que la présente édition a été revue.

Tout contrefacteur ou débitant de contrefaçons de cet Ouvrage sera poursuivi conformément aux lois; tous les exemplaires sont revêtus de notre griffe.

Paris, JULES DELALAIN, Imprimeur de l'Université.

PRÉFACE
DE LA PREMIÈRE ÉDITION.

Nous ne ferons point ici l'éloge de la langue grecque ; tout le monde convient que c'est la plus belle que les hommes aient jamais parlée, et l'université de France la regarde avec raison comme un des objets les plus importants de son enseignement. Tout ce qui peut en faciliter l'étude est donc un service rendu à l'instruction publique, et ne peut manquer d'être accueilli favorablement par les maîtres et par les disciples. C'est cette idée qui m'enhardit à publier cette nouvelle Grammaire grecque. Les principes en ont paru simples et clairs aux élèves de l'école normale, devant qui j'ai l'honneur de les développer tous les jours dans leurs intéressantes conférences. M. le conseiller titulaire Gueroult, chef de cette école, qui honore souvent de sa présence nos studieux exercices, a bien voulu me prodiguer les encouragements et me donner les conseils les plus utiles. C'est sur le plan de sa Méthode latine et de sa Méthode française que j'ai composé cette Méthode grecque. J'ai tâché d'appliquer à la langue de Démosthène ces excellents principes de grammaire générale qu'il a le premier rendus classiques, et qui éclairent le jugement de l'élève, en même temps qu'on exerce sa mémoire. Enfin, dans tout ce qui tient au raisonnement, je l'ai fidèlement suivi, autant du moins que peut le faire un de ses anciens élèves, qui s'estime heureux de recevoir encore de ses leçons. Si le public ne juge pas mon travail trop indigne d'être mis à côté du sien, cette Grammaire sera comme le complément de ses deux Grammaires, et toutes trois ensemble formeront un corps complet de doctrine pour les trois langues qui font la base de l'enseignement dans nos lycées.

Quant à ce qui regarde proprement la langue grecque, je n'ai pas non plus manqué de modèles. La Méthode de Port-Royal, qui contient tant de principes féconds et lumineux, tant de développements clairs et instructifs, cette Méthode, généralement estimée et consultée en Angleterre, tandis qu'en France elle est négligée et presque mise en oubli, m'a fourni, quoique ancienne, une foule de vues neuves et de vérités trop peu connues.

Mais si les illustres grammairiens de Port-Royal ont porté la science aussi loin qu'elle pouvait aller de leur temps, les bornes en ont été reculées depuis par les doctes recherches de Fischer, par les judicieuses remarques de M. Hermann et de M. Coray sur la nécessité de réformer le système de la grammaire grecque, enfin par les excellentes Grammaires grecques-allemandes de MM. Buttmann et Matthiæ. J'ai lu et mis à contribution tous ces ouvrages, et, si je n'ai pas pris tout ce qui s'y trouve de bon, au moins je déclare expressément ici n'avoir pas avancé une seule proposition dont je n'aie pour garant quelqu'un de ces auteurs, et souvent tous à la fois.

Ainsi, par exemple, si l'on trouve dans ma Grammaire que le futur second actif et moyen est très-peu usité, on le trouve aussi dans Port-Royal en divers endroits; on le trouve dans M. Matthiæ; on le trouve dans M. Buttmann, sixième édition, Berlin, 1811, p. 189. Ce savant dit positivement que le petit nombre de futurs seconds actifs et moyens qui se rencontrent dans les auteurs, peuvent être regardés comme des irrégularités, ou se rapporter au futur attique. Le même Buttmann, p. 195, dit que tout verbe où l'aoriste second ne différerait pas de l'imparfait, ou n'en différerait que par la quantité de la pénultième, ne peut avoir d'aoriste second, du moins à l'actif. On ne sera donc pas surpris que je n'en donne point à λύω.

On ne sera pas étonné non plus de n'en point voir à φιλέω ni à τιμάω, quand on aura lu dans M. Hermann (*de emendanda Ratione grammaticæ græcæ*, p. 246) : *Verba contracta nullum neque activi, neque passivi, neque medii aoristum secundum habent.... Scilicet hoc minus indigebant hæc verba aoristo secundo, quod primum habent omnia, etc.*

Et quant au parfait moyen, pouvais-je en donner à ces verbes après avoir lu dans le même Hermann, p. 235 : *Quare perabsurdo errore vulgo in grammaticis leguntur perfecta* πεφίλα, τέτιμα, *quæ, si exstarent, certe* πεφιλέα, τετίμαα *esse deberent?*

A l'égard des parfaits moyens en général, si quelqu'un s'étonnait de les voir détachés du tableau de la voix moyenne, je lui citerais MM. Hermann, Matthiæ et Buttmann, qui les rangent dans la voix active sous le nom de parfait second, et qui tous observent que cette forme n'a rien de commun avec le verbe réfléchi ou pronominal; je lui citerais en particulier cette phrase de M. Buttmann, p. 172 : « Tout ce qui, dans les grammaires ordinaires, est donné « comme *moyen*, de plus que le futur et l'aoriste, est une pure « invention des grammairiens. » Enfin, et pour ces aoristes, et pour ces parfaits, j'invoquerais l'autorité de M. Boissonade, dont l'opinion est d'un si grand poids dans cette matière; et je ne serais pas démenti par M. Gail, dont les savantes observations ont détruit tant de préjugés, et commencé en France la réforme de la grammaire grecque.

La doctrine que je professe n'est donc point nouvelle. Elle se trouve tout entière dans Port-Royal, pour qui sait l'y voir; elle est vulgaire en Allemagne, et elle y fait la base de l'enseignement. Pourquoi donc ne l'adopterions-nous pas, surtout si, à l'avantage d'être fondée sur l'expérience et la vérité, elle joint celui de faciliter beaucoup l'étude de la langue?

Or quel soulagement pour les élèves, de n'avoir à retenir dans le verbe que six temps au lieu de huit, et de voir le *moyen* tout entier dans un tableau de deux demi-pages! Ils n'en connaîtront pas moins l'aoriste second et le parfait appelé *moyen*; mais ils ne verront ces formes que dans les verbes qui les ont effectivement. A quoi bon forgerais-je des barbarismes, pour le plaisir d'en surcharger la mémoire de l'enfant? Pourquoi l'induirais-je en erreur, en lui faisant croire que tous les verbes grecs ont huit temps; en lui faisant supposer peut-être que les deux aoristes ont chacun leur signification distincte? Car les erreurs se tiennent comme les anneaux d'une chaîne; l'une attire l'autre, et celle-ci en amène une troisième. Une dénomination fausse est produite par une idée fausse, et elle en produit de nouvelles à son tour. Parce qu'on a dit *aoriste second*, au lieu de dire *seconde forme d'aoriste*, les anciens grammairiens, même les plus habiles, ont cherché dans la signification de ces deux formes une différence chimérique. Ils n'ont pas vu ce qu'une lecture attentive des auteurs prouve jusqu'à l'évidence, que, quand un aoriste est usité dans tel ou tel verbe, l'autre ne l'est pas, ou ne l'est au moins que dans un autre dialecte.

Quant au temps appelé jusqu'ici *paulo-post-futur*, ceux qui ne seraient pas convaincus que c'est un futur antérieur, trouveront des preuves sans réplique dans M. Hermann, pages 248 et 249. Ce n'est pas que cette forme ne s'emploie quelquefois pour le futur simple : est-il étonnant de voir dans des objets si rapprochés les nuances se confondre? Mais je ne saurais rien imaginer qui justifie la dénomination de *paulo-post-futur*.

J'ai débarrassé la conjugaison contracte du subjonctif et de l'optatif parfait passif πεφίλωμαι, πεφιλήμην, etc., et j'ai rejeté dans le Supplément ces formes à peu près inusitées. J'ai donné à ἵστημι pour parfait ἕστηκα, et pour subjonctif ἱστῶ, ἱστῆς, ἱστῆ, parce que ce sont les formes véritables; j'avertis pourtant des formes ἕσταχα, et ἱστῶ, ἱστᾶς, que l'on trouve dans nos autres grammaires. Ici, comme partout ailleurs, je suis pour guides l'expérience et les auteurs que j'ai déjà cités. Comme eux, je réduis les déclinaisons à trois. Depuis Port-Royal, tout le monde dit que ce changement est nécessaire, et personne ne le fait; j'ai trouvé plus simple de le faire et de ne pas le dire.

Le tableau des verbes irréguliers, où j'ai fait entrer tous ceux qui sont es plus importants et les plus difficiles, est extrait de MM. Buttmann et Matthiæ.

A l'exception des primitifs écrits en capitales, on n'y trouvera que des formes réellement usitées, et qu'on pourrait employer avec confiance si l'on écrivait en grec[1]. J'ai divisé ces verbes en plu-

---

[1]. Ailleurs, j'ai mis entre parenthèses les formes qui, bien que régulières, ne doivent pas être employées dans les thèmes grecs.

sieurs classes, de manière que ce tableau peut non-seulement être consulté, mais encore être lu, expliqué, et même appris par cœur.

Je ne pousserai pas plus loin cet examen; les hellénistes sauront bien, sans que je le dise, où j'ai puisé tout ce que j'avance; et quant aux élèves, c'est pour eux une chose fort indifférente. Aussi me suis-je imposé la loi de ne pas citer, et l'on ne trouvera pas, dans tout l'ouvrage, un nom propre de grammairien. Qu'il me suffise d'affirmer que, dans tout ce qui tient à l'usage particulier de la langue grecque, je n'ai pas écrit un seul mot pour lequel je n'aie autorité. J'excepte les fautes, dont je me reconnais moins exempt que personne, et *quas humana parum cavit natura*. Malgré le soin avec lequel les épreuves ont été revues, il s'en trouvera sans doute quelques-unes, surtout dans les accents; ceux qui savent combien une correction parfaite en ce genre est difficile à obtenir, les excuseront facilement. J'ai mis partout, sur les finales, l'aigu et non le grave, parce qu'un mot grec cité ne se lie point dans la prononciation avec le mot français qui le suit. C'est la méthode allemande : c'était celle de Port-Royal. Au reste, je mets les accents, mais sans en dire un mot aux commençants. La Syntaxe est suivie d'un petit traité qui en fait connaître les règles.

Je ne dirai rien du plan que j'ai suivi; j'ai tâché qu'il fût le plus analytique possible. Je conduis l'élève du connu à l'inconnu, du simple au composé, et je m'attache à ne pas énoncer une proposition qui ne dérive immédiatement de celle qui précède. Cette marche me dispense de rien discuter, de rien mettre en problème. Ce sont des préceptes qu'il faut aux enfants, et non des discussions. Le résumé, qui se trouve à la page 120, donnera une idée de la manière dont j'ai classé et divisé les verbes. Cette division m'a donné le moyen d'établir des règles positives, et qui ne souffrent aucune exception. Elle a en outre l'avantage de présenter les choses séparément et sans confusion, en commençant toujours par les plus faciles.

On comprendra aisément d'après cela pourquoi je n'ai point choisi τύπτω pour modèle de la conjugaison. Mais comment ce verbe s'est-il arrogé d'abord, et a-t-il conservé si longtemps le privilége exclusif de tourmenter la jeunesse, et, je dirai presque, de lui fermer dès les premiers pas l'entrée de la grammaire? C'est à quoi n'ont peut-être pas réfléchi tous ceux qui, depuis des siècles, le répètent dans les livres élémentaires, par la seule raison qu'on l'y a mis avant eux. On l'a choisi, parce qu'on voulait absolument avoir huit temps, et que lui seul, dans toute la langue, les fournissait d'une manière assez régulière, et sans barbarismes trop choquants. Encore aurait-on dû avertir que l'aoriste second actif ἔτυπον ne se rencontre pas dans l'usage (Buttmann, page 196), au moins en prose, et n'est guère là que pour correspondre à l'aoriste second passif ἐτύπην.

On a donc voulu faire un paradigme qui contînt toutes les formes possibles et répondît à tous les cas. Ne valait-il pas mieux en faire un sur lequel on pût conjuguer le plus grand nombre de verbes possible? τύπτω, si l'on veut, présente les huit temps; mais quel verbe conjuguerez-vous sur τύπτω pour qu'il ait exactement ces huit temps? Forgerez-vous donc à volonté ceux qui manquent; et votre tableau de huit temps sera-t-il une mesure invariable, à laquelle il faudra que tout verbe s'accommode bon gré mal gré? Il est plaisant de voir l'élève qui a commencé à conjuguer par τύπτω, chercher l'aoriste second de παιδεύω, de κλείζω, d'ὁρίζω, enfin de plus des sept huitièmes des verbes grecs. Rien de si irrégulier que cette langue, si l'on s'obstine à voir huit temps dans chaque verbe; rien au contraire de si simple et de si bien ordonné, si l'on se borne à considérer d'abord les six temps naturels; si, ensuite, quand l'élève sera déjà exercé à la conjugaison, on fait passer sous ses yeux certains verbes qui ont une autre forme pour l'aoriste que la forme ordinaire en σα, et si on lui donne des règles pour tirer, des temps qu'il connaît, ce nouvel aoriste.

J'ai donc avec raison rejeté τύπτω après les verbes en ω pur. Je n'ai pas non plus commencé par τίω; ce verbe est poétique et très-peu usité; l'aoriste passif ἐτίθην ne se rencontre nulle part; ce mot est l'imparfait de τίθημι, et il y a au moins de l'inconvénient à donner, dans deux tableaux absolument différents, deux formes tout à fait semblables. Enfin, le verbe λύω, *délier*, exprimant une action dont on peut assigner avec précision le commencement et la fin, convient bien mieux pour marquer la valeur de chaque temps. Ainsi, par exemple, au présent passif, ὁ αἰχμάλωτος λύεται signifie, *on délivre* le captif; au moment où je parle *on lui ôte ses fers*; et au parfait, ὁ αἰχμάλωτος λέλυται signifie, *on a délivré* le captif; le captif *est délivré*; au moment où je parle, *il n'est plus* dans les fers. Les nuances sont donc bien distinctes entre λύεται et λέλυται : *on délivre le captif, le captif est délivré*; elles se confondent entre τίεται et τέτιται : *on honore* la vertu, la vertu *est honorée*. D'ailleurs λύω est un verbe très-usité en prose comme en vers, et dont toutes les formes se rencontrent dans les auteurs.

La première partie de cette Grammaire contient toutes les règles générales qui doivent être apprises les premières. Je l'ai fait suivre d'un Supplément qui renferme les exceptions, les règles particulières et les dialectes les plus importants. Ce Supplément est aussi très-nécessaire à connaître, surtout pour lire les poëtes. Si on ne l'apprend pas par cœur, il doit au moins être lu attentivement. MM. les professeurs sauront bien en tirer le parti convenable, et suppléer à ce qui peut y manquer. Loin de leur donner à cet égard aucun avis, je profiterai avec reconnaissance de tous ceux qu'ils voudront bien me donner à moi-même. (Novembre 1813.)

AVERTISSEMENT
DE LA SIXIÈME ÉDITION.

Depuis la première édition de cette Méthode, je n'ai rien négligé pour la rendre de plus en plus digne de l'accueil qu'elle a reçu dans presque tous les colléges de France. Les fautes typographiques ont successivement disparu ; des incorrections de style ont été redressées ; de courtes additions, fondues dans une foule de paragraphes, présentent soit de nouveaux exemples, soit de nouvelles remarques. Enfin de nombreux renvois d'un paragraphe à un autre facilitent les rapprochements et mettent plus d'unité entre les diverses parties de l'ouvrage. Sans en dire davantage sur ce sujet, qui est tout de forme, nous ajouterons ici quelques réflexions propres à confirmer ou à rectifier certains points de doctrine.

En fondant la conjugaison sur la distinction du radical et de la désinence, nous avons énoncé une vérité incontestable, et qui fait évanouir à jamais tout ce vain échafaudage de figuratives, de pénultièmes, de treize conjugaisons, qui embarrasse les anciennes grammaires. Mais, en disant que le radical est invariable *de sa nature*, nous avons avancé une proposition restreinte par son énoncé même, et par conséquent susceptible de nombreuses exceptions. En effet, si l'on considère φιλε comme radical de φιλέω, on voit que dans beaucoup de temps il se change en φιλη.

Il en est de même des verbes en άω et en όω.

Que dirai-je de τρέπω, dont le radical est successivement τρεπ, τραπ, τροπ (τρέπω, ἔτραπον, τέτροπα)?

Admettrons-nous avec quelques auteurs trois primitifs différents? A quoi bon? et quelle facilité en résulterait-il pour la conjugaison? Les Allemands rapportent-ils à trois thèmes différents les trois formes du verbe qui signifie MOURIR, *sterbe, starb, gestorben*? et en latin explique-t-on par deux primitifs *capio* et *cepi*, *tango* et *tetigi*? non ; c'est le même radical diversement modifié. Λείπ-ω, ἔ-λιπ-ον, λέ-λοιπ-α; φεύγ-ω, ἔ-φυγ-ον; λανθάν-ω, ἔ-λαθ-ον, λέ-ληθ-α, nous présentent également leurs radicaux sous des formes variées. Ce sont ces modifications du radical qui font paraître irréguliers un si grand nombre de verbes; car les désinences suivent partout une loi invariable.

Quel fil guidera le grammairien dans ce labyrinthe? cette régularité même des désinences. Qu'il s'attache à les bien faire connaître, et à montrer comment elles influent sur la dernière consonne du radical. Quant aux altérations qui affectent les voyelles de ce même radical, qu'il les note à mesure qu'elles se présenteront, et qu'il renferme dans des règles communes le plus grand nombre possible de faits analogues; mais qu'il n'en fasse point son objet principal, et qu'il ne cherche point à soumettre tout à des règles. L'usage apprendra bientôt à rattacher au même verbe λέληθα, ἔλαθον, λανθάνω, avec autant de facilité que *tango, tetigi, tactum,* et tant d'autres verbes latins où le radical ne varie pas moins qu'en grec.

Il serait possible sans doute d'assigner les lois grammaticales de toutes ces variations. On l'a fait pour une langue où elles abondent plus qu'en aucune autre, le sanskrit. Pour cela, il faudrait d'abord, comme dans les grammaires sanskrites, déterminer le radical de chaque verbe, et le considérer d'une manière absolue, et dégagé de toute terminaison; ensuite diviser ces radicaux par classes, suivant la nature de leurs modifications. Ainsi, par exemple, on ferait une classe de κρυϐ, τυπ, ῥιφ, et autres semblables, et l'on dirait que ces verbes insèrent τ au présent et à l'imparfait, avant la désinence personnelle, ce qui produit (§ 5, 2°) κρύπτω, τύπτω, ῥίπτω. On en ferait une des radicaux en ι et en υ qui insèrent ζ, comme νομί-ζω, κλύ-ζω; ou ν, comme κρί-νω, πλύ-νω; une autre des radicaux en γ qui changent cette consonne en σσ : πραγ, ὀρυγ, πράσσω, ὀρύσσω. On dirait aussi que les radicaux λαϐ, λαθ, μαθ, nasalent leur voyelle, et en outre prennent αν avant la désinence, d'où λαμϐάνω, λανθάνω, μανθάνω. On observerait surtout que ces modifications se bornent au présent et à l'imparfait, et que tous les autres temps se forment immédiatement du radical même; conformité étonnante avec le sanskrit, qui modifie exclusivement les mêmes temps, et à peu près de la même manière.

Ce peu d'exemples font voir comment on pourrait classer très-méthodiquement tous les verbes grecs, même ceux qu'on appelle irréguliers. Mais quel travail pour ranger dans sa mémoire cette multitude de subdivisions! Une autre observation naît encore de ce qui précède. Ce n'est point dans le présent de l'indicatif qu'il faut chercher le radical. Il n'y paraît le plus souvent que déguisé et modifié; en sorte que l'axiome des grammairiens, « le présent « n'est formé d'aucun temps, et il sert à former tous les autres, » est essentiellement faux. C'est le radical qui est la base de tout le verbe; et ce radical se trouve dans le temps qui offre la syllabe la plus simple et la plus brève. C'est l'aoriste second, soit actif, soit passif, pour les verbes qui en ont un : ἔ-φυγ-ον; ἔ-λιπ-ον; ἔ-μαθ-ον; ἔ-κρύϐ-ην; ἔ-τύπ-ην; ἐρ-ρίφ-ην. Dans d'autres c'est le futur : νομί-σω; dans d'autres le parfait : τέ-τα-κα; κέ-κρι-κα. Cependant les dictionnaires donnent, et avec raison, la première personne du présent, et non le radical. Partir du radical pour établir des règles de formation, ce serait donc supposer connu ce qui ne l'est pas. C'est donc le présent que nous avons dû prendre, comme on l'a toujours fait, pour point de départ, quoique l'autre système soit beaucoup plus philosophique; et nous avons pu dire, sans inconvénient (§ 116), que ἔφυγον se forme de φεύγω, ἔλιπον de λείπω, en abrégeant la diphthongue, quoique la proposition inverse soit manifestement plus vraie. L'étude des radicaux n'en est pas moins de la plus grande importance; et on n'a fait de véritables progrès dans la langue grecque, que lorsqu'on reconnaît au premier coup d'œil, dans toutes les formes d'un verbe, la syllabe radicale. En revanche, avec cette connaissance, on n'est plus arrêté ni par les dialectes, ni par les licences poétiques, puisque cette syllabe se retrouve dans toutes les modifications possibles du verbe, de ses composés et de ses dérivés. Et non-seulement elle se retrouve partout; mais elle porte dans tous les mots dont elle est la base, verbes, noms, adjectifs, adverbes, son énergie propre et sa signification primitive.

Si l'on était plus habitué à considérer les radicaux dans leur état absolu, nous aurions tiré τίθημι, ἵστημι, δίδωμι (§ 128), non de θέω, στάω, δόω, mais de θε, στα, δο. Car il ne faut pas croire qu'on ait dit θέω avant de dire τίθημι. La forme en μι est certainement la plus ancienne. Outre les verbes auxquels elle est propre, et qui, étant de l'usage le plus vulgaire, ont dû être fixés des premiers, on en trouve des traces dans les subjonctifs poétiques, ἴκωμι, ἀγάγωμι, ἔχῃσι (§ 229); dans le dialecte éolien, φίλημι, νίκημι (§ 142); dans l'optatif de la conjugaison ordinaire, λύοιμι. Le présent éolique du verbe être, ἐμ-μί, ἐσ-σί, ἐν-τί, la forme commune ἐστί, le dorique ἴσασι, scit (§ 149), ἐθέλῃτι, pour ἐθέλῃ (§ 229), prouvent que la terminaison était d'abord μι, σι, τι, ce qui répond parfaitement au moyen μαι, σαι, ται. Ceux qui connaissent les innombrables rapports du sanskrit avec le grec trouveront une nouvelle preuve de cette vérité, dans ce que *mi, si, ti,* et au moyen *e* (pour *me*) *se, te,* sont les terminaisons régulières de tous les verbes de cette langue antique. Or μ, σ, τ, sont les consonnes radicales des trois pronoms μοῦ, σοῦ, τοῦ[1]. Ces consonnes sont donc des affixes qui ajoutent à la racine verbale l'idée de première, seconde et troisième personne. L'ι sert uniquement à en soutenir la prononciation. Μι représente la première personne comme *faisant* l'action; μαι, modification de μι, comme la *recevant*. Voilà l'origine des terminaisons. Ce ne furent d'abord que les pronoms mis à côté de la syllabe verbale. L'usage unit ensuite plus étroitement ces deux éléments. Le pronom s'altéra en devenant plus flexible, et il en résulta ces désinences personnelles que nous avons rangées en deux tableaux, §§ 73 et 85. On eut recours à d'autres signes pour exprimer les autres modifications. L'augment et le redoublement exprimèrent différentes nuances du passé. Σ, consonne principale du verbe *être* (comme le prouvent ἐσ-σί, ἐσ-τί, ἐσ-μέν, ἐσ-τέ, et le sanskrit

---

[1] L'article servait primitivement de pronom de la troisième personne; voy. § 316. Nous citons les génitifs et non les nominatifs, parce que les radicaux se trouvent en général dans les cas indirects; voy. § 180.

as-mi, a-si p. *as-si, as-ti*), servit à désigner le futur, et passa par analogie à l'aoriste, mais non pour y marquer le passé déjà déterminé par l'augment.

Nous pourrions multiplier beaucoup ces observations, qui toutes se vérifieraient par l'analyse et la comparaison des verbes sanskrits, grecs et latins; des formes qui, dans chacune de ces langues, semblent s'écarter de l'analogie, trouvant dans l'une des deux autres leur explication naturelle; mais il faut se borner, et nous n'ajouterons plus qu'un fait.

On s'étonne de voir l'aoriste passif ἐλύθην, ἐτύφθην, suivre invariablement la conjugaison active. Ce phénomène grammatical s'explique par une remarque très-simple. Dans toutes les branches de la grande famille de langues à laquelle appartient le grec, le passif est caractérisé par une des *consonnes dentales*. En sanskrit et en allemand, par le T : Sanskrit, *dadâmi* (je donne), *dâtah* (donné); allemand, *loben* (louer), *gelobet* (loué). En latin par T et D, *amatus, amandus*.

Il en est de même en persan et dans les anciens dialectes du Nord, comme le prouve très-bien M. Bopp, dans un excellent ouvrage allemand destiné à la comparaison de toutes ces langues avec le sanskrit[1]. Il en est de même encore dans l'italien, l'espagnol, l'anglais, langues dérivées, et dont pour cette raison l'autorité n'est que secondaire. Mais il en est de même surtout en grec, où le T et le Θ sont les signes constants du passif : λυτός, *solubilis;* λυτέος, *solvendus;* λυθείς, *solutus*.

Ce principe une fois reconnu, au radical λυ ajoutez θ, vous avez le nouveau radical λυθ, qui sera passif, quelque terminaison que vous lui donniez. On lui donne la plus naturelle de toutes, le passé du verbe *être*, ἠν, ης, η; on prépose l'augment, et l'on a ἐλύθην. Ce même θ se retrouve dans le futur λυ-θ-ήσομαι, où il est suivi du futur du verbe *être*, dont la voyelle est allongée, sans doute par un caprice de l'usage. Le futur et l'aoriste second passifs, τυπήσομαι, ἐτύπην, peuvent être considérés comme une variété des mêmes formes, dont l'euphonie ou l'habitude auront supprimé le Θ; car il est facile de concevoir comment les terminaisons ην et ήσομαι, destinées d'abord à marquer uniquement les temps, les nombres et les personnes, auront fini, même sans le Θ, par marquer aussi la voix.

Il n'y a donc à proprement parler que deux temps, le futur et l'aoriste, qui appartiennent exclusivement à la voix passive; et le sens passif leur est communiqué par un signe accessoire pris hors de la conjugaison.

Le présent et l'imparfait, le parfait et le plus-que-parfait, sont communs au passif et au moyen (§ 86). Le futur antérieur même a aussi la signification moyenne ou réfléchie; par exemple dans κεκτήσομαι, *je me serai acquis, je*

---

[1]. Déjà ces rapprochements curieux avaient été exposés par le savant M. de Chézy dans son cours de langue sanskrite au collège de France. S'ils m'ont fourni quelques idées utiles, c'est à lui surtout que je me plais à en faire hommage.

possèderai. Il y a plus ; au lieu de tirer le futur antérieur de la seconde personne du parfait en μαι, σαι, ται, formation mécanique qui ne dit rien à l'esprit, il est bien plus naturel de le tirer du futur moyen, auquel il ne faut qu'ajouter le redoublement, qui est ici, comme au parfait, le signe de l'antériorité : futur moyen, λύσομαι ; futur antérieur, λελύσομαι ; et cette analogie est d'autant plus juste que υ est long dans ces deux futurs, tandis qu'il est bref dans λέλυσαι. Les verbes en λω, μω, νω, ρω, ne peuvent fournir d'objection ; ils n'ont point de futur antérieur, si ce n'est βάλλω, qui fait βεβλήσομαι, du futur inusité βλήσω, βλήσομαι, d'où vient aussi le parfait βέβληκα. Le sens et l'analogie ramènent donc également ce futur dans la conjugaison moyenne.

Considérons maintenant que tous les temps communs aux deux voix se terminent en μαι, σαι, ται, et μην, σο, το ; désinences qui sont aussi celles du futur et de l'aoriste moyens. Ajoutons que cette série de temps se tire immédiatement et sans aucune irrégularité des temps correspondants de l'actif ; nous en conclurons que la manière la plus simple, la plus facile, et en même temps la plus raisonnable, est de conjuguer le moyen en entier, immédiatement après l'actif ; et de ne donner dans le tableau du passif, que le futur et l'aoriste, dont l'analogie est si différente de celle qui régit les autres temps. Il n'en peut résulter aucune idée fausse, puisqu'on aura soin d'avertir

		VOIX ACTIVE.				
	INDICATIF.	IMPÉR.	SUBJONCTIF.	OPTATIF.	INFINITIF.	PARTICIP
		(2ᵉ pers.)				
Prés. Imp.	λύ ω (εις). ἔ λυ ον.	λύ ε. . . .	λύ ω (ης). . . .	λύ οιμι. . . .	λύ ειν. . . .	λύ ων. . .
Fut. Aor.	λύ σω(σεις) ἔ λυ σα.	. . . λῦ σον	. . . λύ σω(σης).	λύ σοιμι. λύ σαιμι.	λύ σειν. λῦ σαι.	λύ σων. λύ σας.
Parf. Pl. P	λέ λυ κα. ἐ λε λύ κειν.	λέ λυ κε. . . .	λε λύ κω. . . .	λε λύ κοιμι. . . .	λε λυ κέναι. . . .	λε λυ κώς. . . .
F. A	. . .	. . .	. . .	. . .	. . .	. . .

						VOI
PRÉSENT, IMPARFAIT, PARFAIT, PLUS-QU						
Fut. λυθ ήσομαι.	. . . . .	λυθ ησοίμην.	λυθ ήσεσθαι.	λυθ ησόμενο

que tous les autres temps du passif sont les mêmes que ceux du moyen; et cette identité est assez naturelle. Considérés dans leur essence, le moyen et le passif ont un caractère commun : c'est d'exprimer que l'action tombe sur le *sujet*. Ils diffèrent en ceci, que le moyen indique une action faite par le sujet même, et le passif une action faite par un autre. Il n'est pas étonnant que des nuances si rapprochées se soient souvent confondues. Nous avons prouvé, § 354, que la langue française elle-même emploie souvent le verbe réfléchi dans le sens passif; observation qui s'applique d'une manière bien plus étendue encore à la langue italienne.

Le changement que nous proposons présente donc une foule d'avantages, sans entraîner aucun inconvénient. Ce n'est point un système; c'est la marche de la nature; c'est la conjugaison grecque ramenée à une telle simplicité, qu'un enfant peut en saisir l'ensemble en quelques instants, et en deux heures apprendre les trois voix; surtout si l'on a soin d'insister sur la division des temps en *principaux* et *secondaires*, § 60. Nous présenterons ici le tableau abrégé de λύω, disposé d'après cette méthode. Il n'offre que les premières personnes; mais il suffit pour tracer la marche. Quant aux détails, on peut recourir aux anciens paradigmes, qui se trouvent dans le corps de l'ouvrage.

VOIX MOYENNE.

INDICATIF.	IMPÉR.	SUBJONCTIF.	OPTATIF.	INFINITIF.	PARTICIPES.
λύ ομαι. ἐ λυ όμην.	(2ᵉ pers). λύ ου. . . .	λύ ωμαι.	λυ οίμην.	λύ εσθαι.	λυ όμενος. . . . . . .
λύ σομαι. ἐ λυ σάμην.	. . . λῦ σαι.	. . . . . . λύ σωμαι.	λυ σοίμην. λυ σαίμην.	λύ σεσθαι. λύ σασθαι.	λυ σόμενος. λυ σάμενος.
λέ λυ μαι. ἐ λε λύ μην.	λέ λυ σο. . . .	λε λυ μένος ὦ.	———— εἴην.	λε λύ σθαι.	λε λυ μένος. . . . . . .
λε λύ σομαι.	. . .	. . . . . .	λε λυ σοίμην.	λε λύ σεσθαι.	λε λυ σόμενος.

PASSIVE.

PARFAIT et FUTUR ANTÉRIEUR, comme au MOYEN.

| AOR. ἐ λύθ ην. | λύθ ητι. | λυθ ῶ. | λυθ είην. | λυθ ῆναι. | λυθ είς. |

(Janvier 1819.)

TABLE ANALYTIQUE DES MATIÈRES.

(Les chiffres renvoient aux pages.)

ALPHABET GREC.

Prononciation des lettres,	2
Voyelles, Diphthongues,	3
Consonnes, tableau des muettes,	4
— liquides, sifflantes, doubles,	5
Esprits, Accents,	6
Apostrophe, Épellation, Ponctuation,	7
Dialectes (ce que c'est),	8

DES MOTS OU PARTIES DU DISCOURS.

Notions préliminaires,	8
Nombres,	9
Genres, Cas,	9
Déclinaison de l'Article,	10

DES NOMS SUBSTANTIFS.

Première déclinaison,	11
Deuxième déclinaison,	15
Noms déclinés attiquement,	17
Troisième déclinaison,	18
Règles du datif pluriel,	19
Noms contractes,	23
Terminaisons ης et ος,	23
Terminaison ις et ι,	24
Terminaison ευς,	25
Terminaisons υς et υ,	26
Terminaisons ως et ω,	27
Terminaison ας (ατος, αος, ως),	28
Noms en ηρ qui perdent ε à certains cas,	29

DES ADJECTIFS.

Adjectifs de la première classe,	30
— de la deuxième classe,	32
— de la troisième classe,	34
Comparatifs et Superlatifs,	37
ADJECTIFS numéraux,	39
Nombres cardinaux,	39
Nombres ordinaux,	40
ADJECTIFS démonstratifs,	41
— indéfini τὶς, τὶ,	43
— interrogatif τίς, τί,	43
— conjonctif ὅς, ἥ, ὅ,	44

DES PRONOMS.

Pronoms des trois personnes,	45
Pronom réfléchi, οὗ, οἷ, ἕ,	46
Pronoms composés,	46
Adjectifs pronominaux possessifs,	47
RÉSUMÉ DU PREMIER LIVRE,	48

DU VERBE.

Notions préliminaires,	49
Voix des verbes,	49
Nombres, Personnes,	50
Temps,	51
Modes,	52
Participe,	53
Radical et Terminaison,	54
VERBE SUBSTANTIF,	55
Conjugaison du verbe εἶναι,	56
Composés du verbe εἶναι,	58
VERBES ATTRIBUTIFS,	59
Augment et Redoublement,	59
Augment temporel,	60
Avertissement sur l'usage des tableaux,	61
VERBE λύω, voix active,	62
Formation des temps de l'actif,	64
Désinences personnelles,	68
Voyelles modales,	69
Verbe λύω, voix passive,	70
Remarques sur la voix passive,	72
Formation des temps du passif,	73
Désinences personnelles du passif,	76
Voix moyenne,	77
Verbe λύω, voix moyenne,	78
Tableau abrégé des trois voix,	80
VERBES CONTRACTES,	81
Verbe φιλέω, voix active,	82
— voix passive et moyenne,	84
Verbe τιμάω, voix active,	86
— voix passive et moyenne,	88
Verbe δηλόω, voix active,	90
— voix passive et moyenne,	92
Remarques sur les verbes en ω pur,	94
Conjugaison du parfait passif ἤκουσμαι,	96
VERBES EN ω PRÉCÉDÉ D'UNE CONSONNE,	97
Présent et Imparfait actifs et passifs,	97
Futur et Aoriste actifs,	97
Futur et Aoriste passifs,	98
Futur et Aoriste moyens,	99
Parfait et Plus-que-parfait actifs,	99
Parfait et Plus-que-parfait passifs,	100
Conjugaison du parfait pass. τέτυμμαι,	101
— du parfait passif λέλεγμαι,	103
Parfait passif en σμαι,	104
Futur et Aoriste seconds,	105
Futur second actif (sa formation),	106
Futur second passif, moyen,	107
Aoriste second actif (sa formation),	107
Aoriste second passif, moyen,	108
Parfait second,	110
Tableau des doubles formes,	112

TABLE ANALYTIQUE DES MATIÈRES.

Verbes en ζω et σσω,	113
Verbes en λω, μω, νω, ρω,	115
Actif : futur et aoriste premiers,	115
— parfait,	116
Passif : futur 1er, aoriste 1er, parfait,	117
Futur et aoriste seconds, actif et passif,	118
Parfait second,	118
Tableau du verbe στέλλω,	119
Résumé général des verbes en ω,	120
Tableau pour remonter d'un temps quelconque au présent de l'indicatif,	120
Verbes en μι,	121
Verbe τίθημι, voix active,	122
— voix moyenne,	124
Remarques sur l'actif et le moyen,	126
Aoristes premiers en κα,	127
Verbe τίθημι, voix passive,	127
Verbe ἵστημι, voix active,	128
— voix moyenne,	130
Remarques : sens actif et neutre de ce verbe,	132
Verbe ἵστημι, voix passive,	133
Verbe δίδωμι, voix active,	134
— voix moyenne,	136
Remarques sur l'actif et le moyen,	138
Verbe δίδωμι, voix passive,	138
Verbe δείκνυμι, actif, passif, moyen,	139
Observations générales,	140
De quelques autres verbes en μι,	141
Verbe ἵημι, actif, passif, moyen,	142
Verbe ἕμαι, désirer ; εἷμαι, être vêtu,	144
Verbe ἦμαι, κάθημαι, être assis,	144
Verbes ἵημι et εἰμί, aller,	145
Verbe φημί, dire,	147
Verbe ἴσημι, savoir,	148
Verbe κεῖμαι, être étendu,	149
Adjectifs verbaux en τέος et en τός,	150
Résumé des deux premiers livres,	151

DES PRÉPOSITIONS.

Liste des prépositions,	153

DES ADVERBES.

Adverbes de lieu,	155
— de temps,	157
— de manière ou de qualité,	157
— de quantité,	158
— d'interrogation, d'affirmation,	159
— de négation, de doute,	159
Mots employés adverbialement,	160
Degrés de signification des adverbes,	160

DES CONJONCTIONS.

Liste des principales conjonctions,	161

DES INTERJECTIONS.

Liste des principales interjections,	163

Prépositions dans les verbes composés,	163
Particules inséparables,	166

SUPPLÉMENT.

Supplément aux lettres,	167
Digamma éolique,	168
Syllabes (deux aspirées de suite),	168
N euphonique ; Apostrophe,	169
Crase ; Contractions (liste des),	170

SUPPLÉMENT AUX DÉCLINAISONS.

Première déclinaison,	171
Deuxième déclinaison,	172
Adjectifs contractes,	172
Déclinaison attique,	173
Troisième déclinaison,	174
Règles pour remonter d'un cas indirect au nominatif,	174
Noms contractes en κλέης,	175
Datif pluriel poétique,	175
Noms irréguliers,	176
Noms surabondants,	177
Noms défectifs,	177
Noms indéclinables,	178
Retranchement d'une syllabe,	178
Addition de la syllabe φι,	178
Noms irréguliers dans le genre,	178

SUPPLÉMENT AUX ADJECTIFS.

Deux genres sous une seule terminaison,	179
— sous deux terminaisons,	179
Noms ethniques et patronymiques,	179
Adjectifs irréguliers,	180
Formation des comparatifs et des superlatifs,	180
Terminaisons τερος, τατος,	180
Prépositions formant des comparatifs et des superlatifs,	182
Terminaisons ιων, ιστος,	182
Adjectifs démonstratifs et conjonctifs,	184
Adjectifs déterminatifs,	184
Adjectifs corrélatifs,	186

SUPPLÉMENT AUX PRONOMS.

Dialectes d'ἐγώ, σύ, etc.,	187

SUPPLÉMENT AUX VERBES.

Verbes déponents,	187
Observations sur plusieurs futurs moyens pris dans le sens actif,	188
Additions aux règles de l'Augment et du Redoublement,	189

XVI   TABLE ANALYTIQUE

Redoublement poétique à l'aoriste 2,	190		
Augment temporel en ει, etc.,	190	**SYNTAXE GÉNÉRALE.**	
Redoublement attique,	191		
Augment dans les verbes composés,	192	Analyse de la proposition,	219
Observations sur divers temps des verbes,	193	Emploi du Nominatif,	219
		Accord de l'Adjectif avec le substantif,	220
έω, άω, non contractés,	193	— d'un Adjectif avec plusieurs substantifs,	220
αε contracté en η,	194	— du Verbe avec le sujet,	220
έω, fut. εύσω; άω, fut. αύσω,	194	Attribut compris dans le verbe,	220
Futurs aspirés,	194	Sujet sous-entendu,	220
ω non pur, futur ήσω,	194	*On*, sujet,	220
Futurs attiques,	195	Article indiquant le sujet,	221
Futurs doriques,	196	Ellipse de l'article, — du verbe *être*,	221
Futurs qui redoublent σ,	196	Adjectifs pris substantivement,	222
Futurs sans σ et sans contraction,	196	*Dépendances du sujet et de l'attribut*,	222
ήσω pour άσω; άσω pour ήσω,	197	Emploi du Génitif,	222
σ à l'aoriste second et à l'impératif,	197	Emploi du Datif,	222
Aoriste premier sans σ,	197	Emploi de l'Accusatif,	223
Parfaits actifs sans κ,	198	*Verbes considérés relativement à leurs compléments*,	223
Parfait passif,	199		
Subjonctif et Optatif du parfait passif,	200	Emploi du Vocatif,	224
Aoristes seconds avec métathèse,	200	Emploi des Prépositions et des Adverbes,	224
Dialectes et formes diverses,	201	Union des propositions,	225
Secondes personnes attiques en ει,	201	Conjonctions ET, OU,	225
Optatifs en οίην,	204	Conjonctions NI, MAIS,	226
Secondes personnes en σθα,	201	Conjonctions OR, DONC, CAR,	227
Désinences μι, σι, dans les verbes en ω,	201	Conjonctions SI, QUE,	228
Imparfaits et Aoristes en σκον,	202	*Propositions complétives*,	228
Voyelles redoublées dans les poëtes,	202	Emploi de l'Infinitif,	229
ευ pour εο, ου,	202	Attraction avec l'Infinitif,	229
οι pour ου, αι pour α,	202	Infinitif considéré comme un nom indéclinable,	230
μες, μεσθα, pour μεν, μεθα,	203	Accusatif sujet de l'infinitif,	230
αν dorique pour ην,	203	Verbes impersonnels,	231
έω ionien pour ώ,	203	Emploi de l'Adjectif conjonctif ὅς, ἥ, ὅ,	231
Plus-que-parfait en εα, η,	203	Attraction du Relatif au cas de l'antécédent,	233
αται pour νται au pluriel,	204		
ντι dorien pour σι,	204	Relatif entre deux noms différents,	233
ασι, 3ᵉ personne des verbes en μι,	204	Adjectifs conjonctifs οἷος, ὅσος, ἡλίκος,	234
ντς, désinence des participes,	205	Adjectifs conjonctifs ou relatifs, contenant la valeur d'une conjonction,	234
ν pour σαν, au pluriel,	205		
οσαν pour ον; αν pour ασι,	205	Conjonctions dérivées d'ὅς, ἥ, ὅ, et Adverbes conjonctifs,	235
ὄντων pour ἔτωσαν; ἔσθων p. ἐσθώσαν,	205		
Dialectes de l'infinitif, et d'εἶναι,	206	Des interjections,	236
Verbes défectifs et irréguliers,	206		
Verbes de racines différentes,	206		
Terminaisons νω, άνω, αίνω,	207		
Terminaison σκω, venant d'ω pur,	208	**SYNTAXE PARTICULIÈRE.**	
Terminaison σκω et σχω, d'ω non pur,	209		
Terminaison νυμι,	209	Verbe à un autre nombre que le sujet,	237
Terminaisons diverses,	210	Noms collectifs,	237
Verbe οἶδα,	211	Adjectif à un autre genre que le substantif,	238
Verbes en έω et άω, qui forment quelques temps comme s'ils étaient en ω non pur,	213		
Explication de quelques formes poétiques difficiles,	213	Apposition,	238
Parfaits employés comme présents,	215	Adjectif tenant lieu d'adverbe,	239
Théorie des temps en grec et en français,	216	Adjectif attribut d'un infinitif,	239

DES MATIÈRES.

Adjectif à un autre cas que le substantif, 240
Adjectifs verbaux en τεος, 241
Comparatifs avec le génitif, 241
Comparatifs avec ἤ, 242
ἄλλος, ἕτερος, διπλάσιος, assimilés aux comparatifs, 242
Superlatifs, 243
Comparatifs et Superlatifs avec les pronoms réfléchis, 243
DE L'ARTICLE, 244
Ellipses avec l'article, 245
Article redoublé, 246
Mots enclavés entre l'article et le nom, 246
L'article employé comme pronom, 247
— ὁ, ἡ, τό, pour ὅς, ἥ, ὅ, etc., 247
Adjectif πολύς, avec et sans article, 248
— ἄλλος, noms de nombre, participes, avec et sans article, 248
— αὐτός, avec et sans article, 249
Autres remarques sur αὐτός, 249
Remarques sur les adjectifs possessifs, 250
USAGES PARTICULIERS DES CAS, 250
Génitif régi par un nom sous-entendu, 250
— expliqué par l'ellipse d'une préposition, 251
Génitif avec les verbes, 252
— avec les adjectifs, 253
— avec les adverbes, 254
Remarques sur le génitif possessif, 255
DATIF avec les verbes, 256
— avec les noms, — avec les adjectifs, 257
— avec ὁ αὐτός, 257
— avec les adverbes, 258
Datif de rapport, 258
Datif employé dans le sens de l'ablatif latin, 259
Datif avec ellipse de σύν, 260
ACCUSATIF avec les verbes transitifs, 260
Objet indirect à l'accusatif, 260
Double accusatif, 261
Accusatif avec les verbes intransitifs, 262
Accusatif avec les adjectifs, 263
Accusatif de temps et de distance, 263
Accusatif avec ellipse d'un verbe, 263
DU VERBE PASSIF, 264
Passif avec l'accusatif, 264
DU VERBE MOYEN, 265
Échange de formes entre le passif et le moyen, 268
DU PARFAIT SECOND, 268
Échange des différentes sortes de verbes entre elles, 270
VALEUR DES TEMPS, 270
Remarque sur la différence du parfait et de l'aoriste, 271

Du futur antérieur passif, 272
Temps de l'impératif, de l'infinitif, du subjonctif et de l'optatif, 273
VALEUR DES MODES, 273
De l'Indicatif, 273
Du Subjonctif et de l'Optatif, 274
Du Conditionnel, 275
De l'Impératif, de l'Infinitif, 277
Du Participe (indiquant une proposition complétive), 278
Des Cas nommés absolus, 279
DES PRÉPOSITIONS, 280
Prépositions à un seul cas, 281
Prépositions à deux cas, 284
Prépositions à trois cas, 286
Prépositions-adverbes, 289
Prépositions avec ellipse d'un verbe, 290
DES NÉGATIONS, 291
Négations redoublées, 292
Négations après les verbes négatifs, 293
Négation à la tête d'une phrase, 294
— οὐ et μή en interrogation, 294

IDIOTISMES ET LOCUTIONS DIVERSES.

Emploi de quelques Adverbes, 295
Emploi de quelques Conjonctions, 298
Emploi de quelques Adjectifs, 300
Emploi de quelques Verbes, 302
Emploi de quelques Participes, 309

DES DIALECTES.

Dialecte dorien, 311
Dialecte éolien, 312
Dialecte ionien, 313
Dialecte attique, 314

DES ACCENTS.

Accent tonique (ce que c'est), 316
Signes appelés accents, 317
Valeur et place de l'aigu, 317
— du grave, 318
— du circonflexe, 319
Accent dans les déclinaisons, 319
Accent premier dans les mots composés, 321
— dans quelques adjectifs, 322
Accent dans les verbes, 322
— dans les verbes composés, 324
— dans les prépositions, 324
Effet de l'apostrophe sur l'accent, 325
Proclitiques, 325
Enclitiques, 326
Dénominations données aux mots d'après leur accent, 328

FIN DE LA TABLE ANALYTIQUE.

TABLE ALPHABÉTIQUE DES MATIÈRES.

(Les chiffres renvoient aux pages.)

A privatif, 166.
Accents, 6. — traité des accents, 316 à 328.
— Accent tonique, 316. — signes de l'accent, 317. — aigu, sa valeur et sa place, 317. — grave, sa valeur et sa place, 318. — circonflexe, sa valeur et sa place, 319. — accent dans les déclinaisons, 319. — Accent premier dans les mots composés, 321. — de quelques adjectifs, 322. — dans les verbes, 322 à 324. — dans les verbes composés, 324, — mots qui sont privés d'accent, 325 à 328.
Accusatif, son emploi en général, 223. — ses usages particuliers, 260. — avec les verbes transitifs, 260. — double accusatif, 264. — avec les verbes neutres, 262. — avec les verbes passifs, 264. — avec les adjectifs, 263. — avec ellipse d'un verbe, 263. — Accusatif, sujet de l'infinitif, 230. — dit absolu, 279. — Accusatif pluriel éolien en αις, 172. — singulier de la 3e déclinaison en ν, 21, 24, 26. — singulier de la 3e, en ω, 173.
Actif employé pour le passif, 270.
Adjectifs, définition, 8. — déclinaison, 30. — Adjectifs contractes, 33, 35. — indicatifs ou démonstratifs, 41, 184. — conjonctifs, 44, 184. — emploi des adjectifs conjonctifs, 234. — Adjectifs possessifs, 47, 250. — irréguliers, 180. — déterminatifs, 184. — corrélatifs, 186. — verbaux en τέος et τός, 150, 241. — Adjectifs de deux genres seulement, 179. — Adjectif s'accordant avec le substantif, 220. — pris substantivement, 222. — diverses manières de le construire, 238. — tenant lieu d'adverbe, 239. — attribut d'un infinitif, 239. — à un autre cas que le substantif, 240. — régissant l'accusatif, 263. — emploi de quelques adjectifs, 300.
Adverbes, définition, 154. — de lieu, 155. — de temps, 157. — de manière et de qualité, 157. — de quantité, 158. — emploi des adverbes en général, 224. — conjonctifs ou relatifs, 235. — interrogatifs, 235. — avec l'article, 245. — emploi de quelques adverbes, 295 à 298.
Adverbialement (Mots employés), 160.
Alphabet grec, 1, 167.
Antécédents et relatifs, 44, 186. — Antécédent exprimé ou sous-entendu, 231.
Aoriste, répondant à notre parfait défini, 51. — employé pour le parfait et pour le présent, 218, 270, 271. — rapport de l'aoriste avec le futur, et pourquoi il a la même figurative, 217. — Aoriste premier (Formation de l'), 64. — Aoristes premiers en κα, 127. — irréguliers, 197. — Aoriste second, 105. — dans les verbes en λω, μω, νω, ρω, 118. — dans les verbes en μι, 126, 140. — avec Σ, 197. — avec métathèse, 200. — avec redoublement, 190, 191. — Aoriste passif dans le sens moyen, 268.
Apostrophe, 7, 169. — effet de l'apostrophe sur l'accent, 325.
Apposition, 238.
Article, 8, 10. — indiquant le sujet d'une proposition, 221. — ellipse de l'article, 221. — divers usages de l'article, 244 à 249.
Aspirées : (deux syllabes de suite ne commencent point par une aspirée), 5. — exceptions à cette règle, 168.
Attique (Déclinaison), 17, 173. — (Dialecte), 314.
Attraction avec l'infinitif, 229. — du relatif, 233.
Attribut, 219, 220.
Augment et redoublement, 59, 189. — temporel, 60, 190. — négligé par les poëtes, 191. — dans les verbes composés, 192, 193. ΑΩ, ΕΩ non contractés, 193. — ΑΕ contracté en Η, 194.
Cas, 9. — des noms employés adverbialement, 160. — usages particuliers des cas, 250. — dits absolus, 279.
Collectifs (Noms), 237.
Commune ou hellénique (Langue), 314, 315.
Comparatifs et superlatifs, 37, 180, 241. — avec ἤ, 242. — avec les pronoms réfléchis, 243.
Composés (Verbes), 163, 192. — d'εἰμί, 58.
Complément ou régime direct et indirect, 223, 260.
Conditionnel, 275 et 276.
Conjonctifs ou relatifs (Adjectifs), 44, 184, 234.
Conjonctions, 161. — emploi en général, 225 à 228. — dérivées d'ὅς, ἥ, ὅ, 235. — emploi de quelques conjonctions, 298.
Consonnes, muettes, liquides, etc., 4 à 6, 167. — prononciation des consonnes, 2. — changements des consonnes dans les verbes composés, 165.
Contractes (Noms), de la 1re déclinaison, 12. — de la 2e, 16, 172. — de la 3e, 23, 175.
Contractes (Verbes), 84.
Contractions (Règles des), 23, 82, 86, 90. — tableau général des contractions, 170.
Datif pluriel de la 3e déclinaison, 19. — en

TABLE ALPHABÉTIQUE DES MATIÈRES.   XIX

ασι, 29. — de la 1re, en αισι et ησι, 171. poétique de la 3e, 175. — emploi en général, 222. — usages particuliers du datif, 256.—avec les verbes, 256.—avec les substantifs, 257. — avec les adjectifs, 257. — avec ὁ αὐτός, 257.—avec les adverbes, 258. — exprimant un rapport à une personne ou à une chose, 258. — pris dans le sens de l'ablatif latin, 259. — dit absolu, 279.

Déclinaisons dans leur rapport avec l'accent, 319 à 321.

Défectifs (Noms), 177.

Défectifs (Verbes), 206.

Déponents (Verbes), 187. — distincts des verbes moyens, 265.

Désinences personnelles à l'actif, 68, — au passif, 76.

Dialectes, 8, 310 à 316. — divers dans les verbes, 201.— d'εἶναι, 206.

Digamma éolique, 168.

Diphthongues, 3.

Dorien (Dialecte), 311 et 312.

Duel, n'a pas de 1re personne à l'actif, 61.

Elision, 169 (à l'article *Apostrophe*).

Ellipse de l'article, 224.—du verbe *être*, 224. — avec l'art., 245 et 246.— de μέρος, 251. — de σύν avec le datif, 260.— d'un verbe avec les prépositions-adverbes, 290.

Enclitiques, 326 à 328.

Eolien (Dialecte), 312.

Esprits, 6.

Figuratives, 69.

Formation des temps de l'actif, 64. — du passif, 73. — du moyen, 77.

Futurs en ψω, ξω, σω, 98. — moyens dans le sens actif, 188. — en εύσω et αύσω, 194. — aspirés, 194. — en ήσω et έσω venant d'ω non pur, 194, 195.— attiques, 195 ; — doriques, 196. — Futur moyen employé comme passif, 268. — antérieur passif, 272. — Futur second, 105.

Génitif singulier (Le) de la 3e déclinaison étant connu, trouver le nominatif, 174.— Génitif singulier et pluriel de la 1re déclinaison, 171. — singulier de la 2e, en οιο, 172. — Génitif, emploi en général, 222. — usages particuliers du génitif, 250. — Génitif régi par un nom sous-entendu, 250. — expliqué par l'ellipse d'une préposition, 251. — avec les verbes, 252. — avec les adjectifs, 253. — avec les adverbes, 254. — possessif, 255. — dit absolu, 279.

Genres, 9.

H, signe d'aspiration chez les anciens Grecs, 167.

ι souscrit, 4. — ι démonstratif (οὑτοσί), 184.

Idiotismes, 295 à 310.

Impératif en όντων et en εσθων, 205. — pris pour le futur, 277.

Impersonnels (Verbes appelés), 231.

Indéclinables (Noms), 178.

Indicatif, sa valeur, 273. — avec ἄν, 275.

Infinitif, ses dialectes, 206. — Son emploi, 229. — indique une proposition complétive, 229. — avec attraction, 229. — considéré comme un nom, 230. — ayant pour sujet l'accusatif, 230. — pris pour l'impératif, 277. — divers exemples de l'infinitif, 277.

Interjections, 163, 236.

Interrogatifs (Adjectifs), 186.

Interrogation (Adverbes d'), 159.

Ionien (Dialecte), 313 et 314.

Irréguliers (Noms), 176. — dans le genre, 178. — Irréguliers (Adjectifs), 180. — Irréguliers et défectifs (Verbes), 206.

Lettres, 1, 167. — prononciation des lettres d'après Erasme, 2. — d'après les Grecs, 2.

Μ1-Σ1, dans les verbes en Ω, 204.

Modes des verbes, 52. — valeur des modes, 273 à 280.

Mots, ou parties du discours, 8.

Moyen (Verbe), 77. — ce qu'il exprime, 265. — parfait moyen ou second, 110, 268. — échange de formes entre le passif et le moyen, 268.

Muettes, douces, fortes, aspirées, 4, 97.

N euphonique, 169.

N : comment cette lettre se change dans les verbes composés, 165.

Négations, 159, 291 à 295. — Redoublées, 292. — après les verbes négatifs, 293. — à la tête d'une phrase, 294. — placées en interrogation, 294.

Nombres, dans les noms, 9. — dans les verbes, 50.

Noms en ηρ qui perdent ε à certains cas, 29. —noms de nombre, 39.—irréguliers, 176. — défectifs, 177. — patronymiques, 179. —Noms de temps et de distance à l'accusatif, 263.

Nominatif, 220. — avec l'infinitif, 229. — absolu, 280.

Optatifs, 273 et 274. — avec ἄν, 276. — pour l'impératif, 277. — Optatifs en Ο'ΙΗΝ, 83, 204.

Parfaits actifs en κα, φα, χα, 100. — sans κ (syncope), 198. — qui perdent une voyelle (ἄνωγμεν), 199. — Parfaits passifs en σμαι, 96. — en μμαι, 101. — en γμαι, 103. — qui changent ε en α, 199. — qui changent ευ en υ, 199. — qui ont δ ou θ, 199. — Parfait moyen ou second, 110. — dans les verbes en ζω et σσω, 114. — dans les verbes en λω, μω, νω, ρω, 118.— Parfaits employés comme présents, 215.— Parfait en α ou parfait second, 268 à 270.

Participes, 53. — déclinés en entier, 58, 67, 76. — en ώς, ῶσα, ώς, 198. — en αις, τύψαις pour τύψας, 202.— Participe avec et sans article, 248. — indique une pro-

position complétive, 278. — emploi de quelques participes, 309 et 310.
Particules inséparables, 166.
Passif, 70, 264. — avec l'accusatif, 264.— échange de formes entre le passif et le moyen, 268.
Personnes, définition, 45. — 2ᵉ personne attique en ει, 201. — en σθα, 201. — 3ᵉ personne du pluriel en αται, 204. — en ντι pour σι, 204.—en ασι dans les verbes en μι, 204.
Plus-que-parfaits en εα — η, 203.—3ᵉ pers. plur. εσαν (ἐπεπλεύκεσαν), 203.
Ponctuation, 7.
Possessifs(Adjectifs), 47, 250.—génitifs, 255.
Prépositions, définition et liste, 152, 153.— dans les verbes composés, 163. — formant des comparatifs et des superlatifs, 182. — emploi des prépositions en général, 224. — régissant un seul cas, 281 à 283. — deux cas, 284 à 286. — trois cas, 286 à 289. — Prépositions-adverbes, 289. — avec ellipse d'un verbe, 290.—accent des prépositions, 324.
Présent mis pour le passé, 271.
Proclitiques, 325.
Pronoms, 45. — Pronom réfléchi, 46. — Pronoms composés, 46.—Pronom ἑαυτοῦ employé pour les deux premières personnes, 249.
Proposition (ce que c'est), 49. — Analyse de la proposition, 219. — Propositions unies par les conjonctions, 225. — complétives indiquées par ὅτι, que, 228. — par l'infinitif, 229. — par le participe, 278.
Radical et Terminaison, 54.
Redoublement et Augment, 59, 189.— poétique à l'aoriste second, 190.—attique au parfait et à l'aoriste second, 191.— ει pour λε et με redoublements du parfait, 190.— dans les verbes qui commencent par une aspirée, 83, 189. — par un ρ, une lettre double ou deux consonnes, 102, 189.
Relatif, le même que l'adjectif conjonctif, 44.—Relatif entre deux noms différents, 233. — Relatifs contenant en eux-mêmes la valeur d'une conjonction, 234.
Résumés, 48, 80, 105, 120, 151.
Secondes personnes attiques en ει, 201. — Secondes personnes en σθα, 201.
Subjonctif, 274, 275. — avec ἄν, 295. — Subjonctifs et Optatifs parfaits passifs, 200.
Substantifs, 8. — déclinaison, 11.
Sujet, 219. — accord du verbe avec le sujet, 220. — sujet sous-entendu, 220.— indiqué par l'article, 221. -- dépendances du sujet et de l'attribut, 222 à 224. — Sujet de l'infinitif à l'accusatif, 230.

Superlatifs, 37, 180, 243. — avec les pronoms réfléchis, 243.
Surabondants (Noms), 177.
Syllabes et manière de les diviser, 5, 7, 168. — Syllabe retranchée à la fin des mots, 178. — φι ajoutée, 178.
Tableau pour remonter d'un temps quelconque au présent de l'indicatif, 120.
Temps des verbes, 51. — principaux et secondaires, 52. — Théorie des temps en grec et en français, 216. — Usages des temps, 269. — Valeur des temps, 270 à 273. — hors de l'indicatif, 273.
Tmèse, 290.
Tréma, 3.
Verbe, définition, 49.
Verbe εἶναι, être, 56. — dialectes d'εἶναι, 206. — Verbe λύω, actif, 62.—passif, 70. — moyen, 78. — Verbe στέλλω, 119.
Verbes contractes, 81. — en ω pur, 94. — qui ont une des neuf muettes avant la terminaison, 97. — en ζω et σσω, 113. — en λω, μω, νω, ρω, 115.
Verbes en μι, 121, 141. — ἵστημι, sens actif et neutre, 133. — ἵημι, envoyer, 142. — ἵημι, εἶμι, aller, 145, 146. — φημί, dire, 147. — ἴσημι, savoir, 148. — κεῖμαι, être étendu, 149.—οἶδα, εἰδέναι, savoir, 211.
Verbes, différentes sortes, 223. — échange de différentes sortes de verbes entre elles, 270. — dits impersonnels, 231. — avec le génitif, 252. — avec le datif, 256. — avec l'accusatif, 260. — avec deux accusatifs, 261. — Verbes passifs, 264. — avec l'accusatif, 264 et 265. — Verbes moyens, 265 à 268. — emploi de quelques verbes, 302 à 308.
Verbes composés d'une préposition, 163, 192. — composés, mais non d'une préposition, 193.—observations sur divers temps des verbes, 193. — dialectes et formes diverses dans les verbes, 201. — irréguliers et défectifs, 206. — déponents, 187, 265. — le verbe s'accorde avec le sujet, 220. — au singulier avec un sujet pluriel, 220, 237. — être, sous-entendu, 221. — Verbes considérés relativement à leurs compléments, 223.
Vocatif, Règles du vocatif pour la 1ʳᵉ déclinaison, 171. — Vocatif semblable au nominatif chez les Attiques, 172. — emploi du vocatif, 224.
Voix des Verbes, idée des trois Voix, 49. — La voix ou forme d'un verbe doit être distinguée de sa signification, 224.
Voyelles, 3, 167.—prononciation des voyelles, 2. — redoublées (ὁράων), 202.

FIN DE LA TABLE ALPHABÉTIQUE.

MÉTHODE

POUR

ÉTUDIER LA LANGUE GRECQUE.

PREMIÈRE PARTIE.

ALPHABET GREC.

La langue grecque a vingt-quatre lettres, dont voici

la figure,		le nom,		la valeur,	
		d'après Érasme :	chez les Grecs :	d'après Érasme :	chez les Grecs :
A, α,		ἄλφα,	alpha,	âlpha,	a,	a.
B, β, 6,	βῆτα,	bêta,	vîta,	b,	v.
Γ, γ,	γάμμα,	gamma,	ghâmma,	g,	gh.
Δ, δ,	δέλτα,	delta,	dhêlta,	d,	th *anglais, doux*.
E, ε,	ἐψιλόν,	epsilon,	epsilonn,	é *bref*,	è.
Z, ζ,	ζῆτα,	zêta (dzêta),	zîta,	z, ds,	z.
H, η,	ἦτα,	êta,	îta,	ê *long*,	i.
Θ, ϑ, θ,	ϑῆτα,	thêta,	thîta,	th,	th *anglais, fort*.
I, ι,	ἰῶτα,	iôta,	iota,	i,	i.
K, κ,	κάππα,	cappa,	kâppa,	k, c,	k.
Λ, λ,	λάμβδα,	lambda,	lâmvdha,	l,	l.
M, μ,	μῦ,	mu,	my,	m,	m.
N, ν,	νῦ,	nu,	ny,	n,	n.
Ξ, ξ,	ξῖ,	xi,	xi,	x (cs, gs),	x (cs).
O, ο,	ὄμικρόν,	omicron,	omicronn,	o *bref*,	o.
Π, π,	πῖ,	pi,	pi,	p,	p.
P, ρ,	ῥῶ,	rho,	rho,	r, rh,	r.
Σ, ϛ, σ, ς,	σίγμα,	sigma,	sîghma,	s,	s.
T, τ, 7,	ταῦ,	tau,	taf,	t,	t.
Υ, υ,	ὑψιλόν,	upsilon,	ypsilonn,	u,	y.
Φ, φ,	φῖ,	phi,	phi,	ph, f,	f.
X, χ,	χῖ,	chi,	khi,	ch,	ch *allemand*.
Ψ, ψ,	ψῖ,	psi,	psi,	ps,	ps.
Ω, ω,	ὠμέγα,	oméga,	omêga,	ô *long*,	o.

Burn. *Gr. Gr.*

DE LA PRONONCIATION DU GREC.

I. D'APRÈS LA MÉTHODE ÉRASMIENNE.

Le tableau précédent fait suffisamment connaître la prononciation généralement reçue dans nos écoles depuis Érasme. On remarquera seulement qu'on prononce :

γ, devant α, ο, ω, υ, comme le *g* français dans *gamme*, *gobelet*, *guttural*; devant ε, η, ι, comme notre *g* dans *guérite*, *guêpe*, *guide*; devant γ, κ, χ, ξ, comme *n* : ἄγγελος, *messager*, *ange*, prononcez *anguélos*.

κ, comme *k* : Κικέρων, *Cicéron*, pron. *Kikérôn*.

σ, comme *s* dans *sage*, ou comme *ç* : μοῦσα, *muse*, pron. *mouça*.

τ, comme *t* : cette lettre ne prend jamais le son de l's, qu'elle a dans le français *action*.
Enfin les diphthongues (cf. § 3) se prononcent : αι, comme *ai* dans *faïence* ; ει, comme *éi* dans *pléiades* ; οι, à peu près comme *oy* dans *royaume* ; αυ, ευ, ου, comme *au*, *eu*, *ou*, en français.

II. CHEZ LES GRECS.

Le même tableau donne aussi la prononciation actuellement en usage chez les Grecs; quoique cette prononciation ne puisse s'apprendre complétement que de la bouche d'un maître exercé, on remarquera que :

β, se prononce comme *v* : βίος, *vie*, prononcez *víos*.

γ, comme *gh*, devant α : γάμος, *mariage*, pron. *ghámos* ; comme l'*y* du mot *yeux*, devant ε, η, ι, υ : γένεσις, *création*, pron. *yénesis* ; γυμνάσιον, *gymnase*, pron. *yimnacionn* ; comme *n*, devant γ, κ, χ : ἄγγαρος, *courrier*, pron. *angharos*.

δ, comme le *th* anglais doux dans *this*, ce.

η, comme *i* : φήμη, *renommée*, pron. *fimi* (lat. *fama*).

θ, comme le *th* anglais fort dans *think*, penser.

κ, comme *k*, ou comme notre *c* devant *a*, *o*, *u* : κέρας, *corne*, pron. *kéras* ; — κ médial et après un γ, ou initial et précédé d'un mot terminé par ν, prend le son de *gh* : ἄγκυρα, *ancre*, pron. *anghyra* ; τὸν κόλπον, *le golfe*, pron. *tonn gôlponn*.

ξ, comme *x* dans *Alexandre*, et non comme dans *exemple*.

π, comme *p* : — π médial et après un μ, ou initial et précédé d'un mot terminé par ν, prend le son du *b* français : πομπή, *pompe*, pron. *pommbí* ; τὴν πόλιν, *la ville*, pron. *timm bólinn*.

σ, comme *s* dans *sage* ; — σ prend le son du *z* français devant β, γ, δ, λ, μ, ν, ρ : σβέννυμι, *j'éteins*, pron. *zvénymi* ; Σμύρνα, *Smyrne*, pron. *Zmírna*.

τ, comme *t* : — τ médial et après un ν, ou initial et précédé d'un mot terminé par ν, prend le son du *d* français : ἐντός, *dedans*, pron. *enndós* ; τὸν ταῦρον, *le taureau*, pron. *tonn dávronn*.

υ, comme *i*, ou comme *y*, lettre qui, dans les mots latins et français tirés du grec, remplace υ : Ζέφυρος, *zéphyr*, pron. *zefíros* (lat. *zephyrus*).

χ, comme le *ch* allemand.

Quant aux diphthongues (cf. § 3), les cinq suivantes, αι, ει, οι, υι, ου, se prononcent : αι, comme *é* : Μοῦσαι, *les Muses*, pron. *mouçé* ; ει, οι, υι, comme *i* : εἰρωνεία, *ironie*, pron. *ironía* ; ου, comme *ou* : πλοῦτος, *richesse*, pron. *ploútos*.

Les trois suivantes, αυ, ευ, ηυ, se prononcent *av*, *ev*, *iv*, devant les voyelles et devant les consonnes β, γ, δ, ζ, λ, μ, ν, ρ : εὐαγγέλιον, *évangile*, pron. *evanghélionn* ; εὑρίσκω, *je trouve*, pron. *evrísco*. Devant θ, κ, ξ, π, σ, τ, φ, χ, ψ, on prononce αυ, ευ, ηυ, comme *af*, *ef*, *if* : εὔκαρπος, *fertile*, pron. *éfcarpos* ; αὐτός, *lui*, pron. *aftós*.

Enfin, on donne comme règles générales d'une bonne prononciation les quatre observations suivantes : — 1° Il faut soutenir longtemps la voix sur les voyelles marquées d'un accent (cf. § 8). — 2° La voyelle ω ne doit pas avoir plus de durée dans la prononciation que la brève ο. — 3° On doit détacher nettement les nasales ν et μ des voyelles qui les précèdent : λέων, *lion*, pron. *léonn*, et non comme *on*, dans le français *lion* ; ἔμφασις, *apparence*, pron. *émmfaçis*, et non comme *em*, dans *emphase*. — 4° Une consonne doublée n'a pas plus de valeur dans la prononciation qu'une simple : ἄλλος, *autre*, pron. *álos*, et non *allos*.

LIVRE PREMIER.

DES LETTRES.

CLASSIFICATION DES LETTRES.

VOYELLES.

§ 1. Des vingt-quatre lettres de l'alphabet grec, sept sont Voyelles, α, ε, η, ι, ο, ω, υ.

Deux de ces voyelles sont brèves, ε, ο; deux sont longues, η, ω; trois sont communes, c'est-à-dire tantôt brèves, tantôt longues, α, ι, υ.

DIPHTHONGUES.

§ 2. On appelle Diphthongue la réunion de deux voyelles qui se prononcent par une seule émission de voix, et produisent un son double, quoique dans une même syllabe. C'est de là que vient leur nom de δίφθογγος : δίς, *deux fois*, φθόγγος, *son*.

§ 3. Il y a neuf diphthongues.

Trois se forment en ajoutant ι aux lettres α, ε, ο; trois en y ajoutant υ; ainsi : αι, ει, οι; αυ, ευ, ου.

On voit que dans ces diphthongues les voyelles ι et υ tiennent toujours le dernier rang; on les nomme postpositives.

Dans les mots latins tirés du grec, αι est remplacé par *æ*. Exemple : Αἰνείας, *Æneas*, Énée; οι par *œ*, Φοῖϐος, *Phœbus*, Phébus.

Les trois autres diphthongues se rencontrent plus rarement; ce sont : ηυ, ωυ, υι.

§ 4. Deux voyelles, placées l'une à côté de l'autre, ne forment point diphthongue quand la dernière est marquée d'un tréma (¨). Exemple : παΐς, *enfant*, en deux syllabes. Mais, si l'on ôte le tréma, il y a diphthongue : παῖς, *enfant*, en une seule syllabe.

Quelquefois l'ι se retranche et se met sous la voyelle qui le précède. Ex. : ᾄδης ou ᾅδης, *enfer*. Cet ἰῶτα ne se prononce point; on l'appelle ἰῶτα souscrit; on le rencontre souvent sous α, η, ω, en cette forme, ᾳ, ῃ, ῳ. Il tient toujours lieu d'un ι retranché.

TABLEAU RÉSUMÉ DES VOYELLES ET DES DIPHTHONGUES.

Sept voyelles. . . . . { α, ε, ι, ο, υ,
η, ω.

Neuf diphthongues. { αι, ει, οι,
αυ, ευ, ου,
ηυ, ωυ, υι.

CONSONNES.

§ 5. Les dix-sept Consonnes sont, β, γ, δ, ζ, θ, κ, λ, μ, ν, ξ, π, ρ, σ, τ, φ, χ, ψ.

Elles se divisent en neuf Muettes, quatre Liquides, une Sifflante et trois Doubles.

Les muettes s'appellent ainsi, parce qu'en essayant de les articuler sans voyelle on ne peut faire entendre aucun son. Les Grecs les nomment ἄφωνα, *sine voce*.

TABLEAU DES MUETTES [1].

	1er ORDRE. LABIALES.	2e ORDRE. GUTTURALES.	3e ORDRE. DENTALES.
Douces.	Β	Γ	Δ
Fortes.	Π	Κ	Τ
Aspirées.	Φ	Χ	Θ

1. Il est une autre classification des muettes qui s'appuie sur l'autorité des anciens, et offre une analogie frappante avec la prononciation moderne. La voici :

Ténues	Π	Κ	Τ
Moyennes	Β	Γ	Δ
Aspirées.	Φ	Χ	Θ

Remarques. 1° Les lettres de chaque colonne sont de la même nature, et se changent l'une pour l'autre dans certains cas dont nous parlerons ci-après. En effet, le Π produit une articulation analogue à celle du Β, mais un peu plus forte; et le Φ est un Π aspiré. Il en est de même de Γ, Κ, Χ et de Δ, Τ, Θ.

Chaque douce a donc sa forte et son aspirée correspondantes.

2° Quand une muette suit immédiatement une autre muette dans la même syllabe, si l'une est douce, il faut que l'autre soit douce; si l'une est forte ou aspirée, il faut que l'autre soit forte ou aspirée; ce qui peut s'énoncer ainsi : *Toute muette précédée d'une autre muette la veut au même degré qu'elle.* Exemples :

DOUCES.	FORTES.	ASPIRÉES.
ἕϐδομος, septième.	ἑπτά, sept.	φθόνος, envie.
ὄγδοος, huitième.	ὀκτώ, huit.	ἔχθος, haine.

Dans tous ces mots, les deux consonnes appartiennent à la même syllabe, ἕ-ϐδομος, ἑ-πτά, ἔ-χθος, etc.

3° Deux syllabes de suite ne commencent pas d'ordinaire par une aspirée; on dit τρέχω, *je cours*, par un τ; on ne pourrait pas dire θρέχω par un θ, à cause du χ suivant.

§ 6. Les quatre liquides sont Λ, Μ, Ν, Ρ. On les appelle ainsi, parce qu'elles sont coulantes dans la prononciation, et s'unissent facilement aux autres consonnes.

La liquide Μ précède, dans un grand nombre de mots, les muettes du premier ordre. Ex. : ὄμϐρος, *pluie;* ἄμπελος, *vigne;* ἄμφω, *tous deux.* Il en est de même en latin, *imber,* pluie; *ambo,* tous deux; et en français, *ombre, ample, tombeau.* Mais ces muettes ne peuvent jamais se mettre devant Μ.

La liquide Ν a rapport au troisième ordre; c'est pourquoi on trouve souvent cette lettre devant δ, τ, θ. Ex. : ἀνδρεία, *courage;* ἄντρον, *antre;* ἄνθος, *fleur.* Il en est de même en latin et en français.

La sifflante est Σ. Ajoutez-la aux muettes des deux premiers ordres, et vous aurez les deux doubles :

ψ qui remplace βς,   πς,   φς;
ξ qui remplace γς,   κς,   χς.

Quant au ζ, il remplace seulement σδ.

On voit par là que les doubles, surtout les deux premières, ne sont qu'une abréviation d'écriture.

Aucune muette du premier et du second ordre ne peut se

rencontrer, dans la même syllabe, devant un Σ, qu'il n'en résulte une lettre double (un ψ ou un ξ).

TABLEAU RÉSUMÉ DES CONSONNES.

	1er ordre (Labiales).	2e ordre (Gutturales).	3e ordre (Dentales).
Douces.	β,	γ,	δ.
Fortes.	π,	κ,	τ.
Aspirées.	φ,	χ,	ϑ.
Doubles.	ψ,	ξ,	ζ.
Liquides.	μ,	—	ν.

Joignez à ces lettres les deux autres liquides λ, ρ, et la sifflante σ, vous aurez les dix-sept consonnes.

ESPRITS.

§ 7. Esprit, terme de grammaire, veut dire aspiration.

Les Grecs en ont deux, l'Esprit doux et l'Esprit rude. Le doux ne se fait point sentir en prononçant; le rude répond à notre *h* aspirée. Ils se mettent sur les voyelles et diphthongues initiales; le doux ressemble à une petite virgule. Ex. : ἐγώ, *moi* ; le rude à un petit *c*, ἡμεῖς, *nous*.

υ prend toujours l'esprit rude; les autres voyelles reçoivent tantôt l'un, tantôt l'autre.

ρ est la seule consonne initiale qui reçoive l'esprit, et elle prend le rude; voilà pourquoi on la représente dans les mots tirés du grec par *rh*. Ex. : *rhéteur, rhétorique*.

Si deux ρ se rencontrent de suite au milieu d'un mot, le premier reçoit l'esprit doux, le second l'esprit rude. Ex. : ἀῤῥαβών, *arrhes*; ἀῤῥενικός, *masculin*. Les muettes n'ont pas besoin de l'esprit, puisque si l'on veut aspirer, par exemple, un π, nous avons vu qu'on emploie le caractère φ, et ainsi des autres.

ACCENTS.

§ 8. Nous nous bornerons à indiquer ici le nom et la forme des Accents; il y en a trois, l'aigu ('), le grave (`), le circonflexe (~).

Ils ont été inventés pour noter les syllabes sur lesquelles la voix doit s'élever plus ou moins dans la prononciation. Ils sont quelquefois utiles pour distinguer les significations d'un même mot, différentes suivant la position de l'accent. Ex. : θεοτόκος, *mère de Dieu*; θεότοκος, *fils de Dieu*.

Quand une diphthongue doit recevoir l'accent, c'est toujours sur la seconde voyelle qu'on le place. Il en est de même des esprits. Ex. : εἶδος, οὗτος, αἰτία, αἷμα.

APOSTROPHE.

§ 9. L'Apostrophe, en grec comme en français, tient lieu d'une voyelle retranchée. Ex. : ἀπ' ἐμοῦ, pour ἀπὸ ἐμοῦ, *de moi*.

Quand la voyelle qui suit l'apostrophe est marquée d'un esprit rude, la muette qui la précède devient aspirée, si c'est une des fortes π, κ, τ. Ex. : ἀφ' ἡμῶν, pour ἀπὸ ἡμῶν, *de nous*. L'esprit rude valant notre lettre *h*, si l'on employait nos caractères, on aurait *ap'hêmôn*.

SYLLABES ET ÉPELLATION.

§ 10. 1° Les Syllabes sont une ou plusieurs lettres prononcées en un seul temps, par une seule émission de voix : τιμή, *honneur*, est de deux syllabes, τι-μή.

2° La syllabe peut être formée d'une seule voyelle : ἥβη, *jeunesse*, est de deux syllabes ; ἥ forme la première, βη la seconde.

3° Les consonnes qui s'unissent au commencement d'un mot s'unissent aussi au milieu ; ainsi, comme on dit φθόνος, *envie*, en faisant une syllabe de φθό, on dira également ἄφθονος, *exempt d'envie*, ainsi divisé ἄ-φθο-νος. C'est d'après ce principe que nous avons divisé les mots déjà cités, ὀ-κτώ, ὄ-γδοος[1], ἔ-χθος, etc.

PONCTUATION.

§ 11. Le Point annonce, comme en français, un sens fini.

Le Point en haut équivaut à nos deux points et à notre point et virgule.

La Virgule distingue, comme chez nous, les divers membres d'une phrase.

Enfin, le Point et Virgule tient lieu de notre Point d'interrogation.

On trouve aussi le Point d'exclamation (!) dans quelques éditions modernes très-correctes.

Voilà tous les signes de ponctuation usités en grec.

---

1. Si l'on cherche un mot qui commence par γδ, on trouvera ἐρίγδουπος, où ἐρι est une particule, inséparable à la vérité, mais qui ne fait point partie du mot primitif.

DIALECTES.

§ 12. On appelle Dialectes certaines manières de parler propres à tel ou tel peuple de la Grèce, et qui s'éloignent de la langue commune.

Il y en a quatre principaux ; l'Attique, l'Ionien, le Dorien, l'Éolien.

Le plus usité de tous est le dialecte attique [1].

DES MOTS.

NOTIONS PRÉLIMINAIRES.

§ 13. La langue grecque se compose, comme la langue française, de dix sortes de Mots, qu'on appelle aussi les dix parties du discours.

Ce sont, le Nom substantif, l'Adjectif, l'Article, le Pronom, le Verbe, le Participe, la Préposition, l'Adverbe, la Conjonction, l'Interjection.

Le nom substantif est le mot qui désigne et qui nomme les personnes ou les choses.

L'adjectif est un mot qui se joint au substantif pour désigner une qualité ou une manière d'être.

L'article est lui-même une espèce d'adjectif dont nous parlerons en son lieu. Le français et le grec ont un article ; le latin n'en a point. En latin, *populus* signifie également *peuple*, *un peuple*, *le peuple* ; mais en grec, δῆμος signifie simplement *peuple* ou *un peuple* ; pour exprimer *le peuple*, il faut dire ὁ δῆμος. L'article grec ὁ répond donc exactement à l'article français *le*.

Le substantif, l'adjectif, l'article, ainsi que le pronom et le participe, sont susceptibles de nombres, de genres, de cas.

---

[1]. Nous donnerons à la fin de cet ouvrage les règles principales de chaque dialecte.

NOMBRES.

Le français et le latin n'ont que deux Nombres. Le grec en a trois : le Singulier, qui exprime l'unité ; le Pluriel, qui exprime la multiplicité ; le Duel, qui indique qu'on parle de deux personnes ou de deux choses.

GENRES.

Il y a trois Genres, le Masculin, le Féminin et le Neutre. Ce dernier est ainsi appelé du latin NEUTRUM, *ni l'un ni l'autre*, parce qu'il renferme les noms qui ne sont ni masculins ni féminins.

Le genre des substantifs se reconnaît soit par la terminaison, soit par l'article dont ils sont accompagnés, enfin par l'usage.

CAS.

Les noms reçoivent différentes terminaisons, suivant la manière dont ils sont employés dans le discours. Ces terminaisons s'appellent Cas.

La langue grecque a cinq cas, le Nominatif, le Vocatif, le Génitif, le Datif, l'Accusatif. Le grec n'a point d'ablatif. Ce cas est suppléé tantôt par le génitif, tantôt par le datif.

De ces cinq cas, il y en a plusieurs qui se ressemblent ; ainsi :

1° Toujours au pluriel, très-souvent au singulier, le vocatif est le même que le nominatif ;

2° Le duel n'a que deux terminaisons, une pour le nominatif, le vocatif, l'accusatif ; une pour le génitif et le datif ;

3° Le neutre a, comme en latin, trois cas semblables, nominatif, vocatif, accusatif. Au pluriel ces trois cas sont en α.[1]

Décliner un nom, c'est réciter de suite tous les cas de ce nom.

Il y a en grec trois Déclinaisons qui répondent aux trois premières des Latins.

Nous déclinerons d'abord l'article, dont la connaissance facilitera beaucoup celle des deux premières déclinaisons. Comme le duel est peu usité, nous le mettrons toujours après le pluriel.

---

[1]. Nous verrons dans la déclinaison attique (§ 18) ω pour α ; et dans les noms contractes (§ 22) η pour $\epsilon\alpha$.

DE L'ARTICLE.

§ 14. L'article a les trois genres.

    Masculin, ὁ, le, comme ὁ ἥλιος, le soleil.
    Féminin, ἡ, la, comme ἡ σελήνη, la lune.
    Neutre, τό, le, comme τὸ δῶρον, le présent.

SINGULIER.

	MASC.	FÉM.	NEUT.	
Nominatif.	ὁ,	ἡ,	τό,	le, la, le.
Génitif.	τοῦ,	τῆς,	τοῦ,	du, de la, du.
Datif.	τῷ,	τῇ,	τῷ,	au, à la, au.
Accusatif.	τόν,	τήν,	τό,	le, la, le.

PLURIEL.

Nominatif.	οἱ,	αἱ,	τά,	les.
Génitif.	τῶν,	τῶν,	τῶν,	des.
Datif.	τοῖς,	ταῖς,	τοῖς,	aux.
Accusatif.	τούς,	τάς,	τά,	les.

DUEL.

Nom. Ac.	τώ,	(τά[1]),	τώ,	les deux.
Gén. Dat.	τοῖν,	ταῖν,	τοῖν,	des, aux deux.

REMARQUES. 1° L'article n'a pas de vocatif; ὦ, qui précède quelquefois un nom au vocatif, est une interjection comme *o* en latin et *ô* en français.

2° L'article prend la consonne τ à tous les cas, excepté au nominatif singulier masculin et féminin ὁ, ἡ, et au nominatif pluriel masculin et féminin οἱ, αἱ, où le τ est suppléé par l'esprit rude.

3° Le datif singulier a un ι souscrit à tous les genres, τῷ, τῇ, τῷ, et le datif pluriel une diphthongue où entre aussi l'ι, τοῖς, ταῖς, τοῖς. Il en est de même dans tous les noms des deux premières déclinaisons.

Le génitif pluriel est terminé en ων pour tous les genres. Il en est de même dans toutes les déclinaisons, sans exception.

---

1. Nous mettons entre parenthèses cette forme du duel féminin, τά, parce qu'elle est inusitée. On trouve dans les auteurs τώ pour τά avec des noms féminins.

DES NOMS SUBSTANTIFS.

PREMIÈRE DÉCLINAISON.

§ 15. Cette déclinaison répond à la première des Latins ; elle comprend : 1° des noms féminins terminés en α et en η ; 2° des noms masculins en ας et en ης. Ses désinences sont, en général, celles de l'article féminin.

1.

NOM FÉMININ EN η.   NOM FÉMININ EN α.

SINGULIER.

N.	ἡ	κεφαλή,	la tête.	ἡ	ἡμέρα,	le jour.
V.		κεφαλή,	tête.		ἡμέρα,	jour.
G.	τῆς	κεφαλῆς,	de la tête.	τῆς	ἡμέρας,	du jour.
D.	τῇ	κεφαλῇ,	à la tête.	τῇ	ἡμέρᾳ,	au jour.
Ac.	τὴν	κεφαλήν,	la tête.	τὴν	ἡμέραν,	le jour.

PLURIEL.

N.	αἱ	κεφαλαί,	les têtes.	αἱ	ἡμέραι,	les jours.
V.		κεφαλαί,	têtes.		ἡμέραι,	jours.
G.	τῶν	κεφαλῶν,	des têtes.	τῶν	ἡμερῶν,	des jours.
D.	ταῖς	κεφαλαῖς,	aux têtes.	ταῖς	ἡμέραις,	aux jours.
Ac.	τὰς	κεφαλάς,	les têtes.	τὰς	ἡμέρας,	les jours.

DUEL.

N. V. Ac.		κεφαλά,	deux têtes.	ἡμέρα,	deux jours.
G. D.		κεφαλαῖν,	de, à deux têtes.	ἡμέραιν,	de, à deux jours [1].

REMARQUES. 1° Tous les noms en η gardent cette voyelle à tous les cas du singulier, et se déclinent comme κεφαλή.

2° Tous les noms en ρα et en α pur, c'est-à-dire précédé d'une voyelle, par exemple, φιλία, *amitié,* gardent α à tous leurs cas, excepté au génitif pluriel, et se déclinent comme ἡμέρα.

---

1. Si nous ne mettons point d'article au duel, c'est parce que nous disons à la fois : *Nom. Voc. Acc.,* et que le vocatif ne peut en recevoir.

NOMS SUBSTANTIFS.

3° Tous les autres noms terminés en α, mais qui n'ont devant cet α ni une voyelle ni la consonne ρ, font le génitif en ης et le datif en η. A l'accusatif ils reprennent la voyelle du nominatif. Exemple :

N. ἡ δόξ α, la gloire. D. τῇ δόξ η.
V.   δόξ α,   Acc. τὴν δόξ αν.
G. τῆς δόξ ης.

Le pluriel et le duel sont toujours terminés comme ceux de l'article féminin, quelle que soit la terminaison du singulier.

Déclinez : 1° sur κεφαλή :

κόμη,	chevelure.	βροντή,	tonnerre.	τιμή,	honneur.
φωνή,	voix.	σελήνη,	lune.	νίκη,	victoire.
ᾠδή,	ode, chant.	δάφνη,	laurier.	ἀρετή,	vertu.
γῆ,	terre.	εὐνή,	lit.		
νεφέλη,	nue.	γραμματική,	grammaire.		

2° sur ἡμέρα :

οἰκία,	maison.	σκιά,	ombre.	φιλία,	amitié.
θύρα,	porte.	ἄγκυρα,	ancre.	ἀλήθεια,	vérité.
ἕδρα,	siége.	γέφυρα,	pont.	αἰτία,	cause.
στοά,	portique.	ἀγυιά,	rue.		
ἀγορά,	place publique.	σοφία,	sagesse.		

3° sur δόξα :

γλῶσσα,	langue.	μέλισσα,	abeille.	ἅμιλλα,	combat.
δίψα,	soif.	θάλασσα,	mer.	μοῦσα,	muse.
πεῖνα,	faim.	ῥίζα,	racine.		

Déclinez encore :

1° Sur κεφαλή : συκῆ, -ῆς, contracté de συκέη, -έης, figuier ;

2° Sur ἡμέρα : μνᾶ, μνᾶς, contracté de μνάα, μνάας, mine, *sorte de monnaie ;* Ἀθηνᾶ, -ᾶς, contracté de Ἀθηνάα, -άας, Minerve. Ces deux noms gardent α à tous leurs cas, parce qu'avant la contraction ils sont en α pur.

Λήδα, Λήδας, Léda ; Φιλομήλα, -λας, Philomèle, gardent aussi α à tous les cas.

Nota. Nous ne mettrons plus la traduction française qu'au nominatif de chaque nom ; il sera facile de la suppléer aux autres cas. On pourra s'exercer à décliner des noms grecs, tantôt en récitant le grec seul, tantôt en y joignant le français.

§ 16.

II.

NOM MASCULIN EN ης. **NOM MASCULIN EN** ας.

SINGULIER.

N.	ὁ	ποιητ	ής, le poëte.	N.	ὁ	ταμί	ας, le questeur.
V.		ποιητ	ά.	V.		ταμί	α.
G.	τοῦ	ποιητ	οῦ.	G.	τοῦ	ταμί	ου.
D.	τῷ	ποιητ	ῇ.	D.	τῷ	ταμί	ᾳ.
Ac.	τὸν	ποιητ	ήν.	Ac.	τὸν	ταμί	αν.

PLURIEL.

N.	οἱ	ποιητ	αί.	N.	οἱ	ταμί	αι.
V.		ποιητ	αί.	V.		ταμί	αι.
G.	τῶν	ποιητ	ῶν.	G.	τῶν	ταμι	ῶν.
D.	τοῖς	ποιητ	αῖς.	D.	τοῖς	ταμί	αις.
Ac.	τοὺς	ποιητ	άς.	Ac.	τοὺς	ταμί	ας.

DUEL.

N. V. Ac.	ποιητ	ά.	N. V. Ac.	ταμί	α.
G. D.	ποιητ	αῖν.	G. D.	ταμί	αιν.

REMARQUES. 1° Ces noms ne diffèrent des précédents que par le ς du nominatif, et par la terminaison du génitif, qui est ου, comme l'article masculin.

Dans tous les autres cas, ils suivent l'article féminin. Les noms en ης retiennent η, comme κεφαλή; les noms en ας gardent α, comme ἡμέρα.

2° Le vocatif singulier se forme en retranchant ς du nominatif, comme on le voit dans ταμίας.

Cependant la plupart des noms en ης font le vocatif en α, comme on le voit dans ποιητής. (Cf. § 176.)

3° Le pluriel et le duel sont toujours terminés comme le pluriel et le duel de l'article féminin.

NOMS SUBSTANTIFS.

Déclinez : 1° sur ποιητής (voc. α) :

πολίτης,	citoyen.	ναύτης,	pilote.
ἀρότης,	laboureur.	προφήτης,	prophète.
τεχνίτης,	artiste.	μαθητής,	disciple.
δικαστής,	juge.	ὑποκριτής,	comédien.
δεσπότης,	maître.	κομήτης,	comète.
στρατιώτης,	soldat.	πλανήτης,	planète.

Déclinez encore sur ποιητής, *mais avec* η *au vocatif :*

Χρύσης, Χρύσου, Chrysès, nom d'homme.
Ἑρμῆς (contracté d'Ἑρμέας), Mercure.

2° Déclinez sur ταμίας :

μονίας,	solitaire.	Ἀνδρέας,	André,	} noms d'hommes.
νεανίας,	jeune homme.	Αἰνείας,	Énée,	

TABLEAU RÉSUMÉ DE LA PREMIÈRE DÉCLINAISON.

SINGULIER.

	FÉMININ.		MASCULIN.	
N.	η,	α.	ης,	ας.
V.	η,	α.	η ou α,	α.
G.	ης,	ας (ης).	ου,	ου.
D.	η,	ᾳ (η).	η,	ᾳ.
Ac.	ην,	αν.	ην,	αν.

PLURIEL.

N.	αι.
V.	αι.
G.	ων.
D.	αις.
Ac.	ας.

DUEL.

N. V. Ac. α.   G. D. αιν.

REMARQUE. Nous avons déjà dit que cette déclinaison répond à la première des Latins ; il est facile de s'en convaincre en comparant les terminaisons, et en observant que la diphthongue latine *æ* répond à αι et ᾳ.

De plus, la première déclinaison latine a des noms tirés du grec et qui appartiennent à celle-ci :

Grammatice, ces, ou *Grammatica, cæ,* pour le féminin,
Cometes, tæ, ou *Cometa, tæ,* pour le masculin ;
et autres semblables[1].

DEUXIÈME DÉCLINAISON.

§ 17. Cette déclinaison répond à la deuxième des Latins ; elle contient : 1° des noms masculins et féminins en ος, qui, pour les désinences, suivent l'article masculin et ont le vocatif en ε ; 2° des noms neutres en ον, qui suivent l'article neutre. Le génitif singulier est en ου.

NOM MASCULIN EN ος.   NOM FÉMININ EN ος.   NOM NEUTRE EN ον.

SINGULIER.

N. ὁ   λόγ ος, le discours. ἡ   ὁδ ός, la route.   τὸ   δῶρ ον, le présent.
V.   λόγ ε.   ὁδ έ.   δῶρ ον.
G. τοῦ λόγ ου.   τῆς ὁδ οῦ.   τοῦ δώρ ου.
D. τῷ   λόγ ῳ.   τῇ ὁδ ῷ.   τῷ   δώρ ῳ.
Ac. τὸν λόγ ον.   τὴν ὁδ όν.   τὸ   δῶρ ον.

PLURIEL.

N. οἱ   λόγ οι.   αἱ ὁδ οί.   τὰ   δῶρ α.
V.   λόγ οι.   ὁδ οί.   δῶρ α.
G. τῶν λόγ ων.   τῶν ὁδ ῶν.   τῶν δώρ ων.
D. τοῖς λόγ οις.   ταῖς ὁδ οῖς.   τοῖς δώρ οις.
Ac. τοὺς λόγ ους.   τὰς ὁδ ούς.   τὰ   δῶρ α.

DUEL.

N. V. Ac. λόγ ω.   ὁδ ώ.   δώρ ω.
G. D.   λόγ οιν.   ὁδ οῖν.   δώρ οιν.

REMARQUE. Nous avons déjà dit que les noms neutres ont trois cas semblables, et qu'au pluriel ces trois cas sont toujours en α.

---

1. Cf. Méthode latine, § 107.

Observons encore que la terminaison du duel est la même pour les noms en ος, comme λόγος, ὁδός, et pour les neutres en ον, comme δῶρον.

Déclinez : 1° sur λόγος, les masculins :

δῆμος,	peuple.	ἄνεμος,	vent.
κύριος,	maître.	νόμος ;	loi.
ἄνθρωπος,	homme.	πόλεμος,	guerre.
ἀδελφός,	frère.	οἶκος,	maison.
υἱός,	fils.	κῆπος,	jardin.
ἄγγελος,	messager, **ange**.	οἶνος,	vin.

2° sur ὁδός, les féminins :

ἄμπελος,	vigne.	σποδός,	cendre.
νῆσος,	île.	παρθένος,	vierge.
νόσος,	maladie.	βίβλος,	livre.

3° sur δῶρον, les neutres :

δένδρον,	arbre.	μῆλον,	pomme.
ξύλον,	bois.	πρόβατον,	brebis.
ὅπλον,	arme.	ζῶον,	animal.
ὄργανον,	instrument.	τέκνον,	enfant.
ἔργον,	ouvrage.	ῥόδον,	rose.

Quelques noms de cette déclinaison, où les terminaisons ος et ον sont précédées de ε ou ο, souffrent contraction à tous leurs cas. Exemples :

NOM MASCULIN. NOM NEUTRE.

Sing. N. ὁ νόος, νοῦς, l'esprit. Sing. N. τὸ ὀστέον, ὀστοῦν, l'os.
G. τοῦ νόου, νοῦ, etc. G. τοῦ ὀστέου, ὀστοῦ, etc.

(Point de pluriel). Pl. N. τὰ ὀστέα, ὀστᾶ, etc.[1]

Remarque. Il est facile de voir que la déclinaison latine en *us* a beaucoup d'analogie avec λόγος, et le neutre en *um*, avec δῶρον.
Une conformité de plus, c'est que les Latins ont aussi des noms féminins de cette déclinaison, par exemple, les noms d'arbres, comme *pŏpulus*, peuplier ; *ulmus*, orme ; et d'autres encore, comme *carbasus, alvus, crystallus*.

---

1. Cf. le Supplément, § 178.

NOMS DÉCLINÉS ATTIQUEMENT.

§ 18. Les Attiques changent ο en ω à tous les cas de cette déclinaison; dans les cas où il se rencontre un ι, ils le souscrivent; quand il se rencontre un υ, ils le rejettent. Ils font toujours le vocatif semblable au nominatif. Les trois cas semblables du pluriel neutre sont en ω au lieu d'être en α [1].

NOM MASCULIN.   **NOM NEUTRE.**

SINGULIER.

N. ὁ λαγ ώς, le lièvre.   N. τὸ ἀνώγε ων, le cénacle.
V.   λαγ ώς.   V.   ἀνώγε ων.
G. τοῦ λαγ ώ (ω pour ου).   G. τοῦ ἀνώγε ω (ω pour ου).
D. τῷ λαγ ῷ.   D. τῷ ἀνώγε ῳ.
Ac. τὸν λαγ ών.   Ac. τὸ ἀνώγε ων.

PLURIEL.

N. οἱ λαγ ῴ (ῳ pour οι).   N. τὰ ἀνώγε ω (ω pour α).
V.   λαγ ῴ (ῳ p. οι).   V.   ἀνώγε ω (ω p. α).
G. τῶν λαγ ῶν.   G. τῶν ἀνώγε ων.
D. τοῖς λαγ ῷς (ῳς p. οις).   D. τοῖς ἀνώγε ῳς (ῳς p. οις).
Ac. τοὺς λαγ ώς (ως p. ους).   Ac. τὰ ἀνώγε ω.

DUEL.

N. V. Ac. λαγ ώ.   N. V. Ac. ἀνώγε ω.
G. D.   λαγ ῶν (ῳν pour οιν). G. D.   ἀνώγε ων (ῳν pour οιν).

Déclinez ainsi :

N.	G.		
ἅλως,	ἅλω,	aire.	*féminin.*
ταώς,	ταώ,	paon.	
κάλως,	κάλω,	corde.	
νεώς,	νεώ,	temple.	*masculins.*
λεώς,	λεώ,	peuple.	
Μενέλεως,	Μενέλεω,	Ménélas.	

Ces trois derniers sont pour ναός, οῦ; λαός, οῦ; Μενέλαος, ου. L'α étant long a été changé en ε, afin que l'ω fût précédé d'une brève. Il reste dans λαγώς et les autres, parce qu'il y est déjà bref par lui-même.

---

[1]. Il ne faut pas croire que cette manière de décliner s'étendît à tous les noms; elle se bornait au contraire à un très-petit nombre, qui se trouvent presque tous ici, et dans le Supplément, § 179.

Burn. *Gr. Gr.*

NOMS SUBSTANTIFS.

TABLEAU RÉSUMÉ DE LA DEUXIÈME DÉCLINAISON.

SINGULIER.

	MASC. FÉM.	NEUT.		MASC. FÉM.	NEUT.
				(Attiquement.)	
N.	ος.	ον.	N.	ως.	ων.
V.	ε.	ον.	V.	ως.	ων.
G.	ου.	ου.	G.	ω.	ω.
D.	ῳ.	ῳ.	D.	ῳ.	ῳ.
Ac.	ον.	ον.	Ac.	ων.	ων.

PLURIEL.

N. V.	οι.	α.	N. V.	ῳ.	ω.
G.	ων.	ων.	G.	ων.	ων.
D.	οις.	οις.	D.	ῳς.	ῳς.
Ac.	ους.	α.	Ac.	ως.	ω.

DUEL.

N. V. A.	ω.	ω.	N. V. A.	ω.	ω.
G. D.	οιν.	οιν.	G. D.	ῳν.	ῳν.

REMARQUE. Ces deux premières déclinaisons s'appellent parisyllabiques, parce qu'elles ont à tous les cas le même nombre de syllabes. La troisième déclinaison, dont il nous reste à parler, s'appelle imparisyllabique, parce qu'elle reçoit au génitif et aux cas suivants une syllabe de plus qu'au nominatif et au vocatif du singulier.

TROISIÈME DÉCLINAISON.

§ 19. Cette déclinaison répond à la troisième des Latins. Elle contient des noms de tout genre, et renferme neuf terminaisons : quatre voyelles, α, ι, υ, ω; cinq consonnes, ν, ρ, ς, ψ, ξ. Le génitif singulier est toujours en ος.

TROISIÈME DÉCLINAISON.

| NOM MASCULIN. | NOM FÉMININ. | NOM NEUTRE. |

SINGULIER.

N. ὁ Ἕλλην, le Grec. ἡ λαμπάς, la lampe. τὸ σῶμα, le corps.
V. Ἕλλην. λαμπάς. σῶμα.
G. τοῦ Ἕλλην ος. τῆς λαμπάδ ος. τοῦ σώματ ος.
D. τῷ Ἕλλην ι. τῇ λαμπάδ ι. τῷ σώματ ι.
Ac. τὸν Ἕλλην α. τὴν λαμπάδ α. τὸ σῶμα.

PLURIEL.

N. οἱ Ἕλλην ες. αἱ λαμπάδ ες. τὰ σώματ α.
V. Ἕλλην ες. λαμπάδ ες. σώματ α.
G. τῶν Ἑλλήν ων. τῶν λαμπάδ ων. τῶν σωμάτ ων.
D. τοῖς Ἕλλη σι. ταῖς λαμπά σι. τοῖς σώμα σι.
Ac. τοὺς Ἕλλην ας. τὰς λαμπάδ ας. τὰ σώματ α.

DUEL.

N.V.Ac. Ἕλλην ε. λαμπάδ ε. σώματ ε.
G. D. Ἑλλήν οιν. λαμπάδ οιν. σωμάτ οιν.

REMARQUES. 1° Le vocatif est ordinairement semblable au nominatif. Cependant quelques noms retranchent ς : N. βασιλεύς, *roi*, V. βασιλεῦ; N. παῖς, *enfant*, V. παῖ. D'autres abrègent la voyelle : N. πατήρ, *père*, V. πάτερ; d'autres prennent un ν, Αἴας, *Ajax* (nom d'homme), V. Αἴαν.

2° Le génitif est toujours en ος. Nous voyons, par les trois exemples ci-dessus, que la consonne qui précède cette terminaison passe à tous les cas suivants, sauf les exceptions pour le datif pluriel. Pour décliner un nom, il faut donc en connaître le génitif. (Cf. § 180.)

3° Le datif pluriel est toujours en σι.

§ 20. *Règles pour former le datif pluriel.* — 1° Il se forme de celui du singulier, en mettant σ devant ι :

N. θήρ, bête féroce. Dat. sing. θηρί. Dat. pl. θηρσί.
ῥήτωρ, orateur. ῥήτορι. ῥήτορσι.

S'il se rencontre au singulier une muette du 1ᵉʳ ordre, β, π, φ, cette muette, combinée avec le σ du datif pluriel, forme un ψ, φλέψ, veine, φλεβί, φλεψί (p. φλεβσί).

S'il se rencontre au singulier une muette du 2ᵉ ordre, γ, κ, χ, cette muette, combinée avec le σ du datif pluriel, forme un ξ : κόραξ, corbeau, κόρακι, κόραξι (p. κόρακσι).

*2

NOMS SUBSTANTIFS.

S'il se rencontre au singulier une muette du 3e ordre, δ, τ, θ, on la retranche au pluriel : λαμπάς, λαμπάδι, λαμπάσι; σῶμα, σώματι, σώμασι.

On rejette aussi le ν, soit seul, Ἕλλην, Ἕλληνι, Ἕλλησι; soit joint à une muette du troisième ordre, γίγας, *géant,* γίγαΝΤι, γίγασι; ἕλμινς, *ver,* ἕλμιΝΘι, ἑλμῖσι [1].

Si le datif singulier est en οντι, comme dans λέων, *lion,* λέοΝΤι, après avoir retranché ντ, on change ο en ου, et l'on a pour datif pluriel λέουσι.

Si le datif singulier est en εντι, comme dans les participes en εις, εῖσα, εν, on change ε en ει, après la suppression de ντ : τυφθείς, *frappé,* τυφθέΝΤι, τυφθεῖσι.

2° Les noms qui se terminent en ς, précédé d'une diphthongue, forment le datif pluriel en ajoutant ι au nominatif singulier : βασιλεύς, *roi,* βασιλεῦσι; δρομεύς, *coureur,* δρομεῦσι [2]; βοῦς, *bœuf,* βουσί; ναῦς, *navire,* ναυσί. (Cf. § 185.)

Exceptez les suivants, qui rentrent dans la première règle :

N.		G.	D.	D. pl.	
κτείς,	peigne.	κτενός.	κτενί.	κτεσί.	} masculins.
πούς [3],	pied.	ποδός.	ποδί.	ποσί.	
οὖς,	oreille.	ὠτός.	ὠτί.	ὠσί.	neutre.

Et les adjectifs en εις, εσσα, εν, comme χαρίεις, *gracieux,* χαρίεντι, χαρίεσι; φωνήεις, *vocal,* φωνήεντι, φωνήεσι.

Noms masculins à décliner :

N.	G.		Voc.
ποιμήν,	ποιμέν ος,	berger.	
λέων,	λέοντ ος,	lion.	λέον.
σωτήρ,	σωτῆρ ος,	sauveur.	σῶτερ.
γίγας,	γίγαντ ος,	géant.	γίγαν.
κόλαξ,	κόλακ ος,	flatteur.	
ἄναξ,	ἄνακτ ος,	prince.	ἄνα [4].
ἡγεμών,	ἡγεμόν ος,	général.	ἡγεμόν.
μήν,	μην ός,	mois.	
θήρ,	θηρ ός,	bête féroce.	
πλακόεις,	πλακόεντ ος,	} gâteau.	πλακοῦ.
et par contraction,			
πλακοῦς,	πλακοῦντ ος,		

---

1. Ἑλμῖσι, H. Steph. *Thes.* edit. Didot; Ἑλμινσι, Buttmann, Passow, etc. — 2. Δρομέσι paraît n'avoir été employé que par Callimaque. — 3. On trouve aussi πούς, avec le circonflexe. — 4. Voc. ἄνα, en parlant à un dieu ; ἄναξ, en parlant soit à un homme, soit à un dieu.

TROISIÈME DÉCLINAISON.

Noms féminins à décliner :

N.		G.			
ἐλπίς,		ἐλπίδ ος,	espérance.		
πατρίς,		πατρίδ ος,	patrie.		
χελιδών,		χελιδόν ος,	hirondelle.	Voc.	δόν.
ἀηδών,		ἀηδόν ος,	rossignol.		δόν.
ἀκτίν,		ἀκτῖν ος,	rayon.		
νύξ,		νυκτ ός,	nuit.		
φλόξ,		φλογ ός,	flamme.		
φλέψ,		φλεβ ός,	veine.		
θρίξ,		τριχ ός,	cheveu.		
ἐσθής,		ἐσθῆτ ος,	habit.		
κακότης,		κακότητ ος,	méchanceté.		
νεότης,		νεότητ ος,	jeunesse.		
ἀλώπηξ,		ἀλώπεκ ος,	renard.		
αἴξ,		αἰγ ός,	chèvre.		

Dans les noms où le vocatif n'est pas indiqué, il est semblable au nominatif.

Remarquez que θρίξ, cheveu, prend un τ au génitif τριχός; c'est que ce génitif ayant un χ, aurait, s'il prenait θ, deux syllabes aspirées de suite, ce qui est contre la règle (cf. § 5). Au datif pluriel, il reprend le θ, θριξί.

Noms neutres à décliner :

N.	G.			N.	G.		
ἅρμα,	ἅρματ ος,	char.		δάκρυ,	δάκρυ ος,	larme.	
πρᾶγμα,	πράγματ ος,	affaire.		ἦτορ,	ἤτορ ος,	cœur.	
ποίημα,	ποιήματ ος,	poëme.		ἧπαρ,	ἥπατ ος,	foie.	
ὄνομα,	ὀνόματ ος,	nom.		φρέαρ,	φρέατ ος,	puits.	
γάλα,	γάλακτ ος,	lait.		πῦρ,	πυρ ός,	feu.	
μέλι,	μέλιτ ος,	miel.		ὕδωρ,	ὕδατ ος,	eau.	
δόρυ,	δόρατ ος,	lance.		γόνυ,	γόνατ ος,	genou.	

§ 21. NOMS EN ις, υς, ους. Deux accus. sing., α et ν.

Quelques noms en ις, υς, ους ont deux terminaisons à l'accusatif singulier, α et ν. Exemples :

NOM MASC. ET FÉM.   NOM FÉMININ.

SINGULIER.

N.	ὁ, ἡ ὄρνις, l'oiseau.		N.	ἡ κόρυς, le casque.
V.	ὄρνι.		V.	κόρυ.
G.	ὄρνιθ ος.		G.	κόρυθ ος.
D.	ὄρνιθ ι.		D.	κόρυθ ι.
Ac.	ὄρνιθ α ou ὄρνιν.		Ac.	κόρυθ α ou κόρυν.

NOMS SUBSTANTIFS.

Déclinez ainsi :

N. ἔρις,	G. ἔριδ ος,	dispute.	Acc. ἔριδ α ou ἔριν.	}	*féminins.*
χάρις,	χάριτ ος,	grâce.	χάριτ α ou χάριν.		
κλείς,	κλειδ ός,	clef.	κλεῖδ α ou κλεῖν.		
ἔπηλυς,	ἐπήλυδ ος,	étranger.	ἐπήλυδ α, ἔπηλυν.	}	*masculins et féminins.*
δίπους,	δίποδ ος,	bipède.	δίποδ α, δίπουν.		
πολύπους,	πολύποδ ος,	à plusieurs pieds.	πολύποδ α, πολύπουν.		

et de même Οἰδίπους, Οἰδίποδ ος, OEdipe, et tous les composés de πούς, ποδ ός [1].

TABLEAU RÉSUMÉ DE LA TROISIÈME DÉCLINAISON.

SINGULIER.		PLURIEL.	
MASC. FÉM. ET NEUT.		MASC. ET FÉM. NEUT.	
N. V.	α, ι, υ, ω.	N. V. ες.	α.
	ν, ρ, ς (ψ, ξ).	G. ων.	ων.
G.	ος.	D. σι.	σι.
D.	ι.		
Ac.	α et ν.	Ac. ας.	α.

DUEL.

N. V. Ac. ε.   G. D. οιν.

REMARQUES. La conformité de cette déclinaison avec la troisième des Latins est évidente. On peut s'en convaincre en déclinant λαμπάς en grec, et *lampas* en latin. Le cas où l'on remarque le plus de différence est le datif pluriel.

A la terminaison ιν des Grecs correspond la terminaison *im* (et par suite *em*) des Latins (*turrim* et *turrem* [2]). La terminaison α elle-même se trouve en latin dans certains mots empruntés du grec, comme

aer,	en grec :	ἀήρ,	l'air.
aeris,		ἀέρος,	
aeri,		ἀέρι,	
aera,		ἀέρα.	

Il en est de même de

æther,	*æthera,*	en grec :	αἰθήρ,	αἰθέρα.
heros,	*heroa,*		ἥρως,	ἥρωα.
Hector,	*Hectora,*		Ἕκτωρ,	Ἕκτορα [3].

1. Pour qu'un nom dont le génitif n'est point en ος pur puisse avoir un accusatif en ν, il faut que la dernière syllabe du nominatif soit sans accent, comme ἔρις, χάρις, et tous les autres, excepté κλείς; πατρίς ne pourra faire πατρίν.
2. Cf. Méthode latine, § 17. — 3. Cf. ibid., § 113.

NOMS CONTRACTES.

§ 22. Dans les noms de la troisième déclinaison dont le génitif est en ος pur, les deux dernières syllabes de certains cas se réunissent en une seule, à cause de la rencontre des voyelles. Ces noms s'appellent *contractes*. Après la contraction, l'accusatif pluriel est toujours semblable au nominatif. Les règles générales de contraction sont que

    εο se change en ου.   εα se change en η.
    εϊ ⎫ se change en ει.   έων se change en ῶν.
    εε ⎭   έοιν se change en οῖν.

Mais à l'accusatif pluriel des noms masculins et féminins, pour qu'il soit semblable au nominatif, εα se change en ει; et au duel, εε se contracte en η [1].

TERMINAISONS ης ET ος.

SINGULIER.

N. ἡ τριήρ ης, la galère.   N. τὸ τεῖχ ος, le mur.
V.   τρίηρ ες.   V.   τεῖχ ος.
G. τῆς τριήρ εος, τριήρ ους.   G. τοῦ τείχ εος, τείχ ους.
D. τῇ τριήρ εϊ, τριήρ ει.   D. τῷ τείχ εϊ, τείχ ει.
Ac. τὴν τριήρ εα, τριήρ η.   Ac. τὸ τεῖχ ος.

PLURIEL.

N. αἱ τριήρ εες, τριήρ εις.   N. τὰ τείχ εα, τείχ η.
V.   τριήρ εες, τριήρ εις.   V.   τείχ εα, τείχ η.
G. τῶν τριηρ έων, τριηρ ῶν.   G. τῶν τειχ έων, τειχ ῶν.
D. ταῖς τριήρ εσι.   D. τοῖς τείχ εσι.
Ac. τὰς τριήρ εας, τριήρ εις.   Ac. τὰ τείχ εα, τείχ η.

DUEL.

N.V.Ac. τριήρ εε, τριήρ η.   N.V.Ac. τείχ εε, τείχ η.
G. D.   τριηρ έοιν, τριηρ οῖν.   G. D.   τειχ έοιν, τειχ οῖν.

1° *Déclinez sur* τριήρης :

    N. Δημοσθέν ης, G. -εος -ους, Démosthène.
    Σωκράτ ης,   -εος -ους, Socrate.
    Ἀριστοφάν ης, -εος -ους, Aristophane.

Ces noms propres, et autres semblables, font aussi l'accusatif en ην, comme s'ils étaient de la première déclinaison : Δημοσθένην, Σωκράτην, Ἀριστοφάνην [2].

---

1. Voyez encore, pour les contractions, les §§ 17, 34, 36, 40, 89, 91 et 93.
2. Cf. Méthode latine, § 114, Rem. 1.

La terminaison ης n'a que des noms propres et des adjectifs, comme ἀληθής, *vrai* (§ 34). Τριήρης même est un véritable adjectif : τριήρης ναῦς, *navire à trois rangs de rames.*

2° *Déclinez sur* τεῖχος :

N. γέν ος,   G. -εος -ους, genre, naissance.
πέλαγ ος,   -εος -ους, mer.
ἄνθ ος,   -εος -ους, fleur.
ὄρ ος,   -εος -ους, montagne.

La terminaison ος n'a que des noms neutres. Souvent le génitif pluriel ne reçoit pas de contraction ; on dit, par exemple, ἀνθέων, *des fleurs*, et non ἀνθῶν.

§ 23.   Terminaisons ις et ι.

1° Dans les noms en ις, l'accusatif est en ν.

SINGULIER.

	IONIEN.	POÉTIQUE.	ATTIQUE.
N.	ἡ πόλ ις, la ville.		
V.	πόλ ι.		
G.	τῆς πόλ ιος,	πόλ εος,	πόλ εως.
D.	τῇ πόλ ιι-πόλ ι,	πόλ εϊ,	πόλ ει.
Ac.	τὴν πόλ ιν.		

PLURIEL.

	IONIEN	POÉTIQUE	ATTIQUE
N.	αἱ πόλ ιες,	πόλ εες,	πόλ εις.
V.	πόλ ιες,	πόλ εες,	πόλ εις.
G.	τῶν πολ ίων,	(πολ έων[1]),	πόλ εων.
D.	ταῖς πόλ ισι,	πόλ εσι.	
Ac.	τὰς πολ ίας,	(πόλ εας),	πόλ εις.

DUEL.

	IONIEN	POÉTIQUE	ATTIQUE
N. V. A.	πόλ ιε,	πόλ εε.	
G. D.	πολ ίοιν,	πολ έοιν	(πόλ εῳν).

Remarque. Ce tableau présente trois manières de décliner πόλις ; toutes trois sont également faciles. Dans la première, les cas se tirent du génitif en ιος ; dans la seconde, du génitif en εος ; dans la troisième, le génitif est en εως par un ω, et quelques cas se contractent, savoir : le datif singulier, les trois cas semblables du pluriel et le génitif du duel. L'accusatif pluriel se contracte aussi en ις, πόλιας, πόλις.

[1]. La parenthèse annonce une forme inusitée.

TROISIÈME DÉCLINAISON.

Déclinez sur πόλις :

μάντις,	devin.	ὄφις,	serpent.	*masculins.*
φύσις,	nature.	ὄψις,	vue.	} *féminins.*
τάξις,	ordre.	ὕβρις,	injure.	
πρᾶξις,	action.	πόσις,	boisson.	

2° La terminaison ι n'a qu'un petit nombre de noms dont le radical se termine par une voyelle, et ils sont tous étrangers. Le seul substantif d'origine grecque terminé en ι au nominatif est μέλι, μέλιτ-ος, *miel*, dont le radical, comme on le voit, finit par une consonne.

§ 24.   TERMINAISON εύς.

Cette terminaison n'a que des noms masculins. Le génitif attique en έως est de règle en prose.

SINGULIER.

N.   ὁ   βασιλ εύς,   le roi.
V.   βασιλ εῦ.
G.   τοῦ βασιλ έος,   βασιλ έως.
D.   τῷ   βασιλ έϊ,   βασιλ εῖ.
Ac. τὸν βασιλ έα,   βασιλ ῆ (rare).

PLURIEL.

N.   οἱ   βασιλ έες,   βασιλ εῖς et βασιλ ῆς [1].
V.   βασιλ έες,   βασιλ εῖς.
G.   τῶν βασιλ έων.
D.   τοῖς βασιλ εῦσι.
Ac. τοὺς βασιλ έας,   βασιλ εῖς et βασιλ ῆς.

DUEL.

N.V.A. βασιλ έε.   G. D. βασιλ έοιν.

La forme βασιλῆς, au nom. et à l'acc. plur., est particulière aux Attiques. On trouve encore dans les poëtes : Sing. G. βασιλῆος, D. βασιλῆϊ, Acc. βασιλῆα ; Pl. N. βασιλῆες, G. βασιλήων, D. βασιλήεσσι, Acc. βασιλῆας ; Duel. βασιλῆε.

Déclinez sur βασιλεύς.

βραβεύς,	arbitre.	φονεύς,	meurtrier.
ἱερεύς,	prêtre.	δρομεύς,	coureur.
ἱππεύς,	cavalier.	συγγραφεύς,	historien.

1. Βασιλῆς, sans ι souscrit, est préféré maintenant à βασιλῇς.

NOMS SUBSTANTIFS.

§ 25.   Terminaisons υς *et* υ.

Les noms en υς, génitif εος, se déclinent comme βασιλεύς, excepté que l'accusatif est en υν.

Tous les noms en υ sont neutres.

SINGULIER.
ATTIQUE.

N. ὁ πέλεκ υς, la hache.　　　　N. τὸ ἄστ υ, la ville.
V.　　πέλεκ υ.　　　　　　　　V.　　ἄστ υ.
G. τοῦ πελέκ εος,　πελέκ εως.　　G. τοῦ ἄστ εος-εως.
D. τῷ πελέκ εϊ-ει.　　　　　　　D. τῷ ἄστ εϊ-ει.
Ac. τὸν πέλεκ υν.　　　　　　　Ac. τὸ ἄστ υ.

PLURIEL.

N. οἱ πελέκ εες-εις.　　　　　　N. τὰ ἄστ εα, ἄστ η.
V.　　πελέκ εες-εις.　　　　　　V.　　ἄστ εα, ἄστ η.
G. τῶν πελεκ έων, πελέκ εων.　 G. τῶν ἄστ έων.
D. τοῖς πελέκ εσι.　　　　　　　D. τοῖς ἄστ εσι.
Ac. τοὺς πελέκ εας-εις.　　　　　Ac. τὰ ἄστ εα, ἄστ η.

DUEL.

N. V. Ac. πελέκ εε.　　　　　　N. V. Ac. ἄστ εε.
G. D.　　πελεκ έοιν.　　　　　　G. D.　　ἀστ έοιν.

Déclinez :

1° Sur πέλεκυς :　　　　　　　2° Sur ἄστυ :

πῆχυς, -εος-εως, coudée.　　　　πῶϋ, πώεος-εως, troupeau
　　　　　　　　　　　　　　　(*sans contract. au pluriel*).

§ 26. Les noms en υς, génitif υος, font les contractions du pluriel en ῦς.

SINGULIER.　　　　　　　　PLURIEL.

N. ὁ ἰχθ ύς, le poisson.　　　　N. οἱ ἰχθ ύες, ἰχθ ῦς.
V.　　ἰχθ ύ.　　　　　　　　　V.　　ἰχθ ύες, ἰχθ ῦς.
G. τοῦ ἰχθ ύος.　　　　　　　　G. τῶν ἰχθ ύων.
D. τῷ ἰχθ ύϊ.　　　　　　　　　D. τοῖς ἰχθ ύσι.
Ac. τὸν ἰχθ ύν.　　　　　　　　Ac. τοὺς ἰχθ ύας, ἰχθ ῦς.

DUEL.

N. V. Ac. ἰχθ ύε, ἰχθ ῦ.　　　　　G. D. ἰχθ ύοιν.

TROISIÈME DÉCLINAISON.

Déclinez sur ἰχθύς :

βότρυς,	βότρυος,	grappe de raisin.	} masculins.
νέκυς,	νέκυος,	un mort.	
μῦς,	μυός,	rat.	
χέλυς,	χέλυος,	tortue.	} féminins.
δρῦς,	δρυός,	chêne.	
πίτυς,	πίτυος,	pin.	

REMARQUE. Ces noms en υς, υος, répondent à la quatrième déclinaison des Latins, *manŭs*, qui fait au génitif singulier *ūs*, par contraction pour *uis*, et aux trois cas semblables du pluriel *ūs*, par contraction pour *ues*.

Remarquez de plus leur analogie avec les noms en ις :

Sing. N. et G. πόλ ις - πόλ ιος; ἰχθ ύς - ἰχθ ύος.
Pl. Acc. πόλ ιας - πόλ ις; ἰχθ ύας - ἰχθ ῦς.

§ 27. TERMINAISONS ως ET ω.

Le génitif est en οος [1]; le vocatif, en οῖ.

SINGULIER.

N. ἡ αἰδ ώς, la pudeur.   N. ἡ ἠχ ώ, l'écho.
V.   αἰδ οῖ.   V.   ἠχ οῖ.
G. τῆς αἰδ όος, αἰδ οῦς. G. τῆς ἠχ όος, ἠχ οῦς.
D. τῇ αἰδ όϊ, αἰδ οῖ.   D. τῇ ἠχ όϊ, ἠχ οῖ.
Ac. τὴν αἰδ όα, αἰδ ῶ.   Ac. τὴν ἠχ όα, ἠχ ώ.

Le pluriel et le duel se déclinent comme λόγοι, λόγων : αἰδοί, αἰδῶν, αἰδοῖς, αἰδούς.

Déclinez ainsi :

πειθώ,	πειθόος,	οῦς,	persuasion.	
Λητώ,	Λητόος,	οῦς,	Latone.	} noms propres.
Διδώ,	Διδόος,	οῦς,	Didon.	
ἠώς,	ἠόος,	οῦς,	aurore.	

Tous les noms de cette classe sont féminins. Quant à ceux qui ont un ω au génitif, comme ἥρως, ωος, *héros*, ils sont généralement masculins, et se déclinent comme Ἕλλην, Ἕλληνος, c'est-à-dire sans contraction [2].

1. Cf. Méthode latine, § 115. — 2. Voyez cependant § 180, II.

NOMS SUBSTANTIFS.

§ 28.   TERMINAISON ας. — Génitif, ατος, αος, ως.

SINGULIER.

N.	τὸ κέρας, la corne.		
V.	κέρας.		
G.	τοῦ κέρατ ος,	(κέραος)	κέρως.
D.	τῷ κέρατ ι,	(κέραϊ)	κέρᾳ.
Ac.	τὸ κέρας.		

PLURIEL.

N.	τὰ κέρατ α,	(κέραα)	κέρα.
V.	κέρατ α,	(κέραα)	κέρα.
G.	τῶν κεράτ ων,	(κεράων)	κερῶν.
D.	τοῖς κέρα σι.		
Ac.	τὰ κέρατ α,	(κέραα)	κέρα.

DUEL.

N. V. Ac.	κέρατ ε,	(κέραε)	κέρα.
G. D.	κεράτ οιν,	(κεράοιν)	κερῶν.

REMARQUE. Cette classe ne comprend que des noms neutres en ας pur et en ρας.

Pour faire la contraction, on ôte le τ du génitif et des cas suivants ; puis on contracte αο en ω, αα et αε en α. On souscrit l'ι dans les cas où il se trouve.

Déclinez ainsi :

κρέας,	chair.	γέρας,	récompense.
τέρας,	prodige.	γῆρας,	vieillesse.

RÉSUMÉ DES NOMS CONTRACTES.

Les dix noms déclinés ici offrent le modèle de tous les noms contractes qui peuvent se rencontrer. Tous sont de la troisième déclinaison. Les terminaisons du nominatif sont les suivantes :

ης, ος, ις, ι, ευς,
υς, υ, ως, ω, ας.

Le datif pluriel ne reçoit jamais de contraction, parce que sa terminaison σι commence par une consonne.

Le génitif pluriel en reçoit quelquefois, mais seulement dans les noms en ης, en ος et en ας.

ις et υς font toujours l'accusatif singulier en ν.

NOMS EN ηρ QUI PERDENT ε A CERTAINS CAS[1].

§ 29. Quelques noms en ηρ, génitif ερος, rejettent à certains cas l'ε, quoique la terminaison soit précédée d'une consonne; ils font le datif pluriel en ασι.

I.

	SINGULIER.		PLURIEL.
N.	ὁ πατήρ, le père.	N.	οἱ πατέρες.
V.	πάτερ.	V.	πατέρες.
G.	τοῦ (πατέρος) πατρός.	G.	τῶν πατέρων.
D.	τῷ (πατέρι) πατρί.	D.	τοῖς πατράσι.
Ac.	τὸν πατέρα.	Ac.	τοὺς πατέρας.

DUEL.

N. V. Ac. πατέρε.   G. D. πατέροιν.

Déclinez ainsi :

μήτηρ, mère.
θυγάτηρ, fille.   { Ces deux derniers perdent quelquefois l'ε même à
Δημήτηρ, Cérès.   { l'accusatif sing. : θύγατρα pour θυγατέρα, et au pluriel θύγατρες pour θυγατέρες.

ἡ γαστήρ, l'estomac; dat. pl. γαστράσι, ionien γαστῆρσι.

II. Ἀνήρ, homme (en latin *vir*), rejette l'ε à tous les cas, et le remplace par un δ.

	SINGULIER.		PLURIEL.
N.	ὁ ἀνήρ, l'homme.	N.	οἱ (ἀνέρες) ἄνδρες.
V.	ἄνερ.	V.	(ἀνέρες) ἄνδρες.
G.	τοῦ (ἀνέρος[2]) ἀνδρός.	G.	τῶν (ἀνέρων) ἀνδρῶν.
D.	τῷ (ἀνέρι) ἀνδρί.	D.	τοῖς ἀνδράσι.
Ac.	τὸν (ἀνέρα) ἄνδρα.	Ac.	τοὺς (ἀνέρας) ἄνδρας.

DUEL.

N. V. Ac. (ἀνέρε) ἄνδρε.   G. D. (ἀνέροιν) ἀνδροῖν.

REMARQUES. Le δ n'est introduit ici que pour faciliter la prononciation. En effet, après le retranchement de l'ε d'ἀνέρος, il reste ἀνρός: or, en prononçant le mot écrit de cette façon, on fait même involontairement entendre le δ; voilà pourquoi l'on écrit ἀνδρός. La même chose se remarque dans le mot français *gendre*, qui vient du latin *gener*; *tendre* de *tener*, et beaucoup d'autres. On a vu (cf. § 6) le rapport du ν avec le δ.

Le datif pluriel ne peut se tirer directement des radicaux πατρ, ἀνδρ, qu'au moyen de l'insertion d'une voyelle (πατρ-ά-σι, ἀνδρ-ά-σι) : πατρ-σι, ἀνδρ-σι seraient des formes qu'on ne pourrait prononcer.

---

1. Cf. Méthode latine, § 10, 1. Nous n'avons pas besoin d'avertir que ces noms, déclinés à part à cause de leur irrégularité, n'appartiennent pas à la classe des noms contractes.
2. Ἀνέρος, ἀνέρι, etc., sont poétiques.

DES ADJECTIFS.

§ 30. Les Adjectifs, étant destinés à modifier les substantifs et à les accompagner dans le discours, reçoivent comme eux, dans la langue grecque, les différences de genres, de cas et de nombres[1]. Ainsi l'on dit, par exemple :

	Masculin.	Féminin.	Neutre.
N.	ὁ ἀγαθὸς πατήρ,	ἡ ἀγαθὴ μήτηρ,	τὸ ἀγαθὸν δῶρον,
	le bon père.	la bonne mère.	le bon présent.
G.	τοῦ ἀγαθοῦ πατρός,	τῆς ἀγαθῆς μητρός,	τοῦ ἀγαθοῦ δώρου,
	du bon père.	de la bonne mère.	du bon présent;

et ainsi de suite.
Il y a trois classes d'adjectifs.

PREMIÈRE CLASSE D'ADJECTIFS.

La première classe d'adjectifs comprend ceux qui suivent les deux déclinaisons parisyllabiques. Ils répondent aux adjectifs latins en *us, a, um* (*bonus, bona, bonum*).

SINGULIER.

	Masculin.	Féminin.	Neutre.
N.	ἀγαθ ός, bon,	ἀγαθ ή, bonne,	ἀγαθ όν, bon.
V.	ἀγαθ έ,	ἀγαθ ή,	ἀγαθ όν.
G.	ἀγαθ οῦ,	ἀγαθ ῆς,	ἀγαθ οῦ.
D.	ἀγαθ ῷ,	ἀγαθ ῇ,	ἀγαθ ῷ.
Ac.	ἀγαθ όν,	ἀγαθ ήν,	ἀγαθ όν.

PLURIEL.

N. V.	ἀγαθ οί,	ἀγαθ αί,	ἀγαθ ά.
G.	ἀγαθ ῶν pour les 3 genres.		
D.	ἀγαθ οῖς,	ἀγαθ αῖς,	ἀγαθ οῖς.
Ac.	ἀγαθ ούς,	ἀγαθ άς,	ἀγαθ ά.

DUEL.

N. V. A.	ἀγαθ ώ,	ἀγαθ ά,	ἀγαθ ώ.
G. D.	ἀγαθ οῖν,	ἀγαθ αῖν,	ἀγαθ οῖν.

REMARQUE. On voit que le masculin se décline sur λόγος, le

Cf. Méthode latine, § 24.

féminin sur κεφαλή, le neutre sur δῶρον. Si le féminin est en α pur, comme dans ἅγιος, ἁγία, ἅγιον, *saint*, ou en ρα, comme dans ἱερός, ἱερά, ἱερόν, *sacré*, il garde α par tous les cas.

Déclinez pour exercice :

καλ ός,	ή,	όν,	beau.	αὐστηρ ός,	ά,	όν,	austère.
σοφ ός,	ή,	όν,	sage.	μικρ ός,	ά,	όν,	petit.
φαῦλ ος,	η,	ον,	vil.	μακρ ός,	ά,	όν,	long.
κακ ός,	ή,	όν,	mauvais.	ἅγ ιος,	ία,	ιον,	saint.
ὅλ ος,	η,	ον,	tout entier (*totus*).	ἱερ ός,	ά,	όν,	sacré.
δίκ αιος,	αία,	αιον,	juste.	καθαρ ός,	ά,	όν,	pur.
ἐλεύθ ερος,	έρα,	ερον,	libre.				

§ 31. Comme la deuxième déclinaison a des noms en ος qui sont du féminin, par ex. : ἡ ὁδός, *la route*; de même aussi dans certains adjectifs, la terminaison ος sert pour le masculin et le féminin. Exemples :

Masc. et Fém.	*Neutre.*	
ἔνδοξ ος,	ἔνδοξ ον,	illustre.
ἀθάνατ ος,	ἀθάνατ ον,	immortel.
βασίλει ος,	βασίλει ον,	royal.
κόσμι ος,	κόσμι ον,	élégant.
εὐδόκιμ ος,	εὐδόκιμ ον,	estimable.
ἀΐδι ος,	ἀΐδι ον,	éternel.

Cela se rencontre surtout chez les Attiques, et dans les adjectifs composés et dérivés.

§ 32. On trouve aussi des adjectifs attiques dont le masculin et le féminin sont en ως, comme λαγώς, et le neutre en ων, comme ἀνώγεων. Exemple : εὔγεως, *fertile*.

SINGULIER.		PLURIEL.	
Masc. et fém. Neut.		*Masc. et fém.* Neut.	
N. V. εὔγε ως, εὔγε ων, fertile.		N. V. εὔγε ῳ,	εὔγε εω.
G. εὔγε ω,		G. εὔγε ων,	
D. εὔγε ῳ,	pour les 3 genres.	D. εὔγε ῳς,	pour les 3 genres.
Ac. εὔγε ων,		Ac. εὔγε ως,	εὔγε ω.

DUEL.

N. V. Ac. εὔγε ω, } pour les 3 genres.
G. D.   εὔγε ῳν,

Déclinez ainsi :

Masculin et féminin, ἵλεως; neutre, ἵλεων, *propice*.

DEUXIÈME CLASSE D'ADJECTIFS.

§ 33. La deuxième classe d'adjectifs comprend ceux qui suivent la déclinaison imparisyllabique. Ils répondent aux adjectifs latins de la troisième déclinaison, comme *fortis, forte*.

Ils ont deux terminaisons, une pour le masculin et le féminin, et une pour le neutre.

SINGULIER.

Masculin et Féminin.   *Neutre.*

N.   εὐδαίμων, heureux, heureuse, εὔδαιμον, heureux.
V.   εὔδαιμον,
G.   εὐδαίμον ος,   } pour les 3 genres.
D.   εὐδαίμον ι,
Ac. εὐδαίμον α,   εὔδαιμον.

PLURIEL.

N. V. εὐδαίμον ες,   εὐδαίμον α.
G.   εὐδαιμόν ων,   } pour les 3 genres.
D.   εὐδαίμο σι,
Ac.   εὐδαίμον ας,   εὐδαίμον α.

DUEL.

N. V. Ac. εὐδαίμον ε,   } pour les 3 genres.
G. D.   εὐδαιμόν οιν,

Déclinez ainsi :

Masc. et Fém.	Neut.		
σώφρων,	ον,	prudent.	
ἄφρων,	ον,	insensé.	Gén. ονος. Voc. ον.
ἐλεήμων,	ον,	miséricordieux.	
ἄρρην,	εν,	mâle.	Gén. ενος. Voc. εν.
ἐριαύχην,	εν,	altier.	
εὔχαρις,	ι,	gracieux.	Gén. ιτος. Voc. ι.
ἄχαρις,	ι,	désagréable.	
ἀδακρυς,	υ,	qui ne pleure pas.	Gén. υος. Acc. masculin et
πολύδακρυς,	υ,	déplorable.	féminin υν.

§ 34. Cette classe renferme un grand nombre d'adjectifs **contractes** qui se déclinent comme τριήρης.

Ils se terminent en ης pour le masculin et le féminin; en ες pour le neutre.

ADJECTIFS.

SINGULIER.

	Masc. et Fém.		Neut.
N.	ἀληθ ής,	vrai, vraie,	ἀληθ ές, vrai.
V.	ἀληθ ές,		
G.	ἀληθ έος,	ἀληθ οῦς,	} pour les 3 genres.
D.	ἀληθ έϊ,	ἀληθ εῖ,	
Ac.	ἀληθ έα,	ἀληθ ῆ,	ἀληθ ές.

PLURIEL.

N. V.	ἀληθ έες,	ἀληθ εῖς,	ἀληθ έα,	ἀληθ ῆ.
G.	ἀληθ έων,	ἀληθ ῶν,	} pour les 3 genres.	
D.	ἀληθ έσι,			
Ac.	ἀληθ έας,	ἀληθ εῖς,	ἀληθ έα,	ἀληθ ῆ.

DUEL.

N. V. A.	ἀληθ έε,	ἀληθ ῆ,	} pour les 3 genres.
G. D.	ἀληθ έοιν,	ἀληθ οῖν,	

Déclinez ainsi :

Masc. et Fém. Neut.
εὐγεν ής, ές, bien né, noble.
ἀσθεν ής, ές, faible.
πολυμαθ ής, ές, érudit.   } Gén. έος, οῦς.
ἀκριϐ ής, ές, exact.   Voc. ές.
εὐσεϐ ής, ές, pieux.

REMARQUE. Les terminaisons de cette classe d'adjectifs sont comme on vient de le voir,

1° M. et F. ων, ην, ης. (Le vocatif a toujours la voyelle brève.)
Neut. ον, εν, ες. (Aussi avec la voyelle brève.)

2° M. et F. ις, υς.   { Désinences qui n'appartiennent qu'à un petit nombre d'adjectifs composés, comme
Neut. ι, υ.   { φιλόπατρις, -ι, génit. φιλοπάτριδος, qui aime sa patrie; et ceux que nous avons cités, εὔχαρις, ἄδακρυς, etc.

ADJECTIFS.

TROISIÈME CLASSE D'ADJECTIFS.

§ 35. La troisième classe d'adjectifs comprend ceux qui suivent la troisième déclinaison au masculin et au neutre, et la première au féminin. Le féminin tout entier suit invariablement δόξα, δόξης.

SINGULIER.

	Masc.	Fém.	Neut.		Masc.	Fém.	Neut.
N.	μέλας,	μέλαιν α,	μέλαν.	N.	πᾶς,	πᾶσ α,	πᾶν.
	noir,	noire,	noir.		tout (omnis),	toute,	tout.
V.	μέλαν,	μέλαιν α,	μέλαν.	V.	πᾶς,	πᾶσ α,	πᾶν.
G.	μέλαν ος,	μελαίν ης,	μέλαν ος.	G.	πάντ ός,	πάσ ης,	παντός.
D.	μέλαν ι,	μελαίν ῃ,	μέλαν ι.	D.	παντ ί,	πάσ ῃ,	παντί.
Ac.	μέλαν α,	μέλαιν αν,	μέλαν.	Ac.	πάντ α,	πᾶσ αν,	πᾶν.

PLURIEL.

N.V.	μέλαν ες,	μέλαιν αι,	μέλαν α.	N.V.	πάντ ες,	πᾶσ αι,	πάντ α.
G.	μελάν ων,	μελαιν ῶν,	μελάν ων.	G.	πάντ ων,	πασ ῶν,	πάντ ων.
D.	μέλα σι,	μελαίν αις,	μέλα σι.	D.	πᾶ σι,	πάσ αις,	πᾶ σι.
Ac.	μέλαν ας,	μελαίν ας,	μέλαν α.	Ac.	πάντ ας,	πάσ ας,	πάντ α.

DUEL.

N.V.A.	μέλαν ε,	μελαίν α,	μέλαν ε.		πάντ ε,	πάσ α,	πάντ ε.
G. D.	μελάν οιν,	μελαίν αιν,	μελάν οιν.		πάντ οιν,	πάσ αιν,	πάντ οιν.

Déclinez ainsi :

	Masc.	Fém.	Neut.		
N.	τέρην,	τέρειν α,	τέρεν,	tendre.	
G.	τέρεν ος,	τερείν ης,	τέρεν ος.		Voc. εν.
N.	ἑκών,	ἑκοῦσ α,	ἑκόν,	qui agit volontiers (libens).	
G.	ἑκόντ ος,	ἑκούσ ης,	ἑκόντ ος.		Voc. ον.
N.	ἄκων,	ἄκουσ α,	ἄκον,	qui agit malgré soi (invitus).	
G.	ἄκοντ ος,	ἀκούσ ης,	ἄκοντ ος.		
N.	χαρίεις,	χαρίεσσ α,	χαρίεν,	gracieux.	
G.	χαρίεντ ος,	χαριέσσ ης,	χαρίεντ ος.		Voc. εν.
N.	μελιτόεις,	μελιτόεσσ α,	μελιτόεν,	de miel.	
Contr.	μελιτοῦς,	μελιτοῦσσ α,	μελιτοῦν,		
G.	μελιτοῦντ ος,	μελιτούσσ ης,	μελιτοῦντ ος.		

ADJECTIFS.

N. τιμήεις, τιμήεσσα, τιμῆεν, précieux.
Contr. τιμῆς, τιμῆσσα, τιμῆν,
G. τιμῆντος, τιμήσσης, τιμῆντος.

Tous ces adjectifs sont très-faciles à décliner, quand on connaît le génitif masculin et neutre.

§ 36. Cette classe comprend des adjectifs contractes en υς, εια, υ.

Le masculin se décline comme πέλεκυς (génitif -εος), le neutre comme ἄστυ, le féminin comme ἡμέρα.

SINGULIER.

	Masc.	Fém.	Neut.	
N.	ἡδύς,	ἡδεῖα,	ἡδύ,	doux, agréable.
V.	ἡδύ,	ἡδεῖα,	ἡδύ.	
G.	ἡδέος,	ἡδείας,	ἡδέος.	
D.	ἡδέϊ, ἡδεῖ,	ἡδείᾳ,	ἡδέϊ, ἡδεῖ.	
Ac.	ἡδύν,	ἡδεῖαν,	ἡδύ.	

PLURIEL.

	Masc.	Fém.	Neut.
N. V.	ἡδέες, ἡδεῖς,	ἡδεῖαι,	ἡδέα.
G.	ἡδέων,	ἡδειῶν,	ἡδέων.
D.	ἡδέσι,	ἡδείαις,	ἡδέσι.
Ac.	ἡδέας, ἡδεῖς,	ἡδείας,	ἡδέα.

DUEL.

	Masc.	Fém.	Neut.
N. V. A.	ἡδέε,	ἡδεία,	ἡδέε.
G. D.	ἡδέοιν,	ἡδείαιν,	ἡδέοιν.

Déclinez ainsi :

Masc.	Fém.	Neut.	
γλυκύς,	εῖα,	ύ,	doux.
βαθύς,	εῖα,	ύ,	profond.
εὐρύς,	εῖα,	ύ,	large.
θῆλυς,	εια,	υ,	féminin.
ἥμισυς,	εια,	υ,	demi (*dimidius*).
ὀξύς,	εῖα,	ύ,	aigu.

Remarques. 1° La terminaison εας à l'accusatif pluriel est aussi usitée chez les Attiques que la contraction εις.

Les poëtes disent à l'accusatif singulier εὐρέα pour εὐρύν (εὐρέα πόντον, *la vaste mer*), et autres semblables.

2° Quelques écrivains contractent la terminaison du génitif εος en ους dans l'adjectif ἥμισυς, pris substantivement : ἡμίσους pour ἡμίσεος.

Il est très-rare que la terminaison εα du neutre se contracte. Cependant on trouve quelques exemples d'ἡμίση pour ἡμίσεα.

3° La terminaison υς, εος, est quelquefois employée par les poëtes pour le féminin ; ἡδὺς ἀϋτμή, *un souffle agréable.*

§ 37. Les deux adjectifs πολύς, *beaucoup* (*multus*), et μέγας, *grand*, appartiennent à la troisième classe par le nominatif et l'accusatif du singulier, et à la première par tous les autres cas.

SINGULIER.

	Masc.	*Fém.*	*Neut.*		*Masc.*	*Fém.*	*Neut.*
N.	πολύς,	πολλή,	πολύ.	N.	μέγας,	μεγάλη,	μέγα.
G.	πολλοῦ,	πολλῆς,	πολλοῦ.	G.	μεγάλου,	μεγάλης,	μεγάλου.
D.	πολλῷ,	πολλῇ,	πολλῷ.	D.	μεγάλῳ,	μεγάλῃ,	μεγάλῳ.
Ac.	πολύν,	πολλήν,	πολύ.	Ac.	μέγαν,	μεγάλην,	μέγα.

Le pluriel se décline comme celui d'ἀγαθός.

πολλοί, πολλαί, πολλά.   μεγάλοι, μεγάλαι, μεγάλα.

Il en est de même du duel :

πολλώ, πολλά, πολλώ.   μεγάλω, μεγάλα, μεγάλω.

REMARQUES. 1° On trouve aussi quelquefois dans les poëtes et dans la prose ionienne le masculin πολλός, et le neutre πολλόν, ce qui fait rentrer entièrement cet adjectif dans la classe de ceux en ος, η, ον.

D'un autre côté, on trouve dans les poëtes le masculin πολύς et le neutre πολύ déclinés, par tous les cas du singulier et du pluriel, comme ἡδύς, ἡδύ, et alors cet adjectif est en entier de la troisième classe.

2° Excepté le nominatif et l'accusatif du singulier, les cas de μέγας se tirent de μεγάλος, dont le vocatif μεγάλε se trouve une fois dans Eschyle ; Sophocle et Euripide emploient aussi μέγας au vocatif. Il faut remarquer l'accusatif singulier en ν : μέγαν ; et le neutre en α : μέγα.

COMPARATIFS ET SUPERLATIFS.

§ 38. Les adjectifs de qualité sont susceptibles de plus ou de moins[1]. Par exemple, on peut dire:
1° Socrate fut *sage;*
2° Socrate fut *plus sage* que ses contemporains;
3° Socrate fut *très-sage,* ou *le plus sage* des Grecs.

Sage, plus sage, très ou *le plus sage,* sont trois degrés de signification de l'adjectif.
Le premier degré, *sage,* s'appelle Positif;
Le second degré, *plus sage,* s'appelle Comparatif;
Le troisième degré, *très-sage* ou *le plus sage,* s'appelle Superlatif.

I.

§ 39. Les comparatifs se terminent ordinairement en τερος, τέρα, τερον; et les superlatifs en τατος, τάτη, τατον.

Adjectifs de la 1re classe.	σοφός,	sage,	σοφώ τερος,	σοφώ τατος.
	ἅγιος,	saint,	ἁγιώ τερος,	ἁγιώ τατος.
	δίκαιος,	juste,	δικαιό τερος,	δικαιό τατος.
Adjectifs de la 2e classe.	σώφρων,	prudent,	σωφρονέσ τερος,	σωφρονέσ τατος.
	εὐσεβής,	pieux,	εὐσεβέσ τερος,	εὐσεβέσ τατος.
Adjectifs de la 3e classe.	μέλας,	noir,	μελάν τερος,	μελάν τατος.
	χαρίεις,	gracieux,	χαρίεσ τερος,	χαρίεσ τατος.
	εὐρύς,	large,	εὐρύ τερος,	εὐρύ τατος.

Tous ces comparatifs et superlatifs se déclinent sur ἀγαθός, en observant de garder α à tous les cas du féminin comparatif, parce que le nominatif est en ρα.

II.

§ 40. D'autres se terminent, savoir:
Les comparatifs en ίων, et quelquefois ων, pour le masculin et le féminin; ιον et ον pour le neutre;
Les superlatifs en ιστος, ίστη, ιστον.

---

[1]. Cf. Méthode latine, § 27.

ADJECTIFS.

Adjectifs de la 1ʳᵉ classe.
- κακ ός, mauvais, κακ ίων, κάκ ιστος.
- καλ ός, beau, καλλ ίων, κάλλ ιστος.
- ἐχθρ ός[1], ennemi, ἐχθ ίων, ἔχθ ιστος.

Adjectifs de la 3ᵉ classe.
- ἡδ ύς, agréable, ἡδ ίων, ἥδ ιστος.
- πολ ύς, nombreux, πλε ίων, πλεῖστος.
- μέγ ας, grand, μείζ ων, μέγ ιστος.

On remarquera le rapport de cette forme ίων avec la désinence latine *ior* : ὠκίων, *ocior*.

Tous les comparatifs en ίων et en ων se déclinent comme le suivant :

SINGULIER.

Masc. et Fém.   *Neut.*

N. μείζ ων, plus grand, plus grande, μείζ ον, plus grand.
G. μείζ ονος, } pour les 3 genres.
D. μείζ ονι,
Ac. μείζ ονα, (μείζοα) μείζω,   μείζ ον.

PLURIEL.

N. μείζ ονες, (μείζοες) μείζους,   μείζ ονα, (-οα) -ω.
G. μείζ όνων, } pour les 3 genres.
D. μείζ οσι,
Ac. μείζ ονας, (μείζοας) μείζους,   μείζ ονα, (-οα) -ω.

DUEL.

N. Ac. μείζ ονε, } pour les 3 genres.
G. D. μείζ όνοιν,

REMARQUES. Il faut observer ici les contractions de l'accusatif singulier, et celles du nominatif et de l'accusatif pluriels. Elles se font en retranchant ν et en contractant :

1° Pour l'accusatif sing. οα en ω, μείζονα, (οα) ω.
2° Pour le nomin. plur. οες en ους, μείζονες, (οες) ους.
3° Pour l'accusatif plur. οας en ους, μείζονας, (οας) ους, parce que ce cas doit être, après la contraction, semblable au nominatif.

On trouvera ci-après (cf. § 195 et suiv.) des observations plus détaillées sur les comparatifs et superlatifs tant réguliers qu'irréguliers.

---

[1]. Quelques positifs en ρος perdent ainsi le ρ au comparatif et au superlatif : αἰσχρός, αἰσχίων, αἴσχιστος, etc.

ADJECTIFS NUMÉRAUX
OU NOMS DE NOMBRE.

§ 41. On appelle Nombres cardinaux les adjectifs qui désignent la quantité des objets; ce sont : *un, deux, trois, cent, mille,* etc.[1]. On les nomme cardinaux, du mot latin *cardo*, parce qu'ils sont la base et le fondement des autres.

On appelle Nombres ordinaux ceux qui expriment l'ordre : *premier, second, troisième,* etc.

NOMBRES CARDINAUX.

Les quatre premiers nombres cardinaux se déclinent :

UN.

	Masc.		*Fém.*		*Neut.*	
N.	εἷς,	un,	μία,	une,	ἕν,	un.
G.	ἑνός,		μιᾶς,		ἑνός.	
D.	ἑνί,		μιᾷ,		ἑνί.	
Ac.	ἕνα,		μίαν,		ἕν.	

DEUX.

N. Ac. δύο ou δύω, deux, } pour les 3 genres.
G. D. δυοῖν,

REMARQUE. On trouve quelquefois δύο indéclinable pour tous les cas et pour tous les genres. Δύω est poétique. On dit encore au génitif δυεῖν; et au datif, δυσί.

TROIS.

	Masc. et Fém.	*Neut.*	
N. Ac.	τρεῖς,	τρία,	trois.
G.	τριῶν, } pour les 3 genres.
D.	τρισί,		

QUATRE.

	Masc. et fém.	*Neut.*	
N.	τέσσαρες,	τέσσαρα,	quatre.
G.	τεσσάρων. } pour les 3 genres.
D.	τέσσαρσι.		
Ac.	τέσσαρας,	τέσσαρα.	

On dit aussi attiquement τέτταρες, τέτταρα, en mettant partout deux τ à la place des deux σ.

---

1. Cf. Méthode latine, § 28.

ADJECTIFS NUMÉRAUX.

§ 42. Les autres nombres cardinaux sont indéclinables jusqu'à cent.

πέντε,	cinq.	εἴκοσι,	vingt.
ἕξ,	six.	τριάκοντα,	trente.
ἑπτά,	sept.	τεσσαράκοντα,	quarante.
ὀκτώ,	huit.	πεντήκοντα,	cinquante.
ἐννέα,	neuf.	ἑξήκοντα,	soixante.
δέκα,	dix.	ἑβδομήκοντα,	soixante et dix.
ἕνδεκα,	onze.	ὀγδοήκοντα,	quatre-vingts.
δώδεκα,	douze.	ἐνενήκοντα,	quatre-vingt-dix.
τρισκαίδεκα,	treize.	ἑκατόν,	cent.

Les autres centaines se déclinent :

Masc.	Fém.	Neut.	
διακόσιοι,	διακόσιαι,	διακόσια,	deux cents.
τριακόσιοι,	τριακόσιαι,	τριακόσια,	trois cents.
χίλιοι,	χίλιαι,	χίλια,	mille.
μύριοι,	μύριαι,	μύρια,	dix mille.

REMARQUE. La désinence κοντα, qui termine les dizaines de trente à cent, répond à la terminaison latine *ginta* : τριάκοντα, *triginta*.

§ 43. NOMBRES ORDINAUX.

πρῶτος,	premier.	εἰκοστός,	vingtième.
δεύτερος,	second.	τριακοστός,	trentième.
τρίτος,	troisième.	ἑκατοστός,	centième.
τέταρτος,	quatrième.	διακοσιοστός,	deux-centième.
πέμπτος,	cinquième.	χιλιοστός,	millième.

REMARQUE. Ce peu d'exemples suffisent pour faire voir la forme et l'analogie de ces adjectifs. Ils se déclinent tous sur la première et la seconde déclinaison, πρῶτος, η, ον ; δεύτερος, ερα, ερον.

Τριακοστός, *trentième*, est formé de τριάκοντα, *trente*, par le changement de la terminaison κοντα en κοστός.

Il en est de même des autres dizaines jusqu'à cent ; τεσσαράκοντα, *quarante* ; τεσσαρακοστός, *quarantième*, etc.

Les centaines changent seulement la dernière lettre en στός :

ἑκατόν,	cent ;	ἑκατοστός,	centième.
διακόσιοι,	deux cents ;	διακοσιοστός,	deux-centième.

ADJECTIFS DÉMONSTRATIFS.

§ 44. Certains adjectifs servent à montrer les objets ou à les rappeler à l'esprit; on les nomme *adjectifs démonstratifs*[1].
Les adjectifs démonstratifs sont en grec :

I. L'article ὁ, ἡ, τό, *le, la, le*, déjà décliné ci-dessus.
L'emploi en est généralement le même en grec qu'en français[2].

II. Ὅδε, *celui-ci*; ἥδε, *celle-ci*; τόδε, *ceci*.

Cet adjectif est composé de l'article ὁ, ἡ, τό, qui se décline en entier, et de δε, qui reste invariable.
Il répond au latin *hicce, hæcce, hocce*.

III. Αὐτός, *il, lui-même;* αὐτή, *elle, elle-même;* αὐτό, *il, cela même*.

SINGULIER.

	Masc.	Fém.	Neut.
N.	αὐτός,	αὐτή,	αὐτό.
G.	αὐτοῦ,	αὐτῆς,	αὐτοῦ.
D.	αὐτῷ,	αὐτῇ,	αὐτῷ.
Ac.	αὐτόν,	αὐτήν,	αὐτό.

PLURIEL.

	Masc.	Fém.	Neut.
N.	αὐτοί,	αὐταί,	αὐτά.
G.	αὐτῶν, pour les 3 genres.		
D.	αὐτοῖς,	αὐταῖς,	αὐτοῖς.
Ac.	αὐτούς,	αὐτάς,	αὐτά.

DUEL.

	Masc.	Fém.	Neut.
N. Ac.	αὐτώ,	αὐτά,	αὐτώ.
G. D.	αὐτοῖν,	αὐταῖν,	αὐτοῖν.

REMARQUES. 1° Cet adjectif se décline en entier sur ἀγαθός, excepté qu'il n'a point de ν au neutre.
2° Il est toujours marqué d'un esprit doux.
Il répond au latin *ipse, ipsa, ipsum*.
Joint aux substantifs, il se rend par le mot *même* :

αὐτὴ ἡ ἀρετή, la vertu même, *ipsa virtus*.
αὐτὸς ὁ βασιλεύς, le roi même, *rex ipse*.

---

1. Cf. Méthode latine, §§ 29 et 30.
2. Le sens démonstratif de ὁ, ἡ, τό, qui est son sens primitif, et qu'il conserve toujours plus ou moins, même comme article, est parfois très-marqué, surtout chez les plus anciens poëtes. (Cf. § 316.)

ADJECTIFS DÉMONSTRATIFS.

Remarquez que, dans ces exemples, αὐτός est devant l'article.

Si c'est l'article qui est devant αὐτός, de cette manière : ὁ αὐτός, ἡ αὐτή, τὸ αὐτό, il signifiera *le même, la même, le même*; et en latin, *idem, eadem, idem*.

ὁ αὐτὸς βασιλεύς, le même roi, *idem rex*.
ἡ αὐτὴ ἀρετή, la même vertu, *eadem virtus*.
τὸ αὐτὸ ἔργον, le même ouvrage, *idem opus*[1].

Souvent τὸ αὐτό s'écrit τ'αὐτό; ou, sans apostrophe, ταυτό, et au pluriel ταυτά. On dit aussi au neutre ταυτόν avec un ν. Les meilleures éditions conservent l'esprit doux sur l'υ : ταυτό ou ταυτόν, ταυτά.

§ 45. IV. En combinant en un seul mot l'article ὁ et l'adjectif αὐτός, on a fait οὗτος, αὕτη, τοῦτο, *ce, cette, ce, celui-ci, celle-ci, ceci*; en latin, *hic, hæc, hoc*.

Il désigne les objets présents ou voisins.

	SINGULIER.				PLURIEL.		
	Masc.	*Fém.*	*Neut.*		*Masc.*	*Fém.*	*Neut.*
N.	οὗτος,	αὕτη,	τοῦτο.	N.	οὗτοι,	αὗται,	ταῦτα.
G.	τούτου,	ταύτης,	τούτου.	G.	τούτων,	pour les 3 genres.	
D.	τούτῳ,	ταύτῃ,	τούτῳ.	D.	τούτοις,	ταύταις,	τούτοις.
Ac.	τοῦτον,	ταύτην,	τοῦτο.	Ac.	τούτους,	ταύτας,	ταῦτα.

DUEL.

N. Ac. τούτω, ταύτα, τούτω.
G. D. τούτοιν, ταύταιν, τούτοιν.

REMARQUES. 1° Cet adjectif prend τ partout où l'article le prend.

2° Il a l'esprit rude comme l'article au cas où il n'y a pas de τ : οὗτος, οὗτοι; αὕτη, αὗται. Au moyen de cet esprit rude et de l'accent, on ne peut confondre ces deux nominatifs féminins αὕτη, αὗται, *celle-ci, celles-ci*, avec αὐτή, αὐταί, *elle-même, elles-mêmes*, venant d'αὐτός.

3° L'adjectif οὗτος prend la diphthongue ου dans tous les cas où l'article a un ο ou un ω.

Il prend la diphthongue αυ partout où l'article n'a ni ο ni ω.

Voilà pourquoi le génitif pluriel est τούτων pour les trois genres.

---

1. Cf. ci-dessous, § 322.

ADJECTIFS DÉMONSTRATIFS.

Voilà pourquoi aussi le nominatif et l'accusatif neutres sont ταῦτα, quoique tout le reste du neutre prenne ου.

V. Ἐκεῖνος, *ce, celui-là;* ἐκείνη, *cette, celle-là;* ἐκεῖνο, *ce, cela.*

On décline cet adjectif en entier comme αὐτός. Il répond au latin *ille, illa, illud*, et désigne les objets absents ou éloignés.

§ 46. Τὶς, *quelque, quelqu'un, quelqu'une;* τὶ, *quelque chose;* en latin, *aliquis, aliqua, aliquid.*

SINGULIER.   PLURIEL.

	Masc. et Fém.	Neut.		Masc. et Fém.	Neut.
N.	τὶς (τις),	τὶ (τι).	N.	τινές,	τινά.
G.	τινός,	} pour les 3 genres.	G.	τινῶν,	} pour les 3 genres.
D.	τινί,		D.	τισί,	
Ac.	τινά,	τὶ (τι).	Ac.	τινάς,	τινά.

DUEL.

N. A. τινέ, } pour les 3 genres.
G. D. τινοῖν, }

Cet adjectif répond très-souvent au pronom indéfini français *on*. Marqué d'un accent aigu, et toujours sur la première syllabe, il est interrogatif, et répond au latin *quis, quæ, quid*, ou *quod*.

N. τίς, τί, *qui, quel, quelle? que, quoi, quelle chose?*
G. τίνος. D. τίνι. Ac. τίνα, etc.

§ 47. Δεῖνα, *tel ou tel.*

Ce mot est ordinairement indéclinable, et sert pour tous les genres et pour tous les nombres; quelquefois aussi il se décline.

SINGULIER.   PLURIEL.

N.	δεῖνα,	}	N.	δεῖνες.	
G.	δεῖνος,	} pour les 3 genres.	G.	δείνων.	
D.	δεῖνι,	}	D.	(*manque.*)	
Ac.	δεῖνα,	}	Ac.	δεῖνας.	

Ce mot s'emploie souvent avec l'article ὁ : *un tel a fait cela*, ὁ δεῖνα τοῦτο ἐποίησε.

REMARQUE. Τίς et δεῖνα ont un sens indéfini. Ils sont placés ici, à la suite des adjectifs pronominaux démonstratifs, parce que, tout indéfinis qu'ils sont, ils participent de leur nature. Ils indiquent, sans préciser la personne ou la chose.

ADJECTIF CONJONCTIF.

§ 48. Si, en montrant le Louvre, on dit : *Ce palais est magnifique*, le mot *ce* appelle l'attention sur l'objet, il le montre ; c'est un *adjectif démonstratif*.

Si l'on dit : *Le palais que vous voyez est magnifique*, le mot *que* joint ensemble ces deux idées : *Vous voyez ce palais; ce palais est magnifique*; c'est un *adjectif conjonctif*[1].

En français, cet adjectif est *qui, que, lequel*; en latin, *qui, quæ, quod*; en grec, ὅς, ἥ, ὅ.

SING.	N. ὅς,	ἥ,	ὅ,	qui, lequel, laquelle.
	G. οὗ,	ἧς,	οὗ,	de qui, duquel, de laquelle, dont.
	D. ᾧ,	ᾗ,	ᾧ,	à qui, auquel, à laquelle.
	Ac. ὅν,	ἥν,	ὅ,	que, lequel, laquelle.
PLUR.	N. οἵ,	αἵ,	ἅ,	qui, lesquels, lesquelles.
	G. ὧν, pour les 3 genres,			desquels, desquelles, dont.
	D. οἷς,	αἷς,	οἷς,	à qui, auxquels, auxquelles.
	Ac. οὕς,	ἅς,	ἅ,	que, lesquels, lesquelles.
DUEL.	N. A. ὤ, ἅ, ὤ.	G. D. οἶν, αἶν, οἶν.		

REMARQUE. Cet adjectif prend partout l'esprit rude. Il se décline comme l'article, excepté qu'il n'y a de τ à aucun cas.

§ 49. De ὅς, ἥ, ὅ, réunis avec τις, τι, on a fait, ὅστις, ἥτις, ὅ,τι, *qui, quiconque, qui que ce soit qui*; en latin, *quisquis* ou *quicunque*[2].

	SINGULIER.				PLURIEL.		
	Masc.	*Fém.*	*Neut.*		*Masc.*	*Fém.*	*Neut.*
N.	ὅστις,	ἥτις,	ὅ, τι [3].	N.	οἵτινες,	αἵτινες,	ἅτινα.
G.	οὗτινος,	ἧστινος,	οὗτινος.	G.	ὧντινων,	pour les 3 genres.	
D.	ᾧτινι,	ᾗτινι,	ᾧτινι.	D.	οἷστισι,	αἷστισι,	οἷστισι.
Ac.	ὅντινα,	ἥντινα,	ὅ, τι.	Ac.	οὕστινας,	ἅστινας,	ἅτινα.

OBSERVATION. L'adjectif conjonctif s'appelle aussi Relatif, parce qu'il a toujours *rapport* à un nom exprimé ou sous-entendu, qu'on appelle Antécédent. Ainsi, dans la phrase citée plus haut, le mot *palais* est antécédent, le mot *que* est relatif[4].

---

1. Cf. Méth. lat., § 32 et ci-dessous, § 284. — 2. Cf. Méth. lat., § 34, III. — 3. Cf. § 199, V. — 4. Pour les adjectifs corrélatifs, voy. ci-après, § 201.

DES PRONOMS.

§ 50. Les Pronoms sont des mots qui désignent les trois Personnes[1] du discours.

On appelle première personne celle qui parle. Pour se désigner elle-même, elle emploie le pronom *je*. Ex. : *Je marche, je lis.*

La seconde personne est celle à qui l'on adresse la parole ; on la désigne par le pronom *tu* : *Tu marches, tu lis.*

La troisième personne est celle dont on parle. Ex. : *Dieu est bon, la terre est fertile. Dieu, la terre*, étant les objets dont on parle, sont de la troisième personne.

Quand on les a déjà nommés, on les désigne par le pronom *il, elle*. Ex. : *Dieu est bon*, il *aime les hommes ; la terre est fertile*, elle *nourrit ses habitants.*

PREMIÈRE PERSONNE. *Je* ou *moi*.   **DEUXIÈME PERSONNE.** *Tu* ou *toi*.

SINGULIER.

N.	ἐγώ,	je *ou* moi.	N.	σύ,	tu *ou* toi.
G.	ἐμοῦ, μοῦ,	de moi.	G.	σοῦ,	de toi.
D.	ἐμοί, μοί,	me, à moi.	D.	σοί,	te, à toi.
Ac.	ἐμέ, μέ,	me, moi.	Ac.	σέ,	te, toi.

PLURIEL.

N.	ἡμεῖς,	nous.	N.	ὑμεῖς,	vous.
G.	ἡμῶν,	de nous.	G.	ὑμῶν,	de vous.
D.	ἡμῖν,	nous, à nous.	D.	ὑμῖν,	vous, à vous.
Ac.	ἡμᾶς,	nous.	Ac.	ὑμᾶς,	vous.

DUEL.

N. A.	νῶϊ, νώ.	N. A.	σφῶϊ, σφώ ou σφώ.
G. D.	νῶϊν, νῷν.	G. D.	σφῶϊν, σφῷν.

De νῶϊ, rapprochez le latin *nos* ; de σφῶϊ, le latin *vos*.

PRONOM DE LA TROISIÈME PERSONNE. *Il, elle.*

L'emploi de ce pronom est rempli en grec par l'adjectif démonstratif αὐτός, αὐτή, αὐτό, décliné ci-dessus. Cependant, au nomin., αὐτός signifie, non pas seulement *il*, mais *lui-même*.

---

[1]. Le mot *personne* vient du latin *persona*, le *masque* dont les acteurs se couvraient le visage sur le théâtre, et par extension, *acteur, personnage, rôle*. Ainsi, être la 1re, la 2e ou la 3e personne, c'est jouer le 1er, le 2e ou le 3e rôle dans le discours. Voilà pourquoi, en ce sens, le mot *personne* se dit également des hommes et des choses, des êtres animés et des êtres inanimés.

PRONOM RÉFLÉCHI DE LA TROISIÈME PERSONNE. *Se, soi.*

§ 51. Lorsqu'on dit : *Un cerf* se *mirait dans le cristal d'une fontaine*, le substantif *cerf* est représenté par le mot *se;* se mirait, c'est-à-dire mirait lui-même, lui cerf. C'est ce qu'on appelle *pronom réfléchi*. Il ne peut avoir de nominatif.

SING.	G.	οὗ,	de soi;	latin,	*sui.*
	D.	οἷ,	se, à soi;	—	*sibi.*
	Ac.	ἕ,	se, soi;	—	*se.*
PLUR.	G.	σφῶν,	d'eux-mêmes;	latin,	*sui.*
	D.	σφίσι,	se, à eux-mêmes,	—	*sibi.*
	Ac.	σφᾶς,	se, eux-mêmes;	—	*se.*
DUEL.	(N.) Ac. σφωέ, σφώ. G. D. σφωΐν.				

REMARQUES. 1° L'usage de ce pronom est assez rare en prose.
2° Au singulier, il est toujours marqué d'un esprit rude.
Outre σφίσι au datif pluriel, on dit encore σφί ou σφίν.
On trouve dans les poëtes σφέ pour l'accusatif, soit singulier, soit pluriel, et pour tous les genres.
On trouve σφέα pour l'accusatif pluriel neutre.
3° Outre la signification réfléchie, ce pronom se trouve souvent, surtout chez les poëtes et les Ioniens, dans le sens du démonstratif αὐτός, employé pour *lui, le, eux, à lui, à elle, etc.* Dans cette acception, il a le nominatif pluriel σφεῖς.

§ 52. OBSERVATION. Les pronoms ἐγώ, σύ et le réfléchi οὗ, pouvant représenter également tous les substantifs, sont de tout genre. Ἐγώ est masculin, si c'est un homme qui parle; féminin, si c'est une femme, et ainsi des autres.

PRONOMS COMPOSÉS.

§ 53. Des mêmes pronoms, combinés avec les cas correspondants d'αὐτός, *même*, on a formé des pronoms composés, qui, étant réfléchis, n'ont point de nominatif.

PREMIÈRE PERSONNE.				SECONDE PERSONNE.		
	Masc.	*Fém.*	*Neut.*	*Masc.*	*Fém.*	*Neut.*
G.	ἐμαυτοῦ,	ἐμαυτῆς,	ἐμαυτοῦ,	G. σεαυτοῦ,	σεαυτῆς,	σεαυτοῦ,
	de moi-même.			de toi-même,		
D.	ἐμαυτῷ,	ἐμαυτῇ,	ἐμαυτῷ.	D. σεαυτῷ,	σεαυτῇ,	σεαυτῷ.
Ac.	ἐμαυτόν,	ἐμαυτήν,	ἐμαυτό.	Ac. σεαυτόν,	σεαυτήν,	σεαυτό.

Ces deux pronoms composés n'ont point de pluriel. Pour exprimer *de nous-mêmes*, on dit ἡμῶν αὐτῶν; *à nous-mêmes*, ἡμῖν αὐτοῖς; *de vous-mêmes*, ὑμῶν αὐτῶν, et ainsi de suite.

TROISIÈME PERSONNE.

SINGULIER.

	Masc.	Fém.	Neut.	
G.	ἑαυτοῦ,	ἑαυτῆς,	ἑαυτοῦ,	de soi-même.
D.	ἑαυτῷ,	ἑαυτῇ,	ἑαυτῷ.	
Ac.	ἑαυτόν,	ἑαυτήν,	ἑαυτό.	

PLURIEL.

	Masc.	Fém.	Neut.	
G.	ἑαυτῶν,	pour les 3 genres,		d'eux-mêmes.
D.	ἑαυτοῖς,	ἑαυταῖς,	ἑαυτοῖς.	
Ac.	ἑαυτούς,	ἑαυτάς,	ἑαυτά.	

On dit aussi au pluriel, σφῶν αὐτῶν, σφίσιν αὐτοῖς, σφᾶς αὐτούς.

REMARQUES. 1° A la seconde personne on contracte souvent σεαυτοῦ en σαυτοῦ, etc.

2° A la troisième personne, ἑαυτοῦ en αὐτοῦ, ἧς, οὗ; αὐτῷ, ῇ, ῷ; αὐτόν, ήν, ό, en transportant partout sur αὐ l'esprit rude de ἑ.

Cet esprit rude empêche qu'on ne confonde ce pronom réfléchi avec les cas semblables d'αὐτός, *ipse*, qui a toujours l'esprit doux. En outre, comme le pronom réfléchi ne peut avoir de nominatif, αὕτη (sans ι souscrit) et αὗται, quoique avec esprit rude, appartiendront toujours à οὗτος, αὕτη, τοῦτο, *celui-ci, celle-ci, ceci*.

ADJECTIFS PRONOMINAUX POSSESSIFS.

§ 54. La possession s'exprime le plus souvent en grec par le génitif des pronoms : *mon père*, c'est-à-dire *le père de moi*, ὁ πατήρ μου. Cependant, de ces génitifs du singulier et des nominatifs du pluriel et du duel, on a formé des *adjectifs possessifs* qui répondent à ceux de la langue latine et de la langue française [1]; ils suivent la déclinaison d'ἀγαθός, ή, όν.

1. Cf. Méthode latine, § 36.

PRONOMS.

PREMIÈRE PERSONNE.	DEUXIÈME PERSONNE.	TROISIÈME PERSONNE.
ἐμός, ἐμή, ἐμόν,	σός, σή, σόν,	ὅς, ἥ, ὅν,
		ou ἑός, ἑή, ἑόν,
meus, mea, meum,	*tuus, tua, tuum*,	*suus, sua, suum*,
mon, ma, mien ;	ton, ta, tien ;	son, sa, sien ;
ἡμέτερος, ερα, ερον,	ὑμέτερος, ερα, ερον,	σφέτερος, ερα, ερον,
notre ;	votre ;	leur, leur propre ;
νωΐτερος, ερα, ερον,	σφωΐτερος, ερα, ερον,	
notre (à nous deux) ;	votre (à vous deux).	

REMARQUES. 1° A νωΐτερος, on peut comparer le latin *noster*; à σφωΐτερος, *vester*.

2° Les adjectifs dérivés du duel, νωΐτερος, σφωΐτερος, de même que ὅς, ἑός, σφέτερος, ne sont guère usités que dans les poëtes.

---

§ 55. RÉSUMÉ

DE CE QUI EST CONTENU DANS CE PREMIER LIVRE.

Nom substantif servant à nommer les objets : στρατιώτης, soldat.
Article servant à les déterminer : ὁ στρατιώτης, le soldat.

Adjectifs
- de qualité : ἀγαθὸς στρατιώτης, bon soldat.
- de nombre : δέκα στρατιῶται, dix soldats.
- d'ordre : δέκατον τάγμα, dixième légion.
- démonstratifs :
  - οὗτος ὁ ἄνθρωπος, cet homme-ci.
  - ἐκεῖνος ὁ ἄνθρωπος, cet homme-là.
  - ὁ αὐτὸς ἄνθρωπος, le même homme.
  - αὐτὸς ὁ ἄνθρωπος, l'homme même.
  - ἄνθρωποί τινες, quelques hommes.
- interrogatif : τίς ἄνθρωπος, quel homme ?
- conjonctif : ὁ ἄνθρωπος ὅς, l'homme qui.
- possessifs : ὁ ἐμὸς πατήρ, mon père.

Pronoms : ἐγώ, σύ, οὗ.

Nous avons traité jusqu'ici des quatre premières espèces de mots, le Substantif, l'Adjectif, l'Article, le Pronom. Le livre suivant parlera du Verbe et du Participe.

LIVRE DEUXIÈME.

DU VERBE.

NOTIONS PRÉLIMINAIRES.

§ 56. En examinant cette phrase : *Dieu est bon,* nous y trouvons un substantif (*Dieu*), un adjectif de qualité (*bon*), et un mot (*est*) par lequel nous affirmons que cette qualité appartient à Dieu.

Le mot *Dieu* se nomme Sujet ; le mot *est,* Verbe, et le mot *bon,* Attribut ; leur réunion forme une Proposition.

Ici le verbe énonce simplement que le sujet existe, et qu'il existe avec telle ou telle qualité, indiquée par l'adjectif.

Dans cette autre proposition : *Dieu récompense la vertu,* le verbe (*récompense*) exprime une action, et affirme en même temps que le sujet *fait* cette action.

Le Verbe est donc un mot par lequel nous affirmons que le sujet *est* ou qu'il *fait* quelque chose [1].

VOIX DES VERBES.

§ 57. Examinons ces trois propositions :

1. L'homme juste *honore* la vertu ;
2. L'homme juste *est honoré* par ses semblables ;
3. L'homme *s'honore* en pratiquant la vertu.

Le sujet de toutes les trois est l'homme : dans la première

---

[1]. Cette définition n'est pas rigoureuse, mais elle embrasse l'universalité des verbes, et suffit pour les faire reconnaître dans le discours. Plus bas, § 62, nous distinguons le verbe *abstrait* ÊTRE des verbes *attributifs.* Cf. Méth. lat., § 38.

(*l'homme honore*), le sujet fait une action, il agit ; le verbe est Actif.

Dans la seconde (*l'homme est honoré*), le sujet ne fait pas l'action ; il la reçoit, il l'éprouve, il la souffre ; le verbe est Passif.

Dans la troisième (*l'homme s'honore*), le sujet fait l'action et la reçoit tout à la fois. L'action retourne, se réfléchit vers son auteur ; le verbe est Réfléchi.

Pour exprimer ces trois situations du sujet, les verbes grecs ont trois formes, que l'on appelle Voix ; la voix Active, la voix Passive, et la voix Moyenne[1].

Cette dernière s'appelle ainsi, parce que, exprimant une action réfléchie, elle tient comme le milieu entre l'actif et le passif, et participe de la signification de l'un et de l'autre.

Il y a quatre choses à considérer dans chaque voix, les Nombres, les Personnes, les Temps et les Modes.

NOMBRES.

§ 58. La langue grecque a trois nombres pour les verbes comme pour les noms ; le singulier, quand il s'agit d'un seul, *j'aime, tu aimes, il aime* ; le pluriel, quand il s'agit de plusieurs, *nous aimons, vous aimez, ils aiment* ; le duel, quand il ne s'agit que de deux. Ce nombre est peu usité, surtout en prose, et le plus souvent, même en parlant de deux, on se sert du pluriel.

PERSONNES.

§ 59. On appelle ainsi, dans le verbe, certaines désinences qui font voir si le sujet est de la première, de la seconde ou de la troisième personne. Nous avons vu, en parlant des pronoms, ce qu'on entend par *personnes*.

Les verbes grecs ont trois personnes au singulier, autant au pluriel ; le duel n'a souvent que les deux dernières, comme nous le verrons en conjuguant.

---

1. On verra ci-dessous, §§ 203, 354 et suiv., de plus amples détails sur la nature et l'emploi du moyen.

TEMPS.

§ 60. Les verbes ont différentes formes pour indiquer si la chose qu'ils expriment *est, sera* ou *a été*.

Ces formes s'appellent Temps.

Celle qui annonce que la chose est actuellement s'appelle Présent, *je lis*.

Celle qui la représente comme devant être s'appelle Futur, *je lirai*.

Celle qui annonce simplement qu'elle a été s'appelle Parfait, *j'ai lu*.

Voilà donc trois Temps principaux, le présent, le futur, le parfait. Ce dernier mot signifie temps passé.

Mais le temps passé offre plusieurs nuances.

Si l'on dit, par exemple, *je lisais quand vous êtes entré*, ces mots, *je lisais*, expriment une action actuellement passée, mais qui était présente quand une autre s'est faite. Ce temps s'appelle Imparfait.

Si l'on dit : *Je lus ce livre l'an dernier*; cette forme, *je lus*, annonce que cette action a été faite à une certaine époque du passé, déterminée ici par les mots *l'an dernier*. Ce temps s'appelle en français Parfait défini, et en grec, Aoriste[1].

Si l'on dit : *J'avais lu quand vous êtes entré*, ces mots, *j'avais lu*, désignent une action comme déjà passée, quand une autre, passée elle-même, a eu lieu. On appelle ce temps Plus-que-parfait, parce qu'il exprime doublement le passé.

Nous appellerons ces trois dernières formes Temps secondaires.

---

1. Le mot *aoriste* vient du grec ἀόριστος, et signifie *indéfini, indéterminé*. Pourquoi donc le même temps s'appelle-t-il en français, *défini*, et en grec, *indéfini* ? Le voici : en français la dénomination de ce temps est tirée de l'emploi qu'on en fait. Or, on ne s'en sert que quand l'époque est fixée par quelque terme accessoire, comme ici, *l'an dernier*. En grec, au contraire, sa dénomination est tirée de sa nature même. Or, par sa nature, il est indéterminé ; car si vous dites, *je lus ce livre*, on vous demandera, *quand?* et c'est la réponse à cette question qui seule déterminera l'époque. *Je lus* n'offre donc par lui-même qu'une idée indéfinie, indéterminée ; la dénomination d'aoriste est donc parfaitement juste. A la différence du français, le grec emploie souvent cette forme dans des phrases où l'époque n'est marquée par aucun terme. Voyez, au reste, la Théorie des Temps, § 255, et la Syntaxe, § 357.

Il y a donc en grec trois temps principaux et trois temps secondaires, savoir :

TEMPS PRINCIPAUX :	TEMPS SECONDAIRES :
PRÉSENT.	IMPARFAIT.
FUTUR.	AORISTE.
PARFAIT.	PLUS-QUE-PARFAIT.

Chacun des temps secondaires est formé du temps principal auquel il correspond dans ce tableau :

Temps { PRINC. Je délie, λύω. Je délierai, λύσω. J'ai délié, λέλυκα. SECOND. Je déliais, ἔλυον. Je déliai, ἔλυσα. J'av. délié, ἐλελύκειν.

Ainsi, quand on sait les temps principaux, les temps secondaires n'offrent aucune difficulté, et l'étude de la conjugaison grecque se réduit presque à celle de trois temps[1].

MODES.

§ 61. Ces mots, *lire, lisant, je lis, lisez, que je lise*, appartiennent tous au même verbe, et désignent la même action; mais cette action est diversement modifiée ; elle est envisagée de plusieurs manières différentes : ce sont ces différences que l'on appelle Modes, du mot latin *modus*, manière.

Le verbe grec a six modes, l'Indicatif, l'Impératif, le Subjonctif, l'Optatif, l'Infinitif et le Participe.

L'Indicatif affirme d'une manière positive, certaine et absolue : *j'aime la patrie ; je connais mes devoirs.*

L'Impératif joint à la signification du verbe l'idée d'un comandement fait par la personne qui parle : *aime la patrie; connais tes devoirs.*

---

[1]. Outre l'aoriste en σα, certains verbes ont une autre forme d'aoriste qui se termine en ον comme l'imparfait, et dont il sera parlé en détail § 109 et suivants.

Le Subjonctif joint à la signification du verbe l'idée de subordination à quelque verbe antécédent, sans lequel le subjonctif ne formerait pas un sens parfait et achevé : *tu veux que je fasse*. Ces derniers mots, *que je fasse*, ne formeraient point, par eux-mêmes, un sens complet; ils dépendent du verbe qui les précède[1].

L'Optatif s'appelle ainsi, parce qu'il exprime souvent l'idée de désir, de souhait, comme ces mots : *puissiez-vous, plût à Dieu*, etc. Le présent répond à notre imparfait du subjonctif, *que j'aimasse*; et quelquefois à notre conditionnel, *j'aimerais*. La Syntaxe (cf. § 365 et suiv.) fera connaître les autres usages de ce mode dans la langue grecque.

Infinitif signifie proprement *indéfini, indéterminé*. L'infinitif exprime l'état ou l'action, sans déterminer ni les nombres ni les personnes. *Lire, avoir lu, devoir lire*, et tous les autres termes qui répondent à ceux-là dans chaque verbe, sont des infinitifs.

PARTICIPE.

§ 62. I. Le participe s'appelle ainsi, parce qu'il tient à la fois de l'adjectif et du verbe. Il tient de l'adjectif, en ce qu'il sert à qualifier un substantif avec lequel il s'accorde en genre, en nombre et en cas. Il tient du verbe, en ce qu'il marque un temps[2]. Ajoutez que sa forme elle-même est celle du verbe, modifiée d'une certaine manière. Verbe, λύω, *je délie*; λύων, *déliant*.

Cette double nature fait du participe un mot d'une espèce particulière; c'est à la fois un mode du verbe et une des dix parties du discours.

II. Nous avons vu que le verbe *être, je suis*, exprime l'existence; on l'appelle ordinairement Verbe substantif[3].

A ce verbe ajoutez un participe, et dites, par exemple, *je suis lisant*; il est visible que ces mots équivaudront à ceux-ci : *je lis*.

---

1. Cf. Méth. lat., § 43, I et II. — 2. Cf. ibid., § 45.

3. Considéré comme simple liaison entre le sujet et l'attribut, comme dans la proposition *Dieu* est *bon*, on l'appelle aussi verbe abstrait.

Le disciple est écoutant, sera la même chose que *le disciple écoute*. Les verbes *je lis*, *il écoute*, renferment donc en eux-mêmes l'idée du verbe *être* et celle de leur propre participe; ils contiennent l'idée de l'existence et celle d'un attribut. On les appelle, pour cette raison, Verbes attributifs. Tous les verbes, excepté *être*, sont compris dans cette classe[1].

RADICAL ET TERMINAISON.

§ 63. Pour représenter les deux idées principales, existence et attribut, qui entrent dans la signification du verbe attributif, tout verbe grec est composé de deux éléments, le Radical et la Terminaison[2].

Le radical est la partie du verbe qui représente l'attribut, c'est-à-dire l'idée du participe, l'idée elle-même de l'action ou de l'état marqué par ce verbe.

La terminaison exprime l'idée de l'existence avec toutes les modifications de personnes, de nombres, de temps, de modes, de voix. Par exemple, dans le verbe λύω, *je délie*, λυ exprime l'idée du participe *déliant*; ω exprime celle de l'existence, *je suis*, et indique en même temps la première personne, le nombre singulier, et le temps présent, le mode indicatif et la voix active.

Dans λυθησοίμεθα, *que nous dussions être déliés*, λυ exprime l'idée simple *délié*[3]; θησοίμεθα indique à la fois l'existence, la première personne, le nombre pluriel, le temps futur, le mode optatif et la voix passive.

Dans le premier exemple, la terminaison n'a qu'une syllabe; dans le second, elle en a quatre.

---

1. Le verbe *être* lui-même devient attributif lorsqu'il n'est joint à aucun attribut, et que la proposition n'affirme pas autre chose que l'existence; par exemple : *Dieu est*; *il est un Dieu*; c'est-à-dire, *Dieu existe*; *Dieu est existant*.

2. Cf. Méth. lat., § 46.

3. Nous nous exprimons ainsi pour abréger; car, à proprement parler, λυ n'exprime dans chaque voix que l'idée simple et fondamentale de *délier*. Ce sont les terminaisons qui ajoutent au radical l'idée accessoire d'action ou de passion.

La terminaison est donc *la syllabe* ou *les syllabes qui suivent le radical*.

Le radical est invariable de sa nature; dans λύω, c'est toujours λυ; dans τίω, *honorer*, c'est toujours τι.

La terminaison, au contraire, varie selon les nombres, les personnes, les temps, les modes et les voix.

Énoncer de suite ces divers changements s'appelle Conjuguer.

Comme dans tous les verbes réguliers, ces changements suivent la même loi et se font de la même manière, il n'y a en grec qu'une seule conjugaison, dont l'indicatif présent actif se termine en ω.

Quelques-uns pourtant se terminent en μι, et forment une exception qui se borne à trois temps. Nous en parlerons en leur lieu.

VERBE SUBSTANTIF.

§ 64. Avant de passer à la conjugaison des verbes attributifs, il est à propos de bien connaître celle du verbe substantif. En grec, comme en latin et en français, elle est très-irrégulière; mais elle prête aux autres verbes plusieurs de ses terminaisons, qui, une fois connues, abrégeront l'étude de ces verbes.

Comme le duel est peu usité, nous le placerons toujours après le pluriel.

VERBE SUBSTANTIF.

CONJUGAISON

	INDICATIF.			IMPÉRATIF.		SUBJONCTIF.		
PRÉSENT.	je suis,	tu es,	il est.	sois,	qu'il soit.	que je sois, etc.		
S.	εἰμί,	εἶ ou εἶς,	ἐστί,	ἴσθι,	ἔστω,	ὦ,	ᾖς,	ᾖ,
P.	ἐσμέν,	ἐστέ,	εἰσί,	ἔστε,	ἔστωσαν,	ὦμεν,	ἦτε,	ὦσι,
D.		ἐστόν,	ἐστόν,	ἔστον,	ἔστων.		ἦτον,	ἦτον.
IMPARFAIT.	j'étais,	tu étais,	il était,					
S.	ἦν,	ἦς,	ἦ ou ἦν,					
P.	ἦμεν,	ἦτε ou ἦστε,	ἦσαν,					
D.	ἦτον, ou ἦστον,		ἤτην, ἤστην.					
FUTUR.	je serai,	tu seras,	il sera.					
S.	ἔσομαι,	ἔσῃ,	ἔσεται, plus usité ἔσται,					
P.	ἐσόμεθα,	ἔσεσθε,	ἔσονται,					
D.	ἐσόμεθον,	ἔσεσθον,	ἔσεσθον.					

REMARQUES. Le verbe substantif est, comme on voit, un de ceux qui se terminent en μι; mais il a plusieurs irrégularités et manque de plusieurs temps.

PRÉSENT DE L'INDICATIF. Pour la seconde personne, la forme εἶ est la seule qui soit usitée en prose.

IMPARFAIT. La seconde personne est souvent ἦσθα, par addition de la syllabe θα. La troisième est plus souvent ἦν que ἦ.

On trouve quelques exemples, particulièrement à la première personne du singulier et à la troisième du pluriel, d'un autre imparfait, qui a la forme des imparfaits moyens :

SING. ἤμην, ἦσο, ἦτο. PLUR. ἤμεθα, ἦσθε, ἦντο.

On trouve aussi l'impératif moyen, seconde personne du singulier, ἔσο, *sois.*

DU VERBE SUBSTANTIF ΕἰΜΊ, *je suis*.

OPTATIF.	INFINITIF.	PARTICIPES.
que je fusse, etc. εἴην, εἴης, εἴη, εἴημεν, εἴητε, εἴησαν, εἴητον, εἰήτην.	être. εἶναι.	étant. M. ὤν, ὄντος. F. οὖσα, οὔσης. N. ὄν, ὄντος.
que je dusse être, etc. ἐσοίμην, ἔσοιο, ἔσοιτο, ἐσοίμεθα, ἔσοισθε, ἔσοιντο, ἐσοίμεθον, ἔσοισθον, ἐσοίσθην.	devoir être. ἔσεσθαι.	devant être. M. ἐσόμενος, ου. F. ἐσομένη, ης. N. ἐσόμενον, ου.

Subjonctif. Le présent tout entier du subjonctif, ὦ, ᾖς, ᾖ, sert de terminaison au subjonctif de tous les verbes réguliers en ω, sans aucune exception. La seconde et la troisième personne du singulier, ᾖς, ᾖ, ont toujours ι souscrit.

Optatif. L'optatif, εἴην, εἴης, εἴη, prête sa terminaison ίην à tous les optatifs des verbes en μι.

A la première personne du pluriel, au lieu de εἴημεν, on dit aussi εἶμεν; à la seconde, εἶτε est une fois dans Homère; à la troisième, εἶεν est plus usité que εἴησαν.

Εἶεν se trouve aussi pour la troisième du singulier, dans le sens de *esto*, soit, à la bonne heure.

VERBE SUBSTANTIF.

PARTICIPE. Le participe présent se décline comme les adjectifs de la troisième classe.

	SINGULIER.				PLURIEL.	
	Masc.	Fém.	Neut.	Masc.	Fém.	Neut.
N.	ὤν,	οὖσα,	ὄν,	N. ὄντες,	οὖσαι,	ὄντα,
G.	ὄντος,	οὔσης,	ὄντος,	G. ὄντων,	οὐσῶν,	ὄντων,
D.	ὄντι,	οὔσῃ,	ὄντι,	D. οὖσι,	οὔσαις,	οὖσι,
Ac.	ὄντα,	οὖσαν,	ὄν.	Ac. ὄντας,	οὔσας,	ὄντα.

DUEL.

N. Ac. ὄντε, οὖσα, ὄντε.   G. D. ὄντοιν, οὔσαιν, ὄντοιν.

Ainsi se déclinent les participes en ων de tous les verbes sans exception.

FUTUR. Le futur, à tous ses modes, est une forme moyenne; sa terminaison σομαι est celle de tous les verbes moyens au futur.

La conjugaison primitive de ce temps est : ἔσομαι, ἔσεσαι, ἔσεται.

D'ἔσεσαι, en retranchant le second σ, on a fait ἔσεαι; puis, en contractant εα en η et souscrivant l'ι, ἔσῃ. Cette observation s'étend à toutes les secondes personnes en η des verbes passifs et moyens sans exception. De même à l'optatif, la deuxième personne ἔσοιο est pour ἔσοισο.

Le participe ἐσόμενος, en latin *futurus*, se décline comme ἀγαθός, ή, όν.

Le verbe substantif manque de *parfait*, de *plus-que-parfait* et d'*aoriste*; on y supplée par les temps de γίγνομαι (cf. § 252).

Le primitif supposé d'εἰμί est ἔω, esprit doux; mais le véritable radical est ἐσ, qui se voit dans le pluriel ἐσμέν. — Remarquez l'analogie du futur ἔσομαι avec le latin *sum*.

Sur εἰμί conjuguez : πάρ-ειμι, *adsum*; ἄπ-ειμι, *absum*; μέτ-ειμι, *intersum*; σύν-ειμι, *una sum*; πρός-ειμι, *insum, accedo*; περί-ειμι, *supersum, superior sum*, et autres composés. La préposition reste invariable, le verbe seul se conjugue. (Voy. sur les verbes composés les §§ 166 et 167.)

VERBES ATTRIBUTIFS.

La classe des verbes attributifs comprend, ainsi qu'on l'a vu au § 63, des verbes en ω et des verbes en μι.

Nous parlerons d'abord des verbes en ω pur, c'est-à-dire précédé d'une voyelle ou d'une diphthongue, puis de ceux en ω précédé d'une ou de deux consonnes. Nous passerons ensuite aux verbes en μι.

PRINCIPES COMMUNS AUX TROIS VOIX ET A TOUS LES VERBES.

AUGMENT ET REDOUBLEMENT.

§ 65. Nous avons établi que tout verbe est composé d'un radical unique et d'une suite de terminaisons. Observons encore que, dans les verbes où la première lettre est une consonne, on ajoute au commencement de tous les temps secondaires, à l'indicatif, la voyelle ε, qu'on appelle Augment. Ainsi, dans le verbe λύω, nous avons :

TEMPS { PRINCIPAUX : Présent. λύω.   Fut. λύσω.   Parfait. λέλυκα.
       { SECONDAIRES : Imparf. ἔλυον.   Aor. ἔλυσα.   Pl.-parf. ἐλελύκειν.

Cet augment ne sort point de l'indicatif.

Dans le parfait λέλυκα, nous trouvons, avant le radical λυ, la syllabe λε. Cette syllabe se compose de la voyelle ε et de la première consonne du radical ; on l'appelle Redoublement.

Tous les verbes qui commencent par une consonne ont un redoublement au parfait, et le conservent dans tous les modes.

On voit, en latin, des exemples de ce redoublement dans les verbes *fallo, fefelli; tango, tetigi; pello, pepuli; parco, peperci*, et beaucoup d'autres[1].

Comme l'ε allonge d'une syllabe le temps du verbe auquel il est joint, on l'appelle Augment syllabique [2].

1. Cf. Méth. lat., § 170.
2. Pour l'augment et le redoublement des verbes qui commencent par ρ, et pour le redoublement de ceux qui commencent par un σ suivi d'une autre consonne, ou par une consonne double, voy. § 105, pag. 102, Rem. 1°.

VERBES ATTRIBUTIFS.

AUGMENT TEMPOREL.

§ 66. Quand le verbe commence par une de ces trois voyelles, α, ε, ο, il les change aux temps susceptibles d'augment, savoir:

α en η.
ε en η.
ο en ω.

Ex.: ἀνύτω, achever, Imp. ἤνυτον; ἀκούω, entendre, ἤκουον. ἐθέλω, vouloir, ἤθελον; ὁρίζω, borner, ὥριζον.

Des six diphthongues qui commencent par α, ε, ο, trois se changent de la même manière, savoir:

αι en η,
οι en ῳ, } ἰῶτα souscrit.
αυ en ηυ.

Ex.: αἰτέω, demander, Imparf. ᾔτεον; οἰκέω, habiter, ᾤκεον. αὐξάνω, augmenter, ηὔξανον.

C'est ce qu'on appelle Augment temporel. Ce nom vient de ce qu'il faut plus de temps pour prononcer une voyelle longue qu'une brève.

Les voyelles déjà longues η, ω, les communes ι, υ, et les trois diphthongues ει, ευ, ου, n'éprouvent aucun changement.

Ex.: ἠχέω, retentir, Imp. ἤχεον; ὠφελέω, aider, ὠφέλεον. ἱκετεύω, supplier, ἱκέτευον; ὑβρίζω, outrager, ὕβριζον. εἰκάζω, imaginer, εἴκαζον; εὐθύνω, diriger, εὔθυνον. οὐτάζω, blesser, οὔταζον.

Les verbes qui commencent par une voyelle ou une diphthongue ne prennent point de redoublement au parfait. La première lettre de ce temps est la même que celle de l'imparfait;

Ex.: ἀνύτω, Imparf. ἤνυτον, Parf. ἤνυκα.
αἰτέω, ᾔτεον, ᾔτηκα.
ὑβρίζω, ὕβριζον, ὕβρικα.

Mais le parfait conserve l'augment temporel dans tous ses modes [1].

---

1. On verra, § 205 et suivants, des observations plus détaillées sur les augments et redoublements.

AVERTISSEMENT SUR L'USAGE DES TABLEAUX.

§ 67. Deux choses suffisent donc pour bien conjuguer :

1° Mettre, quand il le faut, avant le radical, l'augment et le redoublement;

2° Mettre après le radical la terminaison convenable.

Nous donnerons successivement les tableaux des trois voix. On y remarquera :

1° Que, hors de l'indicatif, il n'y a ni imparfait ni plus-que-parfait;

2° Que, dans tout l'actif et à l'aoriste passif, le duel n'a jamais de première personne.

Nous placerons le futur immédiatement après le présent et l'imparfait, parce que, dans la plupart des verbes, il faut connaître le futur pour former les autres temps.

On récitera d'abord le présent et l'imparfait de l'indicatif, puis l'impératif, le subjonctif, l'optatif, l'infinitif et le participe.

On passera ensuite au futur, pour lequel on suivra la même marche, et ainsi des autres temps [1].

Chaque tableau présente les terminaisons séparées du radical;

1 p. signifie première personne; 2 p., seconde personne; 3 p., troisième personne.

Quoique nous donnions seulement chaque première personne française, on pourra, si l'on veut, réciter partout le mot français après le mot grec; ainsi : λύω, *je délie;* λύεις, *tu délies;* λύει, *il délie;* λύομεν, *nous délions,* etc. Il sera même bon de s'accoutumer à l'une et à l'autre manière de conjuguer. Mais comme il importe surtout de familiariser les élèves avec la série des terminaisons grecques, il faudra les leur montrer souvent isolées et sans mélange de formes françaises.

---

1. C'est ce qu'on appelle conjuguer horizontalement. Cette manière est la plus naturelle; car les modes sont une dépendance des temps, et non les temps une dépendance des modes. Elle est en outre la plus facile, à cause de la parfaite analogie qui règne entre les divers modes de chaque temps, analogie perdue pour celui qui conjuguerait d'abord tout l'indicatif, puis tout l'impératif, etc.

VERBES EN Ω PUR.

		INDICATIF.	IMPÉRATIF.	SUBJONCTIF.
PRÉSENT.	S. 1 p. 2 p. 3 p. P. 1 p. 2 p. 3 p. D. 2 p. 3 p.	je délie. λύ ω, λύ εις, λύ ει, λύ ομεν, λύ ετε, λύ ουσι, λύ ετον, λύ ετον.	délie. λύ ε, λυ έτω, λύ ετε, λυ έτωσαν, λύ ετον, λυ έτων.	que je délie. λύ ω, λύ ῃς, λύ ῃ, λύ ωμεν, λύ ητε, λύ ωσι, λύ ητον, λύ ητον.
IMPARFAIT.	S. 1 p. 2 p. 3 p. P. 1 p. 2 p. 3 p. D. 2 p. 3 p.	je déliais. ἔλυ ον, ἔλυ ες, ἔλυ ε, ἐλύ ομεν, ἐλύ ετε, ἔλυ ον, ἐλύ ετον, ἐλυ έτην.		
FUTUR.	S. 1 p. 2 p. 3 p. P. 1 p. 2 p. 3 p. D. 2 p. 3 p.	je délierai. λύ σω, λύ σεις, λύ σει, λύ σομεν, λύ σετε, λύ σουσι, λύ σετον, λύ σετον.		
AORISTE.	S. 1 p. 2 p. 3 p. P. 1 p. 2 p. 3 p. D. 2 p. 3 p.	je déliai. ἔλυ σα, ἔλυ σας, ἔλυ σε, ἐλύ σαμεν, ἐλύ σατε, ἔλυ σαν, ἐλύ σατον, ἐλυ σάτην.	aie délié. λῦ σον, λυ σάτω, λύ σατε, λυ σάτωσαν, λύ σατον, λυ σάτων.	que j'aie délié. λύ σω, λύ σῃς, λύ σῃ, λύ σωμεν, λύ σητε, λύ σωσι, λύ σητον, λύ σητον.

VERBE ΛΎΩ, *JE DÉLIE.* VOIX ACTIVE. 63

OPTATIF.	INFINITIF.	PARTICIPES.
que je déliasse.	délier.	déliant.
λύ οιμι,	λύ ειν.	M. λύ ων,
λύ οις,		λύ οντος.
λύ οι,		F. λύ ουσα,
λύ οιμεν,		λυ ούσης.
λύ οιτε,		N. λύ ον,
λύ οιεν,		λύ οντος.
λύ οιτον,		
λυ οίτην.		
que je dusse délier.	devoir délier.	devant délier.
λύ σοιμι,	λύ σειν.	M. λύ σων,
λύ σοις,		λύ σοντος.
λύ σοι,		F. λύ σουσα,
λύ σοιμεν,		λυ σούσης.
λύ σοιτε,		N. λῦ σον,
λύ σοιεν,		λύ σοντος.
λύ σοιτον,		
λυ σοίτην.		
que j'eusse délié.	avoir délié.	ayant délié.
λύ σαιμι,	λῦ σαι.	M. λύ σας,
λύ σαις,		λύ σαντος.
λύ σαι,		F. λύ σασα,
λύ σαιμεν,		λυ σάσης.
λύ σαιτε,		N. λῦ σαν,
λύ σαιεν,		λύ σαντος.
λύ σαιτον,		
λυ σαίτην.		

			INDICATIF.	IMPÉRATIF.	SUBJONCTIF.
PARFAIT			j'ai délié.	aie délié.	que j'aie délié.
	S.	1 p.	λέλυ κα,		λελύ κω,
		2 p.	λέλυ κας,	λέλυ κε,	λελύ κῃς,
		3 p.	λέλυ κε,	λελυ κέτω,	λελύ κῃ,
	P.	1 p.	λελύ καμεν,		λελύ κωμεν,
		2 p.	λελύ κατε,	λελύ κετε,	λελύ κητε,
		3 p.	λελύ κασι,	λελυ κέτωσαν,	λελύ κωσι,
	D.	2 p.	λελύ κατον,	λελύ κετον,	λελύ κητον,
		3 p.	λελύ κατον.	λελυ κέτων.	λελύ κητον.
PLUS-QUE-PARFAIT			j'avais délié.		
	S.	1 p.	ἐλελύ κειν,		
		2 p.	ἐλελύ κεις,		
		3 p.	ἐλελύ κει,		
	P.	1 p.	ἐλελύ κειμεν,		
		2 p.	ἐλελύ κειτε,		
		3 p.	ἐλελύ κεισαν,		
	D.	2 p.	ἐλελύ κειτον,		
		3 p.	ἐλελυ κείτην.		

FORMATION DES TEMPS DE L'ACTIF.

Pour aider la mémoire et faciliter l'étude du tableau, on peut faire les remarques suivantes sur la manière dont les temps sont formés [1].

INDICATIF.

§ 68. 1° Le présent se compose du radical et de la terminaison ω, εις, ει. La troisième personne du pluriel est en ουσι, et par conséquent elle ressemble au datif pluriel du participe présent.

2° L'imparfait se forme du présent, en ajoutant l'augment et en changeant ω en ον : présent, λύω; imp. ἔλυον. La troisième personne du pluriel de ce temps est toujours semblable à la première du singulier.

3° Le futur se compose du radical et de la terminaison σω, σεις, σει.

4° L'aoriste se forme du futur, en ajoutant l'augment et en

---

[1]. L'objet de ces remarques n'est pas d'expliquer la formation des temps. Elles ne figurent ici que comme moyens mnémoniques.

VERBE ΛΎΩ, *je délie*. VOIX ACTIVE.

OPTATIF.	INFINITIF.	PARTICIPES.
que j'eusse délié.	avoir délié.	ayant délié.
λελύ κοιμι,	λελυ κέναι.	M. λελυ κώς,
λελύ κοις,		λελυ κότος.
λελύ κοι,		F. λελυ κυῖα,
λελύ κοιμεν,		λελυ κυίας.
λελύ κοιτε,		N. λελυ κός,
λελύ κοιεν,		λελυ κότος.
λελύ κοιτον,		
λελυ κοίτην.		

changeant σω en σα : λύσω, ἔλυσα. La troisième personne du pluriel se forme en ajoutant ν à la première du singulier : ἔλυσα, ἔλυσαν.

Le σ caractérise, en général, le futur et l'aoriste dans tous les modes.

5° Le parfait se forme du futur, en changeant σω en κα, et en ajoutant le redoublement.

On verra par la suite comment la terminaison κα se modifie dans les verbes qui ont une consonne à la fin du radical.

6° Le plus-que-parfait se forme du parfait en ajoutant l'augment ε, et en changeant α final en ειν : λέλυκα, ἐλελύκειν.

IMPÉRATIF.

§ 69. 1° Le présent de l'impératif se forme en ajoutant ε au radical, ou, ce qui est la même chose, en changeant ω de l'indicatif en ε :

Indicatif, λύω ; Impératif, λύε.

2° L'impératif aoriste est toujours σον, σάτω : λῦσον, λυσάτω.

3° Le parfait de l'impératif ressemble à la troisième personne du parfait indicatif, sans aucun changement :

Parfait indicatif, 3ᵉ pers., λέλυκε ; Impératif, λέλυκε.

4° Toutes les troisièmes personnes de ce mode, au singulier, au pluriel et au duel, ont un ω.

SUBJONCTIF.

§ 70. Tous les temps du subjonctif se terminent en ω, ης, η.
Le présent de ce mode se forme de celui de l'indicatif, en changeant les brèves en longues et en souscrivant ἰῶτα :

Indicatif, λύω, λύεις, λύει ; Subjonctif, λύω, λύῃς, λύῃ.

La seconde personne du pluriel, λύητε, et le duel, λύητον, n'ont point d'ι souscrit, parce qu'il n'y a point d'ι à l'indicatif λύετε, λύετον.

OPTATIF.

§ 71. Le présent, le futur et le parfait de l'optatif se forment en changeant en οιμι la dernière lettre des mêmes temps de l'indicatif :

Présent,   λύ ω,   λύ οιμι.
Futur,   λύσ ω,   λύσ οιμι.
Parfait,   λέλυκ α,   λελύκ οιμι.

L'aoriste perd l'augment et change σα en σαιμι : ἔλυσα, λύσαιμι.

Cet aoriste a encore une autre forme, qu'on appelle éolique, parce qu'elle vient des Éoliens, et qui en prose est plus usitée que l'autre. Elle consiste à ajouter au radical la terminaison σεια, au lieu de σαιμι :

Sing. λύ σεια,   λύ σειας,   λύ σειε.
Plur. λυ σείαμεν, λυ σείατε, λύ σειαν.

Toutefois la seconde personne du singulier λύσειας, la troisième λύσειε, et la troisième du pluriel λύσειαν, sont les seules dont on trouve des exemples.

INFINITIF.

§ 72. Les temps terminés à l'indicatif en ω font l'infinitif en ειν, l'aoriste le fait en σαι ; le parfait en έναι.

PARTICIPES.

Les temps qui ont l'infinitif en ειν font au participe ων, ουσα, ον ;

L'aoriste, σας, σασα, σαν ; le parfait, ώς, υῖα, ός.

Tous ces participes se déclinent comme les adjectifs de la troisième classe.

SINGULIER.

	Masc.	Fém.	Neutre.
N.	λύ σας,	λύ σασα,	λῦ σαν.
G.	λύ σαντος,	λυ σάσης,	λύ σαντος.
D.	λύ σαντι,	λυ σάση,	λύ σαντι.
Ac.	λύ σαντα,	λύ σασαν,	λῦ σαν.

PLURIEL.

N.	λύ σαντες,	λύ σασαι,	λύ σαντα.
G.	λυ σάντων,	λυ σασῶν,	λυ σάντων.
D.	λύ σασι,	λυ σάσαις,	λύ σασι.
Ac.	λύ σαντας,	λυ σάσας,	λύ σαντα.

DUEL.

| N. Ac. | λύ σαντε, | λυ σάσα, | λύ σαντε. |
| G. D. | λυ σάντοιν, | λυ σάσαιν, | λυ σάντοιν. |

SINGULIER.

	Masc.	Fém.	Neutre.
N.	λελυ κώς,	λελυ κυῖα,	λελυ κός.
G.	λελυ κότος,	λελυ κυίας,	λελυ κότος.
D.	λελυ κότι,	λελυ κυίᾳ,	λελυ κότι.
Ac.	λελυ κότα,	λελυ κυῖαν,	λελυ κός.

PLURIEL.

N.	λελυ κότες,	λελυ κυῖαι,	λελυ κότα.
G.	λελυ κότων,	λελυ κυιῶν,	λελυ κότων.
D.	λελυ κόσι,	λελυ κυίαις,	λελυ κόσι.
Ac.	λελυ κότας,	λελυ κυίας,	λελυ κότα.

DUEL.

| N. Ac. | λελυ κότε, | λελυ κυία, | λελυ κότε. |
| G. D. | λελυ κότοιν, | λελυ κυίαιν, | λελυ κότοιν. |

*5

REMARQUES SUR LES TERMINAISONS DE LA VOIX ACTIVE.

§ 73. On remarque, en jetant les yeux sur le tableau du verbe λύω, et sur les règles précédentes, que plusieurs temps finissent par les mêmes lettres ou par les mêmes syllabes. Ainsi le présent et le futur de l'indicatif ont pour finales ω, εις, ει; tout le subjonctif, ω, ῃς, ῃ; trois temps de l'optatif, οιμι, οις, οι, etc. Cette ressemblance dans la désinence de la plupart des temps simplifie beaucoup la conjugaison grecque et la rend très-facile.

Voici un tableau qui présente, sous un même coup d'œil, ces désinences divisées par temps principaux et temps secondaires. Tous les temps du subjonctif sont considérés comme principaux; tous ceux de l'optatif, comme secondaires. L'impératif fait une classe à part.

	TEMPS PRINCIPAUX.		
	SINGULIER.	PLURIEL.	DUEL.
Ind. Prés. et Fut.	ω, εις, ει,	ομεν, ετε, ουσι,	ετον, ετον.
— Parf.	α, ας, ε,	αμεν, ατε, ασι,	ατον, ατον.
Subjonct.	ω, ῃς, ῃ,	ωμεν, ητε, ωσι,	ητον, ητον.
	TEMPS SECONDAIRES.		
Ind. Imparf.	ον, ες, ε,	ομεν, ετε, ον,	ετον, έτην.
— Aoriste.	α, ας, ε,	αμεν, ατε, αν,	ατον, άτην.
— Plus-que-parf.	ειν, εις, ει,	ειμεν, ειτε, εισαν,	ειτον, είτην.
Optatif.	ο/α } ιμι, ις, ι,	ιμεν, ιτε, ιεν,	ιτον, ίτην.
	IMPÉRATIF.		
Présent et Parf.	ε, έτω,	ετε, έτωσαν,	ετον, έτων.
Aoriste.	ον, άτω,	ατε, άτωσαν,	ατον, άτων.

§ 74. On voit par ce tableau, 1° que la lettre σ se trouve à toutes les secondes personnes du singulier. Il en est de même en latin et en français, *amas,* tu aimes; *amabis,* tu aimeras, etc.

2° Que la troisième personne du singulier se forme de la seconde en retranchant σ: λύεις, λύει; ἔλυες, ἔλυε. Les temps en α changent cette voyelle en ε: λέλυκας, λέλυκε.

3° Que toute première personne du pluriel se termine en μεν, toute seconde en τε, toute seconde du duel en τον.

4° Que tous les temps principaux ont la troisième du pluriel en σι, et la troisième du duel en τον, comme la seconde.

5° Que tous les temps secondaires ont la troisième du pluriel en ν, et la troisième du duel en την.

6° On voit encore, par tout ce qui précède, que l'aoriste garde α par tous les modes, excepté au subjonctif.

§ 75. OBSERVATIONS. 1. Ce tableau ne présente que les Désinences personnelles, c'est-à-dire celles qui distinguent les personnes dans chaque nombre et dans chaque mode. Ces désinences ne forment pas toujours la terminaison tout entière. Par exemple, à l'aoriste comme au parfait, la désinence personnelle du singulier est α, ας, ε ; mais la terminaison entière est κα, κας, κε, pour le parfait; σα, σας, σε, pour l'aoriste.

De même, le présent et le futur finissent en ω ; mais ω, εις, ει, forment la terminaison entière du présent, tandis que celle du futur est σω, σεις, σει.

Le σ qui caractérise l'aoriste et le futur, et le κ qui caractérise le parfait, sont appelés Figuratives.

2. Les voyelles initiales de la désinence personnelle, par exemple celles qui au pluriel précèdent μεν et τε, sont appelées Voyelles modales, parce qu'elles servent à distinguer les modes. Nous avons déjà remarqué qu'elles sont brèves à l'indicatif, longues au subjonctif. La voyelle modale de l'optatif est toujours un ἰῶτα.

Les mêmes principes sont applicables au passif.

§ 76. VERBES EN Ω PUR.

		INDICATIF.	IMPÉRATIF.	SUBJONCTIF.
PRÉSENT.		je suis délié.	sois délié.	que je sois délié.
	S. 1 p.	λύ ομαι,		λύ ωμαι,
	2 p.	λύ η,	λύ ου,	λύ η,
	3 p.	λύ εται,	λυ έσθω,	λύ ηται,
	P. 1 p.	λυ όμεθα,		λυ ώμεθα,
	2 p.	λύ εσθε,	λύ εσθε,	λύ ησθε,
	3 p.	λύ ονται,	λυ έσθωσαν,	λύ ωνται,
	D. 1 p.	λυ όμεθον,		λυ ώμεθον,
	2 p.	λύ εσθον,	λύ εσθον,	λύ ησθον,
	3 p.	λύ εσθον.	λυ έσθων.	λύ ησθον.
IMPARFAIT.		j'étais délié.		
	S. 1 p.	ἐλυ όμην,		
	2 p.	ἐλύ ου,		
	3 p.	ἐλύ ετο,		
	P. 1 p.	ἐλυ όμεθα,		
	2 p.	ἐλύ εσθε,		
	3 p.	ἐλύ οντο,		
	D. 1 p.	ἐλυ όμεθον,		
	2 p.	ἐλύ εσθον,		
	3 p.	ἐλυ έσθην.		
FUTUR.		je serai délié.		
	S. 1 p.	λυ θήσομαι,		
	2 p.	λυ θήση,		
	3 p.	λυ θήσεται,		
	P. 1 p.	λυ θησόμεθα,		
	2 p.	λυ θήσεσθε,		
	3 p.	λυ θήσονται,		
	D. 1 p.	λυ θησόμεθον,		
	2 p.	λυ θήσεσθον,		
	3 p.	λυ θήσεσθον.		
AORISTE.		je fus délié.	sois délié.	que j'aie été délié.
	S. 1 p.	ἐλύ θην,		λυ θῶ,
	2 p.	ἐλύ θης,	λύ θητι,	λυ θῇς,
	3 p.	ἐλύ θη,	λυ θήτω,	λυ θῇ,
	P. 1 p.	ἐλύ θημεν,		λυ θῶμεν,
	2 p.	ἐλύ θητε,	λύ θητε,	λυ θῆτε,
	3 p.	ἐλύ θησαν,	λυ θήτωσαν,	λυ θῶσι,
	D.			
	2 p.	ἐλύ θητον,	λύ θητον,	λυ θῆτον,
	3 p.	ἐλυ θήτην.	λυ θήτων.	λυ θῆτον.

VERBE ΛΥΩ, *JE DÉLIE.* VOIX PASSIVE.

OPTATIF.	INFINITIF.	PARTICIPES.
que je fusse délié. λυ οίμην, λύ οιο, λύ οιτο, λυ οίμεθα, λύ οισθε, λύ οιντο, λυ οίμεθον, λύ οισθον, λύ οίσθην.	être délié. λύ εσθαι.	étant délié. M. λυ όμενος, λυ ομένου. F. λυ ομένη, λυ ομένης. N. λυ όμενον, λυ ομένου.
que je dusse être délié. λυ θησοίμην, λυ θήσοιο, λυ θήσοιτο, λυ θησοίμεθα, λυ θήσοισθε, λυ θήσοιντο, λυ θησοίμεθον, λυ θήσοισθον, λυ θησοίσθην.	devoir être délié. λυ θήσεσθαι.	devant être délié. M. λυ θησόμενος, λυ θησομένου. F. λυ θησομένη, λυ θησομένης. N. λυ θησόμενον, λυ θησομένου.
que j'eusse été délié. λυ θείην, λυ θείης, λυ θείη, λυ θείημεν, λυ θείητε, λυ θείησαν, λυ θείητον, λυ θειήτην.	avoir été délié. λυ θῆναι.	ayant été délié. M. λυ θείς, λυ θέντος. F. λυ θεῖσα, λυ θείσης. N. λυ θέν, λυ θέντος.

VERBES EN Ω PUR.

	INDICATIF.	IMPÉRATIF.	SUBJONCTIF.
PARFAIT	j'ai été, je suis délié.	sois délié.	q. j'aie été, q. je sois délié.
S. 1 p.	λέλυ μαι,		λελυμένος ὦ,
2 p.	λέλυ σαι,	λέλυ σο,	λελυμένος ᾖς,
3 p.	λέλυ ται,	λελύ σθω,	λελυμένος ᾖ,
P. 1 p.	λελύ μεθα,		λελυμένοι ὦμεν,
2 p.	λέλυ σθε,	λέλυ σθε,	λελυμένοι ἦτε,
3 p.	λέλυ νται,	λελύ σθωσαν,	λελυμένοι ὦσι,
D. 1 p.	λελύ μεθον,		
2 p.	λέλυ σθον,	λέλυ σθον,	λελυμένω ἦτον,
3 p.	λέλυ σθον.	λελύ σθων.	λελυμένω ἦτον.
PLUS-QUE-PARFAIT	j'avais été, j'étais délié.		
S. 1 p.	ἐλελύ μην,		
2 p.	ἐλέλυ σο,		
3 p.	ἐλέλυ το,		
P. 1 p.	ἐλελύ μεθα,		
2 p.	ἐλέλυ σθε,		
3 p.	ἐλέλυ ντο,		
D. 1 p.	ἐλελύ μεθον,		
2 p.	ἐλέλυ σθον,		
3 p.	ἐλελύ σθην.		
FUTUR ANTÉRIEUR	j'aurai été délié.		
S. 1 p.	λελύ σομαι,		
2 p.	λελύ σῃ,		
3 p.	λελύ σεται,		
P. 1 p.	λελυ σόμεθα,		
2 p.	λελύ σεσθε,		
3 p.	λελύ σονται,		
D. 1 p.	λελυ σόμεθον,		
2 p.	λελύ σεσθον,		
3 p.	λελύ σεσθον.		

REMARQUES SUR LA VOIX PASSIVE.

§ 77. 1° Le présent exprime l'action comme se faisant au moment où l'on parle. Ainsi, λύομαι signifie proprement, *on me délie*; ἐλυόμην, *on me déliait*[1].

2° Le parfait exprime une action qui est faite et accomplie, mais dont le résultat existe au moment où l'on parle. Ainsi, λέλυμαι se traduira très-bien par *je suis délié*, c'est-à-dire *je ne suis plus lié*. Ἐλελύμην signifiera, par la même raison, *j'étais délié*.

[1]. Cf. Méthode latine, § 68.

VERBE ΛΎΩ, *JE DÉLIE*. VOIX PASSIVE.

OPTATIF.	INFINITIF.	PARTICIPES.
que j'eusse été délié.	avoir été, être délié.	délié.
λελυμένος εἴην,	λελύσθαι.	M. λελυμένος,
λελυμένος εἴης,		λελυμένου.
λελυμένος εἴη,		F. λελυμένη,
λελυμένοι εἴημεν,		λελυμένης.
λελυμένοι εἴητε,		N. λελυμένον,
λελυμένοι εἴησαν,		λελυμένου.
λελυμένω εἴητον,		
λελυμένω εἰήτην.		
que j'eusse dû être délié.	avoir dû être délié.	ayant dû être délié.
λελυσοίμην,	λελύσεσθαι.	M. λελυσόμενος,
λελύσοιο,		λελυσομένου.
λελύσοιτο,		F. λελυσομένη,
λελυσοίμεθα,		λελυσομένης.
λελύσοισθε,		N. λελυσόμενον,
λελύσοιντο,		λελυσομένου.
λελυσοίμεθον,		
λελύσοισθον,		
λελυσοίσθην.		

3° Le futur λυθήσομαι signifie proprement, *on me déliera, on fera l'action de me délier*.

4° Le futur antérieur λελύσομαι signifie, *on aura fait l'action de me délier*; par conséquent, *j'aurai été, je serai délié*.

FORMATION DES TEMPS DU PASSIF.

§ 78. 1° Le présent se forme du présent actif, en changeant ω en ομαι : λύω, λύομαι.

2° L'imparfait se forme de l'imparfait actif, en changeant ον en όμην : ἔλυον, ἐλυόμην.

3° Le futur se forme du futur actif, en changeant σω en θήσομαι : λύσω, λυθήσομαι.

4° L'aoriste se forme du futur, en changeant θήσομαι en θην, et en ajoutant l'augment : λυθήσομαι, ἐλύθην.

La forme de cet aoriste, pour tous les modes, est active; nous en avons déjà vu le modèle dans l'imparfait ἦν, ἦς, ἦ, du verbe εἰμί.

5° Le parfait se forme de celui de l'actif, en changeant κα en μαι : λέλυκα, λέλυμαι.

6° Le plus-que-parfait vient du parfait, en changeant μαι en μην, et en préposant l'augment : λέλυμαι, ἐλελύμην.

7° Le futur antérieur se forme de la seconde personne du parfait, en changeant σαι en σομαι : λέλυσαι, λελύσομαι.

Le redoublement se conserve dans tous les modes.

La voix passive est la seule qui ait ce temps. Si l'on voulait exprimer en grec le futur antérieur actif *j'aurai délié*, on dirait, par circonlocution, λελυκὼς ἔσομαι, *je serai ayant délié*.

§ 79. Pour aider la mémoire, nous mettrons ici en regard les temps de l'actif et ceux du passif.

	Actif.	Passif.
Présent,	λύ ω,	λύ ομαι.
Imparfait,	ἔλυ ον,	ἐλυ όμην.
Futur,	λύ σω,	λυ θήσομαι.
Aoriste,	ἔλυ σα,	ἐλύ θην.
Parfait,	λέλυ κα,	λέλυ μαι.
Plus-que-parfait,	ἐλελύ κειν,	ἐλελύ μην.
Futur antérieur,		λελύ σομαι.

§ 80. REMARQUES SUR LES SECONDES PERSONNES DU SINGULIER.

Rappelons-nous ce qui a été dit dans les observations sur le verbe εἰμί, savoir, que la seconde personne du singulier en η est une contraction pour εσαι.

La même personne en η, au subjonctif, est pour ησαι, en contractant ainsi : ησαι, ηαι, η.

La seconde personne en ου, à l'imparfait et à l'impératif, est formée de εσο, en retranchant le σ et en contractant εο en ου : ἐλύεσο, ἐλύεο, ἐλύου.

Enfin, οιο, à l'optatif, est pour οισο.

La conjugaison primitive de ces temps est donc :

Indicatif,	λύ ομαι,	λύ εσαι,	λύ εται.
Subjonctif,	λύ ωμαι,	λύ ησαι,	λύ ηται.
Optatif,	λυ οίμην,	λύ οισο,	λύ οιτο.
Imparf. de l'ind.	ἐλυ όμην,	ἐλύ εσο,	ἐλύ ετο.
Impératif,		λύ εσο,	λυ έσθω.

Cette manière de conjuguer fait sentir le rapport qu'ont entre elles les trois personnes, dont la première est caractérisée par μ, la seconde par σ, la troisième par τ.

IMPÉRATIF.

§ 81. L'impératif se forme de l'indicatif, avec les changements indiqués par le tableau suivant :

		Indicatif.	Impératif.	
Imparf.,	2ᵉ p.	ἐλύου,	λύου,	λυέσθω.
Aoriste,	3ᵉ p.	ἐλύθη,	λύθητι,	λυθήτω.
Pl.-parf.,	2ᵉ p.	ἐλέλυσο,	λέλυσο,	λελύσθω.

Au passif, comme à l'actif, les troisièmes personnes de ce mode sont toujours caractérisées par l'ω.

SUBJONCTIF.

§ 82. 1° Le présent se forme de celui de l'indicatif, en changeant les brèves en longues : λύ ομαι, λύ ωμαι.

2° L'aoriste, de celui de l'indicatif, en ôtant l'augment et en changeant ην en ῶ : ἐλύθην, λυθῶ.

3° Le parfait se forme par circonlocution du participe parfait λελυμένος, η, ον, joint au subjonctif présent du verbe εἶναι, *être*, ὦ, ᾖς, ᾖ.

OPTATIF.

§ 83. 1° Les temps de l'indicatif en ομαι font, à l'optatif, οίμην :

Présent,	λύ ομαι,	λυ οίμην.
Futur,	λυθήσ ομαι,	λυθησ οίμην.
Futur antérieur,	λελύσ ομαι,	λελυσ οίμην.

2° L'aoriste change ην en είην, et rejette l'augment : ἐλύθ ην, λυθ είην. Au pluriel, au lieu de λυθείημεν, etc., on dit aussi, λυθεῖμεν, λυθεῖτε, λυθεῖεν.

3° Le parfait se forme du participe joint à l'optatif du verbe εἶναι : λελυμένος εἴην.

INFINITIF.

§ 84. 1° L'infinitif des temps en μαι se forme de la troisième personne de l'indicatif, en changeant ται en σθαι par un θ:

Présent,	λύε ται,	λύε σθαι.
Futur,	λυθήσε ται,	λυθήσε σθαι, etc.

2° L'aoriste se forme en ajoutant au radical, θῆναι : λυ θῆναι.

PARTICIPES.

1° Tous les temps en μαι font le participe en μενος :

Présent,   λύο μαι,   λυό μενός.
Futur,   λυθήσο μαι,   λυθησό μενος.
Futur antérieur, λελύσο μαι,   λελυσό μενος.
Parfait,   λέλυ μαι,   λελυ μένος.

Remarquez que partout, excepté au parfait, la désinence μενος est précédée de la voyelle modale ο (όμενος).

Tous ces participes se déclinent comme ἀγαθός, ή, όν.

2° L'aoriste ajoute θείς au radical : λυ θείς. Ce participe se décline comme les adjectifs de la troisième classe.

		Masc.	Fém.	Neut.
SING.	N.	λυθείς,	λυθεῖσα,	λυθέν.
	G.	λυθέντος,	λυθείσης,	λυθέντος.
	D.	λυθέντι,	λυθείσῃ,	λυθέντι.
	Ac.	λυθέντα,	λυθεῖσαν,	λυθέν.
PLUR.	N.	λυθέντες,	λυθεῖσαι,	λυθέντα.
	G.	λυθέντων,	λυθεισῶν,	λυθέντων.
	D.	λυθεῖσι,	λυθείσαις,	λυθεῖσι.
	Ac.	λυθέντας,	λυθείσας,	λυθέντα.
DUEL.	N. Ac.	λυθέντε,	λυθείσα,	λυθέντε.
	G. D.	λυθέντοιν,	λυθείσαιν,	λυθέντοιν.

§ 85. TABLEAU DES DÉSINENCES PERSONNELLES
DE LA VOIX PASSIVE.

	TEMPS PRINCIPAUX.			TEMPS SECONDAIRES.		
	1re pers.	2e pers.	3e pers.	1re pers.	2e pers.	3e pers.
Sing.	μαι,	σαι,	ται,	μην,	σο,	το,
Plur.	μεθα,	σθε,	νται,	μεθα,	σθε,	ντο,
Duel.	μεθον,	σθον,	σθον.	μεθον,	σθον,	σθην.

REMARQUES. Ce tableau présente la seconde personne du singulier telle qu'elle est avant la contraction, λύεσαι, ἐλύεσο.

Il n'est point applicable à l'aoriste, dont la forme est réellement active, ἐλύθην, λυθῶ, etc.

On peut de ce tableau déduire les principes suivants :

1° La première personne du singulier des temps principaux est en μαι, celle des temps secondaires en μην, par un η : ἐλυόμην. Cet η empêche de la confondre avec les premières personnes du pluriel actif, qui sont en μεν, par un ε : ἐλύομεν.

2° Toute première personne du pluriel est en μεθα, toute seconde en σθε, par un θ.

3° Toute première du duel est en μεθον, toute seconde en σθον, aussi par un θ.

4° Tous les temps principaux ont la troisième personne du pluriel en νται, et la troisième du duel en σθον, comme la seconde.

5° Tous les temps secondaires ont la troisième du pluriel en ντο, et la troisième du duel en σθην.

6° Ces deux observations, rapprochées des observations 4° et 5° sur les désinences de la voix active, donnent lieu à la règle générale que voici :

Toutes les fois que la troisième personne du pluriel finit par un ἰῶτα, la troisième du duel est semblable à la seconde, et finit en ον ;

Toutes les fois que la troisième du pluriel ne finit pas par un ἰῶτα, la troisième du duel diffère de la seconde, et finit en ην.

VOIX MOYENNE.

§ 86. Le moyen n'a que deux temps qui lui soient particuliers, le futur et l'aoriste.

Aux quatre autres temps, on se sert, pour exprimer une action réfléchie, de la forme passive ; ainsi :

Le PRÉSENT,	λύομαι,	signifie, *je suis délié*, ou *je me délie*.
L'IMPARFAIT,	ἐλυόμην,	*j'étais délié*, ou *je me déliais*.
Le PARFAIT,	λέλυμαι,	*j'ai été*, ou *je me suis délié*.
Le PLUS-QUE-PARF.,	ἐλελύμην,	*j'avais été*, ou *je m'étais délié*.

Nous parlerons ci-après (cf. §§ 117 et 118) du temps en α, qu'on appelait autrefois parfait moyen, et qui n'est autre chose qu'une seconde forme de parfait actif.

Le futur moyen se forme du futur actif, en changeant σω en σομαι : λύσω, λύσομαι.

L'aoriste se forme de celui de l'actif, en ajoutant μην : ἔλυσα, ἐλυσάμην.

	INDICATIF.	IMPÉRATIF.	SUBJONCTIF.
FUTUR.	*je me délierai¹.* S. 1 p. λύ σομαι, 2 p. λύ ση, 3 p. λύ σεται, P. 1 p. λυ σόμεθα, 2 p. λύ σεσθε, 3 p. λύ σονται, D. 1 p. λυ σόμεθον, 2 p. λύ σεσθον, 3 p. λύ σεσθον.		
AORISTE.	*je me déliai.* S. 1 p. ἐλυ σάμην, 2 p. ἐλύ σω, 3 p. ἐλύ σατο, P. 1 p. ἐλυ σάμεθα, 2 p. ἐλύ σασθε, 3 p. ἐλύ σαντο, D. 1 p. ἐλυ σάμεθον, 2 p. ἐλύ σασθον, 3 p. ἐλυ σάσθην.	*délie-toi* λῦ σαι, λυ σάσθω, λύ σασθε, λυ σάσθωσαν, λύ σασθον, λυ σάσθων.	*que je me sois délié.* λύ σωμαι, λύ ση, λύ σηται, λυ σώμεθα, λύ σησθε, λύ σωνται, λυ σώμεθον, λύ σησθον, λύ σησθον.

REMARQUES. 1° Remarquez la différence du futur moyen et du futur passif. La terminaison du moyen est toujours σομαι; celle du passif, toujours θήσομαι, une syllabe de plus.

2° L'aoriste moyen garde α dans tous les modes, excepté le subjonctif.

La seconde personne de l'indicatif, ἐλύσω, est à remarquer. Elle est formée par contraction de ἐλύσασο, en ôtant le σ et en contractant αο en ω; ainsi la conjugaison primitive de ce temps est

ἐλυσάμην, ἐλύσασο, ἐλύσατο,

ce qui rentre dans l'analogie des temps secondaires en μην, σο, το.

1. Nous traduisons *je me délierai*, etc., pour plus de facilité; mais on verra, §§ 352 et 353, qu'en général le moyen n'est qu'indirectement réfléchi, et que λύεσθαι signifie plutôt *délier pour soi, se faire délivrer* (par ex. un prisonnier), que *se délier soi-même*. On ne rendrait bien *je me délie moi-même* que par λύω ἐμαυτόν.

VERBE ΛΥΩ, *je délie*. VOIX MOYENNE.

OPTATIF.	INFINITIF.	PARTICIPES.
que je dusse me délier.	devoir se délier.	devant se délier.
λυ σοίμην,	λύ σεσθαι.	M. λυ σόμενος,
λύ σοιο,		λυ σομένου.
λύ σοιτο,		F. λυ σομένη,
λυ σοίμεθα,		λυ σομένης.
λύ σοισθε,		N. λυ σόμενον,
λύ σοιντο,		λυ σομένου.
λυ σοίμεθον,		
λύ σοισθον,		
λυ σοίσθην.		
que je me fusse délié.	s'être délié.	s'étant délié.
λυ σαίμην,	λύ σασθαι.	M. λυ σάμενος,
λύ σαιο,		λυ σαμένου.
λύ σαιτο,		F. λυ σαμένη,
λυ σαίμεθα,		λυ σαμένης.
λύ σαισθε,		N. λυ σάμενον,
λύ σαιντο,		λυ σαμένου.
λυ σαίμεθον,		
λύ σαισθον,		
λυ σαίσθην.		

3° L'impératif aoriste moyen est toujours le même que l'infinitif actif du même temps :

  Infinitif actif, *avoir délié,* λῦσαι.
  Impér. aoriste moyen, *délie-toi,* λῦσαι.

Conjuguez sur λύω *les verbes suivants :*

Ind. Prés.		Fut.	Parf.
τίω,	honorer,	τίσω,	τέτικα.
παιδεύω,	instruire,	παιδεύσω,	πεπαίδευκα.
βασιλεύω,	régner,	βασιλεύσω,	βεβασίλευκα.
πιστεύω,	croire,	πιστεύσω,	πεπίστευκα.
λούω,	laver,	λούσω,	λέλουκα.

§ 87. TABLEAU ABRÉGÉ DES TROIS VOIX DES VERBES EN Ω PUR.

		INDICATIF.	IMPÉR.	SUBJONCT.	OPTATIF.	INFINITIF.	PARTICIPES.
VOIX ACTIVE.	Présent,	λύω,	λῦε,	λύω,	λύοιμι,	λύειν,	λύων.
	Imparf.,	ἔλυον.					
	Futur,	λύσω,		λύσω,	λύσοιμι,	λύσειν,	λύσων.
	Aoriste,	ἔλυσα,	λῦσον,		λύσαιμι,	λῦσαι,	λύσας.
	Parfait,	λέλυκα,	λέλυκε,	λελύκω,	λελύκοιμι,	λελυκέναι,	λελυκώς.
	Pl.-Parf.,	ἐλελύκειν.					
VOIX PASSIVE.	Présent,	λύομαι,	λύου,	λύωμαι,	λυοίμην,	λύεσθαι,	λυόμενος.
	Imparf.,	ἐλυόμην.					
	Futur,	λυθήσομαι,			λυθησοίμην,	λυθήσεσθαι,	λυθησόμενος.
	Aoriste,	ἐλύθην,	λύθητι,	λυθῶ,	λυθείην,	λυθῆναι,	λυθείς.
	Parfait,	λέλυμαι,	λέλυσο,	λελυμένος ὦ,	λελυμένος εἴην,	λελύσθαι,	λελυμένος.
	Pl.-Parf.,	ἐλελύμην.					
	Fut. ant.,	λελύσομαι,			λελυσοίμην,	λελύσεσθαι,	λελυσόμενος.
VOIX MOYENNE.	Futur,	λύσομαι,			λυσοίμην,	λύσεσθαι,	λυσόμενος.
	Aoriste,	ἐλυσάμην,	λῦσαι,	λύσωμαι,	λυσαίμην,	λύσασθαι,	λυσάμενος.

VERBES EN ΈΩ, ΆΩ, ΌΩ,

OU VERBES CONTRACTES.

§ 88. Nous avons dit que le radical est invariable, de sa nature, dans toute la conjugaison. Le verbe λύω nous l'a en effet présenté partout sans aucun changement de lettre. Il en est de même de τίω, et en général de tous les verbes qui, avant la terminaison ω, ont un ι, un υ, ou une diphthongue.

Mais quand cette terminaison est précédée d'une des trois voyelles α, ε, ο, comme dans les verbes φιλέω, *aimer*; τιμάω, *honorer*; δηλόω, *montrer*, la voyelle finale du radical se contracte avec celle de la terminaison au présent de tous les modes et à l'imparfait de l'indicatif. Ainsi, pour φιλέω, on dit φιλῶ; pour τιμάω, τιμῶ; pour δηλόω, δηλῶ.

On donne ordinairement à ces verbes le nom de Circonflexes, à cause de l'accent (˜) qui est sur la terminaison ω après la contraction. Nous leur donnerons celui de Contractes, qui en explique mieux la nature, et que d'ailleurs on a déjà vu dans les déclinaisons.

La contraction n'a lieu qu'au présent et à l'imparfait, parce que dans ces deux temps seulement la terminaison commence par une voyelle.

Au futur et au parfait, ces verbes changent souvent ε et α en η, et ο en ω, c'est-à-dire les voyelles brèves du radical en leurs longues; exemples:

Indic. Prés.	Fut.	Parf.
φιλέω,	φιλήσω,	πεφίληκα.
τιμάω,	τιμήσω,	τετίμηκα.
δηλόω,	δηλώσω,	δεδήλωκα.

Les temps sans contraction se conjuguant exactement comme ceux de λύω, nous n'en donnerons que la 1re personne.

§ 89. VERBES CONTRACTES EN ÉΩ.

Règles de contraction : ε se retranche devant les voyelles

	INDICATIF.	IMPÉRATIF.	SUBJONCTIF.
PRÉSENT.	j'aime.	aime.	que j'aime.
S. 1 p.	φιλ έω, ῶ,		φιλ έω, ῶ,
2 p.	φιλ έεις, εῖς,	φίλ εε, ει,	φιλ έῃς, ῇς,
3 p.	φιλ έει, εῖ,	φιλ εέτω, είτω,	φιλ έῃ, ῇ,
P. 1 p.	φιλ έομεν, οῦμεν,		φιλ έωμεν, ῶμεν,
2 p.	φιλ έετε, εῖτε,	φιλ έετε, εῖτε,	φιλ έητε, ῆτε,
3 p.	φιλ έουσι, οῦσι,	φιλ εέτωσαν, είτωσαν,	φιλ έωσι, ῶσι,
D. 2 p.	φιλ έετον, εῖτον,	φιλ έετον, εῖτον,	φιλ έητον, ῆτον,
3 p.	φιλ έετον, εῖτον.	φιλ εέτων, είτων.	φιλ έητον, ῆτον.
IMPARFAIT.	j'aimais.		
S. 1 p.	ἐφίλ εον, ουν,		
2 p.	ἐφίλ εες, εις,		
3 p.	ἐφίλ εε, ει,		
P. 1 p.	ἐφιλ έομεν, οῦμεν,		
2 p.	ἐφιλ έετε, εῖτε,		
3 p.	ἐφίλ εον, ουν,		
D. 2 p.	ἐφιλ έετον, εῖτον,		
3 p.	ἐφιλ εέτην, είτην.		
FUTUR.	φιλή σω.		
AORISTE.	ἐφίλη σα.	φίλη σον.	φιλή σω.
PARFAIT.	πεφίλη κα.	πεφίλη κε.	πεφιλή κω.
PL.-PARFAIT.	ἐπεφιλή κειν.		

REMARQUES. 1° On voit que ce tableau n'offre point une nouvelle conjugaison, puisque les terminaisons sont partout les mêmes que celles de λύω. Si nous avons rapproché de ces terminaisons l'ε de φιλέ, c'est pour mieux faire comprendre comment il se contracte avec elles ; mais en conjuguant φιλέ ω, φιλέ εις, φιλέ ει, sans faire la contraction, on voit les terminaisons reparaître telles qu'elles sont dans tous les verbes.

Il en sera de même de τιμά ω et de δηλό ω.

2° Nous avons dit que le parfait redouble la première consonne du présent ; ainsi, λύω, λέλυκα ; τίω, τέτικα. Mais dans πεφίληκα,

longues et les diphthongues ; εε se contracte en ει ; εο en ου.

OPTATIF.	INFINITIF.	PARTICIPES.
que j'aimasse.	aimer.	aimant.
φιλ έοιμι, οῖμι,	φιλ έειν, εῖν.	M. φιλ έων, ῶν,
φιλ έοις, οῖς,		φιλ έοντος, οῦντος.
φιλ έοι, οῖ,		
φιλ έοιμεν, οῖμεν,		F. φιλ έουσα, οῦσα,
φιλ έοιτε, οῖτε,		φιλ εούσης, ούσης.
φιλ έοιεν, οῖεν,		
		N. φιλ έον, οῦν,
φιλ έοιτον, οῖτον,		φιλ έοντος, οῦντος.
φιλ εοίτην, οίτην.		
φιλή σοιμι.	φιλή σειν.	φιλή σων, σοντος.
φιλή σαιμι.	φιλῆ σαι.	φιλή σας, σαντος.
πεφιλή κοιμι.	πεφιλη κέναι.	πεφιλη κώς, κότος.

nous voyons un π à la place du φ ; c'est que deux syllabes de suite ne peuvent commencer par une aspirée (cf. § 5, 3°).

On dira de même : φοβέω,   effrayer,   πεφόβηκα.
                    χωρέω,   céder,   κεχώρηκα.
                    θρυλλέω,   divulguer,   τεθρύλληκα.

3° Au lieu de l'optatif φιλοῖμι, les Attiques disent φιλοίην, φιλοίης, φιλοίη ; mais la troisième personne du pluriel est très-rarement φιλοίησαν. Les deux autres, φιλοίημεν, φιλοίητε, sont aussi à peu près inusitées.

* 6

§ 90. VERBES CONTRACTES EN ΕΩ.

		INDICATIF.	IMPÉRATIF.	SUBJONCTIF.
PRÉSENT		je suis aimé.	sois aimé.	que je sois aimé.
	S. 1 p.	φιλ έομαι, οῦμαι,		φιλ έωμαι, ῶμαι,
	2 p.	φιλ έῃ, ῇ,	φιλ έου, οῦ,	φιλ έῃ, ῇ,
	3 p.	φιλ έεται, εῖται,	φιλ εέσθω, είσθω,	φιλ έηται, ῆται,
	P. 1 p.	φιλ εόμεθα, ούμεθα,		φιλ εώμεθα, ώμεθα
	2 p.	φιλ έεσθε, εῖσθε,	φιλ έεσθε, εῖσθε,	φιλ έησθε, ῆσθε,
	3 p.	φιλ έονται, οῦνται,	φιλ εέσθωσαν, είσθωσαν,	φιλ έωνται, ῶνται,
	D. 1 p.	φιλ εόμεθον, ούμεθον,		φιλ εώμεθον, ώμεθον,
	2 p.	φιλ έεσθον, εῖσθον,	φιλ έεσθον, εῖσθον,	φιλ έησθον, ῆσθον,
	3 p.	φιλ έεσθον, εῖσθον.	φιλ εέσθων, είσθων.	φιλ έησθον, ῆσθον.
IMPARFAIT		j'étais aimé.		
	S. 1 p.	ἐφιλ εόμην, ούμην,		
	2 p.	ἐφιλ έου, οῦ,		
	3 p.	ἐφιλ έετο, εῖτο,		
	P. 1 p.	ἐφιλ εόμεθα, ούμεθα,		
	2 p.	ἐφιλ έεσθε, εῖσθε,		
	3 p.	ἐφιλ έοντο, οῦντο,		
	D. 1 p.	ἐφιλ εόμεθον, ούμεθον,		
	2 p.	ἐφιλ έεσθον, εῖσθον,		
	3 p.	ἐφιλ εέσθην, είσθην.		
FUTUR.		φιλη θήσομαι.		
AORISTE.		ἐφιλή θην.	φιλή θητι.	φιλη θῶ.
PARFAIT.		πεφίλη μαι.	πεφίλη σο.	πεφιλη μένος ὦ.
PL.-PARF.		ἐπεφιλή μην.		
FUT. ANT.		πεφιλή σομαι.		

VOIX

FUTUR.		φιλή σομαι.		
AORISTE.		ἐφιλη σάμην.	φίλη σαι.	φιλή σωμαι.

REMARQUES. 1° On voit qu'ici, comme à l'actif, il n'y a de contraction qu'au présent et à l'imparfait, et qu'en considérant φιλε comme radical, les terminaisons sont les mêmes que dans λύομαι.

2° Observez à l'impératif φιλοῦ pour φιλέου, lequel est déjà pour φιλέεσο, et ne confondez pas cet impératif φιλοῦ avec φίλου génitif singulier de φίλος, *ami*, dont l'accent est différent.

VERBE ΦΙΛΈΩ, J'AIME. VOIX PASSIVE.

OPTATIF.	INFINITIF.	PARTICIPES.
que je fusse aimé.	être aimé.	étant aimé.
φιλ εοίμην, οίμην,	φιλ έεσθαι, εῖσθαι.	M. φιλ εόμενος, ούμενος,
φιλ έοιο, οῖο,		φιλ εομένου, ουμένου.
φιλ έοιτο, οῖτο,		
φιλ εοίμεθα, οίμεθα,		F. φιλ εομένη, ουμένη,
φιλ έοισθε, οῖσθε,		φιλ εομένης, ουμένης.
φιλ έοιντο, οῖντο,		
φιλ εοίμεθον, οίμεθον,		N. φιλ εόμενον, ούμενον,
φιλ έοισθον, οῖσθον,		φιλ εομένου, ουμένου.
φιλ εοίσθην, οίσθην.		
φιλη θησοίμην.	φιλη θήσεσθαι.	φιλη θησόμενος, ου.
φιλη θείην.	φιλη θῆναι.	φιλη θείς, θέντος.
πεφιλη μένος εἴην.	πεφιλῆ σθαι.	πεφιλη μένος, ου.
πεφιλη σοίμην.	πεφιλή σεσθαι.	πεφιλη σόμενος, ου.
MOYENNE.		
φιλη σοίμην.	φιλή σεσθαι.	φιλη σόμενος, ου.
φιλη σαίμην.	φιλή σασθαι.	φιλη σάμενος, ου.

3° Nous parlerons ci-après (cf. § 224, 4°) d'une autre forme de subjonctif et d'optatif parfait, πεφιλῶμαι et πεφιλήμην, que nous n'avons pas donnée ici, parce qu'elle est très-peu usitée.

Conjuguez sur φιλέω :

Ind. Prés. ποιέω,   faire,   Fut. ποιήσω,   Parf. πεποίηκα.
  πολεμέω,   faire la guerre,   πολεμήσω,   πεπολέμηκα.
  βοηθέω,   secourir,   βοηθήσω,   βεβοήθηκα.
  ἀσκέω,   exercer,   ἀσκήσω,   ἤσκηκα.

§ 91. VERBES CONTRACTES EN ΆΩ.

Règles de contraction : contractez 1° αο, αω, αου,
4° αει, αη, en

	INDICATIF.	IMPÉRATIF.	SUBJONCTIF.
PRÉSENT.	j'honore.	honore.	que j'honore.
	S. 1p. τιμ άω, ῶ,		τιμ άω, ῶ,
	2p. τιμ άεις, ᾷς,	τίμ αε, α,	τιμ άῃς, ᾷς,
	3p. τιμ άει, ᾷ,	τιμ αέτω, άτω,	τιμ άῃ, ᾷ,
	P. 1p. τιμ άομεν, ῶμεν,		τιμ άωμεν, ῶμεν,
	2p. τιμ άετε, ᾶτε,	τιμ άετε, ᾶτε,	τιμ άητε, ᾶτε,
	3p. τιμ άουσι, ῶσι,	τιμ αέτωσαν, άτωσαν,	τιμ άωσι, ῶσι,
	D.		
	2p. τιμ άετον, ᾶτον,	τιμ άετον, ᾶτον,	τιμ άητον, ᾶτον,
	3p. τιμ άετον, ᾶτον.	τιμ αέτων, άτων.	τιμ άητον, ᾶτον.
IMPARFAIT.	j'honorais.		
	S. 1p. ἐτίμ αον, ων,		
	2p. ἐτίμ αες, ας,		
	3p. ἐτίμ αε, α,		
	P. 1p. ἐτιμ άομεν, ῶμεν,		
	2p. ἐτιμ άετε, ᾶτε,		
	3p. ἐτίμ αον, ων,		
	D.		
	2p. ἐτιμ άετον, ᾶτον,		
	3p. ἐτιμ αέτην, άτην.		
FUTUR.	τιμή σω.		
AORISTE.	ἐτίμη σα.	τίμη σον.	τιμή σω.
PARFAIT.	τετίμη κα.	τετίμη κε.	τετιμή κω.
PL.-PARFAIT.	ἐτετιμή κειν.		

REMARQUES. 1° Faites attention à la première personne du singulier et à la troisième du pluriel de l'imparfait, qui, par la contraction d'αο en ω, se terminent en ων. Cela n'arrive que dans les verbes en άω.

2° Observez le participe neutre τιμάον, qui, par la même contraction, devient τιμῶν, comme le masculin.

en ω; 2° αοι, en ῳ (ι souscrit); 3° αε, αη, en α;
ᾳ (ι souscrit).

OPTATIF.	INFINITIF.	PARTICIPES.
que j'honorasse.	honorer.	honorant.
τιμ. άοιμι, ῷμι,	τιμ. άειν, ᾶν.	M. τιμ. άων, ῶν,
τιμ. άοις, ῷς,		τιμ. άοντος, ῶντος.
τιμ. άοι, ῷ,		
τιμ. άοιμεν, ῷμεν,		F. τιμ. άουσα, ῶσα,
τιμ. άοιτε, ῷτε,		τιμ. αούσης, ώσης.
τιμ. άοιεν, ῷεν,		
		N. τιμ. άον, ῶν,
τιμ. άοιτον, ῷτον,		τιμ. άοντος, ῶντος.
τιμ. αοίτην, ῴτην.		
τιμή σοιμι.	τιμή σειν.	τιμή σων, σοντος.
τιμή σαιμι.	τιμῆ σαι.	τιμή σας, σαντος.
τετιμή κοιμι.	τετιμή κέναι.	τετιμή κώς, κότος.

3° Au lieu de l'optatif τιμῷμι, les Attiques disent aussi :
S. τιμῴην, τιμῴης, τιμῴη. P. τιμῴημεν, τιμῴητε[1], τιμῷεν.

4° C'est cette conjugaison τιμῶ, τιμᾷς, τιμᾷ, qui se rapproche le plus de la conjugaison latine *amo, amas, amat*.

[1]. Selon Buttmann, ces deux premières personnes plurielles sont plus usitées que les formes correspondantes des verbes en έω et en όω; et, au singulier, on n'emploie guère que τιμῴην, ης, η.

§ 92. VERBES CONTRACTES EN ΆΩ.

	INDICATIF.	IMPÉRATIF.	SUBJONCTIF.
PRÉSENT.	je suis honoré.	sois honoré.	que je sois honoré.
S. 1p.	τιμ άομαι, ῶμαι,		τιμ άωμαι, ῶμαι,
2p.	τιμ άῃ, ᾷ,	τιμ άου, ῶ,	τιμ άῃ, ᾷ,
3p.	τιμ άεται, ᾶται,	τιμ αέσθω, άσθω,	τιμ άηται, ᾶται,
P. 1p.	τιμ αόμεθα, ώμεθα,		τιμ αώμεθα, ώμεθα,
2p.	τιμ άεσθε, ᾶσθε,	τιμ άεσθε, ᾶσθε,	τιμ άησθε, ᾶσθε,
3p.	τιμ άονται, ῶνται,	τιμ αέσθωσαν, άσθωσαν,	τιμ άωνται, ῶνται,
D. 1p.	τιμ αόμεθον, ώμεθον,		τιμ αώμεθον, ώμεθον,
2p.	τιμ άεσθον, ᾶσθον,	τιμ άεσθον, ᾶσθον,	τιμ άησθον, ᾶσθον,
3p.	τιμ άεσθον, ᾶσθον.	τιμ αέσθων, άσθων.	τιμ άησθον, ᾶσθον.
IMPARFAIT.	j'étais honoré.		
S. 1p.	ἐτιμ αόμην, ώμην,		
2p.	ἐτιμ άου, ῶ,		
3p.	ἐτιμ άετο, ᾶτο,		
P. 1p.	ἐτιμ αόμεθα, ώμεθα,		
2p.	ἐτιμ άεσθε, ᾶσθε,		
3p.	ἐτιμ άοντο, ῶντο,		
D. 1p.	ἐτιμ αόμεθον, ώμεθον,		
2p.	ἐτιμ άεσθον, ᾶσθον,		
3p.	ἐτιμ αέσθην, άσθην.		
FUTUR.	τιμή θήσομαι.		
AORISTE.	ἐτιμή θην.	τιμή θητι.	τιμη θῶ.
PARFAIT.	τετίμη μαι.	τετίμη σο.	τετιμη μένος ὦ.
PL.-PARF.	ἐτετιμή μην.		
FUT. ANT.	τετιμή σομαι.		

VOIX

FUTUR.	τιμή σομαι.		
AORISTE.	ἐτιμη σάμην.	τίμη σαι.	τιμή σωμαι.

REMARQUES. 1° Observez deux secondes personnes en ω; d'abord celle de l'imparfait de l'indicatif, ἐτιμῶ, venant d'ἐτιμάου, lequel vient déjà d'ἐτιμάεσο; ensuite celle de l'impératif τιμῶ pour τιμάου.

2° Remarquez que le présent du subjonctif est le même après la contraction que celui de l'indicatif; cela vient de ce que αε et αη se contractent également en α. Il en est de même à l'actif.

VERBE ΤΙΜΆΩ, *J'HONORE.* VOIX PASSIVE.

OPTATIF.	INFINITIF.	PARTICIPES.
que je fusse honoré.	être honoré.	étant honoré.
τιμ. αοίμην, ῷμην,	τιμ. άεσθαι, ᾶσθαι.	M. τιμ. αόμενος, ώμενος,
τιμ. άοιο, ῷο,		τιμ. αομένου, ωμένου.
τιμ. άοιτο, ῷτο,		
τιμ. αοίμεθα, ῷμεθα,		F. τιμ. αομένη, ωμένη,
τιμ. άοισθε, ῷσθε,		τιμ. αομένης, ωμένης.
τιμ. άοιντο, ῷντο,		
τιμ. αοίμεθον, ῷμεθον,		N. τιμ. αόμενον, ώμενον,
τιμ. άοισθον, ῷσθον,		τιμ. αομένου, ωμένου.
τιμ. αοίσθην, ῷσθην.		
τιμη θησοίμην.	τιμη θήσεσθαι.	τιμη θησόμενος, ου.
τιμη θείην.	τιμη θῆναι.	τιμη θείς, θέντος.
τετιμη μένος εἴην.	τετιμῆ σθαι.	τετιμη μένος, ου.
τετιμη σοίμην.	τετιμή σεσθαι.	τετιμη σόμενος, ου.

MOYENNE.		
τιμη σοίμην.	τιμή σεσθαι.	τιμη σόμενος, ου.
τιμη σαίμην.	τιμή σασθαι.	τιμη σάμενος, ου.

Conjuguez sur τιμάω :

Ind. Prés. ἀγαπάω,   aimer,   Fut. ἀγαπήσω,   Parf. ἠγάπηκα.
         ἀπατάω,   tromper,   ἀπατήσω,   ἠπάτηκα.
         ἀρτάω,   suspendre,   ἀρτήσω,   ἤρτηκα.
         ἐρωτάω,   interroger,   ἐρωτήσω,   ἠρώτηκα.
         νικάω,   vaincre,   νικήσω,   νενίκηκα.
         τολμάω,   oser,   τολμήσω,   τετόλμηκα.

§ 93. VERBES CONTRACTES EN ÓΩ.

Règles de contraction : contractez 1° οε, οο, οου, en ου
(ou plutôt όεν, forme primitive,)

		INDICATIF.	IMPÉRATIF.	SUBJONCTIF.
PRÉSENT		je montre.	montre.	que je montre.
	S. 1p.	δηλ όω, ῶ,		δηλ όω, ῶ,
	2p.	δηλ όεις, οῖς,	δήλ οε, ου,	δηλ όῃς, οῖς,
	3p.	δηλ όει, οῖ,	δηλ οέτω, ούτω,	δηλ όῃ, οῖ,
	P. 1p.	δηλ όομεν, οῦμεν,		δηλ όωμεν, ῶμεν,
	2p.	δηλ όετε, οῦτε,	δηλ όετε, οῦτε,	δηλ όητε, ῶτε,
	3p.	δηλ όουσι, οῦσι,	δηλ οέτωσαν, ούτωσαν,	δηλ όωσι, ῶσι,
	D.			
	2p.	δηλ όετον, οῦτον,	δηλ όετον, οῦτον,	δηλ όητον, ῶτον,
	3p.	δηλ όετον, οῦτον.	δηλ οέτων, ούτων.	δηλ όητον, ῶτον.
IMPARFAIT		je montrais.		
	S. 1p.	ἐδήλ οον, ουν,		
	2p.	ἐδήλ οες, ους,		
	3p.	ἐδήλ οε, ου,		
	P. 1p.	ἐδηλ όομεν, οῦμεν,		
	2p.	ἐδηλ όετε, οῦτε,		
	3p.	ἐδήλ οον, ουν,		
	D.			
	2p.	ἐδηλ όετον, οῦτον,		
	3p.	ἐδηλ οέτην, ούτην.		
FUTUR.		δηλώ σω.		
AORISTE.		ἐδήλω σα.	δήλω σον.	δηλώ σω.
PARFAIT.		δεδήλω κα.	δεδήλω κε.	δεδηλώ κω.
PL.-PARF.		ἐδεδηλώ κειν.		

Remarquez : 1° l'imparfait de l'indicatif en ουν, ἐδήλουν pour ἐδήλοον. Nous avons déjà vu ἐφίλουν pour ἐφίλεον; c'est que εο et οο se contractent également en ου.

2° Le participe neutre δηλοῦν, δηλοῦντος, pour δηλόον, όοντος. Nous avons déjà vu φιλοῦν, οῦντος, pour φιλέον, έοντος.

La diphthongue ου résultant d'une contraction peut donc appartenir, soit à un verbe en έω, soit à un verbe en όω; elle n'appartient jamais à un verbe en άω.

VERBE ΔΗΛΟΩ, *je montre.* VOIX ACTIVE.

2° οη, οω, en ω; 3° οη, οει, οοι, en οι. A l'infinitif, όειν se contracte en οῦν.

OPTATIF.	INFINITIF.	PARTICIPES.
que je montrasse.	montrer.	montrant.
δηλ όοιμι, οῖμι,	δηλ όειν, οῦν.	M. δηλ όων, ῶν,
δηλ όοις, οῖς,		δηλ όοντος, οῦντος.
δηλ όοι, οῖ,		
δηλ όοιμεν, οῖμεν,		F. δηλ όουσα, οῦσα,
δηλ όοιτε, οῖτε,		δηλ οούσης, ούσης.
δηλ όοιεν, οῖεν,		
		N. δηλ όον, οῦν,
δηλ όοιτον, οῖτον,		δηλ όοντος, οῦντος.
δηλ οοίτην, οίτην.		
δηλώ σοιμι.	δηλώ σειν.	δηλώ σων, σοντος.
δηλώ σαιμι.	δηλῶ σαι.	δηλώ σας, σαντος.
δεδηλώ κοιμι.	δεδηλω κέναι.	δεδηλω κώς, κότος.

3° Vous voyez au subjonctif δηλοῖς, δηλοῖ, pour δηλόῃς, δηλόῃ, à cause de l'ι souscrit qui est sous cet η.

Vous voyez au pluriel δηλῶτε, pour δηλόητε, parce que l'η du pluriel n'a point d'ι souscrit.

4° Au lieu de l'optatif δηλοῖμι, les Attiques disent aussi:

SING. δηλοίην, δηλοίης, δηλοίη. Quant au pluriel, il faut observer la même chose que pour celui de φιλοίην (cf. § 89, 3°, p. 83).

§ 94.   VERBES CONTRACTES EN ÓΩ.

	INDICATIF.	IMPÉRATIF.	SUBJONCTIF.
PRÉSENT.	je suis montré. S. 1 p. δηλ όομαι, οῦμαι, 2 p. δηλ όῃ, οῖ, 3 p. δηλ όεται, οῦται, P. 1 p. δηλ οόμεθα, ούμεθα, 2 p. δηλ όεσθε, οῦσθε, 3 p. δηλ όονται, οῦνται, D. 1 p. δηλ οόμεθον, ούμεθον, 2 p. δηλ όεσθον, οῦσθον, 3 p. δηλ όεσθον, οῦσθον.	sois montré. δηλ όου, οῦ, δηλ οέσθω, ούσθω, δηλ όεσθε, οῦσθε, δηλ οέσθωσαν, ούσθωσαν, δηλ όεσθον, οῦσθον, δηλ οέσθων, ούσθων.	que je sois montré. δηλ όωμαι, ῶμαι, δηλ όῃ, οῖ, δηλ όηται, ῶται, δηλ οώμεθα, ώμεθα, δηλ όησθε, ῶσθε, δηλ όωνται, ῶνται, δηλ οώμεθον, ώμεθον, δηλ όησθον, ῶσθον, δηλ όησθον, ῶσθον.
IMPARFAIT.	j'étais montré. S. 1 p. ἐδηλ οόμην, ούμην, 2 p. ἐδηλ όου, οῦ, 3 p. ἐδηλ όετο, οῦτο, P. 1 p. ἐδηλ οόμεθα, ούμεθα, 2 p. ἐδηλ όεσθε, οῦσθε, 3 p. ἐδηλ όοντο, οῦντο, D. 1 p. ἐδηλ οόμεθον, ούμεθον, 2 p. ἐδηλ όεσθον, οῦσθον, 3 p. ἐδηλοέσθην, ούσθην.		
FUTUR. AORISTE. PARFAIT. PL.-PARF. FUT. ANT.	δηλω θήσομαι. ἐδηλώ θην. δεδήλω μαι. ἐδεδηλώ μην. δεδηλώ σομαι.	δηλώ θητι. δεδήλω σο.	δηλω θῶ. δεδηλω μένος ὦ.
			VOIX
FUTUR. AORISTE.	δηλώ σομαι. ἐδηλω σάμην.	δήλω σαι.	δηλώ σωμαι.

Remarquez à l'impératif δηλοῦ, pour δηλόου, au passif; et δήλου, pour δήλοε, à l'actif; et ne confondez pas ces impératifs avec δήλου, génitif de δῆλος, *évident*.

VERBE ΔΗΛΟΩ, *je montre*. VOIX PASSIVE.

OPTATIF.	INFINITIF.	PARTICIPES.
que je fusse montré.	être montré.	étant montré.
δηλ οοίμην, οίμην,	δηλ όεσθαι, οῦσθαι.	M. δηλ οόμενος, ούμενος,
δηλ όοιο, οῖο,		δηλ οομένου, ουμένου.
δηλ όοιτο, οῖτο,		
δηλ οοίμεθα, οίμεθα,		F. δηλ οομένη, ουμένη,
δηλ όοισθε, οῖσθε,		δηλ οομένης, ουμένης.
δηλ όοιντο, οῖντο,		
δηλ οοίμεθον, οίμεθον,		N. δηλ οόμενον, ούμενον,
δηλ όοισθον, οῖσθον,		δηλ οομένου, ουμένου.
δηλ οοίσθην, οίσθην.		
δηλω θησοίμην.	δηλω θήσεσθαι.	δηλω θησόμενος, ου.
δηλω θείην.	δηλω θῆναι.	δηλω θείς, θέντος.
δεδηλω μένος εἴην.	δεδηλῶ σθαι.	δεδηλω μένος, ου.
δεδηλω σοίμην.	δεδηλώ σεσθαι.	δεδηλω σόμενος, ου.
MOYENNE.		
δηλω σοίμην.	δηλώ σεσθαι.	δηλω σόμενος, ου.
δηλω σαίμην.	δηλώ σασθαι.	δηλω σάμενος, ου.

Conjuguez sur δηλόω :

Ind. Prés.		Fut.	Parf.
χρυσόω,	dorer,	χρυσώσω,	κεχρύσωκα.
χειρόω,	saisir,	χειρώσω,	κεχείρωκα.
πολεμόω,	exciter à la guerre,	πολεμώσω,	πεπολέμωκα.

REMARQUES SUR LES VERBES EN Ω PUR.

FUTUR ACTIF.

§ 95. Nous avons dit que la voyelle finale du radical[1] devient ordinairement longue au futur, et nous en avons donné pour exemples, φιλήσω, τιμήσω, δηλώσω.

1. Cependant beaucoup de verbes en έω font au futur έσω, et non ήσω, comme τελέω, *finir,* τελέσω.

Quelques-uns font tantôt έσω, tantôt ήσω, comme αἰνέω, *louer,* αἰνέσω et αἰνήσω[2].

2. Parmi les verbes en άω, un grand nombre gardent α au futur.

Ce sont d'abord ceux qui ont ε ou ι avant άω, comme

	ἐάω,	permettre,	Fut. ἐάσω;
	μειδιάω,	sourire,	μειδιάσω;
et même	ἀκροάομαι,	entendre,	ἀκροάσομαι;

Ensuite ceux en ράω :

πειράω,	essayer,	Fut. πειράσω;
δράω,	faire,	δράσω.

Ainsi, α aime en général à se trouver après une voyelle ou un ρ. Nous l'avons vu, par la même analogie, se conserver à tous les cas des noms en ρα et en α pur, comme ἡμέρα, φιλία.

Enfin, ceux en λάω :

	γελάω,	rire,	Fut. γελάσομαι (cf. § 204).
	κλάω,	rompre,	κλάσω.
On dit même	κρεμάω[3],	suspendre,	κρεμάσω.
	σπάω,	tirer,	σπάσω.

---

1. C'est pour plus de simplicité que nous appelons voyelles finales du radical ε, α, ο, dans φιλέω, τιμάω, δηλόω. Les véritables radicaux sont φιλ, τιμ, δηλ. Les voyelles ε, α, ο, ne sont qu'une simple addition, et les formes φιλε, τιμα, δηλο, qui en résultent, constituent ce qu'on nomme plus exactement le Thème verbal. Cf. Méthode latine, § 56, 2.

2. Αἰνήσω et ᾔνησα sont poétiques. On dit en prose, F. αἰνέσω, A. ᾔνεσα, P. ᾔνεκα, P. p. ᾔνημαι (avec η), A. p. ᾐνέθην.

3. Inusité, primitif de κρεμάννυμι; cf. § 251.

Cependant χράω,   prêter,   fait χρήσω.
τλάω[1],   supporter,   τλήσομαι.
συλάω,   dépouiller,   συλήσω.

3. Parmi les verbes en όω, trois gardent ο au futur. Ce sont :

ἀρόω,   labourer, Fut. ἀρόσω.
ὀμόω, primitif d'ὄμνυμι (cf. § 251), jurer,   ὀμόσω[2].
ὀνόω, primitif d'ὄνομαι (cf. § 252), blâmer,   ὀνόσομαι.

Tous les autres prennent ω comme δηλώσω.

FUTUR ET AORISTE PASSIFS.

§ 96. Nous avons dit que le futur passif se forme du futur actif, en changeant σω en θήσομαι :

λύ σω,   λυ θήσομαι ;   αἰνέ σω,   αἰνε θήσομαι.

Cependant un grand nombre de verbes, que l'usage apprendra, ont σ avant θήσομαι au futur passif, et avant θην à l'aoriste :

χρίω, oindre,   χρί σω,   χρι σθήσομαι,   ἐχρί σθην.
τελέω, finir,   τελέ σω, τελε σθήσομαι, ἐτελέ σθην.
κλείω, fermer,   κλεί σω, κλει σθήσομαι, ἐκλεί σθην.
ἀκούω, entendre, ἀκού σομαι, ἀκου σθήσομαι, ἠκού σθην[3].

Beaucoup de verbes qui ont une voyelle brève ou une diphthongue avant la terminaison reçoivent ce σ.

PARFAIT PASSIF.

§ 97. 1. En général, les verbes qui ont σ au futur et à l'aoriste passifs l'ont aussi au parfait passif. Ainsi l'on dit :

τετέλε σμαι,   κέχρι σμαι,   κέκλει σμαι,   ἤκου σμαι.

---

1. Inusité au présent et à l'imparfait. Parfait, τέτληκα ; cf. §§ 142 et 222.
2. Mieux ὀμοῦμαι. La forme active est dans Plutarque, *Vie de Cic.*, 23.
3. καλέω, appeler, fut. καλέσω, aor. ἐκάλεσα, fait au parfait actif κέκληκα, aor. pass. ἐκλήθην, parf. κέκλημαι, comme si le présent était κλέω, et le fut. κλήσω. Au reste, κέκληκα est évidemment pour κεκάλεκα, d'où par transposition κεκλάεκα-κέκληκα.

Cependant quelques-uns ont σ à l'aoriste, et ne l'ont pas au parfait : μνάομαι, *se souvenir*, ἐμνήσθην, μέμνημαι ; παύω, *faire cesser*, ἐπαύσθην, πέπαυμαι. Réciproquement, σώζω, *sauver*, fait au parfait passif σέσωσμαι ou σέσωμαι ; aoriste, ἐσώθην.

2. Dans les verbes qui ont σ avant μαι au parfait passif, on conjugue ainsi ce temps :

		PARFAIT.	PLUS-QUE-PARFAIT.
		j'ai été *ou* je suis entendu.	j'avais été *ou* j'étais entend.
INDICATIF.	S. 1 p.	ἤκουσμαι,	ἠκούσμην,
	2 p.	ἤκουσαι,	ἤκουσο,
	3 p.	ἤκουσται,	ἤκουστο,
	P. 1 p.	ἠκούσμεθα,	ἠκούσμεθα,
	2 p.	ἤκουσθε,	ἤκουσθε,
	3 p.	ἠκουσμένοι εἰσί,	ἠκουσμένοι ἦσαν,
	D. 1 p.	ἠκούσμεθον,	ἠκούσμεθον,
	2 p.	ἤκουσθον,	ἤκουσθον,
	3 p.	ἤκουσθον.	ἠκούσθην.
IMPÉRATIF.	S.	ἤκουσο,	ἠκούσθω,
	P.	ἤκουσθε,	ἠκούσθωσαν,
	D.	ἤκουσθον,	ἠκούσθων.
SUBJONCTIF.	ἠκουσμένος ὦ,	ᾖς,	ᾖ.
OPTATIF.	ἠκουσμένος εἴην,	εἴης,	εἴη.
INFINITIF.	ἠκοῦσθαι.		
PARTICIPE.	ἠκουσμένος,	μένη,	μένον.

REMARQUES. Vous remarquerez le σ qui précède le τ à la troisième personne du singulier, ἤκουσται. En conjuguant λύω, nous avons, de la troisième du singulier λέλυται, fait la troisième du pluriel, λέλυνται, par l'addition d'un ν avant le τ.

Nous devrions donc ici, d'ἤκουσται, faire ἤκουσνται ; mais, ces trois consonnes ne pouvant aller de suite dans la prononciation, on a recours à la troisième personne du pluriel de l'indicatif présent d'εἶναι, *être*, que l'on joint au participe parfait, comme en latin, *auditi sunt*.

Et de même, au plus-que-parfait, on met l'imparfait d'εἰμί, ἠκουσμένοι ἦσαν, *auditi erant*.

VERBES QUI ONT UNE CONSONNE AVANT LA TERMINAISON Ω.

§ 98. Nous avons parlé jusqu'ici des verbes qui, avant la terminaison ω, ont une voyelle ou une diphthongue. Il reste quelques observations à faire sur ceux qui ont une consonne, comme γράφω, *écrire;* λέγω, *dire;* ou deux, comme τύπτω, *frapper;* πράσσω, *faire.*

Rappelons-nous d'abord qu'il y a dix-sept consonnes, savoir: neuf muettes, que l'on divise en trois ordres [1] :

	1er ORDRE.	2e ORDRE.	3e ORDRE.	
Douces...	Β	Γ	Δ	1 sifflante, Σ.
Fortes....	Π	Κ	Τ	4 liquides, Λ, Μ, Ν, Ρ.
Aspirées..	Φ	Χ	Θ	3 doubles, Ψ, Ξ, Ζ.

Nous parlerons en premier lieu des muettes.

PRÉSENT ET IMPARFAIT ACTIFS ET PASSIFS.

§ 99. Le présent et l'imparfait n'offrent aucune difficulté.

ACTIF { λέγ ω, je dis,   γράφ ω, j'écris,   τύπτ ω, je frappe,
        ἔλεγ ον, je disais.   ἔγραφ ον, j'écrivais.   ἔτυπτ ον, je frappais.

PASSIF { λέγ ομαι,   γράφ ομαι,   τύπτ ομαι,
         ἐλεγ όμην.   ἐγραφ όμην.   ἐτυπτ όμην.

FUTUR ET AORISTE ACTIFS.

§ 100. Nous avons dit que le futur se forme en ajoutant au radical la terminaison σω ; ainsi, comme λύ ω fait λύ σω, de même

τρίβω, broyer, fera τρίβ σω.   πλέκ ω, tresser, fera πλέκ σω.
γράφ ω, écrire,   γράφ σω.   βρέχ ω, mouiller,   βρέχ σω.
λέγ ω, dire,   λέγ σω.

[1] Voyez encore une autre classification des muettes, page 4, note 1.

Mais σ, combiné avec β, π, φ, forme un ψ,
et avec γ, κ, χ, forme un ξ ;
ainsi, l'on écrira τρίψω, γράψω, λέξω, πλέξω, βρέξω.

Par la même analogie, ἀνύτω, *achever*, devrait faire ἀνύτσω ; πείθω, *persuader*, πείθσω ; ψεύδω, *tromper*, ψεύδσω. Mais les muettes du troisième ordre ne pouvant aller devant σ, on les retranche ; on aura donc ἀνύ σω, πεί σω, ψεύ σω, comme si le présent était en ω pur [1].

RÈGLE. *Donc tout verbe qui aura au radical une muette du premier ordre, β, π, φ, fera le futur en ψω ;*

Tout verbe qui aura une muette du second ordre, γ, κ, χ, le fera en ξω ;

Tout verbe qui aura une muette du troisième ordre, δ, τ, θ, le fera en σω.

OBSERVATION. Si le radical a un τ après le π, comme dans τύπτω, ce τ disparaît au futur, et on forme ce temps comme si le présent était en πω. Ex. : τύπτ ω, fut. τύψω.

Les aoristes sont en ψα, ξα, σα : ἔτυψα, ἔλεξα, ἤνυσα.

FUTUR ET AORISTE PASSIFS.

§ 101. En changeant la terminaison σω des futurs τύψω (τύπσω), λέξω (λέγ σω), en θήσομαι, on aurait pour futurs passifs τυπ θήσομαι, λεγ θήσομαι. Mais nous avons vu que l'aspirée θ veut une aspirée devant elle ; on changera donc π en φ, γ en χ, et l'on aura τυφθήσομαι, λεχθήσομαι ; et de même de τρίβω, τριφθήσομαι ; de πλέκω, πλεχθήσομαι.

Quant aux verbes qui ont δ, τ, θ, ils prennent toujours un σ au futur passif, ἀνύτω, ἀνυσθήσομαι ; πείθω, πεισθήσομαι.

RÈGLE. *Donc tout verbe qui aura au radical une muette du premier ordre, fera le futur passif en φθήσομαι ;*

Tout verbe qui aura une muette du second ordre, le fera en χθήσομαι ;

Tout verbe qui aura une muette du troisième ordre, le fera en σθήσομαι.

---

1. Le verbe πλήθω, cité dans plusieurs éditions précédentes, est neutre et n'a que πλήθω, ἔπληθον, et le parfait second πέπληθα, dans le sens du présent, *je suis rempli*. Les formes πλήσω, ἔπλησα, ἐπλησάμην, ἐπλήσθην, πέπλησμαι, appartiennent au verbe transitif, πίμπλημι, *remplir* (cf. § 142, 4°).

FUTUR ET AORISTE.

Comme l'aoriste se forme du futur en changeant θήσομαι en θην, les aoristes seront, pour le premier ordre, φθην ; pour le second, χθην ; pour le troisième, σθην.

INDICATIF.	ἐτύφθην.	ἐλέχθην.	ἠνύσθην.
IMPÉRATIF.	τύφθητι.	λέχθητι.	ἀνύσθητι.
SUBJONCTIF.	τυφθῶ.	λεχθῶ.	ἀνυσθῶ.
OPTATIF.	τυφθείην.	λεχθείην.	ἀνυσθείην.
INFINITIF.	τυφθῆναι.	λεχθῆναι.	ἀνυσθῆναι.
PARTICIPE.	τυφθείς.	λεχθείς.	ἀνυσθείς.

FUTUR ET AORISTE MOYENS.

§ 102. Pour le futur, changez ω du futur actif en ομαι :

τύψω, τύψομαι ; λέξω, λέξομαι ; ἀνύσω, ἀνύσομαι.

Pour l'aoriste, ajoutez μην à l'aoriste actif :

ἔτυψα, ἐτυψάμην ; ἔλεξα, ἐλεξάμην ; ἤνυσα, ἠνυσάμην.

Ces temps n'offrent donc aucune difficulté.

PARFAIT ET PLUS-QUE-PARFAIT ACTIFS.

§ 103. Nous avons vu que le parfait se forme en changeant σω du futur en κα : ainsi, ἀνύτω, futur, ἀνύσω, fait au parfait, ἤνυκα ; absolument comme λύω, λύσω, λέλυκα. Mais il eût été trop dur de dire, par exemple,

de τύψω (τύπ σω), τέτυπ κα ; de λέξω (λέγ σω), λέλεγ κα.

On a donc remplacé le κ par une aspiration qui retombe sur la consonne du radical, et qui consiste à changer β et π en leur aspirée φ ; γ et κ en leur aspirée χ : ainsi l'on dit au parfait τέτυφα, λέλεχα (inusité[1]).

Si le φ et le χ se trouvent déjà au présent, ils restent à plus forte raison au parfait : γράφω, γέγραφα ; βρέχω, βέβρεχα.

RÈGLE. *Donc tout verbe qui a le futur en* ψω, *a le parfait en* φα ;

---

1. La forme attique εἴλοχα est usitée, surtout dans les composés, mais pour signifier *choisir, cueillir :* συν-είλοχα, *col-legi.*

Tout verbe qui a le futur en ξω, *a le parfait en* χα *par un* χ;
Tout verbe qui a le futur en σω, *a le parfait en* κα *par un* κ.

Le plus-que-parfait change, suivant la règle, α en ειν, τέτυφα, ἐτετύφειν; γέγραφα, ἐγεγράφειν.

PARFAIT ET PLUS-QUE-PARFAIT PASSIFS.

§ 104. Prenons, pour exemples des muettes du premier ordre, β, π, φ :

Ind. Prés.	τρίβω,	broyer.	Parf. actif,	τέτριφα.
	τύπτω,	frapper.		τέτυφα.
	γράφω,	écrire.		γέγραφα.

Si τέτριφα est pour τέτριβ κα, τέτυφα pour τέτυπ κα, γέγραφα pour γέγραφ κα, en changeant κα en μαι, nous aurions pour parfaits passifs τέτριβ μαι, τέτυπ μαι, γέγραφ μαι.

Mais β, π, φ, ne pouvant jamais aller avant μ, on les remplacera par un autre μ, et l'on aura τέτριμ μαι, τέτυμ μαι, γέγραμ μαι.

De même pour les muettes du second ordre γ, κ, χ :

λέγω,	dire,	(λέλεχα),	devrait faire au parf. pass.	λέλεχ μαι,
πλέκω,	tresser,	πέπλεχα,		πέπλεχ μαι,
βρέχω,	mouiller,	βέβρεχα,		βέβρεχ μαι.

Mais, la lettre douce γ étant la seule muette du second ordre que l'euphonie admette dans ces parfaits avant μ, on dira, toujours par le γ, λέλεγ μαι, πέπλεγ μαι, βέβρεγ μαι.

Quant aux muettes du troisième ordre δ, τ, θ, pour que ces muettes, qui font partie du radical, ne se perdent pas entièrement, elles sont ici, comme au futur, représentées par le σ, lettre analogue :

| ἀνύτω, | ἤνυκα, | ἤνυσμαι. |
| πείθω, | πέπεικα, | πέπεισμαι. |

RÈGLE. *Donc tout verbe qui a le parfait actif en* φα, **a le** *parfait passif en* μμαι, *par deux* μ;
Tout verbe qui a le parfait actif en χα (*par un* χ), **a le** *parfait passif en* γμαι;

Tout verbe qui a le parfait actif en κα (*par un* κ), *s'il a au présent une muette du troisième ordre, a le parfait passif en* σμαι.

Les plus-que-parfaits changent, suivant la règle, μαι en μην ; ἐτετύμμην, ἐλελέγμην, ἠνύσμην.

Ces temps se conjuguent ainsi :

§ 105.   PARFAIT PASSIF en μμαι, de τύπτω, *frapper*.

		PARFAIT.	PLUS-QUE-PARFAIT.
INDICATIF.	S. 1 p.	τέτυμμαι,	ἐτετύμμην,
	2 p.	τέτυψαι,	ἐτέτυψο,
	3 p.	τέτυπται,	ἐτέτυπτο,
	P. 1 p.	τετύμμεθα,	ἐτετύμμεθα,
	2 p.	τέτυφθε,	ἐτέτυφθε,
	3 p.	τετυμμένοι εἰσί,	τετυμμένοι ἦσαν,
	D. 1 p.	τετύμμεθον,	ἐτετύμμεθον,
	2 p.	τέτυφθον,	ἐτέτυφθον,
	3 p.	τέτυφθον.	ἐτετύφθην.
IMPÉRATIF.		τέτυψο, τετύφθω, τέτυφθε, τετύφθωσαν, τέτυφθον, τετύφθων.	
SUBJONCTIF.		τετυμμένος ὦ, ᾖς, ᾖ.	
OPTATIF.		τετυμμένος εἴην, εἴης, εἴη.	
INFINITIF.		τετύφθαι.	
PARTICIPE.		τετυμμένος, μένη, μένον.	

REMARQUES. 1° Le μ se conserve, comme on le voit dans ce tableau, à toutes les premières personnes et au participe, parce que la terminaison commence par un μ.

2° Comme le π se combine bien avec σ, il reparaît à la seconde personne du singulier, τέτυψαι (τέτυπσαι).

On aura, par la même analogie, τέτριψαι de τρίβω ; γέγραψαι de γράφω.

VERBES EN Ω PRÉCÉDÉ D'UNE CONSONNE.

3° Le π du radical reparaît aussi à la troisième personne du singulier, τέτυπται. Τρίβω fait de même τέτριπται ; γράφω, γέγραπται, quoique les radicaux aient 6 et φ. C'est que la muette de la terminaison, τ, veut devant elle une muette du même degré (cf. § 5).

4° La seconde personne du pluriel devrait être τέτυπ σθε, comme celle de λύω est λέλυ σθε ; mais on ôte le σ à cause de la dureté des trois consonnes ; et le π, se trouvant rapproché de θ, lettre aspirée, se change en la lettre aspirée φ. On a de même τέτριφθε de τρίβω ; γέγραφθε de γράφω.

Au duel, τέτυφθον est également pour τέτυπ σθον ; à l'impératif, τετύφθω pour τετύπ σθω ; à l'infin., τετύφθαι pour τετύπ σθαι.

5° A la troisième personne du pluriel, on emploie la circonlocution τετυμμένοι εἰσί pour τέτυπ νται, comme nous avons déjà vu, § 97, ἠκουσμένοι εἰσί pour ἤκουσ νται.

6° De la seconde personne τέτυψαι, se forme régulièrement le futur antérieur τετύψομαι[1].

Conjuguez pour exercice les verbes suivants :

κόπτω,	couper, battre,	κόψω,	κέκοφα,	κέκομμαι.
ῥίπτω,	jeter,	ῥίψω,	ἔῤῥιφα,	ἔῤῥιμμαι.
στέφω,	couronner,	στέψω,	ἔστεφα,	ἔστεμμαι.
ἅπτω,	attacher,	ἅψω,	ἧφα,	ἧμμαι.
κάμπτω,	courber,	κάμψω,	κέκαμφα,	κέκαμμαι.
τρέπω,	tourner,	τρέψω,	τέτροφα,	τέτραμμαι.

REMARQUES. 1° Sur ἔῤῥιφα et ἔῤῥιμμαι, remarquez que le ρ se redouble toujours après l'augment ε : présent, ῥίπτω ; imparfait, ἔῤῥιπτον. Mais alors le parfait ne reçoit pas d'autre redoublement, ἔῤῥιφα. Il n'en reçoit pas non plus dans les verbes qui commencent par un σ suivi d'une autre consonne ou par une consonne double : στέφω, imparfait, ἔστεφον ; parfait, ἔστεφα.

2° Parmi les verbes ci-dessus, le parfait passif, ἧμμαι, paraît beaucoup s'éloigner du radical ; cependant il est très-régulier. Du radical ἁπ, changez α en η, à cause de l'augment, et ajoutez la terminaison, vous avez ἧπμαι. Changez ensuite π en μ, à cause du μ suivant, vous avez ἧμμαι, ἧψαι, ἧπται.

---

[1] Voyez, sur une autre manière de former ce temps, l'Avertissement, p. xij.

PARFAIT ET PLUS-QUE-PARFAIT.   103

3° Κάμπτω qui, avant le π, a déjà un μ au radical, n'en a pourtant que deux à la première personne du parfait κέκαμμαι, au lieu de κέκαμμ μαι qui serait trop dur. Mais le μ du radical reparaît à la seconde et à la troisième personne, κέκαμψαι, κέκαμπται; à l'aoriste, ἐκάμφθην; au futur, καμφθήσομαι.

4° Sur l'o de τέτροφα et l'α de τέτραμμαι, parfaits act. et pass. de τρέπω, voyez § 118, 5°, et § 224, 1°.

Le futur et l'aoriste gardent l'ε, τρεφθήσομαι, ἐτρέφθην.

§ 106.   Parfait passif en γμαι, de λέγω, *dire*.

		PARFAIT.	PLUS-QUE-PARFAIT.
INDICATIF.	S. 1 p.	λέλεγμαι,	ἐλελέγμην,
	2 p.	λέλεξαι,	ἐλέλεξο,
	3 p.	λέλεκται,	ἐλέλεκτο,
	P. 1 p.	λελέγμεθα,	ἐλελέγμεθα,
	2 p.	λέλεχθε,	ἐλέλεχθε,
	3 p.	λελεγμένοι εἰσί,	λελεγμένοι ἦσαν,
	D. 1 p.	λελέγμεθον,	ἐλελέγμεθον,
	2 p.	λέλεχθον,	ἐλέλεχθον,
	3 p.	λέλεχθον.	ἐλελέχθην.
IMPÉRATIF.		λέλεξο, λελέχθω, λέλεχθε, λελέχθωσαν, λέλεχθον, λελέχθων.	
SUBJONCTIF.		λελεγμένος ὦ, ᾖς, ᾖ.	
OPTATIF.		λελεγμένος εἴην, εἴης, εἴη.	
INFINITIF.		λελέχθαι.	
PARTICIPE.		λελεγμένος, μένη, μένον.	

Conjuguez de même πέπλεγμαι, de πλέκω; βέβρεγμαι, de βρέχω.

Remarques. 1° Nous avons remarqué sur τέτυπται, que le τ de la terminaison veut avant lui une muette du même degré; c'est par la même raison qu'il est précédé du κ dans λέλεκται, πέπλεκται, βέβρεκται.

2° Comme τέτυφθε est pour τέτυπσθε, de même ici λέλεχθε est pour λέλεγσθε. Le σ disparaît, et l'aspirée θ force le γ qui la précède à se changer aussi en aspirée.

Conjuguez pour exercice :

ἄγω,	conduire,	ἄξω,	ἦχα,	ἦγμαι.
ἐπείγω,	hâter,	ἐπείξω,	ἤπειχα,	ἤπειγμαι.
διώκω,	poursuivre,	διώξω,	δεδίωχα,	δεδίωγμαι.
ἄρχω,	commander,	ἄρξω,	ἦρχα,	ἦργμαι.
διδάσκω,	enseigner,	διδάξω,	δεδίδαχα,	δεδίδαγμαι.
ἐλέγχω,	convaincre,	ἐλέγξω,	ἤλεγχα,	(ἤλεγμαι).

REMARQUES. 1° Vous voyez que le σ de διδάσκω disparaît au futur διδάξω, et aux temps qui en dépendent.

2° Ἐλέγχω, qui, avant le χ, a déjà un γ au radical, n'en a pourtant qu'un seul à la première personne du parfait, ἤλεγμαι, au lieu d'ἤλεγγμαι. Mais le γ du radical reparaît aux autres personnes, ἤλεγξαι, ἤλεγκται; au futur, ἐλεγχθήσομαι; à l'aoriste, ἠλέγχθην.

§ 107. PARFAIT PASSIF en σμαι.

Nous avons déjà donné le modèle des parfaits passifs en σμαι, ils se conjuguent tous comme ἤκουσμαι (cf. § 97, 2).

Conjuguez pour exercice :

ψεύδω,	tromper,	ψεύσω,	(ἔψευκα),	ἔψευσμαι.
ἀνύτω,	achever,	ἀνύσω,	ἤνυκα,	ἤνυσμαι.
πείθω,	persuader,	πείσω,	πέπεικα,	πέπεισμαι.
σπένδω,	faire des libations,	σπείσω,	ἔσπεικα,	ἔσπεισμαι.

REMARQUES. 1° Vous observerez, sur ce dernier, que quand la muette du troisième ordre est précédée de ν (comme ici, σπέΝΔω), le ν disparaît au futur et aux temps qui en dépendent, et l'ε se change en ει, σπείσω. Nous avons déjà remarqué la même analogie dans la formation des datifs pluriels : Datif singulier, τυφθΕΝτι; pluriel, τυφθΕΙΣι.

2° Ψεύδω n'a pas de redoublement au parfait; les verbes qui commencent par une consonne double, n'en prennent jamais.

RÉSUMÉ.

§ 108. 1° Les verbes qui ont au présent une muette du premier ou du second ordre, prennent au futur la lettre double, et au parfait la lettre aspirée de ce même ordre : τύψω, λέξω, τέτυφα, (λέλεχα).

Au passif, les douces et les fortes se changent en aspirées dans les temps où la terminaison commence par une aspirée : τυφθήσομαι, λεχθήσομαι, ἐτύφθην, ἐλέχθην.

La terminaison μαι, du parfait passif, est toujours précédée de μ pour le premier ordre, et de γ pour le second : τέτυμμαι, λέλεγμαι.

2° Les verbes qui ont au présent une muette du troisième ordre, forment leurs temps comme s'ils étaient en ω pur : ἀνύσω, ἤνυσα, ἤνυκα ; ils prennent σ aux temps du passif : ἀνυσθήσομαι, ἠνύσθην, ἤνυσμαι.

FUTUR SECOND ET AORISTE SECOND.

§ 109. Nous avons vu que les futurs se terminent en σω, et les aoristes en σα.

Mais, outre cette forme, quelques verbes ont encore des futurs terminés en έω, et par contraction ῶ, et des aoristes terminés en ον.

Ces deux dernières formes s'appellent Futur second et Aoriste second, c'est-à-dire seconde manière d'exprimer le futur, seconde manière d'exprimer l'aoriste.

Elles ont absolument la même signification que les formes ordinaires en σω et en σα, que l'on appelle Futur premier et Aoriste premier.

Elles se trouvent particulièrement dans certains verbes dérivés et allongés dont nous parlerons ci-après, comme λαμβάνω, *prendre*, qui vient de l'inusité λήβω, aoriste second ἔλαβον, *je pris* (cf. § 248) ;

VERBES EN Ω PRÉCÉDÉ D'UNE CONSONNE.

Dans quelques verbes qui ont au présent deux consonnes, τύπτω, *frapper*, ἔτυπον, *je frappai*;

Dans d'autres où les futurs et aoristes premiers auraient formé une mauvaise consonnance et par conséquent ne sont point en usage.

On peut en général établir les principes suivants :

1° Le futur second actif et moyen est très-peu usité. Le petit nombre d'exemples qu'on en trouve dans les auteurs, peuvent être regardés comme des exceptions (cf. § 215).

2° Très-peu de verbes ont à la fois un aoriste premier et un aoriste second actifs. Ces deux formes ne font donc point double emploi ; elles suppléent au défaut l'une de l'autre[1].

3° L'aoriste second passif, au contraire, existe assez souvent dans un même verbe, avec l'aoriste premier en φθην ou χθην. Ainsi le verbe κρύπτω, *je cache*, a au passif tout à la fois l'aoriste premier, ἐκρύφθην, et l'aoriste second, ἐκρύβην, *je fus caché*.

Dans ces sortes de verbes, c'est l'euphonie et l'usage qui décident à employer une forme plutôt que l'autre. Les tragiques paraissent avoir préféré la première, quoiqu'elle soit plus dure.

4° Enfin, souvent un verbe est employé à l'aoriste second et au futur second passifs, sans l'être pour cela aux mêmes temps de l'actif et du moyen.

FORMATION DU FUTUR SECOND.

FUTUR SECOND ACTIF.

§ 110. Comme dans tout verbe la terminaison exprime l'existence avec ses diverses modifications, on peut supposer que la terminaison σω du futur est une abréviation de ἔσω (futur actif inusité d'εἰμί), *je serai* (cf. § 214, 3°) ;

Qu'ainsi τύψω (τύπ σω) a été fait de τυπέσω, en rejetant l'ε par la vitesse de la prononciation.

Cela posé, du même τυπέσω, rejetez le σ, vous aurez la seconde forme de futur τυπέω, et par contraction τυπῶ.

---

[1]. Les deux aoristes sont usités concurremment dans les verbes en μι, et dans quelques autres que l'on peut voir §§ 220 et 221.

FUTURS ET AORISTES SECONDS.

Le second futur est donc composé du radical et de la terminaison έω, ῶ. Il se conjugue comme φιλέω, en faisant la contraction à toutes les personnes et à tous les modes.

Indicatif. τυπ έω, έεις, έει,   **Partic.** M. τυπ έων, έοντος,
τυπ ῶ, εῖς, εῖ.   τυπ ῶν, οῦντος.
Optatif. τυπ έοιμι, έοις, έοι,   F. τυπ έουσα, εούσης,
τυπ οῖμι, οῖς, οῖ.   τυπ οῦσα, ούσης.
Infinitif. τυπ έειν,   N. τυπ έον, έοντος,
τυπ εῖν.   τυπ οῦν, οῦντος.

FUTUR SECOND PASSIF.

§ 111. Le futur second du passif se forme de celui de l'actif, en changeant έω en ήσομαι : τυπέω-ῶ, τυπήσομαι.

Indicat. τύπ ήσομαι, ήσῃ, ήσεται.   **Infin.** τυπ ήσεσθαι.
Optatif. τυπ ησοίμην, ήσοιο, ήσοιτο.   **Partic.** τυπ ησόμενος.

Ainsi la terminaison du futur premier passif est θήσομαι; celle du second, ήσομαι; le θ seul en fait la différence.

FUTUR SECOND MOYEN.

§ 112. Le futur second moyen se forme du futur second actif, en changeant έω en έομαι, et en faisant la contraction comme dans φιλέομαι.

Indicat. τυπ έομαι, τυπ έῃ, τυπ έεται,   **Infin.** τυπ έεσθαι,
τυπ οῦμαι, τυπ ῇ, τυπ εῖται.   τυπ εῖσθαι.
Optatif. τυπ εοίμην, τυπ έοιο, τυπ έοιτο,   **Partic.** τυπ εόμενος,
τυπ οίμην, τυπ οῖο, τυπ οῖτο.   τυπ ούμενος.

FORMATION DE L'AORISTE SECOND.

AORISTE SECOND ACTIF.

§ 113. L'aoriste second se forme du futur second, en changeant la terminaison έω-ῶ en ον, et en ajoutant l'augment.

On peut aussi, d'après les remarques du paragraphe 116, le tirer directement du présent, en faisant brève la voyelle d'avant la terminaison, ou voyelle du radical. Ce temps se conjugue absolument comme l'imparfait; il a tous les modes.

Indicatif. ἔτυπον, ες, ε. Optatif. τύποιμι, οις, οι.
Impératif. τύπε, τυπέτω. Infinitif. τυπεῖν.
Subjonct. τύπω, ῃς, ῃ. Partic. τυπών, όντος.

L'infinitif est toujours marqué d'un accent circonflexe, comme s'il venait de τυπέειν. Le participe a toujours l'aigu.

AORISTE SECOND PASSIF.

§ 114. L'aoriste second passif se forme de l'actif, en changeant ον en ην : actif, ἔτυπον, *je frappai;* passif, ἐτύπην, *je fus frappé.*

Indicatif. ἐτύπ ην, ης, η. Optatif. τυπ είην, είης, είη.
Impératif. τύπ ηθι, ήτω. Infinitif. τυπ ῆναι.
Subjonct. τυπ ῶ, ῇς, ῇ. Partic. τυπ είς, έντος.

On voit que la terminaison de ce temps est ην, et celle du premier aoriste θην. Le θ seul en fait la différence; du reste, ils se conjuguent l'un comme l'autre.

Remarquez pourtant le θ à la dernière syllabe de l'impératif, τύπηθι. S'il y a un τ à celle du premier aoriste, λύθητι, τύφθητι, c'est à cause de l'aspirée qui est déjà à la syllabe θη, et pour que deux syllabes consécutives ne commencent point par des aspirées (cf. § 5, Rem. 3°).

AORISTE SECOND MOYEN.

§ 115. L'aoriste second moyen se forme de celui de l'actif, en changeant ον en όμην : ἔτυπον, ἐτυπόμην.

Indicat. ἐτυπ όμην, ου, ετο. Optatif. τυπ οίμην, οιο, οιτο.
Impér. τυπ οῦ, τυπέσθω. Infinit. τυπ έσθαι.
Subj. τύπ ωμαι, ῃ, ηται. Partic. τυπ όμενος [1].

REMARQUES.

§ 116. 1° On voit par l'exemple de τύπτω, que, quand le présent a deux consonnes, le futur et l'aoriste seconds n'en ont qu'une, ce qui rend brève la voyelle qui précède la terminaison.

1. Les formes τυπέω, ῶ ; τυπέομαι, οῦμαι ; ἐτυπόμην, ainsi que τέτυπα, ἐτετύπειν (pp. 110 et 112), données pour servir de modèles, ne se rencontrent pas dans l'usage.

FUTURS ET AORISTES SECONDS.

Ainsi, de κόπτω, *couper, battre*, le futur second, qui est inusité, serait κοπῶ, d'où l'aoriste second passif, ἐκόπην.

Mais plusieurs changent π du présent en 6. Ainsi, de κρύπτω, *cacher*, vient l'aoriste second passif ἐκρύβην ; de βλάπτω, *nuire*, ἐβλάβην.

D'autres le changent en φ, comme ῥίπτω, ἐρρίφην ; βάπτω, *plonger dans l'eau*, ἐβάφην.

Cela vient de ce que ces verbes en πτω dérivent de primitifs, les uns en βω, les autres en φω.

2° ψύχω, *rafraîchir*, change l'aspirée χ en la douce γ : ψύχω, futur, ψύξω ; aoriste second passif, ἐψύγην.

Il en est de même de σμύχω, *consumer;* aoriste second passif, ἐσμύγην.

3° Quand la terminaison du présent est précédée de la voyelle longue η, on la change en α bref :

λήβω (primitif de λαμβάνω, *prendre*), ἔλαβον.
λήθω (primitif de λανθάνω, *être caché*), ἔλαθον [1].

Si elle est précédée des diphthongues ει, ευ, on les abrége en ôtant l'ε :

λείπω, *laisser*, ἔλιπον.   φεύγω, *fuir*, ἔφυγον.

4° Les verbes de deux syllabes qui ont avant la terminaison un ε, précédé ou suivi de ρ ou de λ, le changent en α :

τρέπω, *tourner*, ἔτραπον.   τέρπω, *réjouir*, ἔταρπον [2].
τρέφω, *nourrir*, ἔτραφον.   πλέκω, *tresser*, ἐπλάκην et ἐπλέκην.

5° Cependant, λέγω, *dire, cueillir*, et φλέγω, *brûler*, gardent l'ε. Mais dans ces deux verbes, ainsi que dans tous ceux où l'aoriste second actif serait le même que l'imparfait, on n'emploie que l'aoriste second passif :

λέγω, ἐλέγην [3].   φλέγω, ἐφλέγην.
γράφω, ἐγράφην.   τρίβω, ἐτρίβην.

---

1. πλήσσω (primitif πλήγω), *frapper*, fait ἐπλήγην, en parlant du corps, ἐπλάγην, en parlant de l'âme, mais dans les composés seulement, comme ἐξεπλάγην, κατεπλάγην.
2. Le ρ et le π d'ἔταρπον font que l'α ne peut être bref. Il est impossible aussi que ce qui précède la terminaison soit bref dans les aoristes εἶδον, *je vis*; εἷλον, *je pris*; εἶπον, *je dis*; εὗρον, *je trouvai*; ἔσχον, *j'eus*. Ce sont des exceptions forcées à la règle qui veut qu'en général la voyelle du radical soit brève à ce temps.
3. Ἐλέγην, dans le sens de *cueillir*; ἐλέχθην, dans celui de *dire*.

6° En général, les verbes contractes n'ont ni futur ni aoriste seconds. Ils n'en ont pas besoin, puisqu'ils forment tous, avec la plus grande facilité, les futurs en σω et les aoristes en σα[1].

7° On peut dire la même chose des autres verbes en ω pur. Cependant quelques-uns ont l'aoriste second passif. Ex. :

ῥέω, *couler,* ἐῤῥύην. καίω, *brûler,* ἐκάην.
δαίω[2], *apprendre,* ἐδάην. φύω, *produire,* ἐφύην.

On voit dans ἐκάην et ἐδάην, que la diphthongue αι s'abrége par le retranchement de l'ι. Ἐῤῥύην vient du radical ῥευ, qui se trouve dans le futur ῥεύσομαι (cf. § 213).

Quelques imparfaits actifs sont même employés par Homère dans le sens de l'aoriste. Ex. : κλύω, *j'entends;* ἔκλυον, *j'entendais* et *j'entendis* (cf. § 358).

PARFAIT SECOND.

§ 117. Nous venons de voir une seconde forme de futur et d'aoriste, τυπῶ, ἔτυπον. Il existe aussi une seconde forme de parfait (τέτυπα), à laquelle on donnait autrefois le nom de parfait moyen, quoiqu'elle n'appartienne en rien à la voix moyenne dont nous avons parlé ci-dessus.

Cette forme est proprement un second parfait actif; elle a ordinairement la même signification que l'autre parfait (cf. § 355), et se termine également en α; mais elle en diffère, en ce que l'on ajoute simplement cet α au radical, sans changer ni aspirer la consonne; ainsi :

τύπτω (τύπω) fait τέτυπα.
κεύθω *cacher,* fait κέκευθα.

Ce parfait forme, comme l'autre, son plus-que-parfait en ειν.

τέτυπα, *j'ai frappé.*

INDIC.	Parfait. τέτυπ	α,	ας, ε.	INFIN., τετύπ εναι.
	Pl.-parf. ἐτετύπ	ειν,	εις, ει.	PART. τετυπ ώς, ότος.
IMPÉRATIF.	τέτυπ	ε,	τετυπέτω.	τετυπ υῖα, υίας.
SUBJONCTIF.	τετύπ	ω,	ῃς, ῃ.	τετυπ ός, ότος.
OPTATIF.	τετύπ	οιμι,	οις, οι.	

[1]. Voyez, pour les exceptions, le § 253.
[2]. Inusité au présent et à l'imparfait; cf. § 252.

REMARQUES.

§ 118. 1° Il s'en faut beaucoup que tous les verbes aient un parfait second. En effet, quand le radical a une des aspirées φ ou χ, il est évident qu'il ne peut y avoir au parfait qu'une seule forme : γράφω, γέγραφα; βάπτω (primitif βάφω), βέβαφα; ἐλέγχω, ἤλεγχα.

De plus, les verbes contractes n'ont jamais ce parfait, puisqu'ils forment tous le parfait en κα avec la plus grande facilité.

Et, parmi les autres verbes en ω pur, un très-petit nombre seulement ont cette forme, comme δίω (primitif de δείδω, *craindre*), δέδια; δαίω, *brûler*, δέδηα.

2° Il est même très-rare que les deux formes de parfait soient usitées concurremment dans un même verbe (cf. § 355).

En effet, dans certains verbes on emploie toujours le parfait second, parce que le parfait premier eût été trop dur. Ainsi, l'on dit, φεύγω, *fuir*, πέφευγα, et non πέφευχα, à cause des deux aspirées de suite; κεύθω, *cacher*, κέκευθα, à cause du son dur qu'aurait eu κέκευκα.

Dans d'autres on emploie le parfait second pour ne pas confondre les parfaits de verbes différents; ainsi, l'on dit, λείπω, *laisser*, λέλοιπα, *j'ai laissé*, parce que la forme λέλειφα appartient aussi à λείβω, *répandre*.

3° Dans certains verbes qui ont les deux parfaits, l'un a la signification active, et l'autre la signification neutre, comme πείθω, *je persuade*; parfait premier, πέπεικα, *j'ai persuadé*; parfait second, πέποιθα, *je crois, j'ai confiance*.

4° Les verbes qui ont αι au présent prennent η à ce parfait, comme nous le voyons dans δαίω, δέδηα.

5° Ceux de deux syllabes qui ont ε au présent le changent en ο : λέγω, λέλογα[1]; τρέπω, τέτροπα (inusité); στέργω, *chérir*, ἔστοργα; ψέγω, *blâmer*, ἔψογα; σπένδω, ἔσπονδα (inusité, d'où σπονδή, *libation*).

---

[1] Λέλογα n'est cité que par Photius et Hésychius. En général, on suppose beaucoup de parfaits seconds pour en déduire des noms verbaux comme λόγος, τρόπος, νόμος, τόμος, etc.; mais cette supposition n'est pas absolument nécessaire, puisqu'on peut tirer directement les mots de ce genre des radicaux mêmes λεγ, etc.

Au reste, ce changement d'ε en ο se fait aussi au parfait premier dans le dialecte attique : τρέπω, τέτροφα, pour τέτρεφα, inusité. La seule différence consiste donc en ce que le parfait premier aspire la consonne, et que l'autre ne l'aspire pas.

6° Par la même analogie, ει du présent se change en οι : λείπω, *laisser*, λέλοιπα ; ἀμείϐω, *changer*, ἤμοιϐα ; πείθω, *persuader*, πέποιθα.

Ce changement se fait aussi au parfait premier dans le verbe δείδω, *craindre*; futur, δείσω, mieux δείσομαι; parfait, δέδοικα.

7° Le parfait second, comme on le voit par les exemples ci-dessus, suit l'analogie du futur et de l'aoriste seconds, en ce qu'il conserve toujours comme eux la consonne du radical sans aucune altération.

Les temps d'un verbe qui a ces doubles formes, **peuvent donc se diviser en deux branches** :

1° Ceux qui suivent le futur premier ;
2° Ceux qui suivent le futur second.

En voici le tableau :

PRÉSENT, τύπτω ; IMPARFAIT, ἔτυπτον.

Futur 1er.	τύψω.	Futur second.	τυπῶ.
Aoriste 1er.	ἔτυψα.	Aoriste second.	ἔτυπον.
Parfait 1er.	τέτυφα.	Parfait second.	τέτυπα.
Plus-que-parfait.	ἐτετύφειν.	Pl.-q.-parf. second.	ἐτετύπειν.

Autre tableau où la voyelle du radical varie :

PRÉSENT, τρέπω ; IMPARFAIT, ἔτρεπον.

Futur 1er.	τρέψω.	Fut. second (inusité)	τραπῶ.
Aor. 1er.	ἔτρεψα.	Aoriste second,	ἔτραπον.
Parfait 1er.	τέτροφα pour τέτρεφα.	Parf. second (inus.)	τέτροπα.
Pl.-parf.,	ἐτετρόφειν.	Pl.-q.-parf. (inus.)	ἐτετρόπειν.

8° Cependant, de ce que le parfait second d'un verbe est usité, il ne faut pas toujours conclure que le futur et l'aoriste seconds le soient aussi ; mais comme nous avons vu que certains verbes n'ont de ces trois formes que l'aoriste second passif, par exemple, γράφω, *écrire*, ἐγράφην, de même il en est qui n'ont que le parfait second, comme γήθω, *se réjouir*, γέγηθα.

VERBES QUI ONT Z OU ΣΣ AVANT LA TERMINAISON, OU VERBES EN ΖΩ ET ΣΣΩ.

I. Verbes en ΖΩ.

§ 119. 1° La plupart des verbes en ζω viennent de primitifs en ω pur, et par conséquent font le futur en σω et le parfait en κα ; le futur, l'aoriste et le parfait passifs prennent σ :

ὁρίζω, *borner*, ὁρίσω, ὥρικα, ὥρισμαι.

2° Une vingtaine de ces verbes, paraissant venir de primitifs en γω, font le futur en ξω, et le parfait en χα par un χ :

στίζω, *piquer*, στίξω (ἔστιχα), ἔστιγμαι.

3° Une dizaine ont le futur à la fois en σω et en ξω :

ἁρπάζω, *ravir*, ἁρπάσω et ἁρπάξω (*poétique*).

II. Verbes en ΣΣΩ.

1° Les verbes en σσω, qui semblent aussi venir de primitifs en γω, font le futur en ξω, et le parfait en χα par un χ :

πράσσω, *faire*, πράξω, πέπραχα[1], πέπραγμαι.

2° Six ou sept viennent d'ω pur, et font le futur en σω, comme : πλάσσω, *façonner*, fut. πλάσω, parf. pass. πέπλασμαι.

---

1. Φρίσσω, *frissonner*, fait au futur φρίξω et au parfait πέφρικα, par un κ, à cause de l'aspirée qui commence la syllabe précédente.

REMARQUES.

1° La classe des verbes en ζω est la plus nombreuse dans la langue grecque, après celle des verbes en ω pur.

2° Les Attiques changent en ττω la terminaison σσω. Ainsi ils disent πράττω pour πράσσω ; ἀλλάττω, *changer*, pour ἀλλάσσω, et ainsi des autres.

3° Du futur πράξω (πραγέσω) ôtez le σ, et faites la contraction, vous aurez le futur second πραγῶ, comme de τύψω (τυπέσω) on a τυπῶ.

Les verbes en σσω et en ζω, qui font le futur en ξω, sont donc susceptibles d'avoir les doubles temps :

PRÉSENT, πράσσω, *je fais* ; IMPARFAIT, ἔπρασσον.

Futur 1ᵉʳ.	πράξω.	Futur second.	πραγῶ (inus.).
Aoriste 1ᵉʳ.	ἔπραξα.	Aor. second.	ἔπραγον (inus).
Parfait 1ᵉʳ.	πέπραχα.	Parf. second.	πέπραγα.
Pl.-que-parf.	ἐπεπράχειν.	Pl.-q.-parf. sec.	ἐπεπράγειν.

4° La plupart de ceux en ζω, futur σω, ne les ont point, par la raison même qu'ils viennent de primitifs en ω pur[1].

5° Cependant quelques-uns, dans lesquels le ζ du présent et de l'imparfait est une altération d'un δ primitif, peuvent avoir un second futur en δῶ : φράζω, *parler* ; futur, φράσω ; futur second inusité, φραδῶ ; aoriste second inusité, ἔφραδον ; parfait second poétique, πέφραδα ; — ἕζομαι, *s'asseoir* ; futur second moyen, ἑδοῦμαι.

---

1. Voyez au reste le § 215, sur les *futurs attiques contractés*, et le rapport de cette forme avec ce qui est appelé ici *futur second*.

VERBES QUI ONT UNE LIQUIDE AVANT LA TERMINAISON, OU VERBES EN ΛΩ, ΜΩ, ΝΩ, ΡΩ.

VOIX ACTIVE.

FUTUR ET AORISTE PREMIERS.

§ 120. 1° Les verbes en λω, μω, νω, ρω, ne prennent point de σ au futur; ils le font en έω, ῶ, et gardent la consonne du présent ; ainsi :

κρίνω,	juger,	Futur	κρινῶ ;
νέμω,	distribuer,		νεμῶ ;
ἀμύνω,	secourir,		ἀμυνῶ ;

et l'on conjugue ce futur à l'actif, comme τυπέω, τυπῶ[1] ; au moyen, comme τυπέομαι, τυποῦμαι.

2° Si le présent a deux consonnes, on en retranche une pour que la voyelle qui précède la terminaison devienne brève :

ψάλλω,	toucher du luth,	Futur ψαλῶ.
κάμνω,	travailler,	καμοῦμαι (pour καμῶ inusité).
στέλλω,	envoyer,	στελῶ.
ἀγγέλλω,	annoncer,	ἀγγελῶ.

3° Si la terminaison est précédée des diphthongues αι ou ει, on les abrége en retranchant l'ι :

φαίνω,	montrer,	Futur φανῶ.
σημαίνω,	signifier,	σημανῶ.
σπείρω,	semer,	σπερῶ.

4° Mais à l'aoriste premier, pour que la syllabe redevienne longue, cet ε du futur se change en ει, quand même il n'y aurait eu qu'ε au présent :

νέμω,	Futur νεμῶ,	Aoriste	ἔνειμα.
ἀγγέλλω,	ἀγγελῶ,		ἤγγειλα.
σπείρω,	σπερῶ,		ἔσπειρα.
στέλλω,	στελῶ,		ἔστειλα.

---

1. Ces futurs sont formés d'après l'analogie marquée pour τυπῶ, § 110, κριν έσω, κριν έω, κριν ῶ. L'usage a rejeté la forme κρίνσω, parce qu'elle eût été trop dure.

5° Quant à l'α du futur, il se change en η, surtout chez les Attiques :

ψάλλω,	Fut. ψαλῶ,	Aor. ἔψηλα.
φαίνω,	φανῶ,	ἔφηνα.
σημαίνω,	σημανῶ,	ἐσήμηνα.

Quelquefois α reste et se prononce long ; σημαίνω, σημανῶ, ἐσήμανα. Il reste surtout quand il est précédé d'un ρ :

μαραίνω, *flétrir*, μαρανῶ, ἐμάρανα.

ι et υ s'allongent dans la prononciation : futur κρινῶ, ι bref ; aoriste ἔκρινα, ι long.

Ainsi il faut établir en principe que la voyelle du radical doit être brève au futur, longue à l'aoriste premier.

PARFAIT.

§ 121. 1° Le parfait se forme du futur, en changeant ῶ en κα :

ψάλλω,	Futur ψαλ ῶ,	Parfait ἔψαλ κα.
ἀγγέλλω,	ἀγγελ ῶ,	ἤγγελ κα.

Le ν se change en γ devant le κ :

φαίνω, Futur φαν ῶ, Parfait πέφαγ κα.

2° Les verbes de deux syllabes en λω et ρω, qui ont ε au futur, le changent en α au parfait :

στέλλω,	Futur στελῶ,	Parfait ἔσταλκα.
σπείρω,	σπερῶ,	ἔσπαρκα[1].

3° Les verbes de deux syllabes en ίνω et ύνω, rejettent ν au parfait, et forment ce temps comme s'ils venaient de ίω et ύω :

κρίνω,	Futur κρινῶ,	Parfait κέκρικα.
πλύνω, laver,	πλυνῶ,	πέπλυκα.

Ceux en είνω le font comme s'ils venaient de άω :

τείνω, tendre,	Futur τενῶ,	Parfait τέτακα ;
κτείνω, tuer,	κτενῶ,	ἔκτακα,

comme si le présent était τάω et κτάω.

---

[1] Cet α au parfait vient des radicaux σταλ, σπαρ (cf. § 123, 2°).

VERBES EN ΛΩ, ΜΩ, ΝΩ, ΡΩ.   117

4° Les cinq verbes suivants en μω et μνω forment leur parfait en ηκα, comme si le futur était en ήσω :

νέμω, distribuer, Fut. νεμῶ, Parf. νενέμηκα.
βρέμω, frémir, (βρεμῶ), (βεβρέμηκα).
δέμω, bâtir, δεμῶ, δέδμηκα[1] (p. δεδέμηκα).
κάμνω, travailler, καμοῦμαι, κέκμηκα (p. κεκάμηκα).
τέμνω, couper, τεμῶ, τέτμηκα (p. τετέμηκα).

Cela vient sans doute de ce que μ devant κ (νένεμκα) aurait produit un son trop dur. A ces verbes joignez :

μένω, demeurer, Fut. μενῶ, Parf. μεμένηκα.
βάλλω, jeter, βαλῶ, βέβληκα (p. βεβάληκα[2]).

VOIX PASSIVE.

FUTUR PREMIER, AORISTE PREMIER ET PARFAIT.

§ 122. 1° Ces trois temps se tirent immédiatement du parfait actif, en changeant κα en μαι, θήσομαι, θην.

Parfait actif.	Parfait passif.	Futur 1er passif.	Aoriste 1er passif.
ἔψαλ κα,	ἔψαλ μαι,	ψαλ θήσομαι,	ἐψάλ θην.
ἔσταλ κα,	ἔσταλ μαι,	σταλ θήσομαι,	ἐστάλ θην.
κέκρι κα,	κέκρι μαι,	κρι θήσομαι,	ἐκρί θην[3].
τέτμη κα,	τέτμη μαι,	τμη θήσομαι,	ἐτμή θην.
βέβλη κα,	βέβλη μαι,	βλη θήσομαι,	ἐβλή θην.

Au pluriel, ἐστάλμεθα, ἔσταλθε, ἐσταλμένοι εἰσί ; le σ retranché dans ἔσταλθε, comme il l'est dans τέτυφθε (cf. § 105).

2° Ceux en νω, qui ont γ au parf. act., comme φαίνω, πέφαγκα, font, suivant les Attiques, le parf. pass. en σμαι, πέφασμαι ; mais le ν reparaît devant σ, τ et θ : πέφανσαι, πέφανται ; aor. ἐφάνθην.

On trouve encore, mais rarement, le ν du radical changé en μ à la première personne : αἰσχύνω, *faire rougir ;* ᾔσχυμμαι, ᾔσχυνσαι, ᾔσχυνται, fut. αἰσχυνθήσομαι, aor. ᾐσχύνθην.

---

1. Δέδμηκα est aussi le parfait de δαμάζω, f. δαμάσω, aor. 1. ἐδάμασα (formes poétiques, δαμάω, δαμνάω, δάμνημι), dompter. Cf. § 253.
2. On peut aussi tirer β.βληκα du primitif βλέω, inusité ; racine βέλος, trait (qui se jette).
3. On trouve dans les poètes ἐκρίνθην, de κρίνω ; ἐκλίνθην, de κλίνω, pencher : ἱδρύνω, asseoir, fait ἱδρύνθην et ἱδρύθην.

VOIX ACTIVE ET PASSIVE.

FUTUR ET AORISTE SECONDS.

§ 123. 1° Des deux formes de futur σω et ῶ, les verbes dont nous parlons n'ayant généralement que la dernière, il s'ensuit qu'ils ne peuvent avoir qu'un futur.

2° Cependant ceux de deux syllabes qui ont ε à ce futur (et ceux-là seulement), comme στέλλω, στελῶ ; σπείρω, σπερῶ ; τέμνω, τεμῶ, changent cet ε en α, et peuvent ainsi recevoir une autre forme, qu'on appelle futur second (σταλῶ), (σπαρῶ), (ταμῶ), et qui est contractée de la forme ionique, σταλέω, σπαρέω, ταμέω[1].

Nous avons déjà vu ce changement d'ε en α dans τρέπω, ἔτραπον.

3° L'aoriste second se tire :
Du futur unique dans les verbes qui n'en ont qu'un :

κάμνω,	Fut. καμοῦμαι,	Aor. sec. act. ἔκαμον.
φαίνω,	φανῶ,	Aor. sec. pass. ἐφάνην.
κρίνω,	κρινῶ,	pass. ἐκρίνην.

Du futur second dans les verbes qui en ont ou qui pourraient en avoir deux :

στέλλω, Fut. 1er στελῶ, Fut. sec. (σταλῶ), Aor. sec. pass. ἐστάλην.
τέμνω, τεμῶ, (ταμῶ), Aor. sec. act. ἔταμον[2].

4° Il en est de même du futur second passif :

φαίνω, Fut. unique, φαν ῶ, Fut. sec. pass., φαν ήσομαι.
στέλλω, Fut. second, (σταλ ῶ), σταλ ήσομαι.

PARFAIT SECOND.

§ 124. 1° Tout verbe de deux syllabes qui a ε au futur prend ο au parfait second (suivant la Rem. 5, § 118) :

στέλλω, F. στελῶ, P. sec. (ἔστολα).   φθείρω, F. φθερῶ, P. sec. ἔφθορα.
σπείρω, σπερῶ, ἔσπορα.   κτείνω, κτενῶ, ἔκτονα.

---

1. Les futurs seconds que nous plaçons entre parenthèses sont généralement inusités. Les grammairiens les supposent pour en déduire les aoristes seconds, dont il se rencontre un assez grand nombre d'exemples, surtout au passif.
2. On dit aussi ἔτεμον. Ce verbe n'a point d'aoriste premier actif.

2° Tout verbe qui a au présent la diphthongue αι, et par conséquent au futur la voyelle α, prend η au parfait second :

φαίνω, montrer, Fut. φανῶ, Parf. sec. πέφηνα.
χαίνω, s'ouvrir, χανῶ, κέχηνα.
θάλλω, fleurir, fait aussi au parf. sec. τέθηλα.

Nous avons déjà remarqué cet η au parfait second dans δαίω, δέδηα (cf. § 118, Rem. 4).

TABLEAU du verbe ΣΤΕ΄ΛΛΩ, *envoyer*, avec tous ses temps, ou usités, ou supposés pour servir de modèles.

	Actif.	Passif.	Moyen.
Présent.	στέλλω,	στέλλομαι.	
Imparfait.	ἔστελλον,	ἐστελλόμην.	
Futur 1ᵉʳ.	στελέω-ῶ,	σταλθήσομαι,	στελέομαι-οῦμαι.
Aoriste 1ᵉʳ.	ἔστειλα,	ἐστάλθην,	ἐστειλάμην.
Futur sec.	(σταλέω-ῶ),	σταλήσομαι,	(σταλέομαι-οῦμαι).
Aoriste sec.	(ἔσταλον),	ἐστάλην.	
Parfait.	ἔσταλκα,	ἔσταλμαι.	
Pl.-parf.	ἐστάλκειν,	ἐστάλμην.	
Parf. sec.	(ἔστολα).		
Pl.-parf. sec.	(ἐστόλειν).		

Nota. Les verbes qui se conjuguent sur ce modèle n'ont pas d'aoriste 2 moyen.

Conjuguez de même :

σπείρω, semer, F. 1. σπερῶ, F. 2. (σπαρῶ), P. a. ἔσπαρκα, P. 2. ἔσπορα.
φθείρω, corrompre, φθερῶ, (φθαρῶ), ἔφθαρκα, ἔφθορα.

§ 125. REMARQUES. 1° Quelques verbes en ρω et en λω, surtout chez les poëtes et chez les Éoliens, ont un futur en σω, suivant la règle générale :

ὄρω (prim. d'ὄρνυμι), exciter, Fut. ὄρσω, Aor. ὦρσα.
κύρω, trouver, κύρσω, ἔκυρσα.
κέλλω, aborder, κέλσω, ἔκελσα.

2° Un grand nombre de verbes en νω, surtout ceux qui ont plus de deux syllabes, comme λαμβάνω, *prendre*, sont des formes dérivées et allongées, que nous verrons dans le Tableau des verbes défectifs.

RÉSUMÉ GÉNÉRAL DES VERBES EN Ω.

§ 126. Jusqu'ici nous avons passé en revue les verbes où l'ω de la terminaison est précédé, 1° des cinq voyelles, soit seules, soit réunies en diphthongues; 2° des neuf muettes; 3° des deux lettres ζ et σ répété; 4° des quatre liquides.

Il reste, pour avoir épuisé l'alphabet, les voyelles longues η, ω; mais il n'y a point de verbes en ήω ni ώω, si ce n'est dans les poëtes, comme ῥώω, *fortifier*; moyen, ῥώομαι; ou dans le dialecte éolien : καλήω pour καλέω, *appeler*.

Il reste de plus les deux lettres doubles ψ et ξ, que l'on trouve dans les verbes ἕψω, *cuire*; ἀλέξω, *secourir*; αὔξω ou ἀέξω, *augmenter*. Ces verbes font le futur et les temps qui en dépendent comme s'ils étaient en έω : ἑψήσω, ἀλεξήσω, αὐξήσω.

§ 127. TABLEAU AU MOYEN DUQUEL ON PEUT REMONTER D'UN TEMPS QUELCONQUE AU PRÉSENT DE L'INDICATIF.

VOIX ACTIVE.			VOIX PASSIVE.		
Présent.	Futur.	Parfait.	Parfait[1].	Futur.	Aor. 1er.
ω pur,	σω,	κα.	μαι,	θήσομαι,	θην,
ω pur, δω, τω, θω, ζω, σσω (rarement).	σω,	κα.	σμαι,	σθήσομαι,	σθην.
βω, πω, φω, πτω,	ψω,	φα.	μμαι,	φθήσομαι,	φθην.
γω, κω, χω, σκω, σσω, ζω (rarement),	ξω,	χα.	γμαι,	χθήσομαι,	χθην.
λω,	λῶ,	λκα.	λμαι,	λθήσομαι,	λθην.
ρω,	ρῶ,	ρκα.	ρμαι,	ρθήσομαι,	ρθην.
νω,	νῶ,	κα. / γκα.	μαι, / σμαι,	θήσομαι, / νθήσομαι,	θην. / νθην.
μω, μνω,	μῶ,	μηκα.	μημαι,	μηθήσομαι,	μήθην.

1. Nous rapprochons le parfait passif du parfait actif, parce qu'il s'en forme immédiatement.

VERBES EN ΜΙ.

§ 128. Nous avons annoncé que quelques verbes se terminent en μι; ils viennent de primitifs supposés en έω, άω, όω, ύω, et n'en diffèrent que dans trois temps, le présent, l'imparfait et le second aoriste. Les autres temps se tirent du primitif même.

Prenons pour exemples les verbes θέω, *poser*; στάω, *établir*; δόω, *donner*; δεικνύω, *montrer*.

I. Pour former de θέω un verbe en μι, changez, 1° l'ω en μι; 2° l'ε du radical en η : vous aurez θημι. Préposez ensuite un ι, et avant cet ι redoublez la première consonne du présent, et vous aurez τίθημι (τ pour θ, afin de ne pas avoir deux syllabes aspirées de suite).

II. Pour en former un de στάω, changez de même α en η, στημι; puis ajoutez ι, ἵστημι. Remarquez ici que, quand le radical commence par στ ou πτ, la première consonne ne se redouble point; mais l'ι se marque d'un esprit rude : στάω, ἵστημι; πτάω, *voler*, ἵπτημι.

III. Pour en former un de δόω, changez l'ο en ω, δωμι, et avec l'ι et la première consonne redoublée, δίδωμι.

Ainsi, les verbes en μι venant d'έω, άω, όω, se forment, 1° en changeant ω en μι, et allongeant la voyelle qui précède; 2° en ajoutant ι au commencement; 3° en mettant devant cet ι la première consonne du radical, pourvu toutefois qu'il ne commence point par στ ou πτ. — Si le radical n'a point de consonne, on ajoute simplement ι : ἕω, *envoyer*, ἵημι.

IV. De δεικνύω et de tous ceux en ύω, changez seulement ω en μι sans aucun redoublement : δεικνύω, δείκνυμι.

Dans les tableaux suivants, nous mettons d'abord les trois temps qui appartiennent à la conjugaison en μι; ensuite ceux qui, se tirant du primitif, suivent la conjugaison ordinaire.

Nous mettons, en outre, le moyen avant le passif, pour qu'on saisisse mieux le rapport de l'aoriste second moyen avec l'aoriste second actif.

§ 129.   VERBE ΤΊΘΗΜΙ, *JE POSE.*

	INDICATIF.	IMPÉRATIF.	SUBJONCTIF.
PRÉSENT.	je pose. S. 1 p. τίθημι, 2 p. τίθης, 3 p. τίθησι, P. 1 p. τίθεμεν, 2 p. τίθετε, 3 p. τιθεῖσι, D. 2 p. τίθετον, 3 p. τίθετον.	posé. τίθετι, τιθέτω, τίθετε, τιθέτωσαν, τίθετον, τιθέτων.	que je pose. τιθῶ, τιθῇς, τιθῇ, τιθῶμεν, τιθῆτε, τιθῶσι, τιθῆτον, τιθῆτον.
IMPARFAIT.	je posais. S. 1 p. ἐτίθην, 2 p. ἐτίθης, 3 p. ἐτίθη, P. 1 p. ἐτίθεμεν, 2 p. ἐτίθετε, 3 p. ἐτίθεσαν, D. 2 p. ἐτίθετον, 3 p. ἐτιθέτην.		
AORISTE SECOND.	je posai. S. 1 p. ἔθην, 2 p. ἔθης, 3 p. ἔθη, P. 1 p. ἔθεμεν, 2 p. ἔθετε, 3 p. ἔθεσαν, D. 2 p. ἔθετον, 3 p. ἐθέτην.	pose. θές, θέτω, θέτε, θέτωσαν, θέτον, θέτων.	que j'aie posé. θῶ, θῇς, θῇ, θῶμεν, θῆτε, θῶσι, θῆτον, θῆτον.
FUTUR. AORISTE 1ᵉʳ. PARFAIT. PL.-QUE-PARF.	θήσω. ἔθηκα. τέθεικα. ἐτεθείκειν.	 τέθεικε.	 τεθείκω.

VERBES EN MI.

VOIX ACTIVE.

OPTATIF.	INFINITIF.	PARTICIPES.
que je posasse. τιθείην, τιθείης, τιθείη, τιθείημεν, τιθείητε, τιθείησαν, τιθείητον, τιθειήτην.	poser. τιθέναι.	posant. M. τιθείς, τιθέντος. F. τιθεῖσα, τιθείσης. N. τιθέν, τιθέντος.
que j'eusse posé. θείην, θείης, θείη, θείημεν, θείητε, θείησαν, θείητον, θειήτην.	avoir posé. θεῖναι.	ayant posé. M. θείς, θέντος. F. θεῖσα, θείσης. N. θέν, θέντος.
θήσοιμι.	θήσειν.	θήσων, σοντος.
τεθείκοιμι.	τεθεικέναι.	τεθεικώς, κότος.

VERBES EN MI.

VERBE ΤΊΘΗΜΙ, *je pose*.

	INDICATIF.	IMPÉRATIF.	SUBJONCTIF.
PRÉSENT.	je me pose.	pose-toi.	que je me pose.
S. 1 p.	τίθεμαι,		τιθῶμαι,
2 p.	τίθεσαι,	τίθεσο,	τιθῇ,
3 p.	τίθεται,	τιθέσθω,	τιθῆται,
P. 1 p.	τιθέμεθα,		τιθώμεθα,
2 p.	τίθεσθε,	τίθεσθε,	τιθῆσθε,
3 p.	τίθενται,	τιθέσθωσαν,	τιθῶνται,
D. 1 p.	τιθέμεθον,		τιθώμεθον,
2 p.	τίθεσθον,	τίθεσθον,	τιθῆσθον,
3 p.	τίθεσθον.	τιθέσθων.	τιθῆσθον.
IMPARFAIT.	je me posais.		
S. 1 p.	ἐτιθέμην,		
2 p.	ἐτίθεσο,		
3 p.	ἐτίθετο,		
P. 1 p.	ἐτιθέμεθα,		
2 p.	ἐτίθεσθε,		
3 p.	ἐτίθεντο,		
D. 1 p.	ἐτιθέμεθον,		
2 p.	ἐτίθεσθον,		
3 p.	ἐτιθέσθην.		
AORISTE SECOND.	je me posai.	pose-toi.	que je me sois posé.
S. 1 p.	ἐθέμην,		θῶμαι,
2 p.	ἔθεσο, ἔθου (plus usité),	θέσο,	θῇ,
3 p.	ἔθετο,	θέσθω,	θῆται,
P. 1 p.	ἐθέμεθα,		θώμεθα,
2 p.	ἔθεσθε,	θέσθε,	θῆσθε,
3 p.	ἔθεντο,	θέσθωσαν,	θῶνται,
D. 1 p.	ἐθέμεθον,		θώμεθον,
2 p.	ἔθεσθον,	θέσθον,	θῆσθον,
3 p.	ἐθέσθην.	θέσθων.	θῆσθον.
FUTUR.	θήσομαι.		
AORISTE 1ᵉʳ.	ἐθηκάμην.		

VOIX MOYENNE.

OPTATIF.	INFINITIF.	PARTICIPES.
que je me posasse. τιθείμην, τιθεῖο, τιθεῖτο, τιθείμεθα, τιθεῖσθε, τιθεῖντο, τιθείμεθον, τιθεῖσθον, τιθείσθην.	se poser. τίθεσθαι.	se posant. M. τιθέμενος, τιθεμένου. F. τιθεμένη, τιθεμένης. N. τιθέμενον, τιθεμένου.
que je me fusse posé. θείμην, θεῖο, θεῖτο, θείμεθα, θεῖσθε, θεῖντο, θείμεθον, θεῖσθον, θείσθην.	s'être posé. θέσθαι.	s'étant posé. M. θέμενος, θεμένου. F. θεμένη, θεμένης. N. θέμενον, θεμένου.
θησοίμην.	θήσεσθαι.	θησόμενος, ου. θηκάμενος, ου.

REMARQUES.

VOIX ACTIVE.

§ 130. Présent et imparfait. 1° Les trois personnes du singulier, au présent de l'indicatif, ont la voyelle longue η; la brève ε reparaît au duel et au pluriel. Τιθεῖσι, comme λύουσι, est à la fois 3° personne plurielle indicatif et datif pluriel participe. Pour τιθεῖσι, les Attiques disent τιθέασι[1].

2° Ἐτίθην, ης, η, se conjugue comme l'aoriste passif ἐλύθην, ης, η; mais le pluriel ἐλύθημεν garde l'η; ἐτίθεμεν reprend l'ε.

3° Le subjonctif τιθῶ, l'optatif τιθείην, se conjuguent comme λυθῶ, λυθείην. L'impératif τίθετι et l'infinitif τιθέναι ont la voyelle brève, tandis que λυθῆτι et λυθῆναι ont la voyelle longue.

§ 131. Aoriste second. 1° τίθημι, venant du primitif θέω, n'a point de futur second. L'aoriste second se forme de l'imparfait en ôtant le redoublement τι: imparfait, ἐτίθην; aoriste second, ἔθην. Il prend de même la voyelle longue au singulier et la brève au pluriel: singulier, ἔθην, ης, η; pluriel, ἔθεμεν. Dans ἔθην, comme dans ἐτίθην, la lettre ε est l'augment syllabique.

2° La seconde pers. de l'impératif θές, est pour θέτι, inusité.

3° L'infinitif θεῖναι prend la diphthongue ει, au lieu de l'ε qui est au présent τιθέναι.

VOIX MOYENNE.

§ 132. 1° le présent moyen (ou passif) se forme en changeant μι de l'actif en μαι, et en reprenant la brève du radical : τίθημι, τίθεμαι. Ce temps se conjugue comme le parfait passif de λύω : τίθεμαι, σαι, ται, comme λέλυμαι, σαι, ται.

Nous avons vu que μαι, σαι, ται est la désinence primitive de tous les temps principaux au passif; nous voyons ici que les verbes en μι ont conservé cette forme ancienne.

2° Le subjonctif se forme de celui de l'actif en ajoutant μαι : τιθῶ, τιθῶμαι.

3° L'optatif se forme régulièrement de l'indicatif en changeant μαι en ίμην : τίθεμαι, τιθείμην, comme λύομαι, λυοίμην.

4° L'aoriste second se forme, comme à l'actif, de l'imparfait en retranchant τι : ἐτιθέμην, ἐθέμην.

5° L'aor. 1ᵉʳ moyen ἐθηκάμην appartient au dialecte ionien.

---

1. Voyez, pour ces troisièmes personnes, le § 238.

TEMPS QUI SE CONJUGUENT COMME CEUX DES VERBES EN Ω.

§ 133. 1° Le futur se tire du primitif θέω : fut. act. θήσω, moy. θήσομαι.

2° L'aoriste premier de ce verbe n'est point en σα comme le voudrait l'analogie ; il se termine en κα, comme si c'était un parfait : singulier, ἔθηκα, ἔθηκας, ἔθηκε ; pluriel, ἐθήκαμεν, ἐθήκατε, ἔθηκαν ; duel, ἐθήκατον, ἐθηκάτην ; mais il n'est guère usité qu'à l'indicatif.

Nota. Il y a encore deux autres aoristes en κα : ἔδωκα, *je donnai*, de δίδωμι (δόω) ; ἧκα, *j'envoyai*, de ἵημι (ἕω). Nous rapprochons ces trois aoristes irréguliers, afin qu'on les retienne une fois pour toutes (cf. § 224).

3° Le parfait prend la diphthongue ει, comme s'il venait de θείω : parfait, τέθεικα, κας, κε ; plus-que-parfait, ἐτεθείκειν, κεις, κει.

§ 134. VOIX PASSIVE.

Le présent et l'imparfait, comme au moyen : τίθεμαι, ἐτιθέμην.

NOTA. Lisez ce Tableau du haut en bas.

	FUTUR Ier.	AORISTE Ier.	PARFAIT.	PL.Q.-PARF.
INDIC.	τεθήσομαι,	ἐτέθην,	τέθειμαι,	ἐτεθείμην.
IMPÉR.		τέθητι,	τέθεισο,	
SUBJ.		τεθῶ,	τεθειμένος ὦ,	
OPTAT.	τεθησοίμην,	τεθείην,	τεθειμένος εἴην,	
INFIN.	τεθήσεσθαι,	τεθῆναι,	τεθεῖσθαι,	
PARTIC.	τεθησόμενος.	τεθείς.	τεθειμένος.	

REMARQUES. 1° On voit que le futur et l'aoriste passifs se tirent immédiatement de θέω. Dans ces deux temps, la syllabe radicale est τε ; elle a un τ à cause du θ de la terminaison (cf. § 5).

2° Au parfait, la syllabe radicale est θει ; la syllabe τε qui précède est le redoublement.

3° Les verbes en μι n'ont point de futur antérieur.

§ 135. VERBE ἽΣΤΗΜΙ, *JE PLACE.*

L'aoriste second, le parfait, et le plus-que-parfait ont

		INDICATIF.	IMPÉRATIF.	SUBJONCTIF.
PRÉSENT.	S. 1 p. 2 p. 3 p. P. 1 p. 2 p. 3 p. D. 2 p. 3 p.	je place. ἵστημι, ἵστης, ἵστησι, ἵσταμεν, ἵστατε, ἱστᾶσι, ἵστατον, ἵστατον.	place. ἵσταθι, ἱστάτω, ἵστατε, ἱστάτωσαν, ἵστατον, ἱστάτων.	que je place. ἱστῶ, ἱστῇς, ἱστῇ, ἱστῶμεν, ἱστῆτε, ἱστῶσι, ἱστῆτον, ἱστῆτον.
IMPARFAIT.	S. 1 p. 2 p. 3 p. P. 1 p. 2 p. 3 p. D. 2 p. 3 p.	je plaçais. ἵστην, ἵστης, ἵστη, ἵσταμεν, ἵστατε, ἵστασαν, ἵστατον, ἱστάτην.		
AORISTE SECOND.	S. 1 p. 2 p. 3 p. P. 1 p. 2 p. 3 p. D. 2 p. 3 p.	je fus debout. ἔστην, ἔστης, ἔστη, ἔστημεν, ἔστητε, ἔστησαν, ἔστατον, ἐστήτην.	sois debout. στῆθι, στήτω, στῆτε, στήτωσαν, στῆτον, στήτων.	que j'aie été debout. στῶ, στῇς, στῇ, στῶμεν, στῆτε, στῶσι, στῆτον, στῆτον.
FUTUR. AOR. 1ᵉʳ. PARFAIT. PL.-PARF.		στήσω, je placerai. ἔστησα, je plaçai. ἕστηκα, je me tiens. ἑστήκειν, je me tenais.	στῆσον. ἕστηκε.	στήσω. ἑστήκω.

VOIX ACTIVE.

la signification du verbe latin *stare*, se tenir debout.

OPTATIF.	INFINITIF.	PARTICIPES.
que je plaçasse. ἱσταίην, ἱσταίης, ἱσταίη, ἱσταίημεν, ἱσταίητε, ἱσταίησαν, ἱσταίητον, ἱσταιήτην.	placer. ἱστάναι.	plaçant. M. ἱστάς, ἱστάντος. F. ἱστᾶσα, ἱστάσης. N. ἱστάν, ἱστάντος.
que j'eusse été debout. σταίην, σταίης, σταίη, σταίημεν, σταίητε, σταίησαν, σταίητον, σταιήτην.	avoir été debout. στῆναι.	ayant été debout. M. στάς, στάντος. F. στᾶσα, στάσης. N. στάν, στάντος.
στήσοιμι. στήσαιμι. ἑστήκοιμι.	στήσειν. στῆσαι. ἑστηκέναι.	στήσων, σοντος. στήσας, σαντος. ἑστηκώς, κότος.

Burn. *Gr. Gr.*

VERBES EN MI.

VERBE ΪΣΤΗΜΙ, *JE PLACE.*

	INDICATIF.	IMPÉRATIF.	SUBJONCTIF.
PRÉSENT.	je me place.	place-toi.	que je me place.
	S. 1 p. ἵσταμαι,		ἱστῶμαι,
	2 p. ἵστασαι,	ἵστασο,	ἱστῇ,
	3 p. ἵσταται,	ἱστάσθω,	ἱστῆται,
	P. 1 p. ἱστάμεθα,		ἱστώμεθα,
	2 p. ἵστασθε,	ἵστασθε,	ἱστῆσθε,
	3 p. ἵστανται,	ἱστάσθωσαν,	ἱστῶνται,
	D. 1 p. ἱστάμεθον,		ἱστώμεθον,
	2 p. ἵστασθον,	ἵστασθον,	ἱστῆσθον,
	3 p. ἵστασθον.	ἱστάσθων.	ἱστῆσθον.
IMPARFAIT.	je me plaçais.		
	S. 1 p. ἱστάμην,		
	2 p. ἵστασο,		
	3 p. ἵστατο,		
	P. 1 p. ἱστάμεθα,		
	2 p. ἵστασθε,		
	3 p. ἵσταντο,		
	D. 1 p. ἱστάμεθον,		
	2 p. ἵστασθον,		
	3 p. ἱστάσθην.		
AORISTE SECOND (inusité).	je me plaçai.	place-toi.	que je me sois placé.
	S. 1 p. ἐστάμην,		στῶμαι,
	2 p. ἔστασο,	στάσο,	στῇ,
	3 p. ἔστατο,	στάσθω,	στῆται,
	P. 1 p. ἐστάμεθα,		στώμεθα,
	2 p. ἔστασθε,	στάσθε,	στῆσθε,
	3 p. ἔσταντο,	στάσθωσαν,	στῶνται,
	D. 1 p. ἐστάμεθον,		στώμεθον,
	2 p. ἔστασθον,	στάσθον,	στῆσθον,
	3 p. ἐστάσθην.	στάσθων.	στῆσθον.
FUTUR.	στήσομαι.		
AOR. 1er.	ἐστησάμην.	στῆσαι.	στήσωμαι.

VERBES EN MI. 131

VOIX MOYENNE.

OPTATIF.	INFINITIF.	PARTICIPES.

que je me plaçasse.
 ἱσταίμην,
 ἱσταῖο,
 ἱσταῖτο,
 ἱσταίμεθα,
 ἱσταῖσθε,
 ἱσταῖντο,
 ἱσταίμεθον,
 ἱσταῖσθον,
 ἱσταίσθην.
	se placer.
	 ἵστασθαι.
		se plaçant.
		 M. ἱστάμενος,
		     ἱσταμένου.
		
		 F. ἱσταμένη,
		     ἱσταμένης.
		
		 N. ἱστάμενον,
		     ἱσταμένου.

que je me fusse placé.
 σταίμην,
 σταῖο,
 σταῖτο,
 σταίμεθα,
 σταῖσθε,
 σταῖντο,
 σταίμεθον,
 σταῖσθον,
 σταίσθην.
	s'être placé.
	 στάσθαι.
		s'étant placé.
		 M. στάμενος,
		     σταμένου.
		
		 F. σταμένη,
		     σταμένης.
		
		 N. στάμενον,
		     σταμένου.

στησοίμην.	στήσεσθαι.	στησόμενος, ου.
στησαίμην.	στήσασθαι.	στησάμενος, ου.

*9

REMARQUES.

VOIX ACTIVE ET MOYENNE.

§ 136. 1° Ici, comme dans τίθημι, le singulier prend la voyelle longue au présent ἵστημι, et à l'imparfait ἵστην. Le pluriel ἵσταμεν et le moyen ἵσταμαι reprennent la brève du radical.

2° L'imparfait commence par la même lettre que le présent ; c'est que jamais l'on ne met d'augment avec ι.

3° Pour former l'aoriste second, on ôte l'ι de l'imparfait ; et, comme alors la première lettre se trouve être une consonne (στην), on ajoute l'augment ε, et l'on a ἔστην.

Ce temps garde la voyelle longue η au duel et au pluriel ; il en est de même de tous les verbes en μι, venant d'άω.

4° L'impératif prend à la seconde personne θι, par un θ, parce qu'il n'y a pas, comme dans τίθετι, d'aspirée au radical. Il prend la voyelle brève au présent, ἵσταθι ; la longue au second aoriste, στῆθι. La terminaison θι est d'ailleurs rare à l'impératif des verbes en μι (cf. § 142, 5°).

Nota. On trouve dans Aristophane παράστα pour παράστηθι.

5° Le subjonctif, présent et aoriste second, prend η, comme celui de τίθημι : ἱστῶ, ῇς, ῇ ; στῶ, στῇς, στῇ ; et de même, au moyen : ἱστῶμαι, ῇ, ῆται.

On dit aussi par l'α, ἱστῶ, ᾷς, ᾷ ; ἱστῶμαι, ᾷ, ᾶται, comme dans les verbes contractes en άω ; mais alors c'est le subjonctif d'ἱστάω et non d'ἵστημι.

6° Le parfait act. ἕστηκα vient régulièrement du futur στήσω ; son augment ἑ a toujours l'esprit rude.

Ce parfait, ayant le sens du latin *stare*, signifie *je suis posé, je suis placé, je me tiens debout* : il s'emploie donc bien pour désigner un temps présent. Par la même raison, le plus-que-parfait ἑστήκειν, que l'on écrit aussi εἱστήκειν, signifie, *j'étais posé, j'étais debout*.

7° On trouve quelquefois, mais très-rarement, un autre parfait, ἕστακα, qui a la signification active, *j'ai placé*.

8° Du subjonctif présent de ce verbe, ἱστῶ, rapprochez le verbe latin *sisto*[1], qui, comme ἱστάναι, signifie *placer*.

---

1. Dans *sisto*, l'esprit rude d'ἱστῶ est représenté par *s*, comme celui d'ἕρπω dans *serpo*, d'ἑπτά dans *septem*.

VERBES EN MI.

Du subjonctif aoriste second στῶ, rapprochez le latin *sto*, qui, comme στῆναι, signifie *se tenir, être debout*.
Voici le tableau des divers temps de ce verbe avec leur traduction latine.

	SENS ACTIF.			SENS NEUTRE.	
Présent.	ἵστημι,	sisto, statuo.	Parfait.	ἕστηκα,	sto.
Imparf.	ἵστην,	sistebam.	Pl.-parf.	ἑστήκειν,	stabam.
Futur.	στήσω,	sistam.	Aor. sec.	ἔστην,	steti.
Aor. 1ᵉʳ.	ἔστησα,	statui.	Participe.	στάς, στάντος,	stans, stantis.
Participe.	ἱστάς, άντος,	sistens, sistentis.			

§ 137.   VOIX PASSIVE.

Le présent et l'imparfait, comme au moyen : ἵσταμαι, ἱστάμην.

	FUTUR Iᵉʳ.	AORISTE Iᵉʳ.	PARFAIT.	PL.-PARF.
Indicat.	σταθήσομαι,	ἐστάθην,	ἕσταμαι,	ἐστάμην.
Impér.		στάθητι,	ἕστασο,	
Subj.		σταθῶ,	ἐσταμένος ὦ,	
Optat.	σταθησοίμην,	σταθείην,	ἐσταμένος εἴην,	
Infinit.	σταθήσεσθαι,	σταθῆναι,	ἐστάσθαι,	
Partic.	σταθησόμενος.	σταθείς.	ἐσταμένος.	

Remarque. On voit que tous ces temps se tirent immédiatement du primitif στάω, et gardent constamment l'α.
Le passif signifie *être placé*. Le moyen signifie tantôt *se placer*, tantôt *faire placer, élever* (par ex. *un monument*). L'aoriste 1ᵉʳ ἐστησάμην a toujours ce dernier sens. L'aoriste second ἐστάμην n'est pas usité. (Voyez, § 222, d'autres formes de ce verbe.)

§ 138. VERBE ΔΙΔΩΜΙ, *je donne.*

		INDICATIF.	IMPÉRATIF.	SUBJONCTIF.
PRÉSENT.	S. 1 p. 2 p. 3 p. P. 1 p. 2 p. 3 p. D. 2 p. 3 p.	je donne. δίδωμι, δίδως, δίδωσι, δίδομεν, δίδοτε, διδοῦσι, δίδοτον, δίδοτον.	donne. δίδοθι, διδότω, δίδοτε, διδότωσαν, δίδοτον, διδότων.	que je donne. διδῶ, διδῷς, διδῷ, διδῶμεν, διδῶτε, διδῶσι, διδῶτον, διδῶτον.
IMPARFAIT.	S. 1 p. 2 p. 3 p. P. 1 p. 2 p. 3 p. D. 2 p. 3 p.	je donnais. ἐδίδων, ἐδίδως, ἐδίδω, ἐδίδομεν, ἐδίδοτε, ἐδίδοσαν, ἐδίδοτον, ἐδιδότην.		
AORISTE SECOND.	S. 1 p. 2 p. 3 p. P. 1 p. 2 p. 3 p. D. 2 p. 3 p.	je donnai. ἔδων, ἔδως, ἔδω, ἔδομεν, ἔδοτε, ἔδοσαν, ἔδοτον, ἐδότην.	donne. δός, δότω, δότε, δότωσαν, δότον, δότων.	que j'aie donné. δῶ, δῷς, δῷ, δῶμεν, δῶτε, δῶσι, δῶτον, δῶτον.
FUTUR. AOR. 1ᵉʳ. PARFAIT. PL.-Q.-PARF.		δώσω. ἔδωκα. δέδωκα. ἐδεδώκειν.	 δέδωκε.	 δεδώκω.

VERBES EN MI.

VOIX ACTIVE.

OPTATIF.	INFINITIF.	PARTICIPES.
que je donnasse. διδοίην, διδοίης, διδοίη, διδοίημεν, διδοίητε, διδοίησαν, διδοίητον, διδοιήτην.	donner. διδόναι.	donnant. M. διδούς, διδόντος. F. διδοῦσα, διδούσης. N. διδόν, διδόντος.
que j'eusse donné. δοίην, δοίης, δοίη, δοίημεν, δοίητε, δοίησαν, δοίητον, δοιήτην.	avoir donné. δοῦναι.	ayant donné. M. δούς, δόντος. F. δοῦσα, δούσης. N. δόν, δόντος.
δώσοιμι.	δώσειν.	δώσων, σοντος.
δεδώκοιμι.	δεδωκέναι.	δεδωκώς, κότος.

VERBES EN MI.

VERBE ΔΊΔΩΜΙ, *JE DONNE.*

		INDICATIF.	IMPÉRATIF.	SUBJONCTIF.
PRÉSENT.		je me donne.	donne-toi.	que je me donne.
	S. 1 p.	δίδομαι,		διδῶμαι,
	2 p.	δίδοσαι,	δίδοσο,	διδῷ,
	3 p.	δίδοται,	διδόσθω,	διδῶται,
	P. 1 p.	διδόμεθα,		διδώμεθα,
	2 p.	δίδοσθε,	δίδοσθε,	διδῶσθε,
	3 p.	δίδονται,	διδόσθωσαν,	διδῶνται,
	D. 1 p.	διδόμεθον,		διδώμεθον,
	2 p.	δίδοσθον,	δίδοσθον,	διδῶσθον,
	3 p.	δίδοσθον.	διδόσθων.	διδῶσθον.
IMPARFAIT.		je me donnais.		
	S. 1 p.	ἐδιδόμην,		
	2 p.	ἐδίδοσο,		
	3 p.	ἐδίδοτο,		
	P. 1 p.	ἐδιδόμεθα,		
	2 p.	ἐδίδοσθε,		
	3 p.	ἐδίδοντο,		
	D. 1 p.	ἐδιδόμεθον,		
	2 p.	ἐδίδοσθον,		
	3 p.	ἐδιδόσθην.		
AORISTE SECOND.		je me donnai.	donne-toi.	que je me sois donné.
	S. 1 p.	ἐδόμην,		δῶμαι,
	2 p.	ἔδοσο, ἔδου (plus usité),	δόσο,	δῷ,
	3 p.	ἔδοτο,	δόσθω,	δῶται,
	P. 1 p.	ἐδόμεθα,		δώμεθα,
	2 p.	ἔδοσθε,	δόσθε,	δῶσθε,
	3 p.	ἔδοντο,	δόσθωσαν,	δῶνται,
	D. 1 p.	ἐδόμεθον,		δώμεθον,
	2 p.	ἔδοσθον,	δόσθον,	δῶσθον,
	3 p.	ἐδόσθην.	δόσθων.	δῶσθον.
FUTUR.		δώσομαι.		
AOR. 1er		ἐδωκάμην.		

VOIX MOYENNE.

OPTATIF.	INFINITIF.	PARTICIPES.
que je me donnasse. διδοίμην, διδοῖο, διδοῖτο, διδοίμεθα, διδοῖσθε, διδοῖντο, διδοίμεθον, διδοῖσθον, διδοίσθην.	se donner. δίδοσθαι.	se donnant. M. διδόμενος, διδομένου. F. διδομένη, διδομένης. N. διδόμενον, διδομένου.
que je me fusse donné. δοίμην, δοῖο, δοῖτο, δοίμεθα, δοῖσθε, δοῖντο, δοίμεθον, δοῖσθον, δοίσθην.	s'être donné. δόσθαι.	s'étant donné. M. δόμενος, δομένου. F. δομένη, δομένης. N. δόμενον, δομένου.
δω σοίμην.	δώσεσθαι.	δωσόμενος, ου.

REMARQUES.

VOIX ACTIVE ET MOYENNE.

§ 139. 1° Ce verbe prend, comme on voit, la brève du radical, partout où τίθημι la prend.

Il prend, comme τίθημι, σ à l'impératif aoriste second : δός pour δόθι inusité, comme θές pour θέτι.

Il a une diphthongue à l'infinitif du même temps : δοῦναι, comme θεῖναι; et aux deux participes : διδούς et δούς, comme τιθείς et θείς (voy. § 239). Il fait, ainsi que nous l'avons déjà dit, l'aoriste premier en κα, ἔδωκα, comme ἔθηκα. Le singulier de l'aoriste second, ἔδων, etc., n'est pas usité.

2° Le subjonctif présent et aoriste second, tant actif que moyen, garde ω à toutes les personnes. Il souscrit ι à celles où les verbes en όω prennent la diphthongue οι : δηλῶ, οἷς, οἷ; διδῶ, ᾧς, ᾧ.

3° Au lieu de διδοῦσι à la 3ᵉ p. plur. du prés. indicatif, les Ioniens et les Attiques disent διδόασι, comme τιθέασι.

4° L'aoriste premier moyen ἐδωκάμην, donné par les grammairiens, ne se rencontre pas dans l'usage.

§ 140. VOIX PASSIVE.

Le présent et l'imparfait, comme au moyen : δίδομαι, ἐδιδόμην.

Les autres temps se tirent immédiatement de δόω, et conservent partout la voyelle brève du radical.

	FUTUR Iᵉʳ.	AORISTE Iᵉʳ.	PARFAIT.	PL.-Q.-PARF.
Indicat.	δοθήσομαι,	ἐδόθην,	δέδομαι,	ἐδεδόμην.
Impér.		δόθητι,	δέδοσο,	
Subj.		δοθῶ,	δεδομένος ὦ,	
Optat.	δοθησοίμην,	δοθείην,	δεδομένος εἴην,	
Infin.	δοθήσεσθαι,	δοθῆναι,	δεδόσθαι,	
Partic.	δοθησόμενος.	δοθείς.	δεδομένος.	

§ 141.   VERBE ΔΕΊΚΝΥΜΙ, *JE MONTRE.* VOIX ACTIVE.

	INDICATIF.	IMPÉRATIF.	INFINITIF.	PARTICIPES.

PRÉSENT.	*je montre.*
	S. 1p. δείκνυμι,
	2p. δείκνυς,
	3p. δείκνυσι,
	P. 1p. δείκνυμεν,
	2p. δείκνυτε,
	3p. δεικνῦσι-ύασι,
	D. 2p. δείκνυτον,
	3p. δείκνυτον.
		montre.
		
		δείκνυθι,
		δεικνύτω,
		
		δείκνυτε,
		δεικνύτωσαν,
		δείκνυτον,
		δεικνύτων.
			montrer.
			δεικνύναι.
				montrant.
				M. δεικνύς,
				   δεικνύντος.
				
				F. δεικνῦσα,
				   δεικνύσης.
				
				N. δεικνύν,
				   δεικνύντος.

IMPARFAIT.	*je montrais.* S. 1p. ἐδείκνυν, 2p. ἐδείκνυς, 3p. ἐδείκνυ, P. 1p. ἐδείκνυμεν, 2p. ἐδείκνυτε, 3p. ἐδείκνυσαν, D. 2p. ἐδείκνυτον, 3p. ἐδεικνύτην.			

VOIX PASSIVE ET MOYENNE.

	INDICATIF.	IMPÉRATIF.	INFINITIF.	PARTICIPES.

PRÉSENT.	S. 1p. δείκνυμαι,
	2p. δείκνυσαι,
	3p. δείκνυται,
	P. 1p. δεικνύμεθα,
	2p. δείκνυσθε,
	3p. δείκνυνται,
	D. 1p. δεικνύμεθον,
	2p. δείκνυσθον,
	3p. δείκνυσθον.
		
		δείκνυσο,
		δεικνύσθω,
		
		δείκνυσθε,
		δεικνύσθωσαν,
		
		δείκνυσθον,
		δεικνύσθων.
			δείκνυσθαι.	M. δεικνύμενος,
				   δεικνυμένου.
				
				F. δεικνυμένη,
				   δεικνυμένης.
				
				N. δεικνύμενον,
				   δεικνυμένου.

IMPARFAIT.	S. 1p. ἐδεικνύμην, 2p. ἐδείκνυσο, 3p. ἐδείκνυτο, P. 1p. ἐδεικνύμεθα, 2p. ἐδείκνυσθε, 3p. ἐδείκνυντο, D. 1p. ἐδεικνύμεθον, 2p. ἐδείκνυσθον, 3p. ἐδεικνύσθην.			

REMARQUES. 1° Nous n'avons point mis dans ce tableau le subjonctif et l'optatif de ce verbe ; il les tire de la forme ύω : δεικνύω, ῃς, ῃ; δεικνύοιμι, οις, οι, ainsi que l'imparfait ἐδείκνυον, forme usitée.

2° Le futur et l'aoriste premier, le parfait et le plus-que-parfait se forment régulièrement du primitif δείκ(ω), dans les trois voix : δείξω, ἔδειξα, δέδειχα, δέδειγμαι, etc.

3° Ce verbe et tous ceux en υμι qui ont plus de deux syllabes n'ont point d'aoriste second.

4° Ceux, au contraire, qui n'ont que deux syllabes, ne sont usités qu'à l'aoriste second : ἔφυν de φύω, *produire*; ἔκλυν de κλύω, *entendre*; ἔδυν, de δύνω, δύω, *entrer*. Les autres temps de ces verbes se conjuguent comme ceux de λύω.

Conjuguez sur δείκνυμι :

ζεύγνυμι, joindre,   Fut. ζεύξω, du primitif ζεύγω.
στρώννυμι, étendre,   στρώσω, du primitif στρώω.
ζώννυμι, ceindre,   ζώσω, parf. pass. avec σ, ἔζωσμαι.

OBSERVATIONS GÉNÉRALES.

§ 142. 1° On verra, par l'usage, que presque tous les verbes en ύω se terminent aussi en υμι, mais que les verbes en μι venant d'έω, άω, όω, sont très-peu nombreux.

2° Cependant ces désinences en forment quelques-uns sans redoublement, et usités seulement à l'aoriste second :

(τλάω, τλῆμι), supporter, Aor. 2. ἔτλην, je supportai.
(γνόω, γνῶμι), connaître,   ἔγνων, je connus.
(βάω, βῆμι), marcher,   ἔβην, je marchai.

Ces aoristes seconds gardent la voyelle longue au pluriel et au duel : ἔβημεν, ἔγνωμεν ; ils prennent θι à l'impératif : βῆθι, γνῶθι. (Aristoph. κατάβα p. κατάβηθι, descends.)

3° Les Éoliens terminent en μι beaucoup de verbes en έω et en άω, et ne leur donnent pas de redoublement : φιλέω, φίλημι; νικάω, *vaincre*, νίκημι.

4° Quelques verbes forment leur redoublement d'une manière un peu irrégulière :

(πλάω), remplir, πίμπλημι, Fut. πλήσω (cf. p. 98, *note*).
(πράω), brûler, πίμπρημι, et πρήθω, Fut. πρήσω.
Plur. πίμπλαμεν, πίμπραμεν, Infin. πιμπλάναι, πιμπράναι.

Le μ a été attiré dans ces verbes par le π suivant.

Remarquez encore ὀνάω, *aider*, ὄνημι, et, en mettant un redoublement après la première syllabe du radical, ὀνίνημι.

5° Souvent le présent et l'imparfait des verbes en μι, surtout au singulier, se conjuguent comme ceux des verbes contractes :

τιθέω, ἐτίθεον, ἱστάω, ἵσταον, διδόω, ἐδίδοον,
τιθῶ, ἐτίθουν; ἱστῶ, ἵστων; διδῶ, ἐδίδουν[1].

Et à l'impératif, τίθεε, ἵσταε, δίδοε,
τίθει; ἵστη (p. ἵστα); δίδου.

L'impératif τίθει remplace τίθετι, inusité (cf. § 129).

Ceux en υμι retranchent θι : δείκνυ (pour δείκνυθι).

6° On trouve même chez les Attiques, à l'optatif présent et aoriste second moyen de τίθημι, la forme οίμην, οιο, οιτο, par exemple, τίθοιτο, comme si l'indicatif présent était τίθομαι.

7° On a vu que λύεσαι forme, par contraction, λύεαι, λύῃ; de même τίθεσαι forme τίθεαι, τίθῃ. Par la même analogie encore, ἐτίθεσο forme ἐτίθεο, ἐτίθου; ἵστασο, ἵστao, ἵστω; ἐδίδοσο, ἐδίδοο, ἐδίδου. On trouve dans Sophocle θοῦ, pour θέσο, imp. aor. 2 moy. Cette forme est même la plus ordinaire dans les composés : προθοῦ, παράθου, etc. On ne dit pas δοῦ pour δόσο; mais en composition ἀπόδου, περίδου, etc., sont seuls usités.

8° Nous avons vu qu'au pluriel de l'optatif λυθείην, on dit souvent λυθεῖμεν, λυθεῖτε, λυθεῖεν, au lieu de λυθ είημεν, είητε, είησαν. On trouve de même à l'optatif pluriel des verbes en μι :

Prés. τιθεῖμεν, τιθεῖτε, τιθεῖεν; Prés. ἱσταῖμεν, ἱσταῖτε, ἱσταῖεν.
Prés. διδοῖμεν, διδοῖτε, διδοῖεν; Aor. θεῖμεν, θεῖτε, θεῖεν, etc.

DE QUELQUES AUTRES VERBES EN MI.

§ 143. Nous ajoutons ici plusieurs verbes en μι, qu'il est utile d'apprendre par cœur, parce qu'ils sont d'un grand usage :

I. ἵημι (esprit rude), j'envoie, formé d'ἕ(ω);
II. ἵημι (esprit doux), je vais;
III. εἶμι, je vais[2], formé d'ἕ(ω), εἴ(ω), ἴ(ω);
IV. φημί, je dis, formé de φά(ω);
V. ἴσημι, je sais;
VI. κεῖμαι, je suis étendu.

---

1. Il paraîtrait que les Attiques n'employaient pas forme contracte au présent de l'indicatif, comme les Doriens et les Ioniens.
2. εἰμί, *je suis*, a été conjugué avant λύω.

144. I. VERBE ἽΗΜΙ (esprit rude), *J'ENVOIE*, formé d'ἕ(ω).

Ce verbe se conjugue sur τίθημι; l'aoriste 1ᵉʳ est ἧκα, et

	INDICATIF.	IMPÉRATIF.	SUBJONCTIF.
PRÉSENT.	j'envoie. S. ἵημι, ἵης, ἵησι, P. ἵεμεν, ἵετε, ἱεῖσι, D. ἵετον, ἵετον.	envoie. ἵεθι, ἱέτω, ἵετε, ἱέτωσαν, ἵετον, ἱέτων.	que j'envoie. ἱῶ, ἱῇς, ἱῇ, ἱῶμεν, ἱῆτε, ἱῶσι, ἱῆτον, ἱῆτον.
IMPARF.	j'envoyais. S. ἵην, ἵης, ἵη, P. ἵεμεν, ἵετε, ἵεσαν, D. ἵετον, ἱέτην.		
AOR. SEC.	j'envoyai. S. ἧν, ἧς, ἧ, P. ἧμεν, ἧτε, ἧσαν, D. ἧτον, ἥτην.	envoie. ἕς, ἕτω, ἕτε, ἕτωσαν, ἕτον, ἕτων.	que j'aie envoyé. ὧ, ᾗς, ᾗ, ὧμεν, ἧτε, ὧσι, ἧτον, ἧτον.
FUTUR.	ἥσω, ἥσεις, ἥσει.		
AORISTE.	ἧκα, ἧκας, ἧκε.		
PARFAIT.	εἷκα, εἷκας, εἷκε.		
PL.-PARF.	εἵκειν, εἵκεις, εἵκει.		

VOIX

PRÉSENT.	ἵεμαι, ἵεσαι, ἵεται.	ἵεσο, ἱέσθω.	ἱῶμαι, ἱῇ, ἱῆται.
IMPARF.	ἱέμην, ἵεσο, ἵετο.		
AOR. 2ᵉ.	ἕμην, ἕσο, ἕτο.	ἕσο, ἕσθω.	ὧμαι, ᾗ, ἧται.
FUTUR.	ἥσομαι, ἥσῃ, ἥσεται.		
AOR. 1ᵉʳ.	ἡκάμην.		

VOIX

FUT. 1ᵉʳ.	ἑθήσομαι.		
AOR. 1ᵉʳ.	ἕθην ou εἵθην.	ἕθητι, ἑθήτω.	ἑθῶ, ἑθῇς, ἑθῇ.
PARFAIT.	εἷμαι, εἷσαι, εἷται.	εἷσο, εἵσθω.	εἱμένος ὧ.
PL.-PARF.	εἵμην, εἷσο, εἷτο.		

VERBES EN MI.

VOIX ACTIVE.

le moyen ἡκάμην, comme ἔθηκα, ἐθηκάμην; du reste, il est régulier.

OPTATIF.	INFINITIF.	PARTICIPES.
que j'envoyasse. ἰείην, ἰείης, ἰείη, ἰείημεν, ἰείητε, ἰείησαν, ἰείητον, ἰειήτην.	envoyer. ἰέναι.	envoyant. M. ἰείς, ἰέντος. F. ἰεῖσα, ἰείσης. N. ἰέν, ἰέντος.
que j'eusse envoyé. εἴην, εἴης, εἴη, εἴημεν, εἴητε, εἴησαν, εἴητον, εἰήτην.	avoir envoyé. εἶναι.	ayant envoyé. M. εἵς, ἕντος. F. εἶσα, εἵσης. N. ἕν, ἕντος.
ἥσοιμι, ἥσοις, ἥσοι.	ἥσειν. εἰκέναι.	ἥσων, ἥσοντος. εἰκώς, εἰκότος.

MOYENNE.

ἰείμην, ἰεῖο, ἰεῖτο.	ἵεσθαι.	ἱέμενος, ου.
εἵμην, εἷο, εἷτο. ἡσοίμην, ἥσοιο, ἥσοιτο.	ἕσθαι. ἥσεσθαι.	ἕμενος, ου. ἡσόμενος, ου.

PASSIVE.

ἐθησοίμην. ἐθείην. εἱμένος εἴην.	ἐθήσεσθαι. ἐθῆναι. εἷσθαι.	ἐθησόμενος, ου. ἐθείς, ἐθέντος. εἱμένος, ου.

Remarques. On dit aussi à l'indicatif présent, ἵει d'ἵ(ω) pour ἵησι; à l'impératif ἵει d'ἱέ(ω) p. ἵεθι; au subjonctif ἵησι p. ἰῇ; à l'optatif ἵοιτε (d'où ἀφίοιτε) p. ἱείητε ou ἱεῖτε; à l'imparfait ἵειν et ἵουν, ἵεις, ἵει; cette dernière forme est même la plus usitée.

A l'aoriste second indicatif (inusité au singulier), les Attiques disent au pluriel avec augment: εἷμεν, εἷτε, εἷσαν, pour ἕμεν, ἕτε, ἕσαν. Même temps optatif, εἷμεν, εἷτε, εἷεν, pour εἵημεν, εἵητε, εἵησαν.

Parfait, ἕωκα; passif, ἕωμαι, dans le Nouveau Testament, pour εἷκα, εἷμαι.

Optatif moyen présent d'ἕ(ω), ἑοίμην; d'ἵ(ω), ἱοίμην; aoriste second, οἵμην; d'où le composé προοίμην, *projecissem*.

Indicatif aoriste second moyen avec augment, εἵμην, εἷσο, εἷτο, plus usité que ἕμην. De là les composés ἀφείμην, ἐφείμην, etc.

Même temps impératif, οὗ pour ἕσο. De là προοῦ, ἀφοῦ, qui sont les formes les plus ordinaires.

Pour ἱεῖσι, 3ᵉ pers. plur. présent. indic., on dit ἱᾶσι (contracté de ἱέασι), comme pour τιθεῖσι on dit τιθέασι.

Ce verbe, uni avec les prépositions, forme un grand nombre de composés. Le simple se rencontre rarement.

§ 145. Autres acceptions du verbe ἵημι (esprit rude).

1° *Désirer*. — Le présent moyen ἵεμαι signifie *je m'envoie*, et par analogie, *je désire*, parce qu'en désirant on porte son esprit vers l'objet désiré. Il est employé en ce sens au présent et à l'imparfait : ἵεμαι, ἱέμην.

2° *Vêtir*. — Le parfait εἷμαι signifie quelquefois *je suis vêtu*; plus-que-parfait, εἵμην, *j'étais vêtu*.

Au lieu de la troisième personne du duel, εἵσθην, on trouve dans Homère, ἕσθην. De là vient ἐσθής, ἐσθῆτος, vêtement.

Dans ce même sens de *vêtir*, ἕ(ω) produit d'autres formes que nous verrons dans le tableau des verbes irréguliers (cf. § 251).

3° *Être assis*. — Au primitif ἕ(ω) se rattache, quant à la forme, le verbe poétique ἧμαι, *je suis assis*, ἧσαι, ἧσται; pl.

3ᵉ p. ἧνται; ἥμην, *j'étais assis*, ἧσο, ἧστο; pl. 3ᵉ p. ἧντο. En prose, on emploie le composé κάθημαι, κάθησαι et κάθη, moins pur, κάθηται (et non κάθησται); imparfait ἐκαθήμην, ἐκάθησο, ἐκάθητο (ou sans augment et avec le σ, καθῆστο).

Impératif κάθησο et κάθου, moins pur. Subjonctif κάθωμαι. Optatif καθοίμην. Infinitif καθῆσθαι. Participe καθήμενος.

Le présent, *je m'assieds*, s'exprime par ἕζομαι, moyen de ἕζω, inusité, *placer, asseoir*, qui vient d'ἕ(ω) par l'insertion du ζ.

Le futur second ἑδέομαι-οῦμαι, est analogue au latin *sedeo*.

II. VERBE ἽΗΜΙ (esprit doux), JE VAIS.

§ 146. ἵημι, *aller*, qui vient régulièrement d'ἕ(ω), esprit doux, n'a que l'infinitif ἰέναι (qui se retrouvera dans le verbe suivant εἶμι), l'optatif, 3ᵉ personne sing. ἰείη, l'imparfait indicatif, 3ᵉ personne plur. ἵεσαν, et les formes ci-dessous du moyen, avec le sens accessoire de *se hâter*:

	VOIX MOYENNE.			
	INDICATIF.	IMPÉRATIF.	INFINITIF.	PARTICIPE.
PRÉSENT.	S. ἵεμαι, ἵεσαι, ἵεται, P. ἱέμεθα, ἵεσθε, ἵενται, D. ἱέμεθον, ἵεσθον, ἵεσθον.	ἵεσο, ἱέσθω.	ἵεσθαι.	ἱέμενος, ἱεμένου.
IMPARFAIT.	S. ἱέμην, ἵεσο, ἵετο, P. ἱέμεθα, ἵεσθε, ἵεντο.			

III. VERBE ΕἶΜΙ, JE VAIS, formé d'ἕ(ω), εἴ(ω), ἴ(ω).

§ 147. La forme du présent sert en même temps pour le futur.

Les formes ᾖα et ᾖειν, que l'on appelle parfait et plus-que-parfait seconds, se confondent dans l'usage, et servent pour les temps passés, *j'allais, j'allai, j'étais allé*.

VERBES EN MI.

VOIX ACTIVE.

INDICATIF.	IMPÉRATIF.
PRÉSENT ET FUTUR.	S. ἴθι ou εἶ, ἴτω,
Je vais, J'irai.	P. ἴτε, ἴτωσαν,
S. εἶμι, εἶς ou εἶ, εἶσι,	D. ἴτον, ἴτων.
P. ἴμεν, ἴτε, ἴασι,	
D. ἴτον, ἴτον.	**SUBJONCTIF.**
	ἴω, ἴῃς, ἴῃ, etc.
IMPARFAIT.	
J'allais.	**OPTATIF.**
S. (ἴον, ἴες), ἴε d'ἴ(ω),	ἴοιμι, ἴοις, ἴοι, etc.
P. ἴμεν, ἴτε, ἴσαν d'ἴμ(ι),	ou ἰοίην.
D. ἴτον, ἴτην.	
	INFINITIF.
AUTRE TEMPS PASSÉ D'εἴ(ω).	ἰέναι,
S. ἤϊα ou ἦα, ἤϊας, ἤϊε,	poét. ἴμεν, ἴμεναι, ἴμμεναι.
ou S. ᾔειν, ᾔεις, ᾔει,	
P. ᾔειμεν, ᾔειτε, ᾔεισαν,	**PARTICIPE.**
et ᾔεσαν,	M. ἰών, ἰόντος.
ou ᾔμεν, ᾔτε, ᾖσαν et ᾔσαν,	F. ἰοῦσα, ἰούσης.
D. ᾔειτον, ᾔείτην.	N. ἰόν, ἰόντος.

VOIX MOYENNE.

| FUTUR. | εἴσομαι, | } poétiques. |
| AORISTE. | εἰσάμην, | |

REMARQUES. 1° On cite encore un imparfait singulier, εἶν, εἶς, εἶ; mais il est inusité. L'infin. εἶναι est douteux.

2° Pour la seconde personne du présent εἶς, et pour celle du passé ᾔεις, on trouve aussi εἶσθα et ᾔεισθα.

3° D'εἴ(ω), vient une autre forme d'imparfait, ἤϊον, ἤϊες, ἤϊε, et en souscrivant l'ι, ᾖον, pluriel, ᾔομεν. — Κατεῖεν (Hés., *Boucl. d'Herc.*, 254) suppose encore la forme εἶον, εἶες, εἶε.

4° ἴον, que l'on appelle ordinairement aoriste second, est un véritable imparfait. Au lieu d'ἴοιμι à l'optatif, on trouve aussi ἰοίην. Le participe ἰών, accentué comme un aor. second, n'en est pas moins employé partout pour exprimer, suivant les verbes auxquels il est joint, soit le présent, soit même le futur.

IV. VERBE ΦΗΜΊ, *je dis*, formé de φά(ω).

§ 148. Φημί, *je dis*, vient de φά(ω). Il se conjugue comme ἵστημι. Il n'est usité qu'aux temps suivants :

VOIX ACTIVE.	
INDICATIF. PRÉSENT. Je dis. S. φημί, φής, φησί, P. φαμέν, φατέ, φασί, D. φατόν, φατόν.	IMPÉRATIF. PRÉSENT. φάθι, φάτω.
IMPARFAIT. (Dans le sens de l'aoriste.) Je dis. S. ἔφην, ἔφης, ἔφη, P. ἔφαμεν, ἔφατε, ἔφασαν, D. ἔφατον, ἐφάτην.	SUBJONCTIF. PRÉSENT. φῶ, φῇς, φῇ. AORISTE. φήσω.
	OPTATIF. PRÉSENT. S. φαίην, φαίης, φαίη, P. φαῖμεν p. φαίημεν, etc. AORISTE. φήσαιμι.
FUTUR. φήσω.	INFINITIF. PRÉSENT. φάναι (sens de l'aor.). AORISTE. φῆσαι.
AORISTE. ἔφησα.	PARTICIPE. PRÉSENT. φάς, φᾶσα, φάν. AORISTE. φήσας.
VOIX MOYENNE.	
AOR. SEC. S. ἐφάμην, ἔφασο, ἔφατο, P. ἐφάμεθα, ἔφασθε, ἔφαντο. IMPÉRATIF. S. φάο, φάσθω, P. φάσθε, φάσθωσαν.	
INFINITIF. φάσθαι.	PARTICIPE. φάμενος.

REMARQUES. 1° L'imparfait ἔφη s'emploie comme le latin *inquit*, et signifie *dit-il*. On dit à la seconde personne ἔφησθα pour ἔφης.

2° Au lieu de ἔφην, ης, η, les Ioniens disent, sans augment, φῆν, φῆς, φῆ, et les Attiques, en rejetant le φ, ἦν, ἦς, ἦ.

On trouve même le présent ἠμί, ce qui suppose le primitif ἄ(ω).

L'aoriste moyen ἐφάμην est, à tous ses modes, ionien et poétique.

Les anciens grammairiens donnent l'ι souscrit à la seconde personne de l'indicatif, et écrivent φῇς, au lieu de φῆς, ce qui est contre l'analogie.

V. VERBE ἼΣΗΜΙ, *JE SAIS*.

§ 149. ἴσημι, *je sais*, vient d'ἰσά(ω) inusité. Il se conjugue comme ἵστημι; mais l'ι est marqué d'un esprit doux. A plusieurs personnes on retranche la voyelle qui précède la terminaison.

VOIX ACTIVE.	
INDICATIF.	**IMPÉRATIF.**
PRÉSENT.	Sache, qu'il sache.
Je sais.	S. ἴσθι, ἴστω,
S. (ἴσημι), ἴσης, (ἴσησι),	(p. ἴσαθι, ἰσάτω),
P. ἴσμεν, ἴστε, ἴσασι,	P. ἴστε, ἴστωσαν,
(p. ἴσαμεν, ἴσατε),	D. ἴστον, ἴστων.
D. ἴστον, ἴστον,	
(p. ἴσατον, ἴσατον).	**INFINITIF.**
	Savoir.
IMPARFAIT.	(ἰσάναι).
Je savais.	
S. (ἴσην, ἴσης, ἴση),	**PARTICIPE.**
P. (ἴσαμεν, ἴσατε, ἴσασαν),	Sachant.
ou ἴσαν,	ἴσας, ἴσασα, ἴσαν.
D. (ἴσατον, ἰσάτην).	

REMARQUE. Ce verbe n'est employé à l'indicatif présent singulier que dans les écrivains doriens, qui disent ἴσαμι, ἴσης, ἴσατι, pour ἴσημι, ἴσης, ἴσησι. De l'imparfait on ne trouve que la troisième personne du pluriel ἴσαν pour ἴσασαν.

Rapprochez de ce verbe οἶδα, *je sais*, § 252.

Nota. Il ne faut pas confondre ἴσθι, *sache*, avec ἴσθι, *sois*, d'εἰμί.

VOIX MOYENNE.

Le moyen d'ἵσημι devrait être ἵσαμαι; mais on ajoute τ, et l'on a ἵσταμαι. Ce verbe diffère par l'esprit doux d'ἵσταμαι, *je me place*, qui a toujours le rude.

Il n'est usité que dans son composé ἐπίσταμαι, *savoir*[1]; imparfait, ἠπιστάμην; futur, ἐπιστήσομαι; aoriste, forme passive, ἠπιστήθην.

VI. VERBE KEῙMAI, *JE SUIS ÉTENDU.*

§ 150. Κεῖμαι, *jaceo*, je suis étendu, est le seul moyen de κέ(ω), κεί(ω). Il garde partout la diphthongue ει.

VOIX ACTIVE.	
INDICATIF. **PRÉSENT.** Je suis étendu. S. κεῖμαι, κεῖσαι, κεῖται, P. κείμεθα, κεῖσθε, κεῖνται, D. κείμεθον, κεῖσθον, κεῖσθον.	**IMPÉRATIF.** κεῖσο, κείσθω, etc.
	INFINITIF. κεῖσθαι.
IMPARFAIT. J'étais étendu. S. ἐκείμην, ἔκεισο, ἔκειτο, P. ἐκείμεθα, ἔκεισθε, ἔκειντο, D. ἐκείμεθον, ἔκεισθον, ἐκείσθην.	**PARTICIPE.** M. κείμενος, ου. F. κειμένη, ης. N. κείμενον, ου.

Au lieu de κεῖνται, on trouve aussi dans Homère κέονται, et à l'imparfait κέοντο, sans augment. Ces formes viennent de κέ(ω).

Le subjonctif vient aussi de κέ(ω) : κέωμαι, κέῃ, κέηται; ainsi que l'optatif κεοίμην, οιο, οιτο.

Le futur vient de κεί(ω).

	Indicatif.	Optatif.	Infinitif.	Participe.
FUTUR.	κείσομαι,	κεισοίμην,	κείσεσθαι,	κεισόμενος.

---

1. Il pourrait bien se faire qu'ἐπίσταμαι fût réellement le même qu'ἐφίσταμαι (ἐπί-ἵσταμαι), en gardant le π pour le φ, à la manière des Ioniens. Le sens primitif serait alors *sisto mentem ad*, d'où *intelligo, scio*. C'est par la même analogie que le verbe *intelligere* se rend en allemand par *verstehen* (STARE-PER), et en anglais par *understand* (STARE-SUB).

ADJECTIFS VERBAUX EN τέος ET EN τός[1].

§ 151. I. On sait qu'en latin le participe en *dus*, *da*, *dum*, exprime nécessité, obligation ; par exemple : *scribendum est*, il faut écrire ; *scribenda est epistola*, il faut écrire une lettre.

Les Grecs ont, pour suppléer à ce participe, des adjectifs verbaux en τέος, τέα, τέον : γραπτέον ἐστί, *scribendum est*; τιμητέα ἐστὶν ἡ ἀρετή, *honoranda est virtus*, il faut honorer la vertu.

Ces adjectifs se forment du participe aoriste 1er passif, en changeant la terminaison θείς en τέος :

λύω,	λυ θείς,	λυ τέος,	*solvendus*.
τιμάω,	τιμη θείς,	τιμη τέος,	*honorandus*.
ἀκούω,	ἀκουσ θείς,	ἀκουσ τέος,	*audiendus*.
παύω,	παυσ θείς,	παυσ τέος,	*desinendus*.
τέμνω,	τμη θείς,	τμη τέος,	*secandus*.
τείνω,	τα θείς,	τα τέος,	*extendendus*.
στέλλω,	σταλ θείς,	σταλ τέος,	*mittendus*.
δίδωμι,	δο θείς,	δο τέος,	*dandus*.

Si φ ou χ se rencontrent au participe, φ se change en π et χ en κ à cause du τ de τέος :

τύπτω,	τυφ θείς,	τυπ τέος,	*verberandus*.
γράφω,	γραφ θείς,	γραπ τέος,	*scribendus*.
λέγω,	λεχ θείς,	λεχ τέος,	*dicendus*.

II. Il ne faut pas confondre avec les adjectifs précédents une classe nombreuse d'adjectifs en τός, aussi dérivés des verbes e formés de la même manière. De ces adjectifs en τός, les uns répondent aux participes latins en *tus* : ποιητός, *factus*; γραπτός, *scriptus*; les autres, et c'est le plus grand nombre, répondent aux adjectifs en *bilis*; θαυμαστός, *mirabilis*; ou expriment une simple possibilité, ὁρατός, *visible*, *que l'on peut voir*; ἀκουστός, *que l'on peut entendre*.

---

[1]. Ces adjectifs, dépendant des verbes au même titre que les participes, ont dû êtr placés à la suite des conjugaisons. D'un autre côté, les règles n'en pouvaient être données qu'après les verbes en μι, parce qu'elles se rapportent à ces verbes aussi bien qu'aux autres.

RÉSUMÉ

DES DEUX PREMIERS LIVRES.

§ 152. Nous avons analysé, dans les deux premiers livres, les *mots variables*, c'est-à-dire les mots qui se déclinent ou se conjuguent.

Le premier livre a traité des Noms substantifs, des Adjectifs, de l'Article et des Pronoms.

Nous avons vu dans le second livre le Verbe et les Participes.

Nous avons conjugué, pour modèle des verbes en ω, λύω.

Nous avons fait voir comment la dernière voyelle du radical et la première voyelle de la terminaison se combinent ensemble au présent et à l'imparfait des verbes en έω, άω, όω.

Nous avons donné des règles pour joindre la terminaison au radical dans les verbes où l'ω est précédé d'une ou de plusieurs consonnes.

Ensuite nous avons conjugué les verbes en μι les plus importants.

Il reste à parler des Prépositions, des Adverbes, des Conjonctions et des Interjections.

Ces quatre espèces de mots feront la matière du livre troisième.

LIVRE TROISIÈME.

DES MOTS INVARIABLES.

Les Prépositions, les Adverbes, les Conjonctions et les Interjections, n'étant pas, comme les six autres parties du discours, susceptibles de se décliner ou de se conjuguer, reçoivent la dénomination commune de Mots invariables.

DES PRÉPOSITIONS [1].

§ 153. Ces mots, *aller à Rome*, nous offrent un verbe à l'infinitif, *aller*, et un substantif, *Rome*.

Reste le mot *à*, qui n'appartient à aucune des espèces dont nous avons parlé jusqu'ici.

Ce mot unit ensemble les deux termes *aller... Rome*, et fait voir qu'ils se rapportent l'un à l'autre.

On l'appelle *Préposition*.

De même si l'on dit : *Combattre pour la patrie*, le mot *pour* indique un rapport entre le verbe *combattre* et le substantif *patrie*. C'est encore une préposition.

La préposition est donc un mot qui, dans la phrase, lie deux termes et les met en rapport.

Elle s'appelle ainsi du mot latin *præpositio*, dérivé de *præponere*, parce qu'elle se place ordinairement avant le second terme de ce rapport. Ce second terme, c'est-à-dire le mot qui suit la préposition, est appelé Complément de cette préposition.

Les prépositions sont indéclinables.

La langue grecque en a dix-huit, dont voici la liste, avec les prépositions latines et françaises qui y correspondent le plus directement.

1. Cf. Méth. lat., § 84.

PRÉPOSITIONS.   153

RAPPORTS EXPRIMÉS PAR LES PRÉPOSITIONS.	GREC.	FRANÇAIS.	EXEMPLES.	LATIN.
1° Lieu où l'on est.	ἐν.	à, en, dans.	être dans la ville, ἐν τῇ πόλει.	in.
2° Lieu où l'on va.	εἰς ou ἐς. πρός.	à, dans. à, vers.	aller dans la ville, εἰς τὴν πόλιν. aller vers la ville, πρὸς τὴν πόλιν.	in. ad.
3° Lieu d'où l'on vient.	ἐκ ou ἐξ. ἀπό.	de. de.	venir de la ville, ἐκ τῆς πόλεως. s'éloigner de la ville, ἀπὸ τῆς πόλεως.	e, ex. a, ab.
4° Lieu par où l'on passe.	διά. ἀνά.	par, à travers. par, sur.	par la campagne, διὰ τοῦ πεδίου. par les montagnes, ἀνὰ τὰ ὄρη.	per. per.
5° Terme où l'on s'arrête.	κατά.	à, en.	aborder au rivage, κατὰ τῆς ἀκτῆς.	ad.
6° Divers rapports de situation.	παρά. μετά. σύν et ξύν. ὑπέρ. ὑπό. πρό.	auprès de. entre, avec, après. avec. sur, au-dessus. sous. devant.	. . . . . .	apud. inter, cum, post. cum. super. sub. præ.
	ἀμφί. περί.	autour de.	.	circum.
	ἐπί.	sur, après.	.	in.
7° Opposition, déplacement.	ἀντί.	pour, au lieu de.	.	pro.

REMARQUES. 1° On voit que toutes les prépositions expriment des rapports de lieu ; elle s'emploient aussi pour *le temps*, et en général pour tous les rapports marqués par les prépositions françaises correspondantes.

La Syntaxe fera connaître les principaux usages de chacune, et les différents cas où l'on doit mettre le substantif qui leur sert de complément.

2° Ces prépositions se réunissent souvent aux verbes, et même aux noms substantifs et aux adjectifs, pour former des mots composés. Exemple : τρέπω, *tourner;* ἀποτρέπω, *détourner;* nous en parlerons ci-après, § 166.

3° On pourrait encore considérer comme prépositions les six mots suivants (cf. Syntaxe, § 330, note 2) :

ἄτερ,
ἄνευ, } *sans :* ἄνευ τῆς δικαιοσύνης, sans la justice ; *sine.*

ἕνεκα, *à cause de, pour :* ἕνεκα τούτου, pour cela ; *ob, propter.*

ἄχρι,
μέχρι, } *jusqu'à :* μέχρι Ῥώμης, jusqu'à Rome ; *usque ad.*

πλήν, *excepté, hormis :* πλὴν ἑνός, excepté un ; *præter.*

DES ADVERBES [1].

§ 154. Si l'on dit *récompenser avec magnificence, récompenser magnifiquement,* ces deux locutions offrent absolument la même idée. Dans la première, l'action de récompenser est modifiée par deux mots, une préposition et son complément ; dans la seconde, elle l'est par le seul mot *magnifiquement;* ce mot s'appelle *Adverbe.*

L'adverbe est donc un mot qui équivaut à une préposition suivie de son complément, et qui modifie l'action énoncée par le verbe.

Il tire son nom de cette propriété qu'il a de se joindre aux verbes ; mais il se joint aussi aux participes, aux adjectifs, et, en général, à tous les mots qui marquent une qualité ; on dit *lisant distinctement, vraiment généreux, vraiment roi.* Cela doit être ainsi, puisque dans le verbe même c'est l'idée de l'attribut qui est modifiée par l'adverbe ; *récompenser généreusement, punir sévèrement,* sont la même chose que *être récompensant généreusement, être punissant sévèrement*[2]. L'adverbe est indéclinable.

---

1. Cf. Méth. lat., § 86.
2. Les adverbes qui expriment *doute, affirmation, négation,* sont les seuls qui affectent le *verbe* proprement dit, et non l'*attribut.*

ADVERBES. 155

Les principales circonstances ou modifications qu'il peut exprimer se réduisent à huit :
1° Le lieu ;
2° Le temps ;
3° La manière ou la qualité ;
4° La quantité ;
5° L'interrogation ;
6° L'affirmation ;
7° La négation ;
8° Le doute.

I. ADVERBES DE LIEU.

§ 155. Une première espèce d'adverbes de lieu se tirent des prépositions. Nous rangeons en regard les dix-huit prépositions et les adverbes qui en dérivent, afin d'en faire mieux sentir le rapport.

PRÉPOSITIONS.	ADVERBES.	
1. ἐν,	ἔνδον,	dedans.
	ἐντός,	en dedans, en deçà.
2. εἰς,	εἴσω,	dedans (avec mouvement).
3. πρός,	πρόσω,	en avant.
4. ἐξ,	ἐκτός,	en dehors.
	ἔξω,	
5. ἀπό,	ἄψ,	en arrière.
6. διά,	δίχα[1],	séparément.
7. ἀνά,	ἄνω,	en haut.
8. κατά,	κάτω,	en bas.
9. παρά et ἐξ,	παρέξ,	dehors.
	παρεκτός,	
10. 11. } μετά et ξύν,	μεταξύ,	entre deux.
12. ὑπέρ,	ὕπερθε,	en dessus, d'en haut.
13. ὑπό,	ὕπαιθα,	devant, sous les yeux.
14. πρό,	πόρρω,	en avant, loin.
15. ἀμφί,	ἀμφίς,	des deux côtés.
16. περί,	πέριξ,	alentour.
17. ἐπί,	ὀπίσω,	derrière.
18. ἀντί,	ἀντικρύ,	en face, vis-à-vis.

REMARQUE. Ces adverbes se trouvent souvent devant un génitif, et par ce moyen font l'office de prépositions : πόρρω τῆς πόλεως, *loin de la ville*, εἴσω τοῦ χάρακος, *en dedans des retranchements.*

[1] Passow, Buttmann et d'autres dérivent mieux δίχα de δίς, comme τρίχα de τρίς.

156 ADVERBES.

Il en est de même des suivants, et de plusieurs autres que l'usage apprendra :

τῆλε,	loin.	πέλας,	
πέρα et πέραν,	au delà.	ἐγγύς,	} près.
χωρίς,	séparément.	ἄγχι,	

Nous verrons dans la Syntaxe (§ 330) pourquoi le génitif peut se joindre à ces adverbes.

§ 156. Il est une autre classe d'adverbes qui, au moyen de diverses terminaisons, expriment les divers rapports de lieu[1].

LIEU OU L'ON EST.		LIEU OU L'ON VA.	
ποῦ (gén. d'un adj. inus.)	} où ? *ubi?*	πόσε, ποῖ,	où ? *quo?*
πόθι,		ἐκεῖσε,	là.
ἐκεῖθι, ἐκεῖ,	là.	οἴκονδε,	à la maison.
οἴκοθι, οἴκοι,	à la maison.	ἄλλοσε,	ailleurs.
ἄλλοθι,	ailleurs.	Ἀθήναζε,	à Athènes.
Ἀθήνησι,	à Athènes.		
LIEU D'OU L'ON VIENT.		**LIEU PAR OU L'ON PASSE.**	
πόθεν,	d'où ? *unde?*	πῇ,	par où ? *qua?*
ἐκεῖθεν,	de là.	ἐκείνῃ,	par là.
οἴκοθεν,	de la maison.		
ἄλλοθεν,	d'ailleurs.	ἄλλῃ,	par un autre côté.
Ἀθήνηθεν,	d'Athènes.		

REMARQUES. 1° On voit, par le tableau ci-dessus, que les terminaisons ου, θι, οι, σι, marquent le lieu où l'on est ;

δε, σε, ζε, et quelquefois οι, le lieu où l'on va ;

θεν, le lieu d'où l'on vient ;

ῃ, le lieu par où l'on passe.

2° ου est la terminaison du génitif ; ainsi ποῦ représente ἐπὶ ποῦ τόπου, dans quel lieu.

οι était la forme du datif avant l'invention de l'ω ; οἴκοι est pour ἐν οἴκῳ.

Ἀθήνησι est pour Ἀθήναις, datif d'Ἀθῆναι ; cette terminaison s'applique particulièrement aux noms de ville. θεν paraît être une ancienne forme du génitif ; les poëtes disent même σέθεν pour σοῦ, *de toi*, et autres ; ainsi οἴκοθεν équivaut à ἐξ οἴκου.

1. Cf. Méth. lat., § 88.

η est la terminaison du datif; ἄλλη est pour ἐν ἄλλη ὁδῷ, *par un autre chemin*. Quand il n'y a pas de nominatif usité, en général on ne souscrit pas l'ι : πῆ, ὅπη, *par où;* πανταχῆ, *partout*.

II. ADVERBES DE TEMPS.

§ 157. Les principaux adverbes de temps sont les suivants :

σήμερον,	aujourd'hui (de ἡμέρα, jour),	*hodie*.
αὔριον,	demain,	*cras*.
χθές,	hier,	*heri*.
πρόχθες,	avant-hier,	*nudius tertius*.
πρωΐ,	le matin,	*mane*.
ὀψέ,	le soir,	*vespere*.
νῦν, νυνί,	maintenant,	*nunc*.
πάλαι,	autrefois, jadis,	*olim, antea*.
οὔπω,	pas encore,	*nondum*.
ἤδη,	déjà,	*jam*.
ἔτι,	encore, désormais,	*jam, amplius*.
ἄρτι,	dernièrement, naguère,	*modo*.
αὐτίκα,	bientôt, à l'instant (d'αὐτός),	*mox, illico*.
τότε,	alors,	*tunc*.
ποτέ,	un jour, enfin,	*aliquando, tandem*.
θαμά,	souvent, fréquemment,	*sæpe, frequenter*.
ἀεί,	toujours, successivement,	*semper, usque*.
οὔποτε,	jamais (οὐ, *non*, ποτέ, *aliquando*),	*nunquam*.
πρίν,	auparavant,	*prius*.
εἶτα,	ensuite,	*deinde*.

III. ADVERBES DE MANIÈRE OU DE QUALITÉ.

§ 158. 1° Il y a des adverbes de manière terminés en ως, qui répondent aux adverbes français terminés en *ment*, et aux latins en *e* et *ter*.

σοφῶς,	sagement,	*sapienter*.
πεπαιδευμένως,	savamment,	*docte*.
εὐδαιμόνως,	heureusement,	*feliciter*.

Ces adverbes sont dérivés des adjectifs ou des participes. Ils se forment du cas en ος par le changement d'ο en ω :

Déclinaison parisyllabique : Nom. σοφός, sage. Adv. σοφῶς, sagement.

Déclinaison imparisyllabique : Nom. εὐδαίμων, heureux; Gén. εὐδαίμονος. Adv. εὐδαιμόνως, heureusement.

Il faut rapporter à cette classe :

οὕτως, et devant une consonne οὕτω, ainsi (d'οὗτος, celui-ci) ;
ἐκείνως, ainsi, de cette manière-là (d'ἐκεῖνος, celui-là) ;
et en général tous les adverbes terminés en ως.

2° D'autres ont la forme de génitifs ou de datifs de la première déclinaison[1].

ἑξῆς, de suite, } de nominatifs inusités.
εἰκῇ, au hasard,
ἡσυχῇ, paisiblement (d'ἥσυχος, paisible).

L'usage a supprimé l'ι souscrit.

3° D'autres sont en εί, τί, στί, et par conséquent ressemblent à des datifs de la troisième déclinaison :

πανδημεί, en masse, en corps de peuple.
ἀμαχητί, sans combat.
ἑλληνιστί, à la grecque.

4° Quelques-uns ont la forme d'accusatifs : μάτην, en vain, d'un nominatif inusité.

Ceux de cette classe en δόν et δην répondent aux adverbes latins en *tim* :

ἀγεληδόν, en troupe, *gregatim*.
κρύβδην, en cachette, *furtim*.

5° Quelques-uns enfin se terminent

en ις : μόλις ou μόγις, à peine ;
et en ξ : ὀδάξ, avec les dents ; λάξ, avec le talon.

IV. ADVERBES DE QUANTITÉ.

§ 159. Les adverbes de quantité sont susceptibles des mêmes terminaisons que ceux de manière. En voici quelques-uns :

ἄγαν, trop,
λίαν, extrêmement, } accusatifs de noms inusités.
ἄδην, abondamment,
ἅλις, assez.

---

1. Cf. Méth. lat., § 92.

Ceux qui marquent plus particulièrement le nombre se terminent en άκις [1] :

ποσάκις, combien de fois (de l'adj. πόσος, combien nombreux).
πολλάκις, bien des fois (de πολύς, nombreux).
τετράκις, quatre fois ;
πεντάκις, cinq fois.

Il en est de même de tous les adverbes formés des nombres cardinaux, excepté les trois premiers :

ἅπαξ, une fois, *semel ;* δίς, deux fois, *bis ;* τρίς, trois fois, *ter.*

§ 160.   V. ADVERBES D'INTERROGATION.

ἦ,   } ἦ ou ἆρα λέγεις τοῦτο, dis-tu cela ?
ἆρα (acc. circ.), }   en latin, *an* ou *ne.*
μῶν, est-ce que ? en latin, *num.*

VI. ADVERBES D'AFFIRMATION.

ἦ, ἦ μήν, oui, certes, en vérité.
ἄρα (acc. aigu),   ⎫
ῥά, dans les poëtes, ⎬ certes, assurément, donc.
τοί,   ⎪
δή,   ⎭
μέν, à la vérité, *quidem.*
γέ, du moins, *certe, saltem, quidem.*
ναί, attique ναιχί, oui, certes (lat. *næ*).

VII. ADVERBES DE NÉGATION.

οὐ, devant une consonne, ⎫
οὐκ, devant une voyelle,   ⎬ non.
οὐχί, attique.   ⎭
μή,
οὐ μή,   } ne pas.
μὴ οὐχί, }
μηδαμῶς, οὐδαμῶς, nullement.

VIII. ADVERBES DE DOUTE.

ἴσως,   τάχα,   } peut-être.
που, sans accent,   }
δήπου, } peut-être, apparemment.
δῆθεν, }
νύ, dans les poëtes, donc.

---

1. Ils répondent aux adverbes latins en *iès;* cf. Méth. lat., §§ 94 et 144.

MOTS QUI, SANS ÊTRE ADVERBES, SONT EMPLOYÉS ADVERBIALEMENT.

§ 161. Nous avons vu des adverbes qui ont la forme de génitifs, de datifs, d'accusatifs. Nous allons voir ces cas eux-mêmes tenir lieu d'adverbes.

Pour les substantifs, on s.-entend d'ordinaire une préposition.

Gén.	νυκτός,	de nuit;	s.-ent. διά,	pendant[1].
Dat.	βίᾳ,	par force;	σύν,	avec.
	κύκλῳ,	en cercle;	ἐν,	en.
Acc.	δίκην,	en forme de;	κατά,	en.
	χάριν,	en faveur de;	πρός,	pour.
	προῖκα,	gratuitement	(de προίξ, don); κατά,	en.

Quelquefois la préposition est exprimée et réunie au nom: παραχρῆμα, sur-le-champ (παρὰ χρῆμα); προὔργου, en avance, utilement (πρὸ ἔργου); ἐκποδών, loin (ἐκ ποδῶν).

Pour les adjectifs, on sous-entend de plus un substantif, lorsqu'ils ne sont pas au neutre:

Datif: ἰδίᾳ, en particulier (ἐν ἰδίᾳ χώρᾳ); πεζῇ, à pied (ἐν πεζῇ ὁδῷ);

Accusatif: μακράν, loin (εἰς μακρὰν ὁδόν).

Si l'adjectif est au neutre, comme ce genre contient en lui-même l'idée de *chose,* il est inutile de rien sous-entendre. L'adjectif est très-souvent employé ainsi: Dat. πολλῷ, beaucoup. Acc. ἡδύ, agréablement; δεινόν et δεινά, d'une manière terrible[2].

DEGRÉS DE SIGNIFICATION DES ADVERBES.

§ 162. Beaucoup d'adverbes sont, comme les adjectifs, susceptibles des trois degrés de signification:

Positif.		*Comparatif.*		*Superlatif.*	
ἄνω,	en haut;	ἀνωτέρω,	plus haut;	ἀνωτάτω,	très-haut ou le plus haut.
ἐγγύς,	près;	ἐγγυτέρω,	plus près;	ἐγγυτάτω,	très-près ou le plus près.
σοφῶς,	sagement;	σοφωτέρως,	plus sagement;	σοφώτατως,	le plus sagement.
μάλα,	beaucoup;	μᾶλλον,	plus;	μάλιστα,	le plus.
ἦκα[3],	doucement;	ἧσσον,	moins;	ἥκιστα,	le moins.
ἄγχι,	près;	ἆσσον,	plus près;	ἄγχιστα,	le plus près.

1. Les désinences de cas suffisent en réalité, sans le secours des prépositions, pour donner aux noms le sens adverbial.—2. Cf. Méth. lat., § 192, p. 165, note, et § 358, Rem. 3.

3. L'esprit doux de l'ionien ἦκα a été changé en rude dans ses dérivés, qui appartiennent aux autres dialectes.

REMARQUE. Au lieu des adverbes comparatifs et superlatifs en ως, on se sert mieux de l'accusatif singulier neutre pour le comparatif, σοφώτερον, *plus sagement* ; et de l'accusatif pluriel neutre pour le superlatif, σοφώτατα, *le plus sagement.*

DES CONJONCTIONS [1].

§ 163. La conjonction est un mot indéclinable qui sert à lier ensemble deux propositions ou deux parties d'une même proposition.

Les principales conjonctions sont les suivantes :

Français.	Grec.	Latin.
et,	καί, τέ,	*et.* *que.*
ou,	ἤ,	*vel.*
ni,	οὔτε, μήτε, οὐδέ, μηδέ,	(composés de οὐ et μή, avec τέ et δέ) ; *nec, neque, et non.*
mais,	ἀλλά, δέ,	il est opposé à οὐ, *non* ; *sed.* il est opposé à μέν, *à la vérité* ; il signifie aussi *or* ; *vero.*
cependant,	μέντοι,	(μέν-τοι) ; *tamen.*
or,	καίτοι,	(καί-τοι) ; *atqui.*
donc,	ἄρα, οὖν, τοίνυν,	*ergo.* (ἐόν pour ὄν, cela étant) ; *igitur.* (τοί-νῦν, certes à présent) ; *igitur.*
car,	γάρ,	(γέ-ἄρα, certes du moins) ; *nam.*
si,	εἰ, ἄν, ἐάν,	*si.* par contraction ἤν (εἰ-ἄν) ; *si.*
soit que,	εἴτε,	(εἰ-τέ) ; *sive.*
à moins que, si ce n'est que,	εἰ μή,	*nisi, si non.*
quoique,	εἰ καί, κἄν,	(même si) ; *et si, etiam si.* (καί-ἄν) ; *et si, etsi.*
que,	ὅτι,	(neutre d'ὅςτις, adj. conj.) ; *quod.*
afin que,	ὡς, ὥςτε, ἵνα,	*ut.*

---

1. Cf. Méth. lat., § 100, p. 96.

Français.	Grec.	Latin.
de peur que,	ἵνα μή,	ne, ut non.
parce que,	{ ἐπεί, διότι,	quia. (διὰ τοῦτο ὅτι); quia.
c'est pourquoi,	γοῦν,	(γέ-οὖν, certes donc); itaque.
puisque,	ἐπειδή,	(ἐπεί-δή); quum ou cum.
après que,	ἐπειδάν,	(ἐπεί-δέ-ἄν); postquam.
lorsque, quand,	{ ὅτε, ὅταν,	quum ou cum. (ὅτε-ἄν); quum ou cum.
tandis que,	ἕως,	dum.
comment,	ὅπως,	quomodo.
comme,	ὡς, ὥςπερ,	sicut.

REMARQUES [1].

§ 164. 1° On voit par ce tableau que, parmi les conjonctions,
Les unes sont des mots simples, comme καί, τέ;
Les autres des mots composés, comme μέντοι, τοίνυν, διότι;
Les autres enfin, un assemblage de plusieurs mots qui restent séparés, comme εἰ μή, ἵνα μή, etc.
De même, en français, certaines conjonctions, ou plutôt certaines locutions conjonctives, sont, ou une réunion de mots, *parce que* (par cela que); ou même une proposition entière, *c'est pourquoi* (cela est pour quoi, c'est pour cela que).

2° Outre les conjonctions indiquées ici, il y en a encore d'autres; soit d'un mot simple, ἡνίκα, *lorsque;* soit de plusieurs mots réunis, τοιγάρτοι, *or donc;* τοιγαροῦν, *c'est pourquoi;* soit enfin de plusieurs mots séparés, οὐ μὴν ἀλλά, *cependant;* πλὴν εἰ μή, *si ce n'est que.*

Comme l'usage gravera facilement ces mots dans la mémoire, nous ne remarquerons plus que les deux suivants: ἅτε, *vu que, comme étant:* ἅτε ἀγαθός, comme étant bon, *utpote bonus;* πέρ (poétique), *quoique:* ἀγαθός περ ἐών, *quoique étant brave.*

3° Il est certains mots employés comme adverbes, dans la composition desquels il entre une conjonction: δηλονότι, *évidemment* (δηλόν ἐστιν ὅτι, *il est évident que*).

ἐνίοτε, *quelquefois* (ἔνι pour ἔστιν ὅτε, *est quando, il est des temps où*).

1. Cf. Méth. lat., § 100, Rem. p. 97.

DES INTERJECTIONS[1].

§ 165. L'interjection est un mot indéclinable qui sert à exprimer le désir, la joie, la douleur, la surprise, le mépris, l'indignation, et en général tous les mouvements de l'âme.

ὦ,	ô! (signe du vocatif); ὤ, ô! (douleur ou surprise).
ἰού,	hélas! ha! bon!
ἰεῦ,	ho! ho!
φεῦ,	ah!
βαβαί, παπαί,	} oh! ah! En latin *papæ!*
οὐαί,	malheur! En latin *væ!*
ἆ,	ah!
αἴ, οἴ,	} hélas! En latin *hei!*
ἰώ,	hélas!
εἶα,	courage! or çà! En latin *eia.*
εὖγε,	courage, bien! En latin *euge.*

Quelques impératifs servent aux mêmes usages que les interjections et en tiennent lieu:

ἄγε, en latin *age,*	
φέρε,	} allons, voyons, or çà, courage!
ἴθι,	
ἄπαγε,	loin, loin! En latin *apage.*

DES PRÉPOSITIONS DANS LES VERBES COMPOSÉS[2].

§ 166. Voici quelques exemples qui donneront une idée de la manière dont les prépositions changent ou modifient le sens des verbes. Ces exemples n'indiquent que la signification la plus générale; l'usage apprendra les autres:

Prépositions.

1. ἐν,	ἐμβάλλω,	(ἐν-βάλλω), jeter dans, *injicere.*
2. εἰς,	εἰςάγω,	introduire, *inducere.*
3. πρός,	προςάγω,	amener, *adducere;* πρός marque aussi l'action d'ajouter.
4. ἐκ ou ἐξ,	ἐξάγω,	faire sortir, *educere.*

1. Cf. Méth. lat., § 101. — 2. Cf. ibid., §§ 102 et 103.

* 11

PRÉPOSITIONS DANS LES VERBES COMPOSÉS.

Prépositions.

5. ἀπό, ἀπάγω, (ἀπό-ἄγω), emmener, *abducere*.
6. διά¹, διασπείρω, disperser, *dispergere*.
  διατρέχω, parcourir, *percurrere*.
7. ἀνά, ἀναβαίνω, monter; ἀνά marque mouvement de bas en haut.
  ἀναλαμβάνω, reprendre, *resumere*; ἀνά marque aussi redoublement d'action, et équivaut à *re*, inséparable en latin et en français.
8. κατά, καταβαίνω, descendre; κατά marque mouvement de haut en bas.
9. παρά, παράγω, (παρά-ἄγω, *duco seorsum*), détourner, séduire.
  παραβαίνω, passer outre, passer à côté, transgresser.
10. μετά, μεταμορφόω, métamorphoser, transformer; μετά marque changement.
  μεταλαμβάνω, participer (prendre parmi, entre, avec); cette préposition marque ici participation.
11. σύν, συλλαμβάνω, (σύν-λαμβάνω), comprendre, contenir, *comprehendere*.
12. ὑπέρ, ὑπερβαίνω, passer par-dessus, franchir, surpasser.
13. ὑπό, ὑποβάλλω, soumettre, mettre sous, suggérer, *subjicere*.
  ὑπογελάω, sourire, rire un peu, *subridere*; ὑπό marque ici diminution.
14. πρό, προβαίνω, précéder, *præire*; avancer, *progredi*.
15. ἀμφί, ἀμφιβαίνω, } aller autour, environner, *circumire*.
16. περί, περιβαίνω,
17. ἐπί, ἐπιβάλλω, mettre sur, *injicere*; mettre en sus, ajouter, *addere*; ἐπί marque superposition ou addition; il est opposé à ὑπό.
18. ἀντί², ἀντιβαίνω, marcher contre, résister.
  ἀντιδίδωμι, donner pour, donner en échange.

1. Διά répond à *dis* et *per*; il marque l'action de *diviser* ou de *traverser*.
2. Ἀντί marque opposition, échange, réciprocité.

REMARQUES.

§ 167. 1° Dans ἐν, le ν se change en μ devant les muettes du premier ordre et par conséquent devant ψ : ἐμβάλλω pour ἐνΒάλλω ; en γ, devant les muettes du second ordre et devant ξ : ἐγΓράφω pour ἐνΓράφω, *inscrire* ; en λ, devant λ : ἐλλείπω pour ἐνΛείπω, *omettre*.

Le ν de σύν éprouve les mêmes changements ; de plus, il se retranche devant ζ : συΖάω pour συνΖάω, *vivre avec*. Il se change en σ devant σ suivi d'une voyelle : συσΣιτέω pour συνΣιτέω, *manger ensemble* ; et se retranche devant σ suivi d'une consonne : συΣτέλλω pour συνΣτέλλω, *contracter, resserrer*. Il se change en ρ devant un ρ : συρῥέω pour συνῥέω, *couler ensemble*, *confluere*.

2° Les prépositions perdent leur voyelle finale quand le verbe commence par une voyelle, comme nous l'avons vu dans ἀπάγω, παράγω.

Il faut excepter πρό[1] et περί : προάγειν, *mener en avant* ; περιάγειν, *mener autour*.

ἀμφί ne conserve l'ι que très-rarement.

3° Quand le verbe commence par une voyelle marquée de l'esprit rude, la consonne de la préposition se change en son aspirée. : ὑφαρπάζω pour ὑπ' ἁρπάζω, *soustraire, enlever secrètement* ; καθίστημι pour κατ' ἵστημι, *établir, constituer*.

4° Les verbes qui commencent par un ρ, le redoublent après la préposition ; περιῤῥέω pour περιῥέω, *couler autour*.

5° Souvent il entre, dans la composition d'un seul verbe, deux et même trois prépositions :

    ἐξάγω, *faire sortir* (par exemple) *une armée de son camp* ;
  παρεξάγω, *la faire sortir en face de l'ennemi* ;
ἀντιπαρεξάγω, *la faire sortir en face de l'ennemi, et la mener contre lui* ;
        ou plus brièvement, *la faire avancer contre l'ennemi*.

Nota. A l'exemple de plusieurs savants, et particulièrement de Fr. Aug. Wolf et de M. Thiersch, nous mettons le ς final au milieu des mots composés, quand cette lettre appartient au premier des deux mots composants. Ainsi nous écrivons προςάγω, de πρός-άγω ; mais προσπάω, de πρό-σπάω.

---

[1]. L'ο de πρό se contracte quelquefois chez les Attiques avec la voyelle initiale du verbe, si cette voyelle est un ε : προὔχων pour προέχων (cf. § 174, III).

DES PARTICULES INSÉPARABLES [1].

§ 168. Outre les dix-huit prépositions détaillées dans les deux paragraphes précédents, il y a certaines syllabes qui, placées au commencement des mots, en modifient la signification. On les appelle *particules inséparables*. Les principales sont α et δυς.

1° α donne au mot dans la composition duquel il entre, une signification contraire à celle du simple. Exemples : δίκη, *justice*; ἄδικος, *injuste*; ἀδικέω, *faire une injustice*.

Quand le simple commence par une voyelle, on intercale un ν pour éviter l'hiatus : ἄξιος, *digne*, ἀνάξιος, *indigne* (cf. § 173).

Cet α s'appelle privatif ; il répond à l'*in* négatif du latin et du français.

2° δυς marque difficulté, peine, souffrance : τύχη, *fortune*; δυςτυχής, *malheureux*; δυςτυχέω, *être malheureux*.

L'opposé de δυς est l'adverbe εὖ, *bien*, qui n'est pas inséparable. Il marque bien-être, facilité : εὐτυχής, *heureux*; εὐτυχέω, *être heureux*.

Et de même δύςκολος, *difficile*; εὔκολος, *facile*; et une foule d'autres adjectifs.

REMARQUE. Les particules α, δυς et εὖ, sont du plus grand usage dans la composition. Mais, pour qu'elles entrent dans celle des verbes, il faut que ceux-ci dérivent, ou d'un nom, comme εὐλογέω, *louer*, d'εὖ et λόγος; ou d'un adjectif, comme ἀδικέω, d'ἄδικος; δυςτυχέω, de δυςτυχής. On ne pourrait pas dire εὐλέγω ni δυςτυγχάνω.

§ 169. Il y a encore quelques autres particules inséparables, mais qui sont bien moins usitées; ce sont :

1° νε ou νη marquant négation : νήνεμος, *calme, sans vent*, de νε ou νη négat., et ἄνεμος, *vent*; νήποινος, *impuni*, de νη et ποινή, *peine*.

2° ἀρι, ἐρι, βου, βρι, δα, ζα, qui augmentent la force du simple; δα et ζα paraissent être des altérations de διά.

Ces particules se rencontrent seulement dans un petit nombre de mots que l'usage apprendra.

---

[1]. Cf. Méth. lat., § 104.

LIVRE QUATRIÈME.

SUPPLÉMENT
A LA PARTIE ÉLÉMENTAIRE
OU ADDITIONS AUX MATIÈRES TRAITÉES
DANS LES TROIS LIVRES PRÉCÉDENTS.

SUPPLÉMENT AUX LETTRES.

§ 170. Autant qu'on peut le déterminer aujourd'hui, l'alphabet grec ne contenait primitivement que vingt et une ou vingt-deux lettres,
Quatre voyelles, α, ε, ι, ο;
Sept consonnes muettes, β, γ, δ, ϑ, π, χ, τ;
Les quatre liquides, λ, μ, ν, ρ, et la sifflante σ;
La double ζ, et peut-être la double ξ;
L'êta H et le digamma F, tous deux signes d'aspiration, le koppa Ϙ et le sampi ⲣ.

Ces lettres proviennent, dit-on, de l'alphabet apporté de Phénicie par Cadmus; c'est pourquoi on les a appelées les lettres cadméennes ou phéniciennes[1].

Les autres lettres, savoir : les deux aspirées φ, χ, la double ψ, l'υ psilon et la voyelle longue ω, furent inventées plus tard, on ne sait pas exactement par qui ni à quelle date. D'un autre côté, la lettre F, le koppa et le sampi furent bientôt réduits au rôle de signes numériques; le H, usité d'abord comme aspiration, devint la lettre ε allongée. Les Éoliens toutefois et les Doriens conservèrent au digamma, et quelques Doriens au koppa, la valeur d'une lettre.

En général, l'alphabet phénicien ne fut pas modifié uniformément, soit par addition, soit par suppression, chez les divers peuples de la Grèce.

L'alphabet de vingt-quatre lettres, celui qui a servi à presque tous les écrivains classiques grecs dont nous lisons aujourd'hui les ouvrages, celui dont les caractères se retrouvent sur le plus grand nombre d'inscriptions et de médailles grecques, a été constitué en Ionie, vers le commencement du cinquième siècle avant J. C., et l'on en attribue l'arrangement définitif à un certain Callistrate de Samos. L'usage s'en introduisit peu à peu chez les Athéniens, qui étaient Ioniens d'origine. Les Athéniens toutefois ne commencèrent à s'en servir, dans les actes publics, qu'après la guerre du Péloponnèse, à partir de l'archontat d'Euclide (403 ans avant J. C.).

L'alphabet de vingt-quatre lettres s'appelle, pour cette raison, alphabet

[1] Des grammairiens grecs, à une époque vraisemblablement assez récente, avaient par une simplification artificielle, réduit à seize lettres l'alphabet primitif, nommé cadméen ou phénicien.

ionique, et, par opposition, l'ancien alphabet est quelquefois appelé alphabet attique.

Quelques exemples montreront comment cet ancien alphabet exprimait, par des combinaisons de signes, certaines articulations qui ne furent que plus tard rendues par des signes uniques. Ainsi, pour φ, χ, on écrivait ΠΗ, ΚΗ; pour ψ et ξ, on écrivait πσ, κσ, chez les Doriens; et φσ, χσ, chez les Attiques.

DIGAMMA ÉOLIQUE.

§ 171. Quand le caractère H fut devenu un ἦτα, un *e* long, l'aspiration forte fut représentée, lorsqu'on l'écrivait, ce qui n'avait pas toujours lieu sur les monuments, par l'esprit rude, dont la forme a varié et est aujourd'hui celle d'un petit *c* (').

Les Éoliens avaient gardé de l'alphabet primitif un caractère particulier F (voy. § 170), représentant une aspiration plus douce, et qu'on appelle *digamma* (δίγαμμα) *éolique*, parce qu'il ressemble à deux gamma (Γ) écrits l'un sur l'autre.

Ils mettaient ce signe en tête de beaucoup de mots qui, dans les autres dialectes, avaient le plus souvent un esprit doux : οἶνος, Ϝοῖνος; lat. *Vinum*, vin.

Ils le plaçaient aussi devant un ρ initial : ῥῆξις, Ϝρῆξις. Plus ordinairement, dit-on, devant cette liquide, ils y substituaient un β : ῥόδον, βρόδον.

Ils l'inséraient même au milieu des mots :

ὄϊς, éol. ὄϜις; lat. *oVis*, brebis.

Le digamma a la figure du F des Latins, et en effet on retrouve le F grec dans *frango*, qui a la même racine que ῥήγνυμι (Ϝρήγνυμι), ἐῤῥάγην; mais plus communément il est remplacé en latin par un V, comme on le voit dans quelques-uns des exemples qui précèdent.

Les Doriens, et en particulier les Lacédémoniens et les Crétois, employèrent également le digamma. Souvent aussi ils le remplacèrent par β, qui paraît avoir eu, dans la prononciation ancienne, un son légèrement aspiré comme celui qu'il a dans la prononciation du grec moderne.

SYLLABES.

§ 172. I. Nous avons dit que deux syllabes de suite ne commencent point d'ordinaire par une aspirée. Il y a quelques exceptions :

1° Dans les mots composés; exemples : ὀρνιθοθήρας, oiseleur (ὄρνιθος-θήρα); ἀνθοφόρος, qui porte des fleurs (ἄνθος-φέρω).

2° Dans les adverbes de lieu en θεν et en θι : πανταχόθεν, de toutes parts, *undique*; Κορινθόθι, à Corinthe.

3° Dans quelques aoristes passifs : ἐχύθην, de χέω, répandre; ὀρθωθείς, d'ὀρθόω, dresser; et dans les impératifs φάθι, τέθναθι.

4° Dans les mots où la seconde aspirée est précédée immédiatement d'une consonne : θαλφθείς, de θάλπω, réchauffer, *foveo*, où φ est précédé de λ.

5° Dans ceux où la seconde syllabe a deux aspirées et non une seule : θαφθείς, de θάπτω, ensevelir; mais l'aoriste second ἐτάφην a un τ au lieu du θ, parce que la syllabe φην n'a qu'une aspirée, φ.

6° Dans les mots où une *forte* est changée en *aspirée* devant une apostrophe, à cause de l'esprit rude suivant : ἔθηχ' ὁ ἄνθρωπος, pour ἔθηκε ὁ ἄνθρωπος, l'homme plaça.

SUPPLÉMENT AUX LETTRES.   169

II. La même aspirée ne peut se redoubler ; ainsi l'on dit Βάχχος, Bacchus, et non Βάγχος ; Σαπφώ, Sapho, et non Σαφφώ ; Πιτθεύς, Pitthée, et non Πιθθεύς. Cela vient de ce qu'une aspirée ne peut jamais finir une syllabe ; or Βάχχος se divise ainsi : Βάκ-χος ; Σαπφώ, Σαπ-φώ ; Πιτθεύς, Πιτ-θεύς.

III. Dans les mots composés de ἐκ, ἐξ, πρός, ὡς, et de quelques particules de ce genre, ces syllabes ne cèdent jamais leur consonne finale à la syllabe suivante ; ἔξειμι, *sortir*, se divise ainsi en épelant : ἔξ-ειμι ; ἐκφεύγω, *échapper*, ἐκ-φεύγω ; προςτάττω, *ordonner*, προς-τάττω.
Mais προστατέω, *présider*, se divise ainsi, προ-στατέω, parce qu'il est composé de πρό, et que le σ n'appartient pas à la préposition.
Ἐκφεύγω semble déroger à la règle qui veut que *deux muettes de suite soient de même degré*. La raison en est simple ; c'est que κ et φ n'appartiennent point à la même syllabe.

IV. Quatre consonnes et même trois ne peuvent aller de suite, à moins que l'une d'elles ne soit une liquide, comme dans θέλκτρον, *adoucissement*, σκληρός, *dur*, πεμφθείς, *ayant été envoyé ;* ou n'en tienne lieu comme γ dans ἐλεγχθείς.

N EUPHONIQUE.

§ 173. Les datifs pluriels en σι, le nom de nombre εἴκοσι, la troisième personne ἐστί du verbe εἰμί, les troisièmes personnes du singulier ou du pluriel en σι, les troisièmes du singulier en ε, et quelques adverbes qui sont d'anciens cas, ajoutent un ν, pour éviter l'*hiatus*, devant les mots qui commencent par une voyelle : ἐν μησὶν ὀλίγοις, *en peu de mois* : μησίν pour μησί ; εἴκοσιν ἔτη, *vingt ans :* εἴκοσιν pour εἴκοσι ; φησὶν ὁ λόγος, *on dit, le proverbe dit :* φησίν pour φησί ; ἔτυψεν αὐτόν, *il le frappa :* ἔτυψεν pour ἔτυψε[1].

APOSTROPHE.

§ 174. I. Nous avons dit que l'apostrophe tient la place d'une voyelle retranchée à la fin d'un mot : ἀπ' ἐμοῦ, *de moi*, pour ἀπὸ ἐμοῦ ; πάντ' ἔλεγεν, pour πάντα ἔλεγεν.
Les poëtes élident quelquefois par l'apostrophe, non-seulement des voyelles brèves, mais encore des diphthongues : βούλομ' ἐγώ, *je veux*, pour βούλομαι ἐγώ. Quant aux voyelles longues, il est très-rare qu'on les élide.

II. Non-seulement l'apostrophe mange, comme en français, la voyelle finale d'un mot ; quelquefois aussi c'est la première du mot suivant qui disparaît, quand la dernière du premier mot est longue :

ὦ 'γαθέ pour ὦ ἀγαθέ, mon cher, *o bone ;*
ὦ 'τάν pour ὦ ἐτάν, mon ami (ἐτάν pour ἔτα, voc. d'ἔτης[2]) ;
ποῦ 'στιν pour ποῦ ἐστιν, où est-il ?
Ἑρμῆ 'μπολαῖε pour Ἑρμῆ ἐμπολαῖε, Mercure, dieu du commerce ;
ἡ 'υσέβεια pour ἡ εὐσέβεια, la piété.

---
1. Nous avons déjà vu qu'on expliquait par cette raison d'euphonie le ν intercalé, dans les mots composés, après l'α privatif suivi d'une voyelle : ἀνάξιος pour ἀ-άξιος (Cf. § 168).
2. Matthiæ et Buttmann rejettent cette étymologie et écrivent ὦ τάν.

SUPPLÉMENT AUX LETTRES.

III. La conjonction καί, et les cas d'ὁ, ἡ, τό, qui finissent par une voyelle, s'unissent souvent avec la voyelle ou diphthongue initiale du mot suivant : τἀνδρός, τἀνδρί, pour τοῦ ἀνδρός, τῷ ἀνδρί ; ἀνήρ et ὡνήρ pour ὁ ἀνήρ ; τοὔνομα pour τὸ ὄνομα ; κἀγώ pour καὶ ἐγώ ; κᾆτα pour καὶ εἶτα.

Dans quelques-uns de ces mots, les voyelles et les diphthongues finales se perdent entièrement, sans que pour cela on mette d'apostrophe : τἀνδρός, τἀνδρί ; dans d'autres elles changent de son en se contractant avec celles du mot suivant : ὡνήρ, τοὔνομα. C'est ce qu'on appelle Crase.

Les meilleures éditions ne souscrivent l'ι que quand il se trouve dans le second mot : κἀγώ, sans ι, parce qu'il n'y en a pas dans ἐγώ ; κᾆτα, avec ι, parce qu'il y en a un dans εἶτα. C'est ainsi qu'on dit χὠ pour καὶ ὁ, et le ; χὠ pour καὶ οἱ, et les (χ à cause de l'esprit rude de ὁ et de οἱ ; le signe d'esprit doux qui est sur les deux ω est ce qu'on appelle Coronis).

On unit, d'après les mêmes principes, ἐγώ avec οἶμαι, je pense, et οἶδα, je sais : ἐγῷμαι, ἐγῷδα ; μέντοι avec ἄν : μεντἄν. Les brèves ο et ι forment une diphthongue : τὸ ἱμάτιον, le vêtement, θοἰμάτιον.

IV. Les poëtes élident la finale des prépositions παρά, ἀνά, κατά, même devant une consonne, et sans mettre d'apostrophe : πὰρ Ζηνί, apud Jovem.

Le ν et le τ d'ἀν et κατ subissent alors le changement qu'exige la consonne devant laquelle ils se trouvent : ἂμ φόνον, pour ἀνὰ φόνον, à travers le carnage ; κὰκ κεφαλῆς, par la tête, pour κατὰ κεφαλῆς ; κὰδ δύναμιν, suivant ses forces, pour κατὰ δύναμιν.

On écrit aussi en un seul mot chez les poëtes et chez les Doriens, ἀμφόνον, κακκεφαλῆς, καδδύναμιν.

CONTRACTIONS.

§ 175. Nous avons déjà donné séparément les règles des contractions ; voici un tableau où elles sont toutes réunies sous un même coup d'œil.

								EXCEPTIONS.
αα,		εα,		οε,		ιϊ,		
αε,	α.	εη,	η.	οο,	ου.	ια,	ι.	εε nomin. duel, η.
αη,		εε,		οου,		ιε,		εας accus. plur. εις.
αει,		εἰ,	εἰ.	οη,		υε,		οη, η,
αῃ,	ᾳ.	εει,		οω ;	ω.	υα,	υ.	εα, α, 1re et 2e décl.
αϊ,		εοι,		οι.		οϊ.		οα, α ;
αο,		εο,		οη,				οα, ου, acc. pl. (μεί-
αω,	ω.	εου,	ου.	οει,	οι.			ζονας, οας, ους).
αου,		εω,	ω.	οἱ,				οειν, οῦν, infinitif.
αοι,	ω.							

SUPPLÉMENT AUX DÉCLINAISONS.

PREMIÈRE DÉCLINAISON.

VOCATIF SINGULIER.

§ 176. Parmi les noms masculins en ης, un grand nombre ont, comme nous l'avons vu, le vocatif en α ; ce sont :

1° Les noms en της ; ποιητής, poëte, v. ποιητά.
2° Ceux en πης dérivés d'ὤψ, œil : κυνώπης, impudent, κυνῶπα.
3° Les comp. de μετρέω, mesurer, γεωμέτρης, géomètre,   γεωμέτρα;
       de πωλέω, vendre, βιβλιοπώλης, libraire,   βιβλιοπῶλα;
       de τρίβω, frotter, παιδοτρίβης, maître d'exercices, παιδοτρίβα.
4° Les noms de peuples : Σκύθης, Scythe, Σκύθα ; Πέρσης, Perse, Πέρσα.
Les autres ont généralement le vocatif en η : Πέρσης, Persée, Πέρση ; Ἀλκιβιάδης, Alcibiade, Ἀλκιβιάδη.

GÉNITIF SINGULIER.

Les noms masculins en ης faisaient primitivement le génitif en εω et αο, formes qui se rencontrent souvent dans Homère : Πηληϊάδης, le fils de Pélée (Achille), G. Πηληϊάδεω ; Ἄλτης, Altès, Ἄλταο et Ἄλτεω.
La forme εω est restée chez les Ioniens : νεηνίης, *jeune homme*; gén. νεηνίεω. Εω se prononce en une seule syllabe.
De la forme éolienne αο vient le génitif éolien et le génitif dorien α : Κρονίδα, génitif éolien de Κρονίδης, *fils de Saturne*; Ἀτρείδα, génitif dorien d'Ἀτρείδης, *fils d'Atrée*.
De là, chez les Attiques eux-mêmes, des génitifs en α dans les noms propres et dans quelques autres : Καλλίας, *Callias*, gén. Καλλία ; ὀρνιθοθήρας, *oiseleur*, gén. ὀρνιθοθήρα.
Comme aussi, Θωμᾶς, *Thomas*, gén. Θωμᾶ ; Πυθαγόρας, *Pythagore*, Πυθαγόρα et Πυθαγόρου ; Βορέας, *Borée*, le vent du nord, Βορέου, attiq. Βορρᾶς, Βορρᾶ.

GÉNITIF PLURIEL.

Le génitif pluriel est : chez les Ioniens, en έων : μουσέων ;
Chez les Éoliens, en άων : μουσάων (forme qui se rapproche beaucoup du latin *musarum*).
D'έων contracté, vient le génitif attique μουσῶν ;
D'άων   vient le génit. dorique μουσᾶν.

DATIF PLURIEL.

Au datif pluriel en αις, les poëtes ajoutent ι : μούσαις, μούσαισι, et avec le ν euphonique, μούσαισιν.
Les Ioniens changent αι en ῃ ; μούσῃς, μούσῃσι, μούσῃσιν.

ACCUSATIF PLURIEL.

Les Éoliens le font en αις, comme le datif : μούσαις pour μούσας.

REMARQUES. 1° Les Ioniens changent tous les α longs en η : σοφίη, ἡμέρη, gén. σοφίης, ἡμέρης; et de même au masculin, νεηνίης, νεηνίεω, νεηνίῃ, pour νεανίας, ου, ᾳ.

2° Les Doriens changent les η en α : τιμά, τιμᾶς, *honneur*, pour τιμή, τιμῆς; φάμα, φάμας, *réputation*, pour φήμη, φήμης. C'est de ce dialecte que les Latins ont pris leur terminaison *a* pour le féminin.

3° Les Éoliens terminent les masculins en α bref, au lieu d'ης ; Θυέστα, *Thyeste*, pour Θυέστης; ἱππότα, *cavalier*, pour ἱππότης. De là les masculins en *a* des Latins : *poeta*, *cometa*.

DEUXIÈME DÉCLINAISON.

§ 177. 1° Les poëtes épiques font souvent le génitif en οιο : λόγος, λόγοιο. Ils ajoutent ι au datif pluriel, λόγοισι, et avec le ν euphonique, λόγοισιν. Ils disent au duel λόγοιιν pour λόγοιν.

2° Les Doriens font le génitif singulier en ω ; l'acc. pl. en ως : τῶ νόμω, *de la loi;* τὼς νόμως, *les lois*.

3° Les Attiques font très-souvent le vocatif semblable au nominatif : ὦ φίλος, *ô mon ami*. On dit Θεός au vocatif de Θεός, *Dieu;* comme on dit en latin *Deus*, au vocatif aussi bien qu'au nominatif [1].

§ 178. Nous avons indiqué, § 17, des noms de cette déclinaison qui éprouvent une contraction à tous leurs cas; par exemple :

N. νόος, esprit ; V. νόε, G. νόου, D. νόῳ, Ac. νόον.
νοῦς, νοῦ, νοῦ, νῷ, νοῦν.

Le pluriel et le duel de ce nom ne sont point usités ; le vocatif singulier est sans exemple.

Déclinez de même πλόος, πλοῦς, *trajet;* pl. πλόοι, πλοῖ ; πλόων, πλῶν ; πλόοις, πλοῖς ; πλόους, πλοῦς.

Voici un adjectif qui éprouve une contraction de la même espèce :

SINGULIER.

	Masc.	Fém.	Neut.	
Nominatif.	χρύσεος, χρυσοῦς,	χρυσέα [2], χρυσῆ,	χρύσεον, χρυσοῦν.	d'or.
Génitif.	χρυσέου, χρυσοῦ,	χρυσέας, χρυσῆς,	χρυσέου, χρυσοῦ.	
Datif.	χρυσέῳ, χρυσῷ,	χρυσέᾳ, χρυσῇ,	χρυσέῳ, χρυσῷ.	
Accusatif.	χρύσεον, χρυσοῦν,	χρυσέαν, χρυσῆν,	χρύσεον, χρυσοῦν.	

1. S. Grégoire de Naz. emploie Θεέ. — 2. Le féminin χρυσέη, χρυσέης, est ionien.

DEUXIÈME DÉCLINAISON.

PLURIEL.

	Masc.	Fém.	Neut.
Nominatif.	χρύσεοι, χρυσοῖ,	χρύσεαι, χρυσαῖ,	χρύσεα, χρυσᾶ.
Génitif.	χρυσέων, χρυσῶν,	pour les trois genres.	
Datif.	χρυσέοις, χρυσοῖς,	χρυσέαις, χρυσαῖς,	χρυσέοις, χρυσοῖς.
Accusatif.	χρυσέους, χρυσοῦς,	χρυσέας, χρυσᾶς,	χρυσέα, χρυσᾶ.

DUEL.

Nom., Acc.	χρυσέω, χρυσῶ,	χρυσέα, χρυσᾶ,	χρυσέω, χρυσῶ.
Gén., Dat.	χρυσέοιν, χρυσοῖν,	χρυσέαιν, χρυσαῖν,	χρυσέοιν, χρυσοῖν.

Déclinez ainsi :

ἀργύρεος, ἀργυρέα, ἀργύρεον, d'argent.
ἀργυροῦς, ἀργυρᾶ, ἀργυροῦν.

ἀργύρεος prend α au féminin, à cause du ρ qui précède.

Déclinez encore :

1° SING. Nomin.	ἁπλόος, ἁπλοῦς,	ἁπλόη, ἁπλῆ,	ἁπλόον, simple. ἁπλοῦν.
Génitif.	ἁπλόου, ἁπλοῦ,	ἁπλόης, ἁπλῆς,	ἁπλόου, ἁπλοῦ, etc.
PLUR. Nomin.	ἁπλόοι, ἁπλοῖ,	ἁπλόαι, ἁπλαῖ,	ἁπλόα, ἁπλᾶ, etc.
2° SING. Nomin.	διπλόος, διπλοῦς,	διπλόη, διπλῆ,	διπλόον, double. διπλοῦν, etc.

REMARQUES. εὔνοος, εὔνους, *bienveillant,* et tous les composés de νόος, νοῦς, esprit ;
ἄπλοος, ἄπλους, *non navigable,* et les composés de πλόος, πλοῦς, *trajet,* n'ont que deux terminaisons :

Masc. et Fém. εὔνοος, εὔνους ; Neutre εὔνοον, εὔνουν.
ἄπλοος, ἄπλους ; ἄπλοον, ἄπλουν.

DÉCLINAISON ATTIQUE.

§ 179. 1° Dans les noms qui suivent cette déclinaison (voy. § 18), les Attiques omettent souvent le ν à l'accusatif : λαγώ[1], νεώ, pour λαγών, νεών,

---

1. On écrit aussi λαγῶ, avec l'accent circonflexe.

Ἄθω, *le mont Athos*, pour Ἄθων; Κῶ, *l'île de Cos*, pour Κῶν; τὴν ἕω, *l'aurore*, pour ἕων inusité, venant d'ἕως, ἕω, même signification que la forme poétique ἠώς, ἠόος; ἀγήρῳ pour ἀγήρων, acc. de l'adjectif ἀγήρως, ἀγήρων, *qui ne vieillit pas*.

2° C'est à l'imitation des Attiques que Virgile a fait un génitif en *o*; *letum Androgeo*, la mort d'Androgée; et que Tite-Live a dit à l'accusatif, *ad montem Atho*, au mont Athos.

TROISIÈME DÉCLINAISON.

I. GÉNITIF SINGULIER.

§ 180. Nous avons dit que, pour décliner les noms imparisyllabiques, il fallait en connaître le génitif. Ce cas est indiqué dans les dictionnaires. La seule difficulté est donc de remonter au nominatif, quand on ne connaît que le génitif ou un autre cas. On peut s'aider des règles suivantes:

1° La muette du premier ordre, avant la terminaison du génitif, indique un nominatif en ψ: gén. Ἄραβ ος, nom. Ἄραψ, *Arabe*; ὠπ ός — ὤψ inusité, *œil*; κατήλιφ ος — κατῆλιψ, *échelle*[1].

2° La muette du second ordre indique un nominatif en ξ: gén. ἅρπαγ ος, nom. ἅρπαξ, *ravisseur*; κόρακ ος — κόραξ, *corbeau*; ἄνακτ ος — ἄναξ, *prince*; ὄνυχ ος — ὄνυξ, *ongle*[2].

3° La muette du troisième ordre indique un nominatif en ς: gén. ἐλπίδ ος, nom. ἐλπίς, *espérance*; γέλωτ ος — γέλως, *le rire*; κόρυθ ος — κόρυς, *casque*[3].

4° ντ indique ς ou ν: gén. γίγαντ ος, nom. γίγας, *géant*; δράκοντ ος — δράκων, *dragon*.

5° ν indique ς ou ν: μέλαν ος — μέλας, *noir*; φρεν ός — φρήν, *esprit*.

6° ρ indique ρ: θηρ ός — θήρ, *bête sauvage*; πυρ ός — πῦρ, *feu*.

7° ος pur indique ς: gén. ἥρω ος, nom. ἥρως, *héros*; τριήρε ος — τριήρης, *galère*; ou un neutre en ι ou en υ: σινάπι ος — σίναπι; ἄστε ος — ἄστυ.

8° Exceptez de la règle 3° tous les neutres en μα, qui font le génitif en ματος: σῶμα, σώματος; et de plus, ἧπαρ, ἥπατος, *foie*; δέλεαρ, δελέατος, *appât*; μέλι, μέλιτος, *miel*, et quelques autres noms neutres.

REMARQUES. 1° Le *radical* d'un mot se trouve donc dans le génitif, en retranchant la désinence ος: ἀραβ, κορακ, ἐλπιδ, μελαν, σωματ, etc.

2° Le nominatif n'est donc point la *forme primitive* du nom. Ce cas est modifié, comme tout autre, d'après des règles qu'il est aisé de déduire des exemples précédents.

II. ACCUSATIF SINGULIER.

Nous venons de voir que les Attiques omettent le ν à certains accusatifs de la seconde déclinaison. À celui de la troisième, ils omettent quelquefois la

---
1. Cf. Méth. lat., § 15, I. — 2. Cf. ibid., § 15, II. — 3. Cf. ibid., § 15, III.

syllabe να : Ἀπόλλω pour Ἀπόλλωνα, *Apollon;* Ποσειδῶ pour Ποσειδῶνα, *Neptune;* αἰῶ pour αἰῶνα, *siècle, âge.* Quelquefois même ils omettent τα : ἱδρῶ pour ἱδρῶτα, *sueur,* d'ἱδρώς.

Ce retranchement peut s'expliquer par la contraction, Ἀπόλλωνα, ωα, ω, et ainsi des autres.

C'est par une contraction semblable qu'on dit ἥρω pour ἥρωα, accus. sing. ; ἥρως pour ἥρωας, accus. pl. de ἥρως, ἥρωος.

III.

§ 181. A la déclinaison contracte, τριήρης, τριήρεος, il faut rapporter certains noms propres en κλέης, qui ont une contraction même au nominatif.

N.	Ἡρακλέης,	Ἡρακλῆς,	Hercule.
V.	Ἡράκλεες,	Ἡράκλεις.	
G.	Ἡρακλέεος,	Ἡρακλέους, et non Ἡρακλοῦς.	
D.	Ἡρακλέεϊ,	Ἡρακλέει,	Ἡρακλεῖ.
Ac.	Ἡρακλέεα,	Ἡρακλέα,	Ἡρακλῆ.

Déclinez ainsi :

Θεμιστοκλέης,	κλῆς,	Thémistocle.
Περικλέης,	κλῆς,	Périclès.

La forme έης est ionique; la forme contractée ῆς est attique.

Les Ioniens disent encore : G. Ἡρακλῆος ; Dat. -κλῆϊ ; Ac. -κλῆα.

On a dit aussi sans contraction : Ἡρακλέος, Ἡρακλέϊ. Le vocatif exclamatif Ἡράκλες, *par Hercule,* est moderne.

IV.

§ 182. Si, dans un nom contracte en ης, la terminaison est précédée d'une voyelle, comme ὑγιής, *sain,* l'acc. sing. contracte εα en α long, et non en η ; ainsi l'on dit ὑγιέα, ὑγιᾶ, parce que la terminaison est précédée d'un ι ; tandis qu'on dit ἀληθέα, ἀληθῆ, parce qu'elle est précédée d'un θ.

Il en est de même dans les noms contractes en εύς : Πειραιεύς, *le Pirée, port d'Athènes;* acc. Πειραιέα, Πειραιᾶ. Ces noms reçoivent de plus une contraction au génitif : Πειραιέως, Πειραιῶς, au lieu que βασιλεύς, βασιλέως, n'en reçoit jamais à ce cas.

Quant à l'accusatif pluriel, il est tantôt en εῖς, comme ὑγιεῖς, ἀληθεῖς, tantôt en ᾶς : ὁ ἀγυιεύς, *l'autel placé devant une maison;* accus. pl. τοὺς ἀγυιᾶς. L'usage apprendra toutes ces particularités.

V.

§ 183. Nous avons vu ιας contracté en ις : πόλιας, πόλις ; ὄφιας, ὄφις. Cette contraction se rencontre quelquefois même dans des noms qui ont une consonne avant la terminaison : ὄρνιθας, ὄρνις ; κλεῖδας, κλεῖ (de κλείς, κλειδός, *clef*) ; τίγριδας, τίγρις (de τίγρις, τίγριδος, *tigre*). On dit aussi au nominatif et au génitif pluriel : ὄρνεις, ὀρνέων ; τίγρεις, τίγρεων, comme πόλεις, πόλεων. Il en est de même en latin, où l'on dit, *tigris, tigridis,* et *tigris, tigris*[1].

VI. DATIF PLURIEL POÉTIQUE.

§ 184. Nous avons vu que le datif pluriel se termine en σι ; les poëtes le

---

1. Cf. Méth. lat., § 122, Rem.

terminent en εσσι; et comme cette terminaison commence par une voyelle, on l'ajoute simplement au radical, comme celle de tout autre cas; exemples:

N.	G.	D.	D. pl.
Ἕλλην,	Ἕλλην ος,	Ἕλλην ι,	Ἕλλήν εσσι.
λαμπάς,	λαμπάδ ος,	λαμπάδ ι,	λαμπάδ εσσι.
παῖς,	παιδ ός,	παιδ ί,	παιδ εσσι.
ἰχθύς,	ἰχθύ ος,	ἰχθύ ι,	ἰχθύ εσσι.
σῶμα,	σώματ ος,	σώματ ι,	σωμάτ εσσι.

Quelquefois on ne met qu'un σ au lieu de deux:

| ἄναξ, | ἄνακτ ος, | ἄνακτ ι, | ἀνάκτ εσι. |

NOMS IRRÉGULIERS.

§ 185. Quelques noms irréguliers, en petit nombre, appartiennent aux déclinaisons parisyllabiques; par exemple:
N. Ἰησοῦς, *Jésus-Christ*; V. Ἰησοῦ; G. et D. Ἰησοῦ; Ac. Ἰησοῦν.
La plupart appartiennent à la déclinaison imparisyllabique. Voici les plus ordinaires:

1° N. Ζεύς, *Jupiter*; V. Ζεῦ; G. Διός, D. Διί; Ac. Δία.
Les poëtes disent encore: G. Ζηνός; D. Ζηνί; Ac. Ζῆνα: d'où, en dialecte éolien, Ζανώ, et en latin *Juno*, Junon.

2° N. γυνή, *femme*; V. γύναι; G. γυναικός; et tous les autres cas comme si le nominatif était γυναίξ.

3° ἀστήρ, *astre*; G. ἀστέρος: la seule irrégularité est le datif pluriel ἀστράσι comme πατράσι (selon d'autres, ἄστρασι).

4° ἄρς, inusité au nominatif, *agneau*; G. ἀρνός; D. ἀρνί; D. pl. ἀρνάσι.

5° κύων, *chien*; V. κύον; G. κυνός; D. κυνί; Ac. κύνα. Pl. κύνες, κυνῶν, κυσί, κύνας.

6° λίς, *lion*; Ac. λῖν. Les autres cas sont inusités.

7° ἡ χείρ, *la main*, χειρός, χειρί, χεῖρα. Pl. χεῖρες, χειρῶν, χερσί, χεῖρας. Duel, χεῖρε, χειροῖν, *poét.*, et χερόιν. Les poëtes et les Ioniens disent encore: G. χερός, D. χερί, Ac. χέρα. Pl. χερῶν, χέρας.

8° ἡ γραῦς, *la vieille femme*.   9° ἡ ναῦς, *le navire*.

	Attique.	Ionique.			Attique.	Ionique.
SING. N.	γραῦς,	γρηῦς.	SING. N.		ναῦς,	νηῦς.
V.	γραῦ,	γρηῦ.	V.		ναῦ,	νηῦ.
G.	γραός,	γρηός.	G.		νεώς,	νηός ou νεός.
D.	γραΐ,	γρηΐ.	D.		νηΐ,	νηΐ.
Ac.	γραῦν.	γρηῦν.	Ac.		ναῦν,	νῆα ou νέα.
PLUR. N. V.	γρᾶες,	γρῆες.	PLUR. N. V.		νῆες,	νῆες ou νέες.
G.	γραῶν.		G.		νεῶν,	νηῶν.
D.	γραυσί.		D.		ναυσί,	νηυσί.
Ac.	γραῦς.		Ac.		ναῦς,	νῆας ou νέας.
(Point de duel.)			DUEL. (Point de nominatif.)			
			G. D.		νεοῖν.	

REMARQUE. Les Attiques disent aussi νῆας à l'accusatif pluriel. Ναῦς a encore les formes doriques, G. ναός, usité aussi chez les tragiques; D. ναί. Pl. N. νᾶες; Acc. νᾶας.

NOMS IRRÉGULIERS.

10° N. βοῦς, *bœuf;* V. βοῦ; G. βοός; D. βοΐ; Ac. βοῦν. Pl. βόες, βοῶν, βουσί; Ac. (βόας) βοῦς.

11° ὄϊς, attiq. οἷς, *brebis;* G. οἰός; D. οἰΐ; Ac. οἶν. Pl. οἶες et οἷς; G. οἰῶν; D. οἰσί; Ac. οἶας et οἷς.

Ionien : N. ὄϊς; G. ὄϊος; Ac. ὄϊν (οἴϊδα, Théocr., I, 9). Pl. N. ὄϊες, ὄϊς, D. οἴεσι, ὀίεσσι, ὄεσσι; Ac. ὄϊας, ὄϊς.

12° λᾶας, contracté λᾶς, *pierre;* G. λᾶος; D. λᾶϊ; Ac. λᾶαν et λᾶν. Pl. N. λᾶες; G. λάων; D. λάεσσι.

Sophocle a aussi le génitif λάου, comme si λᾶας était de la 1re déclinaison; et Callimaque, acc. λᾶα.

NOMS SURABONDANTS [1].

§ 186. On appelle ainsi ceux qui suivent à la fois plusieurs déclinaisons sans changer de signification.

1° Quelques-uns sont surabondants à tous leurs cas; par exemple :

φύλαξ,	φύλακος,	et φύλακος,	φυλάκου,	gardien.
μάρτυς,	μάρτυρος,	et μάρτυρος,	μαρτύρου,	témoin.
Ἰφικλῆς,	Ἰφικλέος,	et Ἴφικλος,	Ἰφίκλου,	Iphiclès, *nom d'homme.*
δένδρον,	δένδρου,	et δένδρος,	δένδρεος,	arbre.
ταώς,	ταώ,	et ταών,	ταῶνος,	paon.
γάλως,	γάλω,	et γάλως,	γάλωος, *glos,*	belle-sœur.
χελιδών,	χελιδόνος,	et χελιδώ,	χελιδοῦς,	hirondelle.
υἱός,	υἱοῦ,	fils, et υἱεύς, inus. au nom.; G. υἱέος; D. pl. υἱέσι et υἱάσι, etc.		

2° D'autres sont surabondants seulement à quelques cas:

ὁ γέλως, *le rire;* Ac. γέλωτα, troisième déclinaison; et γέλων, déclinaison attique. Οἰδίπους, *OEdipe;* G. troisième déclinaison, Οἰδίποδος; seconde, Οἰδίπου. Σωκράτης, *Socrate;* Ac. troisième déclin., Σωκράτεα-τη; première, Σωκράτην [2].

De même, Ἄρης, *Mars;* Ac. Ἄρεα, Ἄρη et Ἄρην. (Les autres cas sont Ἄρεος et Ἄρεως; Ἄρεϊ, Ἄρει; poét. Ἄρηος, Ἄρηϊ, Ἄρηα; Voc. Ἄρες.)

3° Par un changement contraire à celui de Σωκράτεχ-τη en Σωκράτην, les Ioniens disent δεσπότεα pour δεσπότην; c.-à-d. qu'aux noms masculins en ης de la première déclinaison, ils donnent un accusatif singulier en εα, et un accusatif pluriel en εας, comme s'ils étaient de la troisième :

δεσπότεα, δεσπότεας, pour δεσπότην, δεσπότας, maître.
κυβερνήτεα, κυβερνήτεας, pour κυβερνήτην, κυβερνήτας, pilote.

NOMS DÉFECTIFS.

§ 187. On appelle ainsi ceux qui, n'étant employés qu'à certains cas, sont incomplets dans leur déclinaison.

Quelques-uns n'ont que le pluriel : οἱ ἐτησίαι, *les vents étésiens;* τὰ Διονύσια, *les fêtes de Bacchus.*

D'autres ne sont usités qu'au nominatif et à l'accusatif, comme les neutres ὕπαρ, *vision;* δέμας, *corps;* et le monosyllabe λίς, λῖν, déjà cité.

D'autres ne s'emploient qu'au nominatif, comme ὄφελος, *avantage.*

---

1. Cf. Méth. lat., § 122. — 2. Cf. ibid., § 144, Rem. 1.

SUPPLÉMENT AUX DÉCLINAISONS.

NOMS INDÉCLINABLES [1].

§ 188. On appelle indéclinables les noms qui ont une terminaison unique à la vérité, mais qui sert pour tous les cas; ce sont :

1° Quelques noms étrangers, comme τὸ πάσχα, *la pâque;* G. τοῦ πάσχα; D. τῷ πάσχα. Ce nom est en même temps défectif, parce qu'il n'a que le singulier.

2° Les nombres cardinaux, depuis 5 jusqu'à 100, comme nous l'avons déjà dit : πέντε, ἕξ, ἑπτά, ὀκτώ, etc.

3° Les noms des lettres : ἄλφα, βῆτα, γάμμα, etc.

RETRANCHEMENT D'UNE SYLLABE.

§ 189. On trouve dans les poëtes quelques nominatifs neutres qui paraissent formés des nominatifs ordinaires, par le retranchement de la dernière syllabe, comme τὸ δῶ, *la maison,* pour τὸ δῶμα; τὸ ἄλφι, *la farine,* pour τὸ ἄλφιτον; τὸ κάρη, *la tête,* pour τὸ κάρηνον.

Il est possible que ces mots soient des restes de la langue primitive des Grecs, plutôt qu'une abréviation des mots usités; car quelquefois les genres sont différents : τὸ κρῖ, ἡ κριθή, *l'orge.*

ADDITION DE LA SYLLABE ΦΙ.

§ 190. Souvent les poëtes allongent les noms et les adjectifs, en y ajoutant la syllabe φι (ou avec le ν euphonique φιν); alors la terminaison devient,

pour la 1re déclinaison, ηφι ; βία, force, βίηφι.
pour la 2e déclinaison, οφι ; { στρατός, armée, στρατόφι; { ὀστέον, os, ὀστεόφι;
pour la 3e déclinaison, εσφι; ὄχος, char, ὄχεσφι.

Quelques-uns, que l'usage apprendra, s'éloignent un peu de cette analogie; comme ἡ ναῦς, *le navire,* ναῦφι; ἡ ἐσχάρα, *le foyer,* ἐσχαρόφι; τὸ ἔρεβος, *l'Érèbe, l'enfer,* ἐρέβευσφι, du génitif ionien ἐρέβευς, pour ἐρέβεος-ους. (La variante ἐρέβεσφι, dans Hésiode, est probablement meilleure.)

Cette forme ainsi allongée, qui est un ancien cas, sert pour le génitif et le datif, tant du singulier que du pluriel, dans la seconde et la troisième déclinaison; dans la première, elle ne paraît servir que pour le singulier [2].

IRRÉGULIERS DANS LE GENRE.

§ 191. En grec, de même qu'en latin [3], quelques noms sont d'un genre au singulier, et d'un autre au pluriel. Nous citerons entre autres :

SING.		PLUR.
ὁ δεσμός,	le lien,	τὰ δεσμά.
ὁ δίφρος,	le char,	τὰ δίφρα.
ὁ λύχνος,	la lampe,	τὰ λύχνα.
ὁ τάρταρος,	le Tartare,	τὰ τάρταρα.

1. Cf. Méth. lat., § 128.
2. Les Grecs paraissent avoir oublié de bonne heure quelle était primitivement la nature et la valeur de cette désinence φι, et l'avoir considérée comme un simple allongement poétique. Des grammairiens anciens citent quelques exemples où elle joue, disent-ils, le rôle de l'accusatif et même du nominatif et du vocatif.
3. Cf. Méth. lat., § 129.

SUPPLÉMENT AUX ADJECTIFS.

ADJECTIFS DE DEUX GENRES SOUS UNE SEULE TERMINAISON [1].

§ 192. Nous avons vu des adjectifs de trois et de deux terminaisons. Quelques-uns n'en ont qu'une seule, mais ils ne sont point des trois genres comme le latin *prudens* ; ils ne servent que pour le masculin et le féminin, et sont ordinairement considérés comme substantifs. Ex. :

N. φυγάς,	G.	φυγάδος,	fugitif ou fugitive.
ἅρπαξ,		ἅρπαγος,	ravisseur, ou femme qui ravit.
ἄπαις,		ἄπαιδος,	homme ou femme sans enfants.
ἔπηλυς,		ἐπήλυδος,	étranger ou étrangère.

C'est ainsi qu'en français on dit, par exemple, homme et femme *auteur* ; et en latin, *dux*, celui ou celle qui guide ; *redux*, celui ou celle qui est de retour.

ADJECTIFS DE DEUX GENRES SOUS DEUX TERMINAISONS [2].

§ 193. I. D'autres mots, qu'on peut encore ranger parmi les adjectifs, parce qu'ils expriment une qualité, un attribut, ont une terminaison pour le masculin, une pour le féminin, et n'en ont point pour le neutre.

Masc.	σωτήρ,	G.	σωτῆρος,	conservateur.
Fém.	σώτειρα,		σωτείρας,	conservatrice.
Masc.	μάκαρ,		μάκαρος,	heureux.
Fém.	μάκαιρα,		μακαίρας,	heureuse.

On voit que ces mots répondent aux adjectifs français en *teur, trice*, et aux latins en *tor, trix*, comme *victor, victrix* ; *ultor, ultrix* ; *servator, servatrix* ; car, bien que quelques-uns de ces adjectifs latins aient un neutre au pluriel, *victricia, ultricia*, ils ne sont jamais du neutre au singulier. Quant aux adjectifs grecs dont nous parlons, ils n'ont de neutre à aucun nombre.

II. A cette classe on peut ajouter les noms ethniques (*gentilitia*), qui, par l'ellipse d'ἀνήρ ou de γυνή, se prennent substantivement. Exemples :
Masc. Σπαρτιάτης, ου, un Spartiate ; fém. Σπαρτιᾶτις, ιδος, une Spartiate.
Masc. Λάκων, ωνος ; fém. Λάκαινα, ης, homme et femme de Laconie.

III. On peut y joindre aussi les noms *patronymiques*, c'est-à-dire ceux qui désignent une personne par un mot dérivé du nom de son père ou de sa mère. Les désinences sont :

Pour le masculin, 1° ίδης, άδης, ιάδης, gén. ου ; 2° ίων, gén. ίωνος. Exemples :
Πηλεύς, Pélée ; Πηλείδης, Πηληϊάδης et Πηλείων, le fils de Pélée, Achille.
Κρόνος, Saturne ; Κρονίδης et Κρονίων, le fils de Saturne, Jupiter.
Λητώ, Latone ; Λητοΐδης, le fils de Latone, Apollon.

---

1. Cf. Méth. lat., § 133. — 2. ibid., § 134.

SUPPLÉMENT AUX ADJECTIFS.

Pour le féminin : 1° ἰς, ἰδος et ιάς, ιάδος; 2° ίνη, ίνης et ιώνη, ιώνης. Ex. :

Νηρεύς,	Nérée ;	Νηρηίς,	fille de Nérée.
Λητώ,	Latone ;	Λητωίς et Λητωιάς,	la fille de Latone, Diane.
Ὠκεανός,	l'Océan ;	Ὠκεανίνη,	fille de l'Océan.
Ἀκρίσιος,	Acrisius ;	Ἀκρισιώνη,	la fille d'Acrisius, Danaé.

ADJECTIFS IRRÉGULIERS.

§ 194. Voici les deux plus remarquables :

1° SING. N. πρᾶος ou πρᾷος, doux, πραεῖα, πρᾶον ;
   G. πράου,   πραείας, πράου, et ainsi de suite.
   PLUR. N. πραεῖς,   πραεῖαι, πραέα.
   G. πραέων,   πραειῶν, πραέων.

On voit que le féminin et le pluriel se tirent du dorien πραύς, et se déclinent sur ἡδύς, ἡδεῖα, ἡδύ. Ils n'ont jamais d'ι souscrit.

On dit encore au nominatif pl., πρᾷοι et au neutre, πρᾶα ; au datif, πρᾴοις et πραέσι.

2° Σῶς, contracté de σάος, *salvus*, sain et sauf, n'a que les cas suivants :

SING. N. Masc. et Fém. σῶς, Neut. σῶν. ⎫
      Ac.   σῶν.   ⎬ Déclinaison attique,
PLUR. N.   σῶ.   ⎬ comme εὔγεως.
      Ac.   σώς.   ⎭

On trouve encore quelques cas de σόος, de σῶος, et de σάος dont le féminin singulier et le neutre pluriel sont σᾶ pour σάα.

On cite même, de Démosthène, le nominatif pluriel σῶς pour σῶες, troisième déclinaison.

FORMATION DES COMPARATIFS ET DES SUPERLATIFS.

§ 195. Nous avons marqué, § 38, l'analogie la plus générale des comparatifs et des superlatifs. Voici les règles pour les former :

TERMINAISONS ΤΕΡΟΣ, ΤΑΤΟΣ.

I. ADJECTIFS EN ΟΣ.

1° Dans les adjectifs en ος, on remplace ος par ότερος, si la syllabe précédente a une diphthongue ou une voyelle longue, soit par nature, soit par position [1] :

κοῦφος,   léger,   κουφότερος,   κουφότατος.
ἔνδοξος, illustre, ἐνδοξότερος, ἐνδοξότατος.

Par ώτερος, si la voyelle précédente est brève :

σοφός,   sage,   σοφώτερος,   σοφώτατος.

[1] Une syllabe est longue par nature quand elle a une voyelle longue ou une diphthongue ; elle est longue par position quand elle a une voyelle suivie d'une consonne double ou de plusieurs consonnes.

COMPARATIFS ET SUPERLATIFS. 181

Exceptez κενός, *vide*, et στενός, *étroit*, qui font κενότερος, κενότατος; στενότερος, στενότατος. Ces exceptions peuvent s'expliquer comme se rattachant aux positifs de forme ionienne κεινός et στεινός.

2° Dans plusieurs adjectifs en αιος, l'o disparaît entièrement:

παλαιός, ancien, παλαίτερος, παλαίτατος.

Cette terminaison αίτερος s'applique même à quelques-uns qui ne sont pas en αιος : μέσος, qui est au milieu, *medius*; μεσαίτερος, μεσαίτατος.

3° D'autres changent l'ος du positif en έστερος ou ίστερος :

ἐρρωμένος, fort, ἐρρωμενέστερος.
λάλος, bavard, λαλίστερος.
σπουδαῖος, diligent, σπουδαιέστερος. La forme attique est σπουδαιότερος.

4° Les adjectifs contractes en εος-ους, prennent ώτερος :
πορφύρεος-οῦς, de pourpre, πορφυρεώτερος; et par contr. πορφυρώτερος.
Les contractes en οος-ους, prennent έστερος :
ἁπλόος, ἁπλοῦς, simple, ἁπλοέστερος; et par contraction ἁπλούστερος.

II. Adjectifs en ΑΣ, ΗΣ, ΥΣ.

Les terminaisons τερος et τατος s'ajoutent simplement au neutre des adjectifs en ας, ης, υς :

μέλας, Neutre, μέλαν, μελάντερος, μελάντατος.
ἀληθής, ἀληθές, ἀληθέστερος, ἀληθέστατος.
εὐρύς, εὐρύ, εὐρύτερος, εὐρύτατος.

III. Adjectifs en ΩΝ, ΕΙΣ et Ξ.

Les adjectifs en ων prennent έστερος, έστατος, que l'on ajoute à leur neutre :

σώφρων, σῶφρον, σωφρονέστερος, σωφρονέστατος.

Les adjectifs en εις changent εις en έστερος :

χαρίεις, χαριέστερος, χαριέστατος.

Les adjectifs en ξ, changent la terminaison de leur génitif en ίστερος :

ἅρπαξ, ἅρπαγ ος, ἅρπαγ ίστερος, ἅρπαγ ίστατος.

IV. Substantifs pris adjectivement.

Quelques substantifs qui, exprimant une qualité, peuvent être considérés comme de vrais adjectifs, peuvent aussi avoir un comparatif et un superlatif. Les uns prennent la terminaison ότερος, ότατος :

ὑβριστής, ὑβριστοῦ, un homme insolent; ὑβριστότερος, plus insolent.
ἑταῖρος, ἑταίρου, un ami; ἑταιρότατος, très-ami.

D'autres prennent ίστερος, ίστατος :

πλεονέκτης, του, un homme avide; πλεονεκτίστατος, le plus avide.
κλέπτης, του, un voleur; κλεπτίστατος, le plus voleur.

D'autres seulement τερος, τατος : βασιλεύς, roi ; βασιλεύτερος (poétique), plus roi, roi plus puissant.

V. Prépositions formant des comparatifs et des superlatifs [1].

Quelques comparatifs et superlatifs sont même formés de certaines prépositions.

πρό, avant, πρότερος, antérieur, πρῶτος, pour πρότατος, le premier.
ὑπέρ, dessus, ὑπέρτερος, supérieur, ὑπέρτατος, et ὕπατος, suprême.
ἐξ, hors de, ἔσχατος, ' extrême.

C'est ainsi qu'en latin on a fait

de *præ*, Compar. *prior*, Superl. *primus;*
de *super*, *superior*, *supremus* et *summus;*
de *extra*, *exterior*, *extremus;*
de *intra*, *interior*, *intimus;*
de *infra*, *inferior*, *infimus* et *imus*.

Terminaisons ΙΩΝ (ΩΝ), ΙΣΤΟΣ.

§ 196. 1° La plupart des comparatifs et superlatifs qui ont ces terminaisons, prennent aussi τερος, τατος :

γλυκύς, doux, γλυκίων, γλύκιστος, et γλυκύτερος-τατος.
βραδύς, lent, βραδίων, βράδιστος, et βραδύτερος-τατος.

2° Dans quelques comparatifs de cette forme, l'ι et la consonne qui le précède sont remplacés par σσ, ou ττ :

ἐλαχύς (poétique), petit, ἐλάσσων pour ἐλαχίων, ἐλάχιστος.
ταχύς, prompt, θάσσων pour ταχίων, τάχιστος.

NOTA. Dans θάσσων, il y a un θ, parce que, la seconde syllabe de ταχίων étant aspirée, et σσων ne l'étant point, l'aspiration se perdrait entièrement si elle n'était reportée sur τα. Les Attiques disent θάττων.

3° Dans les suivants, la gutturale est remplacée par un ζ :

ὀλίγος, peu, ὀλίζων poét. pour ὀλιγίων, ὀλίγιστος;
μέγας, grand, μείζων pour μεγίων, μέγιστος.

§ 197. On sait qu'en latin quelques adjectifs, comme *bonus, malus, parvus,* ne forment point d'eux-mêmes leurs comparatifs et leurs superlatifs, mais les empruntent de positifs tout à fait inusités, en sorte que l'on dit :

bonus, *melior,* *optimus;*
malus, *pejor,* *pessimus;*
parvus, *minor,* *minimus;*

et en français, *bon, meilleur; mauvais, pire; petit, moindre* [2].

Il en est de même en grec, et ce sont les mêmes adjectifs qui, dans les trois

---

1. Cf. Méth. lat., § 138. — 2. Cf. ibid., § 136.

COMPARATIFS ET SUPERLATIFS.

langues, offrent ces particularités. Seulement en grec, à un seul positif on rapporte plusieurs comparatifs et superlatifs ; ainsi l'on dit :

1°   Bon,   meilleur,   très-bon *ou* le meilleur.
          ἀγαθός,   ἀμείνων,   ἄριστος ;
                          βελτίων,   βέλτιστος ;
                          κρείσσων,   κράτιστος ;
                          λωΐων-λῴων,   λώϊστος-λῷστος.

NOTA. On trouve dans les poëtes le comparatif ἀρείων, d'où vient ἄριστος, et qui dérive d'Ἄρης, *Mars*, ἀρετή, *vertu guerrière*.

Les Doriens disent βέντιστος pour βέλτιστος, et les poëtes βέλτερος, βέλτατος.

κρείσσων-κρείττων vient du primitif κρατύς, *fort*, et signifie proprement *plus fort*. Ionien, κρέσσων ; dorien, κάρρων.

2°   Mauvais,   pire,   le pire.
          κακός,   χείρων ; *ion.* χερείων,   χείριστος.

κακός forme d'ailleurs de lui-même κακίων et κακώτερος.

3°   Petit,   moindre,   le moindre.
          μικρός,   μείων,
                          ἥσσων ; *ion.* ἔσσων,   ἥκιστος.

NOTA. ἥσσων-ἥττων signifie ordinairement *plus faible, inférieur ;* il est opposé à κρείττων.

μικρός a d'ailleurs régulièrement μικρότερος.

§ 198. D'autres comparatifs et superlatifs se tirent de leur positif, mais avec quelque changement :

1° πολύς, *nombreux,* πλείων, πλεῖστος.

Les Attiques disent souvent πλέων pour πλείων ; πλέον pour πλεῖον ; πλέονες-πλέους pour πλείονες-πλείους, etc.

Ils disent même, πλεῖν, *plus,* pour πλεῖον.

Les Ioniens disent πλεῦν, πλεῦνες, pour πλέον, πλέονες ; et Homère, πλέες, πλέας, pour πλέονες, πλέονας.

2° *Attiq.*   ῥᾴδιος, facile,   ῥᾴων, plus facile,   ῥᾷστος, très-facile.
   Ion.   ῥηΐδιος,   ῥηΐων,   ῥηΐστος.
   Adverbe, ῥηΐα, ῥεῖα, ῥέα, facilement.

3° On trouve enfin certains comparatifs et superlatifs tirés de mots qui déjà le sont eux-mêmes :

             χείρων,   pire,   χειρότερος ;
             καλλίων,   plus beau,   καλλιώτερος ;
             πρότερος,   antérieur,   προτεραίτερος ;
             λωΐων,   meilleur,   λωΐτερος ;
             πρῶτος,   premier,   πρώτιστος ;
             ἔσχατος,   dernier,   ἐσχατώτατος.

Quelques-unes de ces formes donnent plus de force à la signification du comparatif ; d'autres n'y ajoutent rien.

ADJECTIFS DÉMONSTRATIFS ET CONJONCTIFS.

§ 199. I. ὍΔΕ. Au lieu de ὅδε, ἥδε, τόδε, les Attiques disent quelquefois ὁδί, ἡδί, τοδί.

II. ΟὟΤΟΣ. Pour οὗτος, αὕτη, ils disent οὑτοσί, αὑτηί : pour τοῦτον, acc. masc. τουτονί, et de même aux autres cas, toujours en ajoutant ι.

L'ι prend même quelquefois la place de ο et de α; τουτί pour τοῦτο, ταυτί pour ταῦτα. Cet ι, qu'on peut appeler démonstratif, fait le même effet que *ce* dans le latin *hicce*, et *ci* dans le français *celui-ci*.

Les Ioniens disent τουτέῳ pour τούτῳ; τουτέων pour τούτων, etc. ; et de même dans ΑὙΤΟ῎Σ, αὐτέῳ, αὐτέην, αὐτέων, αὐτέοισι, pour αὐτῷ, αὐτήν, αὐτῶν, αὐτοῖς.

Ce dernier adjectif, contracté avec l'article, fait αὑτός (ion. ὡὑτός[1]), ταὐτοῦ, ταὐτῷ (ion. τὠϋτοῦ, τὠϋτῷ), pour ὁ αὐτός, τοῦ αὐτοῦ, τῷ αὐτῷ, et il fait ταὐτό, ταὐτόν (ion. τὠϋτόν), pour τὸ αὐτό (cf. § 44 et § 174, III). Il ne faut pas confondre ces formes avec celles de οὗτος.

III. ἘΚΕῖΝΟΣ. ἐκεῖνος reçoit l'ι démonstratif, comme οὗτος : ἐκεινοσί, *celui-là* ; ἐκεινουί, *de celui-là*.

Pour ἐκεῖνος, les Ioniens disent κεῖνος, et les Doriens κῆνος et τῆνος.

IV. ΤΙΣ. Pour le génitif τινός et le datif τινί, de τὶς, *quelque*, les Attiques disent του et τῳ de tout genre. Les Ioniens disent, gén. τέο; dat. τέῳ; pl. τέων, τέοισι.

Dans le sens interrogatif, on trouve aussi, chez les Attiques, τοῦ, τῷ; chez les Ioniens, τέο, τέῳ, τέων, τέοισι.

V. ὍΣΤΙΣ. Pour le génitif masculin οὗτινος, d'ὅςτις, *quiconque*, les Attiques disent ὅτου; pour ᾧτινι, ὅτῳ; pour ἅτινα, ἅττα.

On trouve aussi ἅττα et ἅσσα, avec l'esprit doux, pour τινά, *quelques*.

Les Ioniens disent, gén. ὅτεο; dat. ὅτεῳ; pl. ὅτεων, ὁτέοισι.

Les poëtes disent même, en conservant ο à tous les cas, ὅτις pour ὅςτις; ὅτινα pour ὅντινα et ἅτινα; ὅτινας pour οὕςτινας.

Le neutre ὅτι, *quodcunque*, s'écrit avec une virgule au milieu, ὅ, τι, pour le distinguer de la conjonction ὅτι, *quod*. Dans quelques éditions modernes, on se contente de séparer un peu ὅ de τι : ὅ τι, sans mettre de virgule, ce qui paraît plus raisonnable.

ADJECTIFS DÉTERMINATIFS.

§ 200. Aux adjectifs démonstratifs il faut joindre certains adjectifs qui servent à déterminer les objets[2].

1. ἄλλος, ἄλλη, ἄλλο, *autre*, quand il est question de plus de deux. Déclinez sur αὐτός; point de ν au neutre : en latin, *alius*.

2. ἕτερος, ἑτέρα, ἕτερον, *autre*, quand il n'est question que de deux; en latin, *alter*. Ἕτερος est, étymologiquement, le comparatif de εἷς.

---

1. Matthiæ, § 146, p. 296 de la traduction française de MM. Gail et Longueville. —
2. Cf. Méth. lat., § 31.

ADJECTIFS DÉTERMINATIFS.

3. μηδείς, μηδεμία, μηδέν;
   οὐδείς, οὐδεμία, οὐδέν; } *nul, aucun, pas un.*

Ces adjectifs sont composés des négations μηδέ, οὐδέ, et de l'adjectif de nombre εἷς, sur lequel ils se déclinent. On dit aussi οὐθείς et μηθείς, sans féminin, *aucun* (οὔτε εἷς, μήτε εἷς); en latin *nullus*. Ces formes n'appartiennent pas à l'attique pur.

4. οὐδέτερος, ρα, ρον; } *ni l'un ni l'autre*, en parlant de deux; composés
   μηδέτερος, ρα, ρον; } de οὐδέ, μηδέ et ἕτερος; en latin *neuter*.

5. ἑκάτερος, ρα, ρον, *chacun des deux, l'un et l'autre*; en lat. *uterque*.

6. ἕκαστος, τη, τον, *chacun*, en parlant de plus de deux; en lat. *quisque*.

7. πότερος, ρα, ρον, *lequel des deux? uter?*

8. ὁπότερος, ρα, ρον, *lequel des deux, celui des deux qui, uter, utervis;* composé de l'article ὁ et πότερος.

9. ἅτερος (α long) pour ὁ ἕτερος, *l'autre*, en parlant de deux; gén. θατέρου, dat. θατέρῳ, pour τοῦ ἑτέρου, τῷ ἑτέρῳ; pl. ἅτεροι pour οἱ ἕτεροι; θάτερα pour τὰ ἕτερα; en latin, *alteruter*. Ces formes paraissent venir du dorien ἅτερος (α bref) pour ἕτερος. Sur la crase de la première syllabe, cf. § 174, III.

10. πρότερος, ρα, ρον, *premier (entre deux)*; en latin, *prior*.

11. πρῶτος, τη, τον, *premier (entre tous)*; en latin, *primus*.

Nous avons déjà vu que πρότερος est un comparatif, et πρῶτος un superlatif, tirés de la préposition πρό (cf. § 195, V).

Remarquez, en général, que ceux de ces adjectifs qui ne s'emploient qu'en parlant de deux ont la terminaison de comparatifs. C'est qu'en effet toutes les fois que deux objets sont mis en regard, il s'établit entre eux une sorte de comparaison.

12. ἄμφω, *tous deux, deux ensemble*, pour le nominatif et l'accusatif; ἀμφοῖν, *de ou à tous deux*, pour le génitif et le datif; en latin, *ambo*. Chez les anciens poëtes, ἄμφω est souvent indéclinable.

13. ἀμφότερος, ρα, ρον; même signification.

14. PLUR. G. ἀλλήλων,   les uns des autres.
          D. ἀλλήλοις, αις, οις, les uns aux autres.
          Ac. ἀλλήλους, ας, α, les uns les autres.
    DUEL. G. D. ἀλλήλοιν; αιν, οιν,
          Ac. ἀλλήλω, α, ω.

Cet adjectif est composé de ἄλλος répété. Il exprime réciprocité comme les mots *entre*, et *l'un l'autre*, dans cette phrase : *ils s'entre-frappèrent*, ou *ils se frappèrent l'un l'autre ;* en latin, *alius alium verberavit ;* en grec, ἔτυψαν ἀλλήλους. Il n'a jamais de nominatif, étant toujours employé comme régime direct ou indirect.

§ 201. ADJECTIFS CORRÉLATIFS
OU ADJECTIFS DÉRIVÉS d'ὁ, ἡ, τό, et d'ὅς, ἥ, ὅ[1].

ANTÉCÉDENTS.		RELATIFS.		INTERROGATIFS.	
1° τοῖος (poét.), τοιοῦτος,	tel; *talis.*	οἷος,	que; quel; *qualis.*	ποῖος,	de quelle espèce? *qualis?*
2° τόσος (poét.), τοσοῦτος,	aussi grand; autant; *tantus;* au pl. *tot.*	ὅσος,	que; *quantus.* Au pl. tous ceux qui; *quicunque.*	πόσος,	combien grand? au pl. combien? *quot?*
3° τηλίκος (poét.), τηλικοῦτος,	aussi grand; aussi âgé.	ἡλίκος,	que (pour l'âge ou la grandeur).	πηλίκος,	combien grand? de quel âge?

REMARQUES. 1° Il en est des adjectifs relatifs comme du conjonctif ὅς, ἥ, ὅ ; on ne les emploie jamais que l'antécédent correspondant n'ait été exprimé ou sous-entendu.

2° Les antécédents sont caractérisés par le τ initial, comme l'article; les relatifs par l'esprit rude, comme l'adjectif conjonctif; et les interrogatifs par le π.

3° τοιοῦτος, τοσοῦτος, τηλικοῦτος, se déclinent comme οὗτος[2] :

SING. N. τοιοῦτος, τοιαύτη, τοιοῦτο. | τοσοῦτος, τοσαύτη, τοσοῦτο.
PLUR. N. τοιοῦτοι, τοιαῦται, τοιαῦτα. | τοσοῦτοι, τοσαῦται, τοσαῦτα.
G. τοιούτων, pour les 3 genres. | τοσούτων, pour les 3 genres.

Les Attiques disent au neutre τοιοῦτον et τοσοῦτον.

4° τοιόσδε, tel, *talis*; et τοσόσδε, autant, *tantusdem*, et au pl. *totidem*, sont simplement *démonstratifs* comme ὅδε, et n'ont pas besoin d'être suivis d'un relatif. τοιόσδε se rapporte assez ordinairement à ce qui suit, et τοιοῦτος à ce qui précède.

5° A la colonne des relatifs, ajoutez 1° ὁποῖος ; 2° ὁπόσος; 3° ὁπηλίκος, composés des interrogatifs et de l'article ὁ, qui ont la même signification que οἷος, ὅσος, ἡλίκος, et se mettent surtout entre deux verbes (cf. § 291, 5°).

6° Si à ὁποῖος et aux deux autres vous joignez οὖν, vous aurez :

        ὁποιοσοῦν,   de quelque espèce que, *qualiscunque.*
        ὁποσοσοῦν,   quelque grand que, *quantuscunque;*
Et au pluriel, ὁποσοιοῦν,   quelque nombreux que, *quotquot;*
        ὁπηλικοσοῦν,   quelque grand que.

οὖν fait, dans ces mots, l'effet du latin *cunque.*

---

1. Cf. Méth. lat., § 145, II, p. 132.
2. Ces trois mots sont composés de τοῖος αὐτός, τόσος αὐτός, τηλίκος αὐτός, comme οὗτος est composé de ὁ αὐτός (cf. § 45). C'est comme si l'on disait *talis ipse, tantus ipse.* Par une analogie contraire, mais du même genre, les Italiens disent *altrettanto*, autant (autre aussi grand).

SUPPLÉMENT AUX PRONOMS.

SINGULIER.

§ 202. NOMINATIF. On ajoute souvent γε aux pronoms dans le sens du latin *quidem*; ἔγωγε, moi du moins, pour moi, *ego quidem*.

Pour ἐγώ, les Doriens disent ἐγών; et pour ἔγωγε, ἐγώνγα;
Les Béotiens ἰών, ἰώνγα, et ἰώγα.

Pour σύ, les Doriens disent τύ; pour σέ, ils disent τέ, et, seulement comme enclitique, τύ.

		1re pers.	2e pers.	3e pers.
GÉN.	Poét. et Ion.	ἐμέο,	σέο,	ἕο.
		ἐμεῖο,	σεῖο,	εἷο.
		ἐμέθεν,	σέθεν,	ἕθεν.
	Dor. Ion.	ἐμεῦ,	σεῦ et τεῦ,	εὗ.
DAT.	Dorien.	ἐμίν,	τίν, τείν et τοί,	ἵν.

PLURIEL.

NOM.	Ionien.	ἡμέες,	ὑμέες,	σφέες.
GÉN.		ἡμέων, ἡμείων (épique),	ὑμέων, ὑμείων (ép.),	σφέων, σφείων (ép.).
NOM.	Dorien.	ἁμές,	ἄμμες, ὑμές,	ὕμμες.
DAT.			ἄμμι,	ὕμμι.
ACC.			ἄμμε,	ὕμμε.

REMARQUE. A l'accusatif singulier, les poëtes disent μίν pour αὐτόν, αὐτήν, αὐτό, *lui, elle, le*. Quelquefois même on trouve νίν dans le même sens, pour le singulier et le pluriel.

On rencontre aussi dans les poëtes σφέ et ψέ de tout genre pour l'accusatif singulier et pluriel de αὐτός et de οὗ.

On remarquera l'analogie de ψέ avec le latin *ipse*.

SUPPLÉMENT AUX VERBES.

VERBES ACTIFS A FORME PASSIVE ET MOYENNE, OU VERBES DÉPONENTS.

§ 203. Nous avons distingué trois sortes de verbes : actif, passif, moyen ou réfléchi.

Nous avons vu que l'actif est caractérisé par la terminaison ω;
Le passif, par la terminaison ομαι;
Le moyen, par la terminaison σομαι au futur premier, σάμην à l'aoriste premier, οῦμαι au futur second, όμην à l'aoriste second; le reste comme au passif.

Mais de même que le latin a des verbes en *or* qui ont la signification active, *imitor, j'imite ;* de même le grec a des verbes en ομαι, qui s'emploient activement, ἐργάζομαι, *je fais.*

Ces verbes s'appellent *déponents,* parce qu'ils ont pour ainsi dire *déposé* la terminaison de l'actif, quoiqu'ils en aient conservé la signification.

PRINCIPES. 1° Dans quelques-uns de ces verbes, la forme passive se trouve mêlée avec la forme moyenne :

βούλομαι, *je veux ;* fut. βουλήσομαι (forme moyenne), *je voudrai ;* aoriste ἐβουλήθην (forme passive), *je voulus.*

2° Quelques-uns ont à la fois un aoriste moyen qui a la signification active, et un aoriste passif qui a la signification passive :

δέχομαι, *je reçois ;* δεξάμενος, *ayant reçu ;* δεχθείς, *ayant été reçu.*

3° Quant au parfait, il peut avoir dans un verbe déponent la signification passive en même temps que la signification active :

ἐργάζομαι, *je fais ;* εἴργασμαι, *j'ai fait* et *j'ai été fait.*

4° On trouve dans quelques-uns de ces verbes le parfait second en α, mêlé avec des formes passives :

μαίνομαι, *être furieux ;* aoriste second, ἐμάνην; parfait, μέμηνα.

5° D'autres ont le parfait en μαι, et le parfait second en α, et toujours dans la même signification :

γίγνομαι (prim. γένομαι), *je nais* ou *je deviens ;*
γεγένημαι et γέγονα, *je suis né* ou *je suis devenu.*

OBSERVATIONS SUR PLUSIEURS FUTURS MOYENS.

§ 204. On trouve dans les auteurs un assez grand nombre de futurs moyens qui, n'ayant point la signification réfléchie, doivent se traduire comme de véritables futurs actifs. Le futur actif de ces verbes est alors peu employé, ou ne l'est pas du tout ; exemples : ἀκούω, *j'entends,* ἀκούσομαι, *j'entendrai ;* λαμβάνω (ΛΗΒΩ[1]), *je prends,* λήψομαι, *je prendrai ;* ἀπολαύω, *je jouis,* ἀπολαύσομαι, *je jouirai.*

Cet usage ne doit pas étonner, puisqu'en français même nous avons des verbes qui sont réfléchis quant à la forme et non quant au sens; par exemple : *se taire, s'en aller, s'étonner, se tromper, se lamenter, s'étudier à, s'écrier, se rire de.* En effet, *un homme qui s'aime,* signifie *un homme qui aime sa propre personne ;* mais *un homme qui se tait,* ne signifie pas *un homme qui tait sa propre personne ;* cette locution serait absurde. *S'aimer* est donc réfléchi et pour *la forme* et pour *le sens ; se taire* n'est réfléchi que pour *la forme.*

Ce dernier cas est précisément celui des futurs moyens dont nous parlons

1. Tous les verbes qu'on rencontrera par la suite écrits en capitales, sont des formes primitives et inusitées.

ici; et les verbes français que nous venons de citer sont du nombre de ceux qui en grec préfèrent cette forme de futur:

je me tairai,	{ σιγήσομαι,	présent,	σιγάω.
	{ σιωπήσομαι,		σιωπάω.
je m'en irai,	βήσομαι,		ΒΑΩ.
je m'étonnerai,	θαυμάσομαι,		θαυμάζω.
je me tromperai,	ἁμαρτήσομαι,		ἁμαρτάνω.
je me lamenterai,	οἰμώξομαι,		οἰμώζω.
je m'étudierai à...,	σπουδάσομαι,		σπουδάζω.
je m'écrierai,	βοήσομαι,		βοάω.
je me rirai de...,	γελάσομαι,		γελάω.

ADDITIONS AUX RÈGLES DE L'AUGMENT ET DU REDOUBLEMENT.

AUGMENT SYLLABIQUE.

§ 205. 1° Tout verbe qui commence par un ρ redouble cette consonne après l'augment : ῥάπτω, *coudre*, ἔρραπτον (cf. § 105).

2° Les poëtes redoublent quelquefois même les autres consonnes:

δείδω (rare au prés.), *craindre*; ἔδδεισε pour ἔδεισε, *il craignit*.

3° Les Attiques donnent η au lieu d'ε pour augment aux trois verbes :

βούλομαι, vouloir, δύναμαι, pouvoir, μέλλω, devoir.
ἠβουλόμην, ἠδυνάμην, ἤμελλον.

REDOUBLEMENT DU PARFAIT.

§ 206. I. Quand la première consonne du présent est une aspirée, on la remplace par la forte correspondante :

φιλέω, πεφίληκα; θύω, sacrifier, τέθυκα (cf. § 89).

II. Les verbes qui commencent par un ρ, une lettre double, ou deux consonnes, n'ont point de redoublement au parfait :

ῥάπτω, ἔρραφα; ψάλλω, ἔψαλκα; σπείρω, ἔσπαρκα (cf. § 105). Plus-que-parf. sans autre augment, ἐρράφειν, ἐψάλκειν, ἐσπάρκειν.

Exceptez de cette règle:

1° Les verbes qui commencent par une muette et une liquide : γράφω, γέγραφα; κλίνω, κέκλικα.
2° Quelques-uns qui commencent par πτ : πέπτωκα (cf. ΠΤΟΩ), *tomber*.
3° Un qui commence par μν : μέμνημαι, *je me souviens*, de μνάομαι.
4° Un par κτ : κέκτημαι, *je possède*, de κτάομαι, *acquérir*; quoiqu'on dise aussi ἔκτημαι.

NOTA. γν, quoique étant une muette et une liquide, rentrent dans la règle générale, et ne prennent pas de redoublement : γνωρίζω, *reconnaître*; ἐγνώρικα.
Il en est quelquefois de même de γλ et βλ : γλύφω, *sculpter*, ἔγλυφα; βλαστάνω (ΒΛΑΣΤΩ-ΕΩ), *germer*, ἐβλάστηκα.

III. Les Attiques, dans quelques verbes, changent λε et με, redoublement du parfait, en ει :

ΜΕΙΡΩ,	partager,	εἵμαρμαι[1],	pour	μέμαρμαι (inusité).
λαμβάνω	(ΛΗΒΩ),	εἵλημμαι,	pour	λέλημμαι (rare).

REDOUBLEMENT POÉTIQUE A L'AORISTE SECOND.

§ 207. Souvent les poëtes donnent à l'aor. second actif et moyen le même redoublement qu'au parfait, et ce redoublement n'est pas particulier, comme l'augment, au mode indicatif :

κάμνω,	travailler,	ἔκαμον,	κέκαμον;	subj.	κεκάμω.
λανθάνω,	être caché,	ἔλαθον,	λέλαθον;	part.	λελαθών.

AUGMENT TEMPOREL.

§ 208. 1° L'augment temporel, qui consiste à changer les voyelles brèves en leurs longues, n'est autre chose que la combinaison de ces voyelles avec l'augment syllabique ε.

Ainsi : ἦγον, je conduisais, est pour ἔαγον, d'ἄγω.
ἠρχόμην, j'allais, est pour ἐερχόμην, d'ἔρχομαι.

Quinze ou seize verbes commençant par ε changent même εε non pas en η, mais en ει, suivant les règles ordinaires de contraction :

ἔχω,	avoir,	εἶχον,	pour	ἔεχον;
ἕλκω,	traîner,	εἷλκον,	pour	ἔελκον;
ἐργάζομαι,	faire,	εἰργαζόμην,	pour	ἐεργαζόμην;
ἐάω,	permettre,	εἴαον-εἴων,	pour	ἐέαον;

Et quelques autres prennent εα au lieu d'η :

ἄγνυμι,	briser	('ΑΓΩ);	aor. 1er	ἔαξα.
ἁλίσκομαι,	être pris	('ΑΛΟΩ);	parf.	ἑάλωκα.

2° Nous avons dit (cf. § 66) que les diphthongues ει et ευ ne sont pas susceptibles d'augment. Cependant les Attiques changent souvent ευ en ηυ : εὔχομαι, prier, ηὐχόμην; quelquefois ει en η : εἰκάζω, imaginer, ἤκαζον.

3° α initial ne reçoit pas d'augment dans les quatre verbes,

ἄημι ('ΑΩ),	souffler,	ἀηδίζομαι,	avoir du dégoût,
ἀΐω (poétique),	entendre,	ἀηθέσσω,	n'être pas accoutumé.

4° οι n'en reçoit pas dans les verbes composés d'οἴαξ, *gouvernail;* d'οἰωνός, *oiseau;* d'οἶος, *seul;* et dans d'autres que l'usage apprendra.
οἰμώζω, *pleurer,* et οἰδάνω, *s'enfler,* ont tantôt l'augment, et tantôt ne l'ont pas.

5° εο reçoit l'augment sur l'ο dans ἑορτάζω, *fêter;* imparf. ἑώρταζον.

6° ὁράω, *voir*, prend tout à la fois l'augment temporel ω et l'augment syllabique ε. Cet ε reçoit l'esprit rude qui serait sur l'ω : ὁράω, ἑώραον-ἑώρων.

---

1. Usité seulement à la troisième personne : εἵμαρται, εἵμαρτο, *fato decretum est,* — *erat;* et au participe : εἱμαρμένος, d'où ἡ εἱμαρμένη, la destinée, sous-entendu μοῖρα.

AUGMENT ET REDOUBLEMENT. 191

7° Par une semblable analogie, les trois verbes suivants, qui ne devraient pas avoir d'augment, parce qu'ils commencent par ω et ου, prennent l'augment syllabique :

ὠθέω, pousser ;   ὠνέομαι, acheter ;   οὐρέω, uriner.
ἐώθουν,   ἐωνούμην,   ἐούρουν,

8° L'ε ajouté d'après ces trois dernières règles passe au parfait :
ἔωσμαι (d' ΏΘΩ, le même qu'ὠθέω) ; ἐώνημαι, d' ὠνέομαι.

Cet ε se trouve encore dans les trois parfaits seconds,

ἔοικα, d'ΕἸΚΩ, *ressembler* ; ἔολπα, d'ἔλπομαι, *espérer* ; ἔοργα, de ῥέζω, ἔρδω (ἘΡΓΩ), *faire* ;

Et les plus-que-parfaits reçoivent un nouvel augment à la seconde syllabe : ἐῴκειν, ἐώλπειν, ἐώργειν.

Remarque Les poëtes et les Ioniens négligent souvent l'augment tant syllabique que temporel : λάβε, pour ἔλαβε, *il prit* ; ἀμείβετο, pour ἠμείβετο, d'ἀμείβω, *échanger*.

Quelquefois ils omettent le redoublement du parfait : δέγμενος, pour δεδεγμένος, de δέχομαι, *recevoir*. Mais ces formes sont plutôt des aoristes seconds dans lesquels la terminaison s'attache immédiatement au radical.

En prose même, on omet très-souvent l'augment du plus-que-parfait : τετύφεισαν, pour ἐτετύφεισαν.

REDOUBLEMENT ATTIQUE.

§ 209. 1° Au parfait. Les Attiques donnent un redoublement particulier à certains verbes qui commencent par une voyelle. Il consiste à répéter avant l'augment temporel les deux premières lettres du verbe :

ἀγείρω,   assembler,   ἤγερκα,   ἀγ ήγερκα.
ἀραρίσκω (ἈΡΩ), ajuster, parf. 2 ἦρα, ἀρ ηκα, poét. ἄραρα.
ὀρύσσω,   fouir,   ὤρυχα,   ὀρ ὤρυχα.

Si la syllabe principale du radical (qui est la troisième en comptant le redoublement) se trouve longue, on l'abrège :

ἀλείφω,   oindre,   ἤλΕΙφα,   ἀλήλΙφα.
ἀκούω,   entendre, ἤκΟΥα,   ἀκήκΟα.

Quelquefois le plus-que-parf. ajoute encore un augment temporel : ἠκηκόειν.

2° A l'aoriste second. Quelques verbes ont à l'aoriste second un redoublement de la même espèce ; mais au parfait l'augment temporel occupe la seconde place : (ἄρω), ἄρΗρα ;
à l'aoriste second, il occupe la première : (ἄρω), Ἤραρον.

Ce redoublement passe dans tous les modes ; mais l'augment temporel ne sort pas de l'indicatif : ἄγω ; aor. second, Ἤγαγον ; infin., Ἀγαγεῖν.

Ainsi des verbes tels que ἄγω et ἄρω, qui par eux-mêmes n'auraient pas d'aoriste second, parce que cette forme se confondrait avec l'imparfait, se trouvent en avoir un au moyen de ce redoublement.

AUGMENT DANS LES VERBES COMPOSÉS.

VERBES COMPOSÉS D'UNE PRÉPOSITION.

§ 210. I. Dans les verbes composés d'une préposition, l'augment et le redoublement se mettent après la préposition :

προςτάττω,   ordonner,   προςέταττον,   προςτέταχα;
εἰςάγω,   introduire,   εἰςῆγον,   εἰςῆχα.

REMARQUES. 1° Si la préposition finit par une voyelle, cette voyelle s'élide : διασπείρω, *disperser*, διέσπειρον, διέσπαρκα.

Cependant περί ne perd jamais son ι :

περιτρέπω, faire tourner, περιέτρεπον;

l'o de πρό se contracte souvent avec ε :

προτρέπω, exhorter, προὔτρεπον (cf. § 167).

2° Si les prépositions ἐν et σύν ont perdu ou changé leur ν à cause de la consonne suivante (cf. § 167), le ν reparaît avant l'augment :

ἐμβάλλω,   jeter dans,   ἐνέβαλλον,   ἐμβέβληκα;
συλλέγω,   rassembler,   συνέλεγον,   συνείλοχα;
συζάω,   vivre avec,   συνέζων.

3° Quelques verbes prennent l'augment tout à la fois avant et après la préposition :

ἀνορθόω,   redresser,   ἠνώρθουν;
διοικέω,   administrer,   ἐδιῴκουν;
ἀνέχομαι,   soutenir,   ἠνειχόμην.

4° Les verbes où la préposition n'ajoute rien à la signification du simple le prennent ordinairement avant la préposition :

(ἵσταμαι),   ἐπίσταμαι,   savoir,   ἠπιστάμην[1];
ἵζω,   καθίζω,   asseoir,   ἐκάθιζον;
ἧμαι,   κάθημαι,   être assis, ἐκαθήμην;
εὕδω,   καθεύδω,   dormir,   ἐκάθευδον.

Cependant on dit aussi καθήμην et καθηῦδον.

II. Quelques verbes dont le simple n'existe pas prennent l'augment avant la préposition :

ἀντιδικέω, soutenir un procès, ἠντιδίκουν.

Beaucoup aussi le reçoivent après, et rentrent dans la règle générale :

προφητεύω,   prophétiser,   προεφήτευον;
ἐγκωμιάζω,   louer,   ἐνεκωμίαζον;
ἐπιτηδεύω,   s'étudier à,   ἐπετήδευσα;
ἀπολαύω,   jouir,   ἀπέλαυον, et ἀπήλαυον, } η pour ε, comme
παρανομέω,   violer la loi, παρηνόμησα,   } dans ἠβουλόμην.

---

1. Cf. § 149, note p. 149.

D'autres le reçoivent tantôt avant, tantôt après :

ἐγγυάω, mettre en main, ἠγγυησάμην, ἐγγεγύηκα ;
ἐμπολάω, trafiquer, ἠμπόληκα, et ἐμπεπόληκα.

Le suivant, qui vient d'ἁλίσκομαι (ἉΛΟΩ), peut se rattacher à cette classe :

ἀναλίσκω, dépenser, ἠνάλωσα, ἀνήλωσα, dans le double composé κατηνάλωσα, et attique, ἀνάλωσα.

VERBES COMPOSÉS, MAIS NON D'UNE PRÉPOSITION.

§ 211. 1° Les composés d'ἀ privatif prennent l'augment temporel η :

ἀδικέω, être injuste, ἠδίκουν.

2° Dans les composés de δυς et εὖ, *si le verbe commence par une voyelle susceptible d'augment*, on met l'augment temporel après δυς et εὖ :

δυςαρεστέω, être fâché, δυςηρέστουν ;
εὐεργετέω, faire du bien, εὐηργέτουν [1].

Si le verbe commence par une consonne ou par une voyelle longue, δυς prend l'augment avant lui :

δυςτυχέω, ἐδυςτύχουν, δεδυςτύχηκα ;
δυςωπέω, rendre honteux, ἐδυςώπουν :

εὖ reste invariable suivant la règle générale (cf. § 66), ou se change en ηὐ suivant les Attiques (cf. § 208, 2°) : εὐτυχέω, εὐτύχουν ou ηὐτύχουν.

3° Les composés d'un adverbe, d'un nom ou d'un adjectif, prennent l'augment au commencement, comme les verbes simples :

πλημμελέω, commettre une faute, πεπλημμέληκα (πλήν).
ἀμφιςβητέω, douter, ἠμφιςβήτηκα (ἀμφίς).
θαλασσοκρατέω, dominer sur mer, ἐθαλασσοκράτουν (θάλασσα).
ἐναντιόομαι, s'opposer, ἠναντιούμην (ἐναντίος).

4° Les deux dérivés διαιτάω, *prescrire un régime* (de δίαιτα), διακονέω, *servir* (de διάκονος), prennent l'augment au commencement et au milieu : ἐδιῄτησα, δεδιηκόνηκα.

OBSERVATIONS SUR DIVERS TEMPS DES VERBES.

PRÉSENT.

I. ΕΩ, ΑΩ, NON CONTRACTES.

§ 212. 1° Dans les verbes de deux syllabes en έω et dans leurs composés, les groupes de voyelles εω, εη, εο, εοι, εου ne se contractent pas; ainsi πλέω (naviguer) fait πλέομεν, πλέουσι, ἔπλεον, πλέοιμι, πλέων, πλέοντος, et avec une préposition, ἀναπλέω, ἀνέπλεον, etc.

Cependant δέω (lier) admet la contraction au participe (cf. § 252), et dans certaines formes des composés, comme ἀναδοῦμεν, ἀναδοῦσι, περιεδούμεθα (mais on ne trouve pas ἀναδῶ, περιδῶ).

1. On trouve aussi εὐεργέτουν sans augment.

2° Quelques verbes en άω, attique pour αίω, ne se contractent pas :

κλάω   pour   κλαίω,   pleurer.
κάω   pour   καίω,   brûler.

Ajoutez le verbe poét. νάω, fut. νάσω, couler.

II. AE CONTRACTÉ EN H.

Dans quelques verbes en άω, αε se contracte en η et non en α :

ζάω,	vivre,	ζῇς,	ζῇ ;	infin.	ζῆν.
πεινάω,	avoir faim,	πεινῇς,	πεινῇ ;		πεινῆν.
διψάω,	avoir soif,	διψῇς,	διψῇ ;		διψῆν.
χράομαι,	se servir,	χρῇ,	χρῆται ;		χρῆσθαι.

Ce changement d'αε en η, dans les verbes contractes, est général chez les Doriens, mais ils ne souscrivent pas l'ι : φοιτάω, fréquenter, φοιτᾷς, dorien φοιτῆς ; φοιτῆν, φοιτῆν.

FUTURS.

§ 213.   I. ΕΩ, FUTUR εύσω. ΑΩ, FUTUR αύσω.

Six verbes { χέω, verser ; ῥέω, couler ; νέω, nager ; πλέω, naviguer ; πνέω, souffler ; θέω, courir,

prennent la diphth. ευ au futur : χεύσω, ῥεύσομαι, νεύσομαι, πλεύσομαι, πνεύσομαι, θεύσομαι (cf. § 216, 4°).

Deux verbes { καίω, attique κάω, brûler ;
κλαίω, κλάω, pleurer,

prennent la diphth. αυ : καύσω, κλαύσομαι (et κλαυσοῦμαι, cf. 216, 4°).

II. FUTURS ASPIRÉS.

Quatre verbes { ἔχω, avoir ; τρέχω, courir ; τύφω, enfumer ; τρέφω, nourrir,

transportent sur la première lettre du futur l'aspiration qui est à la seconde syllabe du présent : ἕξω ; θρέξομαι ; θύψω ; θρέψω[1].

Nous avons vu de même θάττων pour ταχίων (cf. § 196).

Ω NON PUR, FUTUR ΗΣΩ.

§ 214. 1° Les Attiques, outre le futur ordinaire, donnent à beaucoup de verbes, qui ont une consonne avant ω, un futur en ήσω, comme si le présent était en έω :

τύπτω,	τύψω,	et	τυπτήσω.
διδάσκω,	διδάξω,	et	διδασκήσω (plutôt épique).
βάλλω,	βαλῶ,	et	βαλλήσω.

---

1. Les adjectifs verbaux ἑκτέον, *il faut avoir* ; θρεπτέον, *il faut nourrir* ; θρεκτικός, *propre à la course*, reportent également sur la lettre initiale l'aspiration que le τ des suffixes τέος et τικός fait disparaître.

2° Les verbes suivants n'ont même que cette forme de futur :

βούλομαι,	vouloir,	βουλήσομαι.	οἴομαι,	penser,	οἰήσομαι.
θέλω,	vouloir,	θελήσω.	καθεύδω,	dormir,	καθευδήσω.
μέλλω,	devoir,	μελλήσω.	ὄζω,	sentir,	ὀζήσω.
μέλει,	on a soin,	μελήσει.	ἔρρω,	périr,	ἐρρήσω.
οἴχομαι,	s'en aller,	οἰχήσομαι.	βόσκω,	faire paître,	βοσκήσω.

3° On doit rapporter à la même analogie :

μάχομαι,	combattre,	μαχέσομαι.
ὄλλυμι ('ΟΛΩ),	perdre,	ὀλέσω.
ἄχθομαι,	s'indigner,	ἀχθέσομαι.

Nota. Ces trois verbes prouvent que la terminaison primitive du futur est réellement έσω, comme nous l'avons observé § 110.

FUTURS ATTIQUES.

§ 215. Les Attiques retranchent souvent, à tous les modes, excepté à l'optatif, le σ des futurs en άσω (α bref), έσω, ίσω. Alors,

1° άω et έω se contractent partout comme le présent de τιμάω et de φιλέω :

ἐξελαύνω 'ΕΞΕΛΑΩ }	chasser ;	fut.	ἐξελάσω, ἐξελ ῶ, ᾷς, ᾷ.
σκεδάννυμι ΣΚΕΔΑΩ }	dissiper ;		σκεδάσω, σκεδ ῶ, ᾷς, ᾷ.
καλέω,	appeler ;		καλέσω, καλ ῶ, εῖς, εῖ.
ἀμφιέννυμι 'ΑΜΦΙΕΩ }	vêtir ;		ἀμφιέσω, ἀμφι ῶ, εῖς, εῖ.

De ces futurs, quelques-uns ne se distinguent du présent que par le sens de la phrase : καλοῦντες, *appelant* ou *devant appeler;*

D'autres ne peuvent se confondre avec le présent, parce qu'il a une forme différente : ἐξελαύνω, σκεδάννυμι, ἀμφιέννυμι.

2° ίσω se change en ιέω-ιῶ :

νομίζω,	penser,	νομίσω,	νομιῶ,	νομιεῖς,	νομιεῖ.
	Moyen :	νομίσομαι,	νομιοῦμαι.		
βαδίζω,	marcher,	βαδίσομαι,	βαδιοῦμαι.		

Cette forme est très-usitée chez les Attiques dans les verbes en ίζω de plus de deux syllabes, où l'ι du futur est bref ; car si l'ι fait partie d'une diphthongue, ils ne retranchent point le σ : δανείζω, prêter, δανείσω, et non δανειῶ.

3° Ce que les Attiques conjuguent en ῶ, εῖς, εῖ, les Ioniens le conjuguent en έω, έεις, έει : τελέω, je finirai, τελέεις, τελέει.

REMARQUE. Nous venons de voir que ces futurs contractes se conjuguent, les uns en ῶ, ᾷς, ᾷ; les autres en ῶ, εῖς, εῖ.

Ces derniers ont beaucoup d'analogie avec les futurs seconds dont nous avons

*13

parlé § 110, et que nous avons considérés aussi comme formés par le retranchement du σ.

On pourrait même ranger dans la classe des futurs attiques le petit nombre de ces futurs seconds qui se rencontrent dans les auteurs; par exemple :

μάχομαι, combattre, μαχέσομαι, att. μαχοῦμαι.
ἕζομαι, s'asseoir, ἑδοῦμαι.
ὄλλυμι (ΟΛΩ), perdre, (ὀλέσομαι), ὀλοῦμαι.

FUTURS DORIQUES.

§ 216. 1° Les Doriens mettent ξ au lieu de σ au futur et à l'aoriste, non-seulement dans les verbes en ζω :

νομίζω, penser, fut. νομίσω, dor. νομιξῶ;
δικάζω, juger, δικάσω, δικαξῶ;

mais encore dans quelques verbes en ω pur :

γελάω, rire, fut. γελάσομαι, aor. dor. ἐγέλαξα.

Ce ξ du futur n'empêche pas le parfait d'être en κα.

2° Ils donnent l'accent circonflexe aux futurs en σω, ψω, ξω, comme si la désinence était έω :

τυψῶ, pour τύψω; τυψοῦμεν, pour τύψομεν;
πειρασεῖσθε, pour πειράσεσθε, de πειράω, tenter.

3° Ils changent souvent cet ου en ευ :

κείσομαι, je serai étendu, κεισοῦμαι et κεισεῦμαι.

4° Les Attiques, à leur imitation, ont quelquefois ces futurs circonflexes, mais seulement au moyen pris dans le sens actif :

πλέω, πλεύσομαι et πλευσοῦμαι.
φεύγω, φεύξεται et φευξεῖται.

FUTURS QUI REDOUBLENT Σ.

§ 217. Les poëtes redoublent souvent σ au futur et à l'aoriste premier, après une voyelle brève :

τελέσω, τελέσσω, ἐτέλεσσα.
δικάσω, δικάσσω.

FUTURS SANS Σ ET SANS CONTRACTION.

§ 218. Il y a trois futurs irréguliers qui ressemblent à de véritables présents :

πίομαι, je boirai, du verbe πίνω.

ἔδομαι,
φάγομαι, } je mangerai; qui servent de futur au verbe ἐσθίω (cf. § 247).

ἨΣΩ POUR ἈΣΩ ; ἈΣΩ POUR ἨΣΩ.

§ 219. Les Ioniens font en ήσω les verbes qui ont le futur en άσω par α long:

περάω, passer, περάσω, ion. περήσω.

Les Doriens au contraire donnent άσω par α long aux verbes qui ont ήσω:

τιμάω, honorer, τιμήσω, dor. τιμάσω.

AORISTES.

Σ A L'AORISTE SECOND ET A L'IMPÉRATIF.

§ 220. Le σ caractéristique du futur passe, contre la règle générale, à l'aoriste second indicatif :

1° Dans le verbe πίπτω (ΠΕΤΩ), *tomber;* fut. πεσοῦμαι ; aoriste second, ἔπεσον (dorien ἔπετον) ;

2° Dans les mots poétiques ἷξον, de ἸΚΩ, *venir;* ἐβήσετο, de βαίνω (ΒΑΩ), *marcher;* ἐδύσετο, de ΔΥΩ, *entrer.*

Il passe à l'impératif dans les formes moyennes, également poétiques, βήσεο, δύσεο (d'ἐβησόμην, ἐδυσόμην) ; λέξεο, de λέγομαι, *se coucher ;* ὄρσεο, d'ὄρσω, *mouvoir;* ἀείσεο, d'ἀείδω, *chanter;* et dans les formes actives, ἄξετε, d'ἄγω, *conduire;* οἶσε, d'ΟἼΩ, *porter.* Nous avons vu de même (cf. § 126) trois présents qui ont la forme du futur : ἀλέξω, αὔξω, ἕψω.

AORISTE PREMIER SANS Σ.

§ 221. Nous avons déjà cité (cf. § 133) trois aoristes irréguliers, ἔθηκα, ἧκα, ἔδωκα. Il faut en ajouter plusieurs, savoir :

1° Un en κα : ἤνεγκα; ion. ἤνεικα (ἘΝΕΓΚΩ). Ce mot sert d'aoriste à φέρω, *porter* (cf. § 247) ;

2° Un en πα : εἶπα, moins usité que l'aoriste second εἶπον, d'ἘΠΩ ou Ε'ΙΠΩ, *dire* (cf. § 247).

3° Quelques-uns en α pur :

χέω,	verser,	ἔχεα, poét. ἔχευα.
σεύω (mot poét.),	pousser,	ἔσσευα (par deux σ).
ἀλέομαι-ἀλεύομαι (*id.*),	éviter,	ἠλευάμην.
καίω, attiq. κάω,	brûler,	ἔκηα, ἔκεα, ἔκεια (tous poétiques).

REMARQUE. Nous voyons ici trois verbes dont l'aoriste premier et l'aoriste second ont beaucoup de rapport entre eux pour la forme, et s'emploient concurremment :

ἔπεσα, ἔπεσον; ἤνεγκα, ἤνεγκον; εἶπα, εἶπον.

Ce dernier conserve la diphthongue ει dans tous les modes à cause du primitif Ε'ΙΠΩ. Homère ajoute quelquefois l'augment ε, et à l'indicatif seulement : ἔειπον.

La forme ἔπεσα est beaucoup moins usitée que ἔπεσον.

PARFAITS.

PARFAITS ACTIFS SANS K.

§ 222. Les Ioniens retranchent le κ du parfait dans certains verbes en ω pur :

ΤΛΑΩ, supporter, τετληκώς, τετληώς.
ΤΙΕΩ, tourmenter, τετιηκώς, τετιηώς.

Quelquefois, en faisant cette syncope, ils abrègent la voyelle :

ΒΑΩ, marcher, βεβήκασι, βεβάασι; βεβηκώς, βεβαώς;
ΜΑΩ, désirer, μεμάασι; pl.-parf. 3ᵉ p. μέμασαν.

On cite encore :

πέφυκα, je suis né, πεφύασι, pour πεφύκασι;
τεθνηκέναι, être mort, τεθνάναι, part. τεθνεώς;

et quelques autres.

Mais ces sortes de parfaits ne sont pas usités à toutes les personnes ni à tous les modes : le plus complet de tous est celui d'ἵστημι, ἔστηκα, *je suis debout;* pluriel, ἑστήκαμεν; d'où par syncope :

| PARFAIT. P. ἕσταμεν, ἕστατε, ἑστᾶσι, D. ἕστατον, ἕστατον. |
| PL.-PARF. P. ἕσταμεν, ἕστατε, ἕστασαν, D. ἕστατον, ἑστάτην. |
| IMPÉRATIF. ἕσταθι, ἑστάτω, etc. | OPTATIF. ἑσταίην. |
| SUBJONCTIF. ἑστῶ. | INFINITIF. ἑστάναι. |
| PARTICIPE. N. ἑσταώς-ἑστώς, ἑσταῶσα-ἑστῶσα, ἑσταός-ἑστώς. |
| G. ἑστῶτος, ἑστώσης, ἑστῶτος. |
| Ion. N. ἑστεώς, G. ἑστεῶτος. |

Remarquez dans ce participe : 1° Le neutre contracté en ως, comme le masculin, à cause des deux voyelles αο : ἑσταός, ἑστώς : cependant de bonnes éditions lisent ἑστός, d'après d'anciens manuscrits;

2° Le féminin en ῶσα, au lieu de υῖα. Il en est de même de βεβαώς-βεβώς, βεβαῶσα-βεβῶσα, βεβαός-βεβώς.

Mais ce féminin n'est en ῶσα que quand le masculin est contracté ; car on dit sans contraction :

βεβαώς, βεβαυῖα, βεβαός.
μεμαώς, μεμαυῖα, μεμαός.

On remarquera encore la ressemblance de l'impératif, du subjonctif et de l'optatif, avec les modes pareils des verbes en μι. Cette ressemblance est occasionnée par celle qui, après le retranchement du κ d'ἑστήκαμεν, se trouve exister entre le nouveau parfait ἕσταμεν et le présent ἵσταμεν.

Il en est de même des impératifs τέθναθι, τέτλαθι, et des optatifs τεθναίην, τετλαίην; ils viennent de τέθναμεν, τέτλαμεν, pour τεθνήκαμεν, τετλήκαμεν. Rien n'autorise à supposer, pour expliquer ces formes, des présents inusités : τέθνημι, τέτλημι.

PARFAITS.

§ 223. Si les parfaits ἕσταμεν, τέτλαμεν, et autres semblables, perdent la consonne κ, il en est aussi qui perdent la voyelle α :

ΔΙΩ,   craindre, δέδια ;   Pl. δέδιμεν et δείδιμεν, pour δεδίαμεν.
ἀνώγω, ordonner, ἄνωγα ;   Pl. ἄνωγμεν,   pour ἀνώγαμεν.
κράζω, crier,   κέκραγα ;   Pl. κέκραγμεν,   pour κεκράγαμεν.

Les impératifs sont :   δείδιθι,   ἄνωχθι,   κέκραχθι,
suivant l'analogie de   ἕσταθι,   τέτλαθι,   τέθναθι[1].

Quand la consonne radicale d'ἄνωγ-α et de κέκραγ-α tombe sur un τ, celui-ci se change en θ : ἄνωγ-μεν, ἄνωχ-θε, ἀνώγ-ασι ; Duel, ἄνωχ-θον ; Impér. 3ᵉ p. ἀνώχ-θω ; Pl. ἄνωχ-θε, ἀνώχ-θωσαν. De même au plus-que-parfait ἐκέκραχ-θε pour ἐκεκράγ-ειτε, etc.

PARFAIT PASSIF.

§ 224. 1° Nous avons vu que certains parfaits prennent ο au lieu de l'ε du présent : κλέπτω, voler, κλέψω, κέκλοφα.
Ils reprennent l'ε au parfait passif : κέκλεμμαι.
Les trois suivants prennent α à ce dernier temps :

τρέφω,   nourrir,   τέτροφα,   τέθραμμαι.
τρέπω,   tourner,   τέτροφα,   τέτραμμαι[2].
στρέφω, tourner,   ἔστροφα,   ἔστραμμαι.

Le futur et l'aoriste premier passifs, se tirant immédiatement du futur actif, n'ont point cet α :

θρέψω,   θρεφθήσομαι,   ἐθρέφθην.
τρέψω,   τρεφθήσομαι,   ἐτρέφθην.
στρέψω, στρεφθήσομαι, ἐστρέφθην.

2° Quelques verbes changent en υ au parfait passif la diphth. ευ de l'actif :

τεύχω,   fabriquer, τέτευχα, τέτυγμαι.
φεύγω, fuir,   πέφευγα, πέφυγμαι.
πνέω,   souffler,   πέπνευκα, πέπνυμαι (A. ἐπνεύσθην).
χέω,   verser, χεύσω, κέχυκα, κέχυμαι.

Ce dernier, comme on voit, a déjà υ au parfait actif.

3° On a vu (cf. § 104) que les muettes du 3ᵉ ordre et le ζ se changent en σ au parfait passif. Les poëtes conservent quelquefois le δ et le θ :

φράζω,   dire,   πέφρασμαι,   πέφραδμαι.
κορύσσω (ΚΟΡΥΘΩ), armer, κεκόρυθμαι.

4° Nous avons annoncé (cf. § 90) des subjonctifs et des optatifs parfaits formés sans circonlocution ; on n'en trouve qu'un très-petit nombre, et on ne les

---

1. Au lieu de considérer ces formes comme résultant d'une syncope, il serait plus simple de les analyser dans leurs éléments ; ainsi on trouverait dans τέ-τλα-μεν, δέ-διμεν, τέ-θνα-θι, κέ-κραχ-θι, le redoublement, le radical, la désinence personnelle, c.-à-d. tout le verbe ; ainsi βε-βά-ασι, με-μά-ασι, πε-φύ-ασι, τε-θνά-ναι, ἐ-στά-ναι, etc., seraient de véritables parfaits seconds.

2. Avec τέτροφα, le parfait actif a aussi τέτραφα, forme qu'on donne comme primitive mais qui est sans autorité.

rencontre guère que dans les verbes où le parfait a le sens du présent, comme κέκτημαι, *je possède*, μέμνημαι, *je me souviens*, κέκλημαι, *je m'appelle*. On les conjugue sur les suivants, qui d'ailleurs ne sont pas usités.

INDIC.	S.	πεφιλ ημαι,	ησαι,	ηται.	δεδηλ ωμαι,	ωσαι,	ωται.	
SUBJONCTIF.	S.	πεφιλ ῶμαι,	ῇ,	ῆται,	δεδηλ ῶμαι,	ῷ,	ῶται,	
	P.	πεφιλ ώμεθα,	ῆσθε,	ῶνται,	δεδηλ ώμεθα,	ῶσθε,	ῶνται,	
	D.	πεφιλ ώμεθον,	ῆσθον,	ῆσθον.	δεδηλ ώμεθον,	ῶσθον,	ῶσθον.	
OPTATIF.	S.	πεφιλ ήμην,	ῆο,	ῆτο,	δεδηλ ώμην,	ῷο,	ῷτο,	
	P.	πεφιλ ήμεθα,	ῆσθε,	ῆντο,	δεδηλ ώμεθα,	ῶσθε,	ῶντο,	
	D.	πεφιλ ήμεθον,	ῆσθον,	ήσθην.	δεδηλ ώμεθον,	ῷσθον,	ῳσθην.	

REMARQUES. 1° Les parfaits en ημαι, des verbes en άω, forment leur subjonctif et leur optatif comme πεφίλημαι. Cependant on trouve également κεκτήμην et κεκτώμην, μεμνήμην et μεμνώμην (cf. § 249).

Les parfaits en αμαι, font l'optatif en αίμην :

περάω, passer, πεπέραμαι, πεπεράιμην, αῖο, αῖτο.

2° λέλυμαι fait à la 3ᵉ personne de l'optatif λελῦτο ; c'est la seule personne de cet optatif dont on trouve un exemple ; et en général toutes ces formes sont extrêmement rares.

3° Les optatifs πεφιλήμην et δεδηλώμην ont des ιῶτα souscrits, parce que la désinence de ce mode est ίμην ; ainsi ces mots sont pour πεφιλημην, δεδηλωιμην. De même λελῦτο est pour λελύιτο[1].

AORISTES SECONDS AVEC MÉTATHÈSE.

§ 225. On trouve quelques aoristes seconds où la voyelle du radical est transposée et mise après la consonne qu'elle précède au présent ; c'est ce qu'on appelle métathèse (μετα-τίθημι, *trans-poser*).

πέρθω, ravager, (ἔπαρθον), ἔπραθον.
δέρκομαι, voir, (ἔδαρκον), ἔδρακον.
ἁμαρτάνω, ('ΑΜΑΡΤΩ), se tromper, (ἥμαρτον), ἤμβροτον.

Nota. Dans ce dernier, α est changé en ο, et le β est introduit par euphonie comme le δ dans ἀνέρος-ἀνδρός.

Pour ἔδρακον, on dit aussi ἐδράκην et ἐδέρχθην, dans le sens actif.

[1]. Les grammairiens sont partagés sur la manière d'accentuer le subjonctif en ωμαι et les optatifs en ημην et ωμην. Nous avons suivi longtemps, avec Buttmann, la règle générale de reculer l'accent le plus possible ; mais les meilleurs éditeurs paraissent aujourd'hui préférer l'accentuation du tableau ci-dessus, qui est celle de Matthiæ.

DIALECTES ET FORMES DIVERSES.

SECONDES PERSONNES ATTIQUES EN ΕΙ.

§ 226. Nous avons vu que la seconde personne du passif ou moyen est primitivement εσαι, dont les Ioniens ont fait εαι : λύεσαι, λύεαι. Cette désinence εαι se contractait, chez les Attiques, en ει et non en ῃ[1]. Les trois verbes suivants ont toujours ει, même dans la langue commune :

βούλομαι,	je veux,	βούλει,	tu veux.
οἴομαι,	je pense,	οἴει,	tu penses.
ὄψομαι,	je verrai,	ὄψει,	tu verras.

Cet ει se voit encore dans les futurs contractes :

βαδιοῦμαι,	je marcherai,	βαδιεῖ,	βαδιεῖται	(§ 215).
ὀλοῦμαι,	je périrai,	ὀλεῖ,	ὀλεῖται	(§ 215).
ὀμοῦμαι,	je jurerai,	ὀμεῖ,	ὀμεῖται	(§ 251).

Εἶ, seconde personne d'εἰμί, vient de l'inusité ἔομαι.

OPTATIFS EN ΟΙΗΝ.

§ 227. Ce n'est pas seulement dans les verbes contractes que la désinence οιην se met à l'optatif pour οιμι : φιλοίην pour φιλοῖμι (cf. § 89). Ce changement de forme a lieu même dans les autres verbes :

διαβάλλω,	calomnier,	διαβάλλοιμι,	διαβαλλοίην.
ἐκφεύγω,	échapper,	ἐκπεφεύγοιμι,	ἐκπεφευγοίην.
πέποιθα,	je me fie,	πεποίθοιμι,	πεποιθοίην.

SECONDES PERSONNES EN ΣΘΑ.

§ 228. Nous avons déjà vu ἦσθα pour ἦς, *tu étais*. On dit aussi
ἔφησθα pour ἔφης, *tu disais* ;
οἴδασθα et par sync. οἶσθα, *tu sais* (d'οἶδα parf. d'ΕΙΔΩ, cf. § 252).

Les poëtes disent même au subjonctif ἐθέλῃσθα pour ἐθέλῃς ; à l'optatif κλαίοισθα pour κλαίοις, et autres semblables.

DÉSINENCES ΜΙ-ΣΙ, DANS LES VERBES EN Ω.

§ 229. Les poëtes ajoutent quelquefois μι à la première personne du singulier, au subjonctif des verbes en ω :

ἄγω, subj. aor. second ἀγάγω-ἀγάγωμι.
ἱκνέομαι (ΊΚΩ) *venir*, ἵκω-ἵκωμι.

---

[1]. Les meilleurs éditeurs rétablissent aujourd'hui toutes les sec. pers. en ει à l'indicatif, dans Platon, Sophocle, Aristophane, et les écrivains du même siècle. Quant au subjonctif il a toujours ῃ : βούλῃ, οἴῃ.

Ils ajoutent σι à la troisième personne du singulier :

τύπτησι, ἔχησι, δῷσι, ἵησι, pour τύπτῃ, ἔχῃ, δῷ, ἵη.

Les Doriens mettent τι : ἐθέλητι pour ἐθέλησι.
Ce sont autant de traces de la conjugaison primitive en μι.

IMPARFAITS ET AORISTES EN ΣΚΟΝ.

§ 230. Les Ioniens terminent en σκον, σκες, σκε pour l'actif, σκόμην, σκεσο, σκετο pour le passif et le moyen, l'imparfait et les deux aoristes de l'indicatif, et n'y mettent ordinairement point d'augment; cette terminaison est aussi usitée chez les Doriens et chez les poëtes :

ἔτυπτον,	τύπτεσκον,	τυπτεσκόμην.
ἔτυψα,	τύψασκον,	τυψασκόμην.
ἐποίεον,	ποίεσκον,	ποιεσκόμην.
ἔδων,	δόσκον (Homère).	

La terminaison σκον donne au verbe le sens itératif ou fréquentatif.

VOYELLES REDOUBLÉES DANS LES POËTES.

§ 231. 1° Dans les verbes en άω, les poëtes mettent souvent un α devant celui qui provient de la contraction :

ὁράειν, voir; ὁρᾶν, ὁράαν.
μνάεσθαι, se souvenir; μνᾶσθαι, μνάασθαι.

2° Quelquefois devant ω ils mettent un ο :

ὁράω; ὁρῶ, ὁρόω.
βοάουσι; βοῶσι, βοόωσι (βοάω, crier).
γελάοντες; γελῶντες, γελόωντες, et, par transposition, γελώοντες.

3° Οω se trouve aussi quelquefois pour ου dans les verbes en όω :

ἀρόω, labourer, ἀροῦσι, poét. ἀρόωσι.
δηϊόω, saccager, δηϊοῦντο, δηϊόωντο (imparf. sans augm.).

ΕΥ POUR ΕΟ-ΟΥ.

§ 232. Les Ioniens et les Doriens contractent souvent εο en ευ :

ἐτύπτεσο, ἐτύπτεο, Ion. et Dor. ἐτύπτευ.
ποιεόμενος, ποιούμενος, ποιεύμενος.

Nous avons vu le même changement dans πλεῦνες pour πλέονες, au § 198, et dans κεισεῦμαι pour κεισοῦμαι, au § 216, 3°.

Ils font même en ευ les contractions des verbes en όω et άω :

δικαιόω, justifier, ἐδικαίουν - ἐδικαίευν;
ἀγαπάω, aimer, ἠγάπων - ἠγάπευν;
γελάω, rire, γελῶσα - γελεῦσα.

ΟΙ POUR ΟΥ ; ΑΙ POUR Α.

§ 233. Les Doriens disent aux participes :

τύπτοισα pour τύπτουσα; λαβοῖσα pour λαβοῦσα;
τύψαις pour τύψας; τύψαισα pour τύψασα;

et à la troisième personne du pluriel τύπτοισι pour τύπτουσι.

ΜΕΣ, ΜΕΣΘΑ, POUR ΜΕΝ, ΜΕΘΑ.

Ils changent μεν en μες, μεθα en μεσθα, aux premières personnes du pluriel : τύπτομες ; τυπτόμεσθα ; Duel τυπτόμεσθον. La comparaison du latin *legimus* avec le grec λέγομες autorise à penser que μες est la désinence primitive.

ΑΝ POUR ΗΝ.

§ 234. Ils mettent αν pour ην à la première personne du singulier :

ἐτετύμμαν pour ἐτετύμμην ;
τυπτοίμαν — τυπτοίμην.

ΕΩ IONIEN POUR ΑΩ.

Les Ioniens substituent souvent l'ε à l'α dans les verbes en άω :

ὁρέω, ὁρέομεν pour ὁράω, ὁράομεν ;
μηχανέεσθαι, machiner, pour μηχανάασθαι.

ΕΩ IONIEN POUR Ω.

Ils conjuguent généralement en έω le subjonctif des aoristes passifs, et des verbes en μι, venant d'έω et d'άω :

τιθῶ, ἱστῶ, τυφθῶ ; τιθέω, ἱστέω, τυφθέω.

Les poëtes changent έω en είω : τιθείω, τυφθείω.
Pour l'aoriste second στῶ, στῇς, στῇ, les poëtes disent στείω, στήης, στήη ;
Pour δῶ, δῷς, δῷ : δώω, δώῃς, δώῃ.
Ils abrègent quelquefois la voyelle du subjonctif : ἴομεν pour ἴωμεν ; δαμείετε pour δαμῆτε (de δάμνημι, ἐδάμην, *dompter*).

PLUS-QUE-PARFAIT EN ΕΑ-Η.

§ 235. Les Ioniens font le plus-que-parfait en εα, εας, εε : ἐτετύφεα, εας, εε.
Les Attiques, en contractant εα, forment à leur imitation quelques plus-que-parfaits en η, ης, η :

ἀκηκόη, pour ἀκηκόειν, j'avais entendu.
ᾔδη, ᾔδης et ᾔδησθα, ᾔδη, pour ᾔδειν, ᾔδεις et ᾔδεισθα, ᾔδει,
je savais (cf. § 252, εἴδω, savoir).

On trouve des troisièmes personnes en ειν par l'addition du ν euphonique :

ἀκηκόειν pour ἀκηκόει ; πεποίθειν pour ἐπεποίθει.

REMARQUES. 1° Très-souvent les Attiques font la troisième personne du pluriel plus-que-parfait en εσαν au lieu de εισαν :

ἀκηκόεσαν ; ἐπεπλεύκεσαν.

2° Les Ioniens donnent la désinence εα, εας, εε, à l'imparfait des verbes en μι : ὑπερτίθημι, *mettre dessus* ; imparfait ὑπερετίθεα.
C'est par cette analogie qu'au passé d'εἶμι (cf. § 147), on dit ἤϊα, ἦα, et ἤειν.
Remarquez dans ces exemples le changement de ν en α : il en est de même dans ceux des paragraphes suivants, 236 et 238.

ΑΤΑΙ POUR ΝΤΑΙ.

§ 236. I. Les Ioniens changent ν en α aux troisièmes personnes du pluriel passif, mais seulement à l'indicatif et à l'optatif :

Opt. prés.,   τύπτοιντο,   ion.   τυπτοίατο.
Indic. parf., πέπαυνται,   πεπαύαται.
Pl. parf.,   ἐτετίμηντο,   ἐτετιμέατο (ε pour η).
Présent,   δύνανται,   δυνέαται (ε pour α).

C'est ainsi qu'on dit εἴατο pour ἦντο, *ils étaient* ; ἕαται pour ἧνται, *ils sont assis* (cf. § 145) ; κέαται pour κεῖνται, *ils sont étendus*.

Par ce moyen, les parfaits en μμαι, γμαι, σμαι, λμαι, peuvent avoir, même chez les Attiques, une troisième personne du pluriel sans circonlocution ; on la forme ainsi :

3ᵉ pers. sing.   πται, | χται, | σται, | λται.
3ᵉ pers. plur.   φαται, | γαται, | δαται, | λαται.
Et l'on a :   τετύφαται, λελέχαται, πεφράδαται, ἐστάλαται.

NOTA. Le σ ne se change en δ que quand le présent a une muette du troisième ordre ou un ζ, comme ici : φράζω, πέφρασμαι. Remarquez les aspirées φ et χ, remplaçant π et κ.

II. Les Ioniens changent même οντο en έατο : ἐβούλοντο — ἐβουλέατο ; ἀπίκοντο — ἀπικέατο. Mais ονται reste invariable.

ΝΤΙ DORIEN, POUR ΣΙ.

§ 237. Les Doriens terminent par ντι, au lieu de σι, la troisième personne du pluriel des temps principaux :

τύπτοντι, τετύφαντι, pour τύπτουσι, τετύφασι.
τιθέντι, διδόντι, pour τιθεῖσι, διδοῦσι.

On voit ici absolument la même analogie que dans les datifs pluriels :

Sing. λέοντι, γίγαντι, Plur. λέουσι, γίγασι.

Ces terminaisons doriques en αντι et εντι ont une conformité remarquable avec les troisièmes personnes latines *ant* et *ent* : *amant*, *docent*.

Elles forment directement la troisième personne passive en νται : A. τύπτοντι ; P. τύπτονται. Elles ne prennent jamais le ν euphonique.

§ 238. ΑΣΙ TROISIÈME PERSONNE DES VERBES EN ΜΙ.

En remplaçant par α le ν de τιθέντι, ἱέντι, διδόντι, δεικνύντι[1], et en changeant τ en σ, on a τιθέασι, ἱέασι-ἱᾶσι, διδόασι, δεικνύασι, troisièmes personnes plurielles, bien plus usitées que les formes ordinaires τιθεῖσι, ἱεῖσι, διδοῦσι, δείκνυσι. Il est à remarquer que cet α est long.

---

1. J'accentue ces mots comme Buttmann. Gœtling préfère τίθεντι, δίδοντι. Mais si le datif pluriel λύουσι vient du singulier λύοντι, la troisième personne διδοῦσι ne peut venir que de διδόντι.

DIALECTES ET FORMES DIVERSES.

ΝΤΣ DÉSINENCE DES PARTICIPES.

§ 239. Les participes τύψας, τιθείς, διδούς, viennent primitivement de τύψαντς, τιθέντς, διδόντς, toujours comme λέουσι vient de λέοντι, γίγασι de γίγαντι.

Cette remarque explique pourquoi διδούς fait au neutre διδόν, et au génitif διδόντος, sans diphthongue. C'est qu'il n'y a pas de diphthongue dans la forme primitive διδόντς. Remarquez encore le rapport du participe latin *amans*, *amant-is*, avec la forme primitive τύψαντς, τύψαντ-ος.

Quant à la forme dorique τύψαις, elle vient de τύψαντς, par la même analogie que τιθείς vient de τιθέντς.

Ν POUR ΣΑΝ, AU PLURIEL.

§ 240. Les temps en ην, ης, η, éprouvent quelquefois, chez les Doriens, une syncope à la troisième personne du pluriel:

ἐτύφθην,	ἐτύφθησαν,	dor.	ἔτυφθεν.
ἔθην,	ἔθεσαν,		ἔθεν.
ἔστην,	ἔστησαν,		ἔσταν.

Il en est de même de

ἔδων,	ἔδοσαν,	dor.	ἔδον.
ἔδυν,	ἔδυσαν,		ἔδυν.

ΟΣΑΝ POUR ΟΝ; ΑΝ POUR ΑΣΙ.

§ 241. Quelques dialectes, particulièrement celui d'Alexandrie, donnent au contraire la désinence οσαν pour ον, à la troisième personne du pluriel des temps secondaires, et αν pour ασι à la même personne du parfait actif:

ἐτύπτοσαν,	ἐφύγοσαν,	pour	ἔτυπτον,	ἔφυγον.
ἔγνωκαν,	εἰρήκαν,	pour	ἐγνώκασι,	εἰρήκασι.

Ces formes se rencontrent fréquemment dans l'Ancien Testament.

ΟΝΤΩΝ POUR ΕΤΩΣΑΝ.

§ 242. De même que la troisième personne plurielle du présent ressemble au datif pluriel du participe (cf. § 68), de même aussi l'impératif a une troisième personne qui ressemble absolument au génitif pluriel du même participe:

τυπτόντων	pour	τυπτέτωσαν;
γελώντων	pour	γελαέτωσαν, γελάτωσαν.

Les Doriens retranchent le ν final:

ἀποστειλάντω pour ἀποστειλάντων, pour ἀποστειλάτωσαν.

De là est venue la forme latine *amanto*, *docento*.

ΕΣΘΩΝ POUR ΕΣΘΩΣΑΝ.

§ 243. Au passif, cette troisième personne du pluriel, outre la désinence ἔσθωσαν, se termine encore en ἔσθων, comme celle du duel:

ἐπέσθων pour ἐπέσθωσαν; de ἕπομαι, suivre.

§ 244.   DIALECTES DE L'INFINITIF.

τύπτειν,   τύπτεν,   τυπτέμεν,   τυπτέμεναι.
τετυφέναι,   τετυφέμεν,   τετυφέμεναι.
τυπῆναι,   τυπῆμεν,   τυπήμεναι.
φιλεῖν,   φιλῆν,   φιλήμεναι.

§ 245.   DIALECTES PRINCIPAUX D'EἶNAI, *être*.

	PRÉSENT.	IMPARFAIT.
INDICATIF.	S. ἐμμί, *dor.* ἐσσί, *épiq. et dor.* ἐντί, *dor.* P. ἐμέν, *poét.*; εἰμέν, *épiq. et ion.* ἔασι, *épiq.*, ἐντί, ἔοντι, *dor.*	S. ἦα-ἔα, ἦ; ἔον-ἔσκον, *épiq. et ion.* ἔης, *épiq.*; ἔας, *ion.* ἔην, ἤην, ἦε, *épiq. et ion.*; ἦς, *dor.* P. ἦμεν, ἦμες, εἶμεν, εἶμες, *dor.* ἔατε, *ion.* ἔσαν, *épiq. et ion.*
SUBJONCTIF.	ἔω, etc. *épiq. et ion.*, εἴω *épiq.*	
OPTATIF.	ἔοιμι, etc. *épiq. et ion.*	
INFINITIF.	ἔμεν, ἔμεναι, ἔμμεν, ἔμμεναι, *épiq.* ἦμεν, ἦμες, εἶμεν, εἶμες, *dor.*	
PARTICIPE.	ἐών, ἐοῦσα, ἐόν, *épiq. et ion.*; εὖσα, ἐοῖσα, ἔασσα (οὖσα), *dor.*	

VERBES DÉFECTIFS ET IRRÉGULIERS.

§ 246. Il y a deux sortes de verbes défectifs :
1° Ceux qui, n'ayant qu'une partie de leurs temps, empruntent les autres de verbes qui ont la même signification, mais non la même racine; par exemple : φέρω, *porter*, qui tire son futur d'ΟΊΩ, ses aoristes et son parfait de ἘΝΕΓΚΩ. (On voit une semblable irrégularité dans le latin *fero, tuli, latum*.)
2° Ceux qui tirent une partie de leurs temps de primitifs qui ont la même signification et la même racine, comme λαμβάνω de ΛΗΒΩ, *prendre*. Ceux-ci sont plutôt irréguliers que défectifs.

1.

§ 247. Les verbes défectifs de la première espèce sont au nombre de sept ; en voici le tableau :

αἱρέω,   *prendre.* F. αἱρήσω; P. ᾕρηκα; P. p. ᾕρημαι (ion. ἀραίρηκα, ἀραίρημαι); F. p. αἱρεθήσομαι; de ἙΛΩ, Α. 2 εἶλον; m. εἱλόμην.

ἔρχομαι,   *aller*; imparf. ἠρχόμην; d'ΕΛΕΥΘΩ, F. ἐλεύσομαι; A. 2 ἤλυθον, ἦλθον (dor. ἦνθον, ἐνθεῖν), P. 2 ἤλυθα, ἐλήλυθα, poét. εἰλήλουθα, pl. εἰλήλουθμεν (comme ἄνωγμεν, § 223).

ἐσθίω,   ἔσθω, ἔδω, *manger*; F. ἔδομαι (§ 218); P. ἐδήδοκα; P. 2 ἔδηδα; P. p. ἐδήδομαι et ἐδήδεσμαι; de ΦΑΓΩ, A. 2 ἔφαγον; F. φάγομαι.

VERBES IRRÉGULIERS.

ὁράω, *voir*, a de lui-même ἑώρων, ἑώρακα, ἑώραμαι, ὁραθῆναι; d'Ε'ΙΔΩ, Α. 2 εἶδον, ἰδέ, ἴδω, ἴδοιμι, ἰδεῖν, ἰδών; m. εἰδόμην, etc.; d''ΟΠΤΩ, F. ὄψομαι, *je verrai*; Α. ὤφθην, *je fus vu*; P. poét. ὄπωπα, *j'ai vu*. (Voy. §§ 252 et 254, Ε'ΙΔΩ.)

τρέχω, *courir*; F. θρέξομαι; Α. ἔθρεξα: de ΔΡΕΜΩ, F. δραμοῦμαι; Α. 2 ἔδραμον; P. δεδράμηκα (comme νενέμηκα); P. 2 δέδρομα.

φέρω, *porter*; imparf. ἔφερον; d'Ο'ΙΩ, F. οἴσω; F. p. οἰσθήσομαι; de ἘΝΕΓΚΩ, Α. ἤνεγκα; m. ἠνεγκάμην, ἐνέγκασθαι, ἐνεγκάμενος, impér. ἔνεγκαι; Α. 2 ἤνεγκον, ἐνεγκεῖν, ἐνεγκών; impér. ἔνεγκε; d'ἘΝΕΚΩ, P. ἐνήνοχα; P. p. ἐνήνεγμαι; Α. ἠνέχθην; F. ἐνεχθήσομαι. Les Ioniens disent aux aoristes ἤνεικα et ἤνεικον. Homère et Aristophane disent aussi à l'impér. οἶσε, de οἴσω, présent formé du futur de οἴω (cf. § 250).

εἰπεῖν, *dire* (inf. aor. 2). Ce verbe n'a que l'aoriste second εἶπον, et quelques personnes de l'aoriste premier εἶπα (cf. § 224). Il emprunte ses autres temps 1° de λέγω; 2° de εἴρω, F. ἐρῶ; 3° de ῬΕΩ, P. εἴρηκα pour ἔρρηκα; P. p. εἴρημαι; Α. ἐρρέθην ou ἐρρήθην; F. ῥηθήσομαι et εἰρήσομαι.

Les poëtes disent aussi: aor. 2 ἔσπον; et avec la préposition ἐν, ἔνισπον et ἤνισπον; F. ἐνίψω et ἐνισπήσω.

Il ne faut pas confondre le radical d'εἰπεῖν, *dire*, avec ceux de ἕπω, *soigner*; ἕπομαι, *suivre*.

II.

Nous ne donnerons que les principaux verbes défectifs de la seconde espèce, l'usage et les dictionnaires feront connaître les autres:

§ 248.   TERMINAISONS ΝΩ, ΆΝΩ, ΑΊΝΩ.

L'imparfait est le seul temps qui se tire du présent.
L'aoriste second se tire immédiatement du primitif en ω non pur.

Le futur et les temps qui en dépendent se tirent, dans les uns, de ce même primitif, comme λαμβάνω, ΛΗΒΩ, F. λήψομαι, et se forment, dans les autres, comme si le présent était en έω: μανθάνω, ΜΑΘΩ, F. μαθήσω, ou plutôt μαθήσομαι, seul usité (comme τύπτω, τυπτήσω; καθεύδω, καθευδήσω, suivant l'analogie que nous avons exposée § 214; à moins que l'on n'aime mieux tirer μαθήσομαι du radical contenu dans μαθεῖν, c'est-à-dire dans l'aor. 2 infinitif, forme qui, dans tout verbe, est contracte, et peut naturellement conduire à un futur en ήσω).

αἰσθάνομαι, *sentir*; Α. 2 ᾐσθόμην; F. αἰσθήσομαι; P. ᾔσθημαι.
ἁμαρτάνω, *se tromper*; Α. 2 ἥμαρτον, infin. ἁμαρτεῖν; F. ἁμαρτήσομαι.
ἁνδάνω, *plaire*; Α. 2 ἕαδον; infin. ἁδεῖν; F. ἁδήσω; P. 2 ἕαδα. ἁνδάνω vient du primitif régulier ἥδω, comme λαμβάνω vient de ΛΗΒΩ. Pour ἕαδον, Homère a dit εὔαδον.
ἀπεχθάνομαι, *être haï*; F. ἀπεχθήσομαι; P. ἀπήχθημαι.
βλαστάνω, *germer*; ΒΛΑΣΤΩ, Α. 2 ἔβλαστον, βλαστεῖν; F. βλαστήσω.
δάκνω, *mordre*; ΔΗΚΩ, Α. 2 ἔδακον; F. δήξομαι; P. p. δέδηγμαι.

SUPPLÉMENT AUX VERBES.

δαρθάνω, *dormir*; ΔΑΡΘΩ, A. 2 ἔδαρθον, et par métathèse (§ 225) ἔδραθον; F. δαρθήσομαι; P. δεδάρθηκα.

ἐρυθαίνω, *rendre rouge*; F. ἐρυθήσω; P. ἠρύθηκα. Homère emploie aussi la forme primitive ἐρεύθω; F. ἐρεύσω.

θιγγάνω, *θίγω, toucher*; A. 2 ἔθιγον; F. θίξομαι.

ἱκάνω, ἱκνέομαι, ἹΚΩ, *venir*; A. 2 ἱκόμην; P. ἷγμαι, et avec ἀπό, ἀφῖγμαι.

κιχάνω, *trouver*; ΚΙΧΩ, A. 2 ἔκιχον; ΚΙΧΗΜΙ, opt. κιχείην, infinitif κιχῆναι; F. κιχήσομαι.

λαγχάνω, *obtenir par le sort*, ΛΗΧΩ, ΛΑΚΩ, A. 2 ἔλαχον; F. λήξομαι; P. εἴληχα; P. 2 λέλογχα.

λαμβάνω, *prendre*, ΛΗΒΩ, ΛΑΒΩ, A. 2 ἔλαβον; F. λήψομαι, P. εἴληφα; P. p. εἴλημμαι. Les Ioniens ont une forme qui tient le milieu entre λοβω et λαμβάνω : λάβω, λάμψομαι, ἐλάμψαμην, etc. De λαβέειν-λαβεῖν, ils tirent encore un autre parfait : λελάβηκα.

λανθάνω, *être caché (lateo)*; ΛΗΘΩ, ΛΑΘΩ, F. λήσω; A. 2 ἔλαθον; P. 2 λέληθα. Λανθάνομαι, moyen, *oublier*; λήσομαι, ἐλαθόμην, λέλησμαι.

μανθάνω, *apprendre*; ΜΑΘΩ, A. 2 ἔμαθον; infin. μαθεῖν; F. μαθήσομαι; P. μεμάθηκα.

ὀλισθαίνω, *glisser*; ΟΛΙΣΘΩ, A. 2 ὤλισθον; F. ὀλισθήσω, etc.

ὀσφραίνομαι, *flairer*; ΟΣΦΡΟΜΑΙ, A. 2 ὠσφρόμην; F. ὀσφρήσομαι[1].

ὀφλισκάνω, ὀφείλω, ὄφλω, *devoir*, A. 2 ὤφελον; F. ὀφειλήσω, ὀφλήσω.

Il ne faut pas confondre ce verbe avec ὀφέλλω, *augmenter*, et ὠφελέω, *aider*.

πυνθάνομαι, *s'informer*; ΠΕΥΘΟΜΑΙ, A. 2 ἐπυθόμην; F. πεύσομαι; P. πέπυσμαι.

τυγχάνω, *se trouver, obtenir*; ΤΕΥΧΩ, F. τεύξομαι, A. 2 ἔτυχον, infin. τυχεῖν, d'où un autre aoriste, ἐτύχησα, P. τετύχηκα.

Il ne faut pas confondre la signification de ce verbe avec celle de τεύχω, τεύξω, τέτευχα, τέτυγμαι (3ᵉ pers. plur. τετεύχαται, et au plus-que-parf. τετεύχατο), *fabriquer*.

χανδάνω, *contenir*; ΧΑΖΩ, A. 2 ἔχαδον; P. 2 κέχανδα (le ν attiré par le δ); F. χείσομαι de ΧΕΝΔΩ (cf. § 107).

§ 249. TERMINAISON ΣΚΩ VENANT D'Ω PUR.

L'imparfait est le seul temps qui se tire du présent.

ἁλίσκομαι, *être pris*; ΑΛΟΩ, ΑΛΩΜΙ, F. ἁλώσομαι; Parf., dans le sens passif, ἑάλωκα, *je suis pris*; A. 2 ἑάλων, *je fus pris*.

ἀρέσκω, *contenter*; ΑΡΕΩ, F. ἀρέσω; A. 1 ἤρεσα; p. ἠρέσθην.

βιβρώσκω, *manger*; ΒΡΟΩ, ΒΡΩΜΙ, F. βρώσομαι, qui n'est pas de la bonne grécité. P. βέβρωκα; A. 2 ἔβρων.

γηράσκω, *vieillir*, γηράω, ΓΗΡΗΜΙ, F. γηράσω; A. infin. γηρᾶναι; partic. γηράς, γήραντος.

γιγνώσκω, *connaître*; ΓΝΟΩ, ΓΝΩΜΙ, F. γνώσομαι; P. ἔγνωκα; P. p. ἔγνωσμαι, A. 2 act. ἔγνων, partic. γνούς, γνόντος. De ce verbe vient ἀναγιγνώσκω, *lire* (A. 1 ἀνέγνωσα, usité seulement chez les Ioniens et dans le sens de *persuader*).

---

[1]. Cette forme du futur peut aussi venir d'ὀσφράομαι.

VERBES IRRÉGULIERS.

διδράσκω, *fuir*, inusité au simple; ΔΡΑΩ, ΔΡΗΜΙ, F. δράσομαι; P. δέδρακα; A. 2 ἔδραν, ας, α, pl. ἔδραμεν, 3° pers. ἔδραν pour ἔδρασαν; impér. δρᾶθι; subj. δρῶ, etc. Ce verbe vient de δράω, *faire*, comme en latin *facesso* (fuir) vient de *facio*.

μιμνήσκω, *faire souvenir;* ΜΝΑΩ, F. μνήσω; P. μέμνημαι (d'où *memini*), *je me souviens;* opt. μεμνήμην (cf. § 224), attique μεμνοίμην et μεμνώμην, 3° pers. μεμνῷτο; poét. μεμνεώμην, μεμνέωτο.

πιπράσκω, *vendre;* primitif περάω, *faire passer;* F. περάσω, attiq. περῶ; P. πέπρακα pour πεπέρακα; P. p. πέπραμαι; A. ἐπράθην; F. πεπράσομαι, plus usité que πραθήσομαι. Νοτα. περάσω, *je vendrai,* a l'α bref; περάσω, *je passerai,* a l'α long. Le fut. περάσω et l'aor. ἐπέρασα, sont poétiques.

§ 250. TERMINAISONS ΣΚΩ ET ΣΧΩ, D'Ω NON PUR.

ἀπαφίσκω, *tromper;* ἈΦΩ, A. 2 ἤπαφον, partic. ἀπαφών (comme ἤγαγον, ἀγαγών); F. ἀπαφήσω, formé de l'infin. aor. 2 ἀπαφεῖν.

εὑρίσκω, *trouver;* ΕὙΡΩ, A. 2 εὗρον, inf. εὑρεῖν; F. εὑρήσω; P. εὕρηκα; P. p. εὕρημαι; A. p. εὑρέθην.

θνήσκω, *mourir;* ΘΑΝΩ, A. 2 ἔθανον; F. θανέομαι-οῦμαι; P. τέθνηκα; (comme δέδμηκα); P. syncop. τέθναα (cf. § 222).

De τέθνηκα on a fait un nouveau futur, τεθνήξω et τεθνήξομαι; comme de ἔστηκα on a fait ἑστήξω, ἑστήξομαι.

θρώσκω, θορέω, ΘΟΡΩ, *sauter;* A. 2 ἔθορον; F. θορέομαι-οῦμαι.

πάσχω, *souffrir,* ΠΑΘΩ, A. 2 ἔπαθον; ΠΕΝΘΩ, fut. πείσομαι (cf. § 107), P. 2 πέπονθα. Formes rares: πήσομαι, ἔπησα, πέπηθα. Et de plus, πέποσθε par sync. pour πεπόνθατε, *passi estis;* πεπαθυῖα, Hom. pour πεπονθυῖα. Πάσχω est pour πάθσκω; il prend un χ pour compenser l'aspiration du radical.

ἔχω, ΣΧΩ, *avoir.* Ce verbe prend d'ἔχω, Imparf. εἶχον; F. ἕξω; de Σχώ; A. 2 ἔσχον; σχές; σχῶ; σχοίην; σχεῖν; en composition: impér. παράσχες et πάρασχε; subj. παράσχω, ἐπίσχω. De la forme contracte σχεῖν, vient un nouveau futur: σχήσω; P. ἔσχηκα.

De ΣΧΩ vient encore le dérivé ἴσχω, *tenir,* et le composé ὑπισχνέομαι, *promettre* (se soumettre à... prendre sur soi); A. 2 ὑπεσχόμην; F. ὑποσχήσομαι; P. ὑπέσχημαι.

§ 251. TERMINAISON ΝΥΜΙ.

La langue grecque a un grand nombre de verbes en νυμι et ννυμι, qui n'ont que le présent et l'imparfait; les autres temps se tirent du primitif en ω pur ou non pur. En voici quelques-uns:

ἄγνυμι, *briser;* ἈΓΩ; F. ἄξω; A. 1 ἔαξα; A. 2 p. ἐάγην; P. 2 ἔαγα. (Le verbe ἄγω, *conduire,* est régulier dans la plupart de ses temps. Remarquez seulement l'aor. 2 ἤγαγον et le parf. ἀγήοχα, auquel les Attiques préfèrent ἦχα.)

ἀμφιέννυμι, *revêtir;* ἀμφι-ἙΩ; F. ἀμφιέσω-ἀμφιῶ; P. p. ἠμφίεσμαι. Les poètes emploient le simple au Fut. ἔσσω; Aor. 1 ἔσσα; Parf. εἷμαι (cf. § 145).

ἄρνυμαι, *prendre,* moyen d'ἄρνυμι, tire ses temps de αἴρω, F. ἀρῶ, etc.

Burn. *Gr. Gr.* 14

SUPPLÉMENT AUX VERBES.

κεράννυμι, *mêler ;* ΚΕΡΑΩ, κεράσω ; P. p. κεκέρασμαι ; Α. ἐκεράσθην, et par sync. κέκραμαι, ἐκράθην ; Impér. κίρνη pour κίρνηθι, de κίρνημι. Homère : Subj. 3ᵉ p. pl. κέρωνται ; A. inf. act. κρῆσαι.

κρεμάννυμι, *suspendre ;* ΚΡΕΜΑΩ, F. κρεμάσω-κρεμῶ, A. 1 p. ἐκρεμάσθην. On dit en outre au pass. κρέμαμαι (comme ἵσταμαι) ; F. m. κρεμήσομαι.

μίγνυμι, *mêler,* μίσγω, μίγω, F. μίξω ; P. p. μέμιγμαι, etc.

ὄλλυμι, *perdre ;* 'ΟΛΩ, F. ὀλέσω-έω-ῶ ; A. ὤλεσα ; P. ὀλώλεκα ; *périr,* F. m. ὀλοῦμαι ; A. 2 ὠλόμην ; P. 2 ὄλωλα. (Ὄλλυμι est p. ὄλνυμι.)

ὄμνυμι, *jurer ;* 'ΟΜΟΩ, A. 1 ὤμοσα ; P. ὀμώμοκα ; P. p. ὀμώμοσμαι ; A. ὠμόθην. 'ΟΜΩ, F. ὀμοῦμαι, ὀμεῖ, ὀμεῖται ; infin. ὀμεῖσθαι.

ὄρνυμι, *exciter ;* 'ΟΡΩ, F. ὄρσω ; A. 1 ὦρσα ; A. 2 (dans Homère) ὤρορεν, comme ἤραρεν (cf. § 209) ; P. 2 ὄρωρα, sens neutre. Moyen, Pr. ὄρνυμαι ; A. 2 ὠρόμην, 3ᵉ pers. ὦρτο p. ὤρετο ; Impérat. ὄρσο p. ὄρεσο ; Infin. ὄρθαι p. ὀρέσθαι ; Partic. ὄρμενος p. ὀρόμενος. Ce serait une erreur de prendre ὦρτο pour le pl.-parf. passif. Nous avons vu au § 220 un autre impératif ὄρσεο. Du parfait ὄρωρα s'est formé un nouveau présent épique ὀρώρεται, subj. ὀρώρηται.

πετάννυμι, πετάω, *déployer,* F. πετάσω ; P. p. πεπέτασμαι, et par syncope, πέπταμαι ; A. 1. ἐπετάσθην.

πήγνυμι, *ficher, figer, consolider ;* ΠΗΓΩ, F. πήξω ; A. ἔπηξα, P. p. πέπηγμαι ; A: 1 p. ἐπήχθην ; Δ. 2 ἐπάγην ; P. 2 πέπηγα, sens neutre.

ῥήγνυμι, ῥήσσω, *briser ;* 'ΡΗΓΩ, F. ῥήξω ; A. 1 ἔρρηξα ; A. 2 p. ἐρράγην ; P. 2 ἔρρωγα, sens neutre, comme en français *rompre*. Remarquez ἔρρωγα pour ἔρρηγα, η changé en ω, comme ε est changé en ο dans τρέπω, τέτροφα.

ῥώννυμι, *fortifier ;* 'ΡΩΩ, F. ῥώσω ; P. p. ἔρρωμαι ; A. ἐρρώσθην ; Impér. ἔρρωσο, *vale,* portez-vous bien.

σβέννυμι, *éteindre ;* ΣΒΕΩ, F. σβέσω ; A. 1 p. ἐσβέσθην ; P. ἔσβεσμαι. ΣΒΗΜΙ, *s'éteindre,* A. 2 ἔσβην ; P. ἔσβηκα.

χρώννυμι, *colorer,* F. χρώσω, etc. ; P. p. κέχρωσμαι.

χώννυμι, *faire une levée ;* ΧΟΩ, inf. χοῦν ; F. χώσω ; P. p. κέχωσμαι. Ne confondez pas ce verbe avec χώομαι (poétique), *s'irriter.*

§ 252.   TERMINAISONS DIVERSES.

ἄγαμαι, *admirer* (comme ἵσταμαι) ; F. ἀγάσομαι ; A. 1 ἠγάσθην.

ἀνοίγω, *ouvrir ;* ἀνά-Ο'ΙΓΩ, Imparf. ἀνέῳγον ; A. ἀνέῳξα ; P. ἀνέῳχα ; P. 2, sens neutre, ἀνέῳγα. Sur l'augment, cf. § 208, 8° et 9°.

ἀνώγω, *commander* (prés. très-rare) ; F. ἀνώξω ; A. ἤνωξα ; P. 2 sans augment, ἄνωγα, *je commande ;* Pl.-p. ἠνώγειν ; ion. ἠνώγεα ; Impér. ἄνωχθι, ἀνώχθω, Plur. ἄνωχθε (§ 223). Rac. ἄναξ, *prince.*

βαίνω, *aller ;* ΒΑΩ, ΒΗΜΙ, F. βήσομαι ; P. βέβηκα ; A. 2 ἔβην. Le F. βήσω et l'A. 1 ἔβησα ont le sens actif : *faire monter.*

γίγνομαι, *naître, devenir ;* ΓΑΩ, ΓΕΝΩ, A. 2 m. ἐγενόμην ; P. γέγονα et γέγαα ; F. γενήσομαι ; P. p. γεγένημαι. L'aor. 1 ἐγεινάμην a le sens actif comme le dérivé γεννάω. Cependant Callimaque, *in Cerer.,* 58, a dit γείνατο δ' ἁ θεῦς (ἡ θεός), *et dea facta est.* Cette forme est rare.

δαίομαι, *diviser ;* ΔΑΖΟΜΑΙ, F. δάσομαι ; A. ἐδασάμην ; P. δέδασμαι.

VERBES IRRÉGULIERS.

ΔΑΙΩ,	ΔΑΕΩ, *enseigner, apprendre*; A. 2 ἔδαον, Pas. ἐδάην, δαῶ, δαῆναι; F. 2 p. δαήσομαι; P. act. δεδάηκα, δέδαα; Part. δεδαώς; P. p. δεδάημαι. Dérivé, διδάσκω, *enseigner*.
ΔΑΙΩ,	*brûler*; A. subj. 3ᵉ p. δάηται; P. 2 δέδηα; de là, δηϊόω, *saccager*.
ΔΑΙΩ,	δαίνυμι, *donner un repas*; F. inf. δαίσειν; A. partic. δαισάμενος,
δέω,	*lier*; F. δήσω; P. δέδεκα; P. p. δέδεμαι; A. ἐδέθην.
δέω,	*manquer*; F. δεήσω; δεῖ, *il faut*; δεήσει, *il faudra*, etc. Passif δέομαι, *prier, avoir besoin de....* F. δεήσομαι; A. ἐδεήθην. Dans le sens de *lier*, le participe peut se contracter : τὸ δοῦν, τῷ δοῦντι, Platon ; ἀναδῶν, Aristophane; mais dans le sens de *manquer, falloir*, il ne se contracte point : δέον, δέοντι.
δύναμαι,	*pouvoir*; ΔΥΝΑΩ, Imp. ἠδυνάμην; F. δυνήσομαι; A. ἠδυνήθην; P. δεδύνημαι.
ἐγείρω,	*éveiller*, F. ἐγερῶ; P. ἐγήγερκα. Pass. et moy. ἐγείρομαι, *je m'éveille*; A. 1 ἠγέρθην; A. 2 ἠγρόμην pour ἠγερόμην; P. 2 ἐγρήγορα (p. ἐγήγορα), *je veille*; d'où ἐγρήγορθε, ἐγρηγόρθασι, pour ἐγρηγόρατε, ἐγρηγόρασι; et à l'infin. ἐγρηγόρθαι ou ἐγρήγορθαι, pour ἐγρηγορέναι.
	D'ἐγρήγορα viennent les nouveaux présents ἐγρηγορέω, et γρηγορέω, *je veille*. NOTA. ἐγρηγόρθαι, qui a la désinence d'un parf. pass. infin., est formé sur l'analogie d'ἐγρήγορθε, qui ressemble à une seconde pers. plurielle, parf. pass. indicatif.
ΕΙΔΩ,	*voir*; le P. 2 de ce verbe, dont le présent n'est pas usité, est οἶδα et signifie *je sais*, le Pl.-p. ᾔδειν, *je savais*, absolument comme en latin *novi, noveram* (cf. § 254). Au plur. ἴσμεν, ἴστε, viennent d'ἴσημι, ou sont pour ἴδμεν, ἴδτε.
	Le subj. et l'opt. d'οἶδα se forment comme si le présent était εἴδημι.

INDICATIF.	
PARFAIT.	**PLUS-QUE-PARFAIT.**
d'εἴδω, S. οἶδα, οἶσθα, οἶδε,	d'εἴδω { S. ᾔδειν, ᾔδεις et ᾔδεισθα, ᾔδει, P. ᾔδειμεν, ᾔδειτε, ᾔδεισαν, ou ᾖσμεν, ᾖστε, ᾖσαν(*poét.et rares*), D. ᾔδειτον, ᾔδείτην, ou ᾖστον, ᾖστην (*rares*).
d'ἴσημι { P. ἴσμεν, ἴστε, ἴσασι, ou d'ἴδμεν, { D. ἴστον, ἴστον.	
Dialectes : S. 2ᵉ, οἶδας, ion. ; P. 1ʳᵉ, ἴδμεν, *ion., ép., dor.* pour οἴδαμεν.	Dialectes : S. 1ʳᵉ, ᾔδη, *att.* (cf. § 235); ᾔδεα, *ép.* ; 2ᵉ, ᾔδησθα, *att.* ; 3ᵉ, ᾔδειν, *id.*
FUTUR. S. εἴσομαι, εἴσῃ, εἴσεται, etc. *ion.* ; *att. rare* ; εἰδήσω et ἰδήσω, *poét.*	
IMPÉRATIF. S. ἴσθι, ἴστω, etc.	OPTAT. S. εἰδείην, etc. P. 1ʳᵉ, εἰδείημεν, εἰδεῖμεν; 3ᵉεἰδείησαν(Hér.), εἰδεῖεν.
SUBJONCTIF. S. εἰδῶ, etc., ἰδέω, *ép.*	INFINIT. εἰδέναι; ἴδμεν, ἴδμεναι, *poét.*
PARTICIPE, Parf., m. εἰδώς, f. εἰδυῖα et ἰδυῖα, *épiq.*, n. εἰδός.	

SUPPLÉMENT AUX VERBES.

ΕἼΚΩ, *s'accorder avec.* Le parf. 2 ἔοικα, signifie *je ressemble* (cf. § 254); Part. ἐοικώς, *semblable.* On dit aussi εἶκα, d'où le partic. εἰκώς, εἰκυῖα, εἰκός, qui signifie *naturel, vraisemblable* ; εἰκός ἐστι, *il est naturel que....* Au pl. d'ἔοικα les poëtes disent ἔοιγμεν (cf. § 223) pour ἐοίκαμεν; εἴκτον pour ἐοίκατον; εἴκτην pour ἐῳκείτην, duel, pl.-parf.

κτείνω, *tuer,* F. κτενῶ et κτανῶ; A. 1 ἔκτεινα, et A. 2 ἔκτανον; P. 2 ἔκτονα. Le parfait ἔκτακα et ἔκταγκα n'est pas attique. De ΚΤΗΜΙ, A. 2 poétiq. ἔκταν, ας, α, 3ᵉ pers. pl. ἔκταν, pour ἔκτασαν; subj. κτέω, pour κτῶ; infin. κτάμεν et κτάμεναι, pour κτάναι; part. κτάς. Moyen, ἐκτάμην, κτάμενος, κτάσθαι. Homère a dit au passif ἐκτάθην et ἐκτάνθην.

λούω, *laver,* régulier, vient de ΛΟΩ ou ΛΟΕΩ, d'où Hom. : ἐλόευν, λοέσσαι, λόε (p. ἔλοε) ; att. ἔλου, ἐλοῦμεν; λοῦμαι, λοῦσθαι, λούμενος.

οἴομαι, *penser,* Imparf. ᾠόμην (ou οἶμαι, ᾤμην) ; F. οἰήσομαι ; A. ᾠήθην, Infin. οἰηθῆναι. Sur la 2ᵉ pers. οἴει, voy. § 226. Formes épiques ὀΐω, ὀΐομαι ; A. ὠϊσάμην et ὠΐσθην.

ὀνίνημι, *être utile,* 'ΟΝΑΩ, F. ὀνήσω, etc.; moy. ὀνίναμαι, *gagner*; A. 2 ὠνήμην ou ὠνάμην, forme moins pure. Ne confondez pas ce verbe avec ὄνομαι, ὄνοσαι, ὄνοται, *blâmer* ; F. ὀνόσομαι.

πέτομαι, quelquefois πέταμαι et ποτάομαι, *voler*; P. att. πεπότημαι; A. 2 ἐπτόμην, infin. πτέσθαι; de là 'ΙΠΤΗΜΙ, m. ἵπταμαι, F. πτήσομαι ; A. 2 ἔπτην, πτῆναι, πτάς; moy. ἐπτάμην, πτάσθαι, πτάμενος. Remarquez l'analogie de ce verbe avec πετάννυμι, *déployer*; voler, c'est déployer ses ailes.

πίνω, *boire,* F. πίομαι et πιοῦμαι, cf. § 218 ; A. 2 ἔπιον; Impérat. πίε poét. et πῖθι; ΠΟΩ; P. πέπωκα; P. p. πέπομαι; A. ἐπόθην.

πίπτω, *tomber*; ΠΕΤΩ, F. dor. πεσοῦμαι ; A. 1 ἔπεσα, moins pur que l'aor. 2; cf. § 221, Rem.; A. 2 ἔπεσον; P. πέπτωκα, de ΠΤΟΩ. On peut dire aussi que πέπτωκα est pour πέπτηκα, inusité, comme ἔρρωγα est pour ἔρρηγα. De πέπτηκα vient, par syncope, πεπτεώς, πεπτεῶτος, et πεπτώς, πεπτῶτος. Quant à πέπτηκα, il vient de πέτω, comme δέδμηκα de δέμω (cf. § 121).

ΠΡΙΑΜΑΙ, *acheter* ; ce verbe ne se rencontre point au présent indicatif; il n'a que les formes suivantes, qui se prennent dans le sens de l'aoriste : ἐπριάμην; Impérat. πρίασο et πρίω; Subj. πρίωμαι ; Opt. πριαίμην; Infin. πρίασθαι, Partic. πριάμενος. Pour les autres temps du verbe *acheter* on se sert d'ὠνέομαι.

ῥέζω, ἔρδω, *faire,* Fut. ῥέξω, ἔρξω ; A. ἔρεξα, ἔρρεξα, ἔρξα; P. 2 ἔοργα; Pl.-p. ἐώργειν; A. pass. ῥεχθῆναι. Même radic. ἔργον, *ouvrage.*

σκέλλω, *dessécher,* Fut. σκελῶ et σκαλῶ ; Aor. ἔσκηλα; Parf. dans le sens neutre, ἔσκληκα (pour ἐσκάληκα, cf. § 121) ; de ΣΚΛΗΜΙ, toujours dans le sens neutre, A. 2 ἔσκλην, σκλαίην, σκλῆναι; F. m. σκλήσομαι. De là vient, par l'intermédiaire de σκελετός ou σκελετόν, le français *squelette.*

σώζω, *sauver*; ΣΩΩ, A. 1 p. ἐσώθην, sans σ; P. σέσωμαι et σέσωσμαι. Les poëtes disent aussi σαόω; F. σαώσω; A. ἐσάωσα.

VERBES IRRÉGULIERS.   213

τίκτω,   *enfanter;* ΤΕΚΩ, F. τέξω, rare et poét.; moy. τέξομαι; A. 2 ἔτεκον; P. 2 τέτοκα.

NOTA. γίγνομαι ΓΕΝΩ, πίπτω ΠΕΤΩ, τίκτω ΤΕΚΩ, suivent une même analogie : 1° redoublement comme dans les verbes en μι, πι-πέτω; 2° syncope de l'ε, πίπτω. Il en est de même de μένω μίμνω, περάω-πιπράσκω, et autres. Τίκτω est pour τι-τέκω, τίτκω.

τρώγω,   *manger;* ΤΡΑΓΩ, A. 2 ἔτραγον.
φθάνω,   *prévenir,* F. φθάσω, A. ἔφθασα; P. ἔφθακα. ΦΘΗΜΙ, A. 2 ἔφθην, φθαίην, φθῶ, φθῆναι, φθάς; F. m. φθήσομαι.

§ 253. VERBES EN ÉΩ ET ÁΩ QUI FORMENT QUELQUES TEMPS COMME S'ILS ÉTAIENT EN Ω NON PUR.

γαμέω,   *se marier;* ΓΑΜΩ, A. 1 ἔγημα; F. γαμέσω-έω-ῶ; P. γεγάμηκα.
γηθέω,   *se réjouir;* ΓΗΘΩ, P. 2 γέγηθα; F. γηθήσω.
γοάω,   *gémir;* ΓΟΩ, A. 2 ἔγοον; Homère : γόον, sans augment.
δαμάω,   *dompter;* ΔΑΜΝΩ, δαμνάω, δάμνημι, A. 2 ἔδαμον; A. pas. ἐδάμην; P. δέδμηκα p. δεδάμηκα; moy. δάμναμαι. Cf. p. 117, N. 1.
δοκέω,   *paraître, croire;* ΔΟΚΩ, F. δόξω; A. 1 ἔδοξα; P. p. δέδογμαι.
δουπέω,   *faire du bruit en tombant;* ΔΟΥΠΩ, Parf. 2 δέδουπα; A. 1 ἐδούπησα.
κτυπέω,   *frapper avec bruit;* ΚΤΥΠΩ, A. 2 ἔκτυπον.
ληκέω,   λακέω, λάσκω, *résonner;* ΛΗΚΩ, ΛΑΚΩ, A. 2 ἔλαχον; P. 2 λέλακα et λέληκα; F. λακήσομαι.
μηκάομαι,   *bêler;* ΜΗΚΩ, A. 2 part. μακών; P. 2 μέμηκα.
μυκάομαι,   *mugir;* ΜΥΚΩ, A. 2 ἔμυκον; P. 2 μέμυκα.
στυγέω,   *voir avec horreur;* ΣΤΥΓΩ, F. στύξω, A. 1 ἔστυξα (employé par Homère dans le sens de *rendre terrible*); A. 2. ἔστυγον.
ΧΡΑΙΣΜΩ,   *secourir,* A. 2 ἔχραισμον; F. χραισμήσω.

NOTA. C'est ce petit nombre d'exemples, la plupart poétiques, qui ont conduit quelques grammairiens à donner des aoristes seconds aux verbes contractes.

§ 253 bis. EXPLICATION DE QUELQUES FORMES POÉTIQUES DIFFICILES.

ἀγήοχα,   P. act. pour ἄγηγα (ἦχα) d'ἄγω, *conduire.*
ἀκαχμένος,   *percé.* Part. parf. pass. d'ΑΚΩ; ἦγμαι, ἄκηγμαι; changeant η en α, et γ en χ contre la règle, § 104, ἀκαχμένος. Rac. ἀκή, *pointe.* — Il ne faut pas confondre ἀκαχμένος, *percé,* avec ἀκαχήμενος, *troublé,* qui se rattache à ΆΧΩ, ἀκαχίζω.
ἀνήνοθα,   pour ἤνοθα, d'ΑΝΕΘΩ, métathèse d'ἀνθέω, *fleurir.*
ἀπηύρων,   Imp. *j'enlevais,* d'ἀπό-ΑΥΡΑΩ; ἀπούρας, Part. aor. 1ᵉʳ, *ayant enlevé;* d'ἀπό-ΑΥΡΩ. ἀπούρας vient de ἀπό-αὔρας, comme τοῦτο, de τό-αὐτό. Du même primitif vient ἐπαυρέω, ἐπαυρίσκω, *jouir,* dans Théognis.
ἄωρτο,   3ᵉ pers. plus-que-parf. pass. d'ἀείρω, *élever* : ἤερμαι, ἤερμην, σο, το, changeant η en α, ἄερτο; puis ε en ω, ἄωρτο.

214 SUPPLÉMENT AUX VERBES.

γέντο, pour εἵλετο (voy. αἱρέω) : εἵλετο, ἕλετο, ἕλτο ; le ν attiré par le τ : ἕντο ; γ substitué à l'aspiration forte : ἕντο, γέντο. Cf. § 171.

γέντο poétique, pour ἐγένετο, de γίγνομαι.

δόατο, ou δέατο, il semblait ; F. δοάσεται, Homère δοάσσεται, A. δοάσσατο. δόκτο paraît venir de δοάζω, p. δοιάζω ; δόατο, p. ἐδοάζετο[1].

ἐάλην, Infin. ἀλῆναι, ἀλήμεναι, être rassemblé, pressé, A. 2 passif d'ΕΛΑΩ (εἴλω, εἰλέω), comme ἐστάλην de στέλλω. Du parf. sec. qui serait ἔολα, vient l'adj. οὖλος, frisé, tortillé ; et la 3ᵉ pers. poétiq. ἐόλητο (Apollonius de Rhodes), comme si ἔολα formait un nouveau présent ἐολέω. C'est ainsi que d'ἐγρήγορα vient ἐγρηγορέω ; d'ἕκτονα, ἐκτόνηκα.

ἐδήδοκα, pour ἥδοκα, du fut. inusité ἐδέσω ; voy. ἐσθίω, ἔδω, manger.

εἴωθα, j'ai coutume, P. 2 pour εἶθα, d'ἔθω.

ἐνήνοθα, pour ἥνοθα, d'ΕΝΕΘΩ (qui est peut-être, par une transposition de lettres, pour ἐν-θέω), courir sur, être répandu sur. De là ἐπενήνοθεν, κατενήνοθεν. D'autres tirent ces parfaits d'ἐνόθω, mouvoir, pousser.

ἐνήνοχα, pour ἥνοχα, d'ΕΝΕΚΩ ; voy. φέρω, § 247.

ἐπίσπω, ἐπίσποιμι, ἐπισπών, Subj. Opt. et Part. A. 2 du verbe ἐπί-ἕπομαι, atteindre. Ces formes sont tirées de l'Indic. ἕσπον, en ôtant l'ε que l'on considère comme augment (cf. § 247). Nous avons vu de même ἔσχον, σχές, σχεῖν.

ἔπλεο, ἔπλευ, tu étais, et plus souvent tu es ; ἔπλετο et ἔπλε, il est ou il était ; imparf. du verbe dorique πέλω et πέλομαι, être, qui se syncope partout où il garde l'augment. De ce verbe viennent les participes composés suivants : ἐπιπλόμενος (sync. p. ἐπιπελόμενος), avançant ; περιπλόμενος, faisant sa révolution (comme les astres, les années, etc.).

καυάξαις, (Hésiode), pour κατάξαις ; ajoutant le F (cf. § 171) et changeant τ suivant le § 174, IV, κατϜάξαις, καϜϜάξαις, d'où καυάξαις en prenant υ pour F, comme en français on fait neuVième de neuF. Cet optatif vient de κατάγνυμι, briser.

μέμβλεται, Sync. pour μεμέληται, de μέλομαι, j'ai soin ; 6 introduit entre μ et λ, comme il l'est entre μ et ρ dans μεσημβρία, midi, pour μεσημερία.

μέμβλωκα, pour μεμόληκα, μέμλωκα, P. de ΜΟΛΩ, venir, A. 2 ἔμολον, μολεῖν, μολών ; Fut. μολοῦμαι. De μέμβλωκα vient le nouveau présent βλώσκω.

οἴχωκα, P. d'οἴχομαι, ΟΊΧΩ, ΟΊΧΕΩ, s'en aller, et plus souvent, être parti ; F. οἰχήσομαι ; P. a. ᾤχηκα ; P. p. ᾤχημαι. De la forme régulière ᾤγμαι, inus., vient ἐπῴχατο, pour ἐπῳγμένοι ἦσαν (cf. § 236).

ὄχωκα, usité seulement en composition, Parf. poét. d'ἔχω : ὄχα, ὦχα, ὄχωκα. Homère, ὤμω συνοχωκότε, humeri contracti.

στεῦται, pour στεύεται ; στεῦτο, pour ἐστεύετο, poét. de στεύομαι, promettre, se glorifier. Rac. στάω, Ion. στέω, d'où στέϜω, στεύω.

τέτμον, ἔτετμον, je trouvai, subj. τέτμῃς. Ce mot est, du moins pour la forme, un Aor. 2 de τέμνω : ἔτεμον, τέτεμον, τέτμον.

---

1. D'autres rattachent δόατο, δέατο, à δοκέω.

IRRÉGULARITÉ DANS LA SIGNIFICATION.

PARFAITS EMPLOYÉS COMME PRÉSENTS.

§ 254. On a remarqué dans le cours de cet ouvrage plusieurs parfaits qui ont la signification du présent : οἶδα, *je sais;* μέμνημαι, *je me souviens;* κέκτημαι, *je possède,* etc. On a vu aussi que le latin a plusieurs parfaits de cette espèce, *novi, memini, odi.* Mais le nombre en est bien plus grand dans la langue grecque que dans la langue latine.

Rien n'est plus facile que d'expliquer cette irrégularité apparente : *Nosco,* je prends connaissance ; *novi,* j'ai pris connaissance, et par conséquent, *je sais*[1].

Et de même en grec :

δέρχομαι,	*je regarde;* δέδορκα, *j'ai regardé;* donc, *je vois.*
Ε᾽ΙΔΩ,	*je vois;* οἶδα, *j'ai vu;* donc, *je sais.*
Ε᾽ΙΚΩ,	*je m'accorde avec (convenio);* ἔοικα, *je me suis accordé avec;* donc, *je ressemble.*
᾽ΕΘΩ,	avec le sens d'ἐθίζομαι, *je m'accoutume;* εἴωθα, *je me suis accoutumé;* donc, *j'ai coutume.* On dit pareillement en latin *solitus sum* dans le même sens que *soleo.*
θαυμάζω,	*je conçois de l'admiration;* τεθαύμακα, *j'ai conçu de l'admiration;* donc, *j'admire.*
θνήσκω,	*je meurs;* τέθνηκα, *j'ai souffert la mort;* donc, *je suis mort.*
ἵστημι,	*je place;* ἕστηκα, sous-ent. ἐμαυτόν, *je me suis placé;* donc, *je suis placé, je me tiens,* sto.
κτάομαι,	*j'acquiers;* κέκτημαι, *j'ai acquis;* donc, *je possède.*
μνάομαι,	*je mets en ma mémoire;* μέμνημαι, *j'ai mis en ma mémoire;* donc, *je me souviens,* memini.

On doit expliquer de même ce vers d'Homère :

Κλῦθί μευ Ἀργυρότοξ᾽, ὃς Χρύσην ἀμφιβέβηκας.
Écoute-moi, dieu à l'arc d'argent, toi qui protéges Chryse !

ἀμφιβαίνω, *j'environne;* ἀμφιβέβηκα, *j'ai environné;* donc, *je protége.*

Le même raisonnement s'applique à tous les verbes dont le présent exprime le commencement d'une action.

Il s'applique particulièrement à ceux qui expriment l'action de *crier* ou de *faire du bruit;* ainsi les parfaits κέκραγα, λέλακα, γέγωνα, βέβρυχα, μέμυκα, μέμηκα, κέκλαγγα, τέτριγα, se traduisent par le présent, parce qu'ils expriment la continuation du son ou du bruit dont κράζω, ληκέω ou λάσκω, γεγωνέω[2], βρύκω, μυκάομαι, μηκάομαι, κλάζω et τρίζω expriment le commencement.

Mais ce serait une grande erreur de généraliser cette observation, et de dire que le parfait grec exprime un présent aussi bien qu'un passé. Les temps des verbes grecs correspondent exactement aux temps des verbes français. Le paragraphe suivant fera voir l'idée précise qu'on doit attacher à chacune de ces formes, dans l'une et dans l'autre langue.

1. Cf. Méth. lat., § 79, Rem. 4. — 2. Pr. inusité. Imparf. γεγώνευν, p. ἐγεγώνευν impér. γεγωνείτω: inf. γεγωνεῖν : fut. γεγωνήσω.

THÉORIE DES TEMPS EN GREC ET EN FRANÇAIS

OU L'ON FAIT VOIR LE RAPPORT NATUREL DE L'AORISTE AU FUTUR ET POURQUOI TOUS DEUX ONT EN GREC LA MÊME FIGURATIVE.

I. Temps principaux.

§ 255. Ces formes, *je lis, je lirai, j'ai lu,* énoncent l'action avec rapport à l'instant de la parole.

Le PRÉSENT, *je lis,* exprime qu'elle *se fait* dans le temps même où a lieu l'acte de la parole;

Le FUTUR, *je lirai,* exprime qu'elle *se fera* dans la partie de la durée qui doit suivre l'acte de la parole;

Le PARFAIT, *j'ai lu,* exprime qu'elle *s'est faite* dans la partie de la durée qui a précédé l'acte de la parole.

La durée tout entière est ainsi partagée en trois parties:

1° Le moment où l'on parle;
2° Tout le temps qui suivra ce moment, à dater de ce moment lui-même;
3° Tout le temps qui s'est écoulé avant ce moment, jusqu'à ce moment lui-même.

Le moment où l'on parle est déterminé par lui-même, et il détermine les deux autres parties de la durée.

Il est déterminé par lui-même;

Car, si vous dites, *je lis,* personne ne vous demandera quand; on saura bien que c'est dans le temps même où vous êtes.

Il détermine les deux autres parties de la durée.

Car, si vous dites, *je lirai,* et que l'on vous demande quand, vous pourrez répondre, « je ne sais, » et cependant on comprendra bien que c'est dans un temps qui, à cette heure même, n'existe pas encore;

Et si vous dites, *j'ai lu,* et que l'on fasse la même question, vous pouvez dire, « je ne m'en souviens pas, » et l'on n'en saura pas moins que c'est dans un temps qui, à cette heure, n'existe plus.

Or, si *je lirai* et *j'ai lu* sont suffisamment déterminés par l'idée du présent auquel on les rapporte, et que l'on prend pour point fixe et immobile; et si d'ailleurs le présent, *je lis,* est assez déterminé par lui-même;

Il s'ensuit que le PRÉSENT, le FUTUR et le PARFAIT sont déterminés par eux-mêmes;

Il s'ensuit qu'on n'a besoin, pour les déterminer, d'aucun terme accessoire, puisque ces mots, *je lis, je lirai, j'ai lu,* expriment trois faits d'une manière absolue, claire, précise, et font voir en même temps à quelle partie de la durée se rapporte chacun de ces faits;

Il s'ensuit enfin que ces temps sont absolus, indépendants, et n'expriment qu'un *rapport simple* à l'une des trois parties de la durée.

II. Temps secondaires.

Mais ces mots, *je lisais, je lus, j'avais lu,* énoncent l'action avec rapport à un autre instant qu'à celui de la parole.

Leur forme, à la vérité, fait voir qu'il s'agit d'un fait qui a eu lieu antérieurement à l'acte de la parole;

Mais si vous dites, *je lisais*, on vous demandera : Quand ? — *je lus*, — quand ? — *j'avais lu*, — quand ?

Et si vous voulez porter à l'esprit de votre auditeur une idée nette, il faudra que vous précisiez l'époque où *vous lisiez*, où *vous lûtes*, où *vous aviez lu*.

Ces trois formes ne sont donc pas déterminées par elles-mêmes ;

Elles exigent donc nécessairement un terme accessoire qui les détermine ;

Elles expriment donc un rapport non-seulement avec une partie de la durée, savoir : *le passé* ; mais encore *avec un point quelconque pris dans ce passé* ;

Elles expriment donc un *double rapport*, ou *deux rapports*, dont l'un est déterminé par les formes elles-mêmes, *je lisais, je lus, j'avais lu* ; et l'autre ne peut l'être que par la réponse à cette question : quand ?

Les trois premiers temps, *je lis, je lirai, j'ai lu*, pourraient donc s'appeler TEMPS A RAPPORT SIMPLE ; et les trois derniers, *je lisais, je lus, j'avais lu*, TEMPS A RAPPORT DOUBLE ;

Les trois premiers pourraient encore s'appeler TEMPS DÉTERMINÉS ; et les trois derniers, TEMPS INDÉTERMINÉS OU TEMPS SEMI-DÉTERMINÉS ;

Les trois premiers n'expriment qu'*un rapport*, et leur forme détermine ce rapport ;

Les trois derniers expriment *deux rapports*, et leur forme n'en détermine qu'*un seul*.

Temps à rapport simple.

Le présent exprime simultanéité, </br>
Le futur, postériorité, } relativement à l'instant de la parole. </br>
Le parfait, antériorité,

Temps à rapport double.

Les trois autres temps, considérés relativement *à ce même instant*, expriment, comme nous venons de le voir, cette même antériorité ; mais, considérés relativement *à un autre instant*, ils expriment de plus, savoir :

L'imparfait, simultanéité, { je lisais *pendant* que vous écriviez.

L'aoriste, postériorité, { je lus *après* que vous eûtes fini d'écrire.

Le plus-que-parfait, antériorité, { j'avais lu *avant* que vous eussiez écrit.

Le *second rapport* exprimé par chacun de ces temps est donc le même que le *rapport unique* exprimé par chacun des trois autres.

C'est donc par une analogie naturelle que l'imparfait dérive du présent ; l'aoriste, du futur ; le plus-que-parfait, du parfait.

On ne sera donc plus étonné que l'aoriste grec soit caractérisé par le σ comme le futur, et que ces deux temps aient dans cette langue une si grande ressemblance[1] : λύσω, *je délierai*, ἔλυσα, *je déliai* ; cela s'accorde avec le rapport de *postériorité* qui leur est commun : postériorité relativement à

---

[1]. Nous ne prétendons pas que l'identité de rapport soit la *cause matérielle* de l'identité de figurative. Nous notons seulement des analogies.

l'instant de la parole, pour le futur (je lirai quand je serai arrivé à la campagne); postériorité relativement à un autre instant, pour l'aoriste (je lus quand je fus arrivé à la campagne).

Si, dans certains cas, le double rapport exprimé par l'aoriste ne s'aperçoit pas aussi distinctement, il n'en existe pas moins ; ainsi, quand l'auteur de la Henriade dit :

> Je chante ce héros qui régna sur la France.
> Et par droit de conquête et par droit de naissance,

le mot *régna* marque d'abord que le fait est *antérieur* au moment où le poëte compose ces vers ; ensuite qu'il est *postérieur* à d'autres faits, savoir, la *naissance* de Henri IV, et la *conquête* qu'il fit de son royaume.

Il n'y a pas un emploi de l'aoriste (ou de ce que nous appelons en français *parfait défini*), qui ne puisse être ramené à cette analogie.

Le latin n'a qu'une forme (*legi*) pour exprimer les deux temps *j'ai lu* et *je lus*. Les idées accessoires déterminent suffisamment quel sens il faut adopter.

En grec même et en français, il est des cas où les nuances se confondent ; et l'on emploie quelquefois l'*aoriste* où l'on aurait pu employer le *parfait*.

Ainsi, dans ces vers de La Fontaine :

> L'insecte du combat se retire avec gloire ;
> Comme *il sonna* la charge, il sonne la victoire ;

il sonna fait absolument le même sens que *il a sonné* ;

Et dans ce vers de Boileau :

> Qui ne sait se borner, ne sut jamais écrire.

ne sut jamais est la même chose que *n'a jamais su*.

Il y a plus ; on pourrait dire : *ne sait pas* ; et l'on aurait encore le même sens. Voilà donc l'aoriste employé dans un cas où l'on aurait pu mettre le présent.

Cet emploi de l'aoriste est très-fréquent en grec, pour exprimer une chose qui arrive ordinairement ; par exemple : τὰς μὲν τῶν φαύλων συνηθείας ὀλίγος χρόνος διέλυσε, un court espace de temps *détruisit* (pour *détruit*) les liaisons des méchants. On n'en sera pas étonné, si l'on réfléchit qu'en français même on dit aussi avec l'aoriste : le temps *détruisit* toujours les liaisons des méchants.

Et en général toutes les phrases où un temps paraît employé pour un autre doivent s'expliquer ainsi par le raisonnement et l'analogie. L'usage et le bon sens feront plus à cet égard que toutes les règles.

Nous n'avons d'ailleurs voulu exposer ici que la signification naturelle et primitive de chaque forme temporelle des verbes.

DEUXIÈME PARTIE.

LIVRE PREMIER.

SYNTAXE GÉNÉRALE.

§ 256. Jusqu'ici nous avons considéré séparément chacune des dix espèces de mots. Nous allons examiner à présent comment elles se lient et se combinent ensemble pour exprimer toutes nos pensées. Cet examen est l'objet de la Syntaxe [1].

Ce que nous dirons du Nom substantif devra également s'appliquer aux Pronoms, qui, comme les noms, désignent des personnes ou des choses.

Ce que nous dirons des Adjectifs devra s'appliquer à l'Article et aux Participes, qui, comme les adjectifs, modifient les personnes ou les choses.

ANALYSE DE LA PROPOSITION.

§ 257. On ne peut exprimer une pensée sans faire ce qu'on appelle une Proposition. Or, toute proposition, si on l'analyse, se résout nécessairement en un sujet, un verbe et un attribut (cf. § 56). Pour l'intelligence d'une pensée quelconque, il faut donc savoir reconnaître, dans la proposition qui l'exprime, 1° le sujet; 2° le verbe; 3° l'attribut.

PROPOSITION. θνητός ἐστιν ὁ ἄνθρωπος, l'homme est mortel.

Sujet : ὁ ἄνθρωπος. Verbe : ἐστί. Attribut : θνητός.

Emploi du nominatif [2].

Tout nom substantif servant de sujet à une proposition se met au nominatif : ὁ ἄνθρωπος.

---

1. Syntaxe (de σύνταξις, dérivé de συντάσσω, disposer ensemble) signifie *disposition, ordre, arrangement* des mots pour former le discours.
2. Cf. Méthode latine, § 189.

Accord de l'adjectif avec le substantif[1].

Tout adjectif s'accorde en genre, en nombre et en cas avec le substantif auquel il se rapporte : θνητός, au nominatif masculin singulier, parce qu'il se rapporte à ἄνθρωπος.

REMARQUE. Lorsque l'adjectif se rapporte à deux ou à plusieurs substantifs du même genre, il se met au pluriel : πατὴρ καὶ υἱὸς ἀγαθοί, un père et un fils bons[2].

Accord du verbe avec le sujet[3].

Tout verbe s'accorde en nombre et en personne avec son sujet : ἐστί, troisième personne du singulier, parce que ἄνθρωπος est de la troisième personne et du singulier.

REMARQUE. La langue grecque admet sur ce point une exception très-remarquable ; c'est qu'avec un nominatif pluriel neutre on met ordinairement le verbe au singulier : τὰ ζῶα τρέχει, les animaux courent ; ταῦτά ἐστιν ἀγαθά, ces choses sont bonnes.

Attribut compris dans le verbe[4].

§ 258. Le verbe et l'attribut ne forment souvent qu'un seul mot : ὁ ἄνθρωπος ἀποθνήσκει, l'homme meurt ; verbe et attribut ἀποθνήσκει, équivalant à ἐστὶν ἀποθνήσκων (cf. § 62).

Sujet sous-entendu.

Le mot sujet peut même être sous-entendu : τρέχω, je cours ; τρέχεις, tu cours ; τρέχει, il court. Ces trois mots forment chacun une proposition. Les sujets sont exprimés en français : *je, tu, il*. En grec ils sont généralement sous-entendus (surtout les deux premiers) : ἐγώ, σύ, αὐτός[5].

Dans certaines propositions, qui ont en français le substantif indéterminé *on* pour sujet, le mot ἄνθρωποι se sous-entend en grec, comme *homines* en latin : φασί, λέγουσι, on dit ; εἰώθασι, on a coutume.

---

1. Cf. Méth. lat., § 191. — 2. Cf. ibid., § 208, 1. — 3. Cf. ibid., § 190. — 4. Cf. ibid. § 194.

5. On sous-entend les pronoms en grec, parce que les désinences personnelles, ω, εις, ει, les indiquent suffisamment. Mais en français, où les désinences sont peu marquées, ou ne le sont pas du tout, au moins dans la prononciation, il faut nécessairement les exprimer. Cependant, en grec comme en latin, on emploie quelquefois les pronoms avec le verbe, lorsqu'on a besoin de marquer une opposition (cf. Méth. lat., § 195, 1).

Article, ὁ, ἡ, τό, *indiquant le sujet de la proposition.*

§ 259. Nous venons de voir pour attribut un adjectif, θνητός. Souvent aussi l'attribut est un nom substantif : ὁ κάματος θησαυρός[1] ἐστι, le travail est *un* trésor.

En grec comme en français, c'est le nom précédé de l'article qui est le sujet (ὁ κάματος); l'autre est l'attribut (θησαυρός).

Il faut faire la plus grande attention à l'article, parce que sa suppression ou son déplacement pourraient changer entièrement le sens : ἡ ἀρετὴ πλοῦτός ἐστι, la vertu est *une* richesse.

Déplacez l'article, et dites : ἀρετὴ ὁ πλοῦτός ἐστι, le sens sera, *la richesse est une vertu*, ce qui est tout différent.

Ellipse[2] *de l'article.*

§ 260. Il est pourtant des cas où la suppression de l'article en grec ne forme aucune équivoque : αὐτάρκειά ἐστι πλοῦτος, contentement est richesse; c'est-à-dire, être content de son sort, c'est être riche. Le bon sens indique que αὐτάρκεια est sujet, et πλοῦτος, attribut.

En français même on supprime quelquefois l'article, surtout dans les locutions proverbiales : *contentement passe richesse.*

Ellipse du verbe être[3].

§ 261. Il ne peut y avoir de sujet sans un verbe exprimé ou sous-entendu.

Le verbe εἶναι, être, se sous-entend très-souvent :

φίλος πιστὸς σκέπη κραταιά, un ami fidèle *est* un fort rempart.

σκιᾶς πάροδος ὁ βίος ἡμῶν, notre vie *est* une ombre qui passe; mot à mot : la vie de nous, passage d'une ombre.

αἱ ἐλπίδες τῶν ἀνθρώπων ὄνειροι, les espérances des hommes *sont* des songes.

ἀρχὴ σοφίας φόβος Κυρίου, la crainte du Seigneur *est* le commencement de la sagesse.

REMARQUE. On voit de plus, dans ce dernier exemple, l'article sous-entendu suivant le paragraphe ci-dessus.

---

[1]. Les mots *espacés* sont ceux qui font le sujet de la règle.
[2]. Ellipse (d'ἔλλειψις) signifie *omission, manque, ce qui est de moins.* Rac. λείπω.
[3]. Cf. Méth. lat., § 193.

Adjectifs pris substantivement[1].

§ 262. Tout adjectif suppose un substantif. Mais il arrive souvent que ce substantif est sous-entendu, et alors l'adjectif est pris substantivement :

μόνος ὁ σοφὸς εὐδαίμων ἐστί, le sage seul est heureux.
ὁ σοφός équivaut à ὁ σοφὸς ἀνήρ, l'homme sage.

Rien de plus ordinaire que des adjectifs et des participes neutres pris substantivement : τὸ ἀγαθόν, le bon ; τὸ καλόν, le beau ; τὸ ὄν, l'être, ce qui est ; τὸ ἀβέβαιον τῶν ἀνθρωπίνων, l'instabilité des choses humaines. Le sens de tous ces mots est assez clair par lui-même ; et l'article suffit, comme en français, pour en faire de véritables noms abstraits, sans qu'on ait besoin ici de rien sous-entendre.

DÉPENDANCES DU SUJET ET DE L'ATTRIBUT[2].

§ 263. Dans les exemples du § 261, le sujet et l'attribut sont composés chacun de plusieurs mots. Premier exemple : sujet, φίλος πιστός ; attribut, σκέπη κραταιά. Deuxième exemple : sujet, ὁ βίος ἡμῶν ; attribut, πάροδος σκιᾶς.

Après avoir trouvé le sujet principal d'une proposition, il faut donc examiner s'il n'y a pas quelque adjectif ou quelque cas d'un nom qui le modifie et le complète. Il faut examiner la même chose à l'égard de l'attribut.

Emploi du génitif[3].

§ 264. Le génitif, soit qu'il appartienne au sujet ou à l'attribut, établit entre deux termes le même rapport que fait en français la préposition *de* :

ὑγίεια ὁ μισθὸς τῆς ἐγκρατείας, la santé est le prix *de la* tempérance.

φύσεως κακίας σημεῖόν ἐστιν ὁ φθόνος, l'envie est la marque *d'un* mauvais naturel ; mot à mot : d'une méchanceté de nature.

Emploi du datif[4].

§ 265. Le datif exprime le même rapport que fait en français la préposition *à* :

ὁ μὴ χρήσιμος τοῖς φίλοις, οὐδ' ἑαυτῷ χρήσιμός ἐστιν, celui qui n'est pas utile *à* ses amis, n'est pas non plus utile *à* lui-même ;

---

1. Cf. Méth. lat., § 192. — 2. Cf. ibid., §§ 196 et 197. — 3. Cf. ibid., § 199. — 4. Cf. ibid., § 200.

sujet, ὁ [ἄνθρωπος] μὴ χρήσιμος τοῖς φίλοις; verbe avec négation, οὐδέ ἐστιν, n'est pas non plus; attribut, χρήσιμος ἑαυτῷ.

πείθομαι τοῖς νόμοις, j'obéis aux lois; sujet et verbe, je suis; attribut, obéissant aux lois.

Remarque. Ainsi nos deux principales prépositions, *de* et *à*, sont représentées en grec par deux cas, c'est-à-dire par deux désinences particulières du nom, le génitif et le datif.

Ces cas, ainsi que l'accusatif, servent aussi de complément à des prépositions, et entrent dans plusieurs constructions propres à la langue grecque, dont nous parlerons ci-après.

Emploi de l'accusatif[1].

§ 266. Dans la proposition *j'obéis aux lois*, le substantif est uni au verbe par la préposition *à*, et ce rapport est marqué en grec par le datif. C'est ce qu'on appelle Régime ou Complément indirect.

Dans celle-ci, *honore tes parents*, τίμα τοὺς γονεῖς, le substantif est uni au verbe immédiatement et sans aucune préposition; et ce rapport est marqué en grec par l'accusatif. C'est ce qu'on appelle Régime direct ou Complément direct[2].

Verbes considérés relativement à leurs compléments[3].

§ 267. 1. Comme les verbes à complément direct présentent le sujet *agissant* sur un objet qui est *hors* de lui, et sur lequel *passe* son action, on est convenu de les nommer verbes Actifs ou Transitifs; d'où cette règle fondamentale, en grec comme en latin : tout verbe actif gouverne l'accusatif[4].

2. On est convenu pareillement d'appeler verbes Neutres ou Intransitifs, ceux qui ne reçoivent pas de complément direct. Ainsi πείθομαι, quant à la signification, est un verbe neutre : πείθομαι τοῖς νόμοις, j'obéis *aux* lois; ἥκω est un verbe neutre : ἥκω ἐκ τῆς Ῥώμης, j'arrive *de* Rome[5].

3. On appelle encore verbes neutres ceux qui, exprimant

---

1. Cf. Méth. lat., § 201.
2. Le mot *complément* est plus juste que le mot *régime*. Car τοῖς νόμοις complète l'idée de πείθομαι. J'obéis. — A quoi? — Aux lois. Et τοὺς γονεῖς complète l'idée de τίμα. Honore. — Qui? — Tes parents. Le complément direct est toujours une dépendance de l'attribut.
3. Cf. Méth. lat., §§ 201 et 358.
4. Nous verrons plus tard les modifications apparentes que l'usage a apportées à cette règle. Cf. ci-dessous, §§ 343, 348, 349 et 350. — 5. Cf. ci-dessous, § 307, 1.

par eux-mêmes une action complète et absolue, n'ont besoin d'aucun complément :

λαλῶ, je parle ; βαδίζω, je marche ; κεῖμαι, je suis étendu.

4. N'oublions pas qu'un verbe peut être actif avec la forme passive ou moyenne (cf. § 203) : μιμοῦ τὰ τῶν σπουδαίων ἤθη, imitez les mœurs des gens de bien.

Nous voyons de même par les exemples λαλέω, βαδίζω, κεῖμαι, πείθομαι, qu'un verbe peut être neutre, avec la forme soit active, soit passive, soit moyenne.

Il faut donc bien distinguer la signification d'un verbe de sa forme :

FORME : Active, passive, moyenne.

SIGNIFICATION : Verbe actif ou transitif ; Verbe neutre ou intransitif.

Emploi du vocatif[1].

§ 268. Le vocatif sert, comme l'indique son nom, pour appeler, pour adresser la parole ; et le plus souvent il ne fait pas partie de la proposition : εἰσὶν ἀρεταί, ὦ Πρωταγόρα, il existe des vertus, Protagoras. ὦ Πρωταγόρα n'appartient évidemment ni au sujet ni à l'attribut.

Cependant si le vocatif se trouve avec un verbe à la seconde personne, on peut le regarder comme le sujet de ce verbe : ὦ ἄνθρωποι, ἀγαπᾶτε τοὺς ἐχθρούς, ô hommes, aimez vos ennemis.

Le nominatif ni le vocatif ne peuvent jamais être le complément d'un verbe ni d'une préposition.

Emploi des prépositions et des adverbes[2].

§ 269. Les prépositions avec leurs compléments expriment les diverses circonstances de lieu, de temps, de manière, de qualité. Elles modifient soit le sujet, soit l'attribut d'une proposition :

ἡ περὶ τὸν Θεὸν εὐσέβεια ὁδὸς εἰς σωτηρίαν, la piété envers Dieu est le chemin du salut (littéralement, vers le salut) ; περὶ τὸν Θεόν modifie le sujet ἡ εὐσέβεια[3] ; εἰς σωτηρίαν modifie l'attribut ὁδός.

Il en est de même des adverbes :

εὐθύμως μαχώμεθα, combattons vaillamment ; sujet et verbe, *soyons* ; attribut, *combattant vaillamment*[4].

1. Cf. Méth. lat., § 304. — 2. Cf. ibid., §§ 201, 202 et 203. — 3. Cf. ci-dessous, § 314.
4. Nous montrons uniquement ici le rôle que jouent dans le discours ces sortes de mots. Nous verrons, § 371 et suivants, les différentes acceptions de chaque préposition et de quelques adverbes.

UNION DES PROPOSITIONS.

EMPLOI DES CONJONCTIONS.

§ 270. Jusqu'ici nous avons considéré les propositions isolément et une à une. Nous allons voir comment elles se joignent et se mettent en rapport l'une avec l'autre par le moyen des Conjonctions.

Les principales conjonctions ont été indiquées § 163. Elles peuvent, quant au sens, se réduire à neuf, ET, OU, NI, MAIS, OR, DONC, CAR, SI, QUE.

ET, καί[1].

La plus simple de toutes, la plus ordinaire, celle qu'on peut appeler la conjonction par excellence, est καί, *et*.

Elle se met entre deux propositions pour les unir : νόει, καὶ τότε πράττε, pense, *et* agis ensuite.

Elle joint deux propositions en une seule en réunissant les deux sujets, et alors on met ordinairement le verbe au pluriel : δόξα καὶ πλοῦτος, ἄνευ συνέσεως, οὐκ ὠφελοῦσι, sans la prudence, la gloire *et* la richesse ne sont point utiles[2].

On peut aussi mettre le verbe au singulier en le faisant rapporter seulement à un des sujets : δόξα καὶ πλοῦτος οὐκ ὠφελεῖ[3]. C'est ainsi que Racine a dit :

<blockquote>Ses menaces, sa voix, un ordre m'a troublée.</blockquote>

καί a pour synonyme τέ, qui répond au *que* des Latins, et qui, comme cette dernière conjonction, est enclitique : πατὴρ ἀνδρῶν τε θεῶν τε, pater hominum*que* deum*que*; ou, πατὴρ ἀνδρῶν τε καὶ θεῶν, pater hominum*que* et deorum.

Dans les phrases où καί ne suppose point de proposition antécédente, il est purement adverbe et signifie *même :* βουλὴ καὶ παρ' οἰκέτου πολλάκις χρήσιμος, un avis, *même* de la part d'un esclave, est souvent utile. Il en est de même en latin du mot *et : Timeo Danaos* et *dona ferentes.*

OU, ἤ, vel, aut[4].

§ 271. La conjonction *ou* établit une distinction entre les termes qu'elle unit :

---

1. Cf. Méth. lat., § 206. — 2. Cf. ibid., § 207. — 3. Cf. ibid., § 208, Rem. 1. — 4. Cf. ibid., § 209.

ἡμερήσιοι ὕπνοι ἢ ἀργίαν ἢ ἀπαιδευσίαν σημαίνουσι, dormir pendant le jour annonce *ou* paresse *ou* ignorance [1].

NI, οὐδέ, μηδέ, οὔτε, μήτε [2].

§ 272. La conjonction *ni* contient deux idées, celle de liaison et celle de négation ; en grec comme en latin, elle est composée de deux mots, οὐ-δέ, *ne-que :*

ξένος ὁ ἄνθρωπος ἐπὶ τῆς γῆς · ταχὺ οὐκ ἔσται, οὐδὲ μνήμη αὐτοῦ, l'homme est étranger sur la terre ; il ne sera bientôt plus, *ni* lui, *ni* sa mémoire.

οὐδέ et μηδέ signifient souvent *non plus (neque); pas même (ne.... quidem* [3]). Dans le sens de *ni*, ils se mettent partout où, sans négation, on mettrait δέ.

οὔτε et μήτε répondent plus exactement au français *ni*. Ils se mettent partout où, sans négation, on mettrait καί.

I. MAIS, δέ, *vero, autem* [4].

§ 273. La conjonction δέ unit deux propositions, et annonce que la seconde restreint la première. Elle est opposée à l'adverbe μέν, comme en latin *vero* à *quidem*, mais avec moins de force.

ἡ μὲν ῥίζα τῆς παιδείας πικρά, οἱ δὲ καρποὶ γλυκεῖς, la racine de la science est amère, *mais* les fruits en sont doux.

Souvent ces mots μέν et δέ ne servent qu'à mettre deux propositions en regard l'une de l'autre sans les opposer :

τὸν μὲν Θεὸν φοβοῦ, τοὺς δὲ γονεῖς τίμα, Isoc. : crains Dieu, *et* honore tes parents ; m. à m. μέν, d'un côté... δέ, d'un autre côté...

Souvent aussi δέ est une simple liaison comme καί. Ni μέν, ni δέ ne commencent jamais une proposition.

II. MAIS, ἀλλά, *sed*.

ἀλλά marque une opposition plus forte que δέ. Il unit deux propositions, et annonce que la seconde contredira la première, qui très-souvent est négative :

μὴ μόνον ἐπαινεῖτε τοὺς ἀγαθούς, ἀλλὰ καὶ μιμεῖσθε, Isoc. : non-seulement louez les gens de bien, *mais encore* imitez-les [5].

On peut ranger dans la même classe que δέ et ἀλλά tous les

---

1. ἢ est peut-être la 3e personne du subjonctif du verbe εἶναι, dont l'usage aura changé l'accent et retranché l'ι souscrit. En français même, *soit* n'est-il pas synonyme de *ou ?*
2. Cf. Méth. lat., § 240. — 3. Cf. ibid., § 453. — 4. Cf. ibid., § 241.
5. ἀλλά ne diffère que par l'accent du pluriel neutre d'ἄλλος. Il signifie donc *autrement*, et par là convient très-bien à l'énonciation d'une pensée contraire à la pensée précédente.

mots ou collections de mots qui expriment quelque restriction, comme μέντοι, καίτοι, ἀλλὰ μήν, οὐ μὴν ἀλλά, qui tous reviennent aux mots français *cependant* [1], *toutefois, néanmoins* (cf. Méth. lat., § 211).

OR, δέ, *vero, autem* [2].

§ 274. Le mot δέ sert encore pour exprimer notre conjonction *or* : πᾶς ἄνθρωπος ζῶον· πᾶν δὲ ζῶον θνητόν· πᾶς ἄρα ἄνθρωπος θνητός, tout homme est un animal ; *or* tout animal est mortel ; donc tout homme est mortel.

DONC, ἄρα, *ergo, igitur* [3].

§ 275. L'exemple précédent fait voir en même temps la valeur de la conjonction ἄρα. Elle sert à conclure un raisonnement, à en déduire une conséquence.

Il faut ranger dans cette classe οὖν, donc ; τοίνυν, aussi, *itaque* ; οὐκοῦν (l'accent sur οὖν), *igitur* ; οὔκουν (l'accent sur οὔκ), *non igitur* ; γοῦν, μὲν οὖν, τοιγαροῦν, τοιγάρτοι, or donc, c'est pourquoi ; et autres de la même nature.

CAR, γάρ, *nam, enim* [4].

§ 276. La conjonction γάρ sert :

1° à rendre raison d'une proposition antécédente :

μηδενὶ συμφορὰν ὀνειδίσῃς · κοινὴ γὰρ ἡ τύχη, καὶ τὸ μέλλον ἀόρατον, Isoc. : ne reprochez à personne son malheur, *car* les chances du sort sont communes, et l'avenir est invisible ;

2° à expliquer une chose annoncée le plus souvent dans la proposition précédente par un adjectif démonstratif :

ἐποίει τάδε πρὸς τοὺς ἐπιτηδείους · τὰ μὲν γὰρ ἀναγκαῖα συνεβούλευε πράττειν, etc., Xén. : voici ce qu'il faisait à l'égard de ses amis : il leur conseillait de faire les choses nécessaires, etc. Γάρ ne sert ici qu'à rappeler le τάδε qui précède. Il répond au latin *nempe*.

Employé en ce sens, γάρ se traduit souvent par *c'est que* : τὸ δὲ μέγιστον ἐρῶ· διδασκάλους γὰρ ζητητέον τοῖς τέκνοις, οἳ τοῖς τρόποις εἰσὶν ἀνεπίληπτοι, Plut. : mais je vais dire ce qu'il y a de

---

1. *Cependant* veut dire *pendant cela*. C'est donc un véritable adverbe. Mais cet adverbe peut être appelé conjonction, parce que *ce* rappelle nécessairement quelque chose qui précède. Et en général, *rappeler un terme antécédent* est le seul caractère essentiel qui distingue la conjonction de l'adverbe ordinaire. Aussi est-il tout à fait indifférent d'appeler adverbes ou conjonctions μέντοι, καίτοι, et autres semblables. Une analyse exacte prouverait même que l'adverbe et la conjonction ne sont réellement qu'une seule et même partie du discours. Cf. Méth. lat., § 100, Rem. 3.

2. Cf. Méth. lat., § 212. — 3. Cf. ibid., même paragr. — 4. Cf. ibid., § 213.

plus important; *c'est qu'il* faut chercher à ses enfants des maîtres irréprochables dans leurs mœurs[1].

En interrogation, γάρ se rend par *est-ce que* : ἔτι γὰρ σὺ ἀναπεμπάζῃ τὸν ὄνειρον; Luc. : *est-ce que* tu te retraces encore ce songe?

γάρ répond à *enim*, et ne commence jamais une proposition; καὶ γάρ répond à *etenim*, et commence la proposition.

On peut ranger dans la même classe tous les mots qui signifient *en effet, parce que, puisque,* tous ceux enfin qui expliquent une proposition antécédente.

Si, εἰ, ἐάν, ἄν, ἤν[2].

§ 277. Cette conjonction ajoute à une proposition l'idée *d'une condition, d'une supposition :* ἐὰν ᾖς φιλομαθής, ἔσῃ πολυμαθής, Isoc. : *si* vous aimez la science, vous serez savant[3].

On peut voir, § 163, plusieurs conjonctions dans lesquelles entre εἰ, *si*, et qui participent à sa signification conditionnelle et suppositive ; ce sont εἴτε, *soit, soit que,* qui se répète ordinairement comme le latin *sive* ; εἰ μή, *à moins que* ; εἰ καί et κἄν, *quoique, quand même*[4].

QUE, ὅτι.

§ 278. Cette conjonction diffère entièrement des autres par la nature des rapports qu'elle exprime. En effet, on a pu remarquer que les propositions liées par les huit premières restent distinctes et s'enchaînent sans se confondre. Une proposition précédée de *que* devient, au contraire, partie intégrante d'une autre proposition et lui sert ou de complément ou de sujet. Nous parlerons ici de celles qui servent de complément, et que nous appellerons *complétives*. Et comme un des principaux caractères de l'infinitif est de former aussi des propositions complétives, nous traiterons immédiatement des divers emplois de ce mode.

PROPOSITIONS COMPLÉTIVES.

Ὅτι sert, comme le *que* français, à unir deux propositions dont l'une est le complément de l'autre :

ὁ μῦθος δηλοῖ ὅτι ὁ κάματος θησαυρός ἐστι τοῖς ἀνθρώποις, cette fable montre *que* le travail est un trésor pour les hommes. La fable montre — Quoi? — Ceci : le travail est un trésor. La

[1]. Pour l'explication de l'indicatif εἰσί, voy. § 364, 1, et la note. — [2]. Cf. Méth. lat., § 214.
[3]. εἰ a une analogie au moins apparente avec ᾖ, qui s'écrivait autrefois ΕΙ (subjonctif de εἶναι, *être*), comme le latin *si* avec *sit*. Il signifie *soit supposé ceci*. Vous serez savant, *soit supposé ceci* que vous aimiez la science. Cf. note 1, p. 226.
[4]. Voyez, pour l'emploi de ces diverses conjonctions, les §§ 366, 385 et 386.

seconde proposition est, comme on le voit, le complément de la première, et elles sont unies par le mot ὅτι, *que*[1].

EMPLOI DE L'INFINITIF[2].

§ 279. Au lieu de réunir les deux propositions par la conjonction, comme en français, on met le plus souvent, comme en latin, le verbe de la seconde à l'infinitif, et le sujet, avec son attribut, à l'accusatif : ὁ μῦθος δηλοῖ — τὸν κάματον θησαυρὸν εἶναι, cette fable montre — le travail être un trésor.

Κροῖσος ἐνόμιζεν — ἑαυτὸν εἶναι ἀνθρώπων ἁπάντων ὀλβιώτατον (HÉROD., 1, 34) : Crésus se croyait le plus heureux des mortels; c'est-à-dire, croyait — lui-même être le plus heureux.

ATTRACTION AVEC L'INFINITIF.

§ 280. I. Dans ce dernier exemple le sujet des deux propositions est le même. Qui est-ce qui croyait? — Crésus. Qui est-ce qui était heureux? — Crésus. L'usage le plus général est alors de supprimer le pronom, et de mettre au nominatif l'attribut de la proposition complétive :

Κροῖσος ἐνόμιζεν — εἶναι ὀλβιώτατος,
Crésus croyait — être le plus heureux.
Ἀλέξανδρος ἔφασκεν — εἶναι Διὸς υἱός,
Alexandre prétendait — être fils de Jupiter.

ὀλβιώτατος, υἱός, sont attirés au nominatif par le sujet de la proposition principale. En latin il faudrait, sauf de rares exceptions, *se esse felicissimum; se esse filium*.

II. En général, quand le sujet de la proposition complétive n'est pas exprimé, l'attribut se met au cas où est employé dans la proposition principale ce sujet sous-entendu :

GÉNITIF ; ἐδέοντο Κύρου — εἶναι προθύμου,
Ils priaient Cyrus — d'être plein d'ardeur.
DATIF ; ὁ Λυκοῦργος τοῖς Λακεδαιμονίοις ἀπεῖπε — ναύταις εἶναι,
Lycurgue défendit aux Lacédémoniens — d'être navigateurs[3].

C'est ainsi qu'on dit en latin : *licet illis esse beatis*[4].

---

1. Ce mot est véritablement le neutre de l'adjectif conjonctif ὅςτις. Il équivaut à τοῦτο ὅ τι ἐστί, ceci qui est. Voyez, pour une autre manière de rendre *que* par une conjonction, § 386, IX.

2. Cf. Méth. lat., §§ 217 et 219.

3. *Cyrus, les Lacédémoniens*, sujets sous-entendus de la proposition complétive, sont employés, l'un au génitif, l'autre au datif, dans la proposition principale. — ἐδέοντο Κύρου, m. à m.: ils demandaient de Cyrus. Du reste, on trouve aussi, et même assez souvent, à l'accusatif l'attribut de la proposition complétive. — 4. Cf. Méth. lat., § 347.

INFINITIF CONSIDÉRÉ COMME UN NOM INDÉCLINABLE.

§ 281. I. L'infinitif compose quelquefois à lui seul le complément de la proposition principale, comme si c'était un nom substantif indéclinable à l'accusatif : θέλω γράφειν, je veux écrire[1].

II. Il se met aussi après les prépositions, et reçoit l'article τό comme un véritable nom neutre : πρὸς τὸ μετρίων δεῖσθαι πεπαιδευμένος, Xén. : instruit à avoir besoin de peu.

III. Il joue pareillement le rôle de nominatif, de génitif, de datif, et se construit absolument comme en français :

Génitif ; καιρός ἐστι τοῦ λέγειν, il est temps *de* parler.

Nominatif et Datif ; τὸ φιλεῖν ἀκαίρως ἴσον ἐστὶ τῷ μισεῖν, aimer à contre-temps est la même chose que haïr ; mot à mot : est égal *à* haïr.

IV. C'est par l'infinitif, employé ainsi aux différents cas, que le grec rend ce que le latin exprime par le gérondif[2] :

Dicendi,   τοῦ λέγειν,   de dire ;
Dicendo,   ἐν τῷ λέγειν,   en disant ;
Ad dicendum, πρὸς τὸ λέγειν, à *ou* pour dire.

Quelquefois les Grecs ne mettent ni article ni préposition : δεινός ἐστι λέγειν, il est habile *à* parler[3] ; ὥρα ἐστὶν ἀπιέναι, il est temps *de* partir, comme on dit en latin *tempus est abire*.

V. En grec, comme en français, on met aussi à l'infinitif ce que les Latins expriment par le nom verbal appelé Supin :

ἦλθε ζητῆσαι, il est venu chercher, *venit quæsitum*[4].
ἡδὺ ἀκούειν, agréable *à* entendre, *suave auditu*.

On se sert aussi de l'infinitif passif : αἴσχιστος ὀφθῆναι, Luc. : très-laid *à* voir ; mot à mot : à être vu[5].

ACCUSATIF SUJET DE L'INFINITIF.

§ 282. Si l'infinitif employé comme sujet est accompagné de quelque mot déclinable qui lui serve à lui-même de sujet ou d'attribut, on met ce mot à l'accusatif :

συντομωτάτη ὁδὸς εἰς εὐδοξίαν τὸ γενέσθαι ἀγαθόν, le chemin le

---

1. Cf. Méth. lat., § 224, avec la Rem.— 2. Cf. ibid., § 44, ii.— 3. Cf. ibid., § 404, i et ii, *Peritus cantare*.

4. Cf. Méth. lat., § 423. Virgile a dit de même :

Non nos aut ferro libycos populare penates
Venimus, aut raptas ad littora vertere prædas.

5. Horace emploie la même construction : *niveus videri*.

plus court vers la considération, c'est d'être homme de bien ; mot à mot : le — quelqu'un être homme de bien — est le chemin le plus court.

τὸ ἁμαρτάνειν ἀνθρώπους ὄντας οὐδὲν θαυμαστόν, Xén. : rien d'étonnant que des hommes se trompent ; mot à mot : le se tromper étant hommes n'est nullement étonnant.

C'est ainsi qu'on dit en latin : *malos cives cognosci utile est reipublicæ*[1].

VERBES APPELÉS IMPERSONNELS.

§ 283. Il est des verbes qui, à cause de leur signification, se trouvent ordinairement avoir un infinitif pour sujet :

ἔξεστί μοι ἀπιέναι, il m'est permis de m'en aller ; mot à mot : m'en aller est permis à moi.

πρὸς τὸν κίνδυνον δεῖ παρασκευάζεσθαι, il faut se prémunir contre le danger ; c'est-à-dire, se prémunir est nécessaire.

Les principaux verbes de cette espèce sont ἔξεστι, il est permis ; δεῖ, χρή, il faut ; ἀπόχρη, il suffit.

Ainsi construits avec l'infinitif, ces verbes sont nécessairement à la troisième personne du singulier, et ne peuvent être à une autre. C'est ce qui a donné lieu de les appeler *verbes impersonnels* ou *unipersonnels*[2].

Beaucoup d'autres verbes s'emploient de cette manière, quoique d'ailleurs ils aient toutes leurs personnes, par exemple :

ἔστι, il est, il est possible, *est*.

δοκεῖ, il paraît, *videtur*.

λέγεται, on dit, *dicitur*.

ἐνδέχεται, il est possible ; mot à mot : il se reçoit, on admet.

πρέπει, il sied, *decet* ; προςήκει, il convient, etc.

EMPLOI DE L'ADJECTIF CONJONCTIF
ὅς, ἥ, ὅ, ET DE SES DÉRIVÉS.

§ 284. Nous avons vu, § 48, que l'adjectif conjonctif ou relatif sert à joindre deux propositions, et qu'il a toujours un antécédent exprimé ou sous-entendu :

ἡδονὴν φεῦγε, ἥτις ὕστερον λύπην τίκτει, fuyez un plaisir, *qui* ensuite engendre de la peine.

1re prop., ἡδονὴν φεῦγε, fuyez un plaisir ;

2e prop., ἥτις ὕστερον λύπην τίκτει, qui ensuite engendre de la peine. Antécédent ἡδονήν.

---

1. Cf. Méth. lat., § 220. — 2. Cf. ibid., §§ 81, 82 et 220.

ἃ πεφύτευκας, ταῦτα θερίσεις, vous moissonnerez *ce que* vous avez semé. Antécédent ταῦτα.

On voit par ces exemples,

1° Que le relatif doit toujours être construit après son antécédent;

2° Qu'il est toujours à la tête de la proposition à laquelle il appartient, et qu'il peut y jouer le rôle ou de sujet ou de complément.

Il est sujet dans ἥτις τίκτει, et voilà pourquoi il est au nominatif;

Il est complément direct dans ἃ πεφύτευκας, et voilà pourquoi il est à l'accusatif.

3° Qu'il se met au même genre et au même nombre que l'antécédent, et cela parce que, si l'on faisait la construction pleine, cet antécédent se répéterait avec lui : φεῦγε ἡδονήν, ἥτις ἡδονὴ τίκτει λύπην[1].

§ 285. D'après cette dernière observation, le relatif peut en général être considéré comme placé entre deux cas du même nom, dont l'un est exprimé et l'autre sous-entendu. C'est pour cela qu'on peut dire indistinctement :

οὗτός ἐστιν ὁ ἀνήρ, ὃν εἶδες,

ou { οὗτός ἐστιν, ὃν εἶδες ἄνδρα, } Voilà l'homme que vous avez vu.
     { ὃν εἶδες ἄνδρα, οὗτός ἐστι, }

De la première manière, ἄνδρα est sous-entendu avec ὅν.

De la seconde manière, ὁ ἀνήρ est sous-entendu avec οὗτος.

La construction pleine serait : οὗτός ἐστιν ὁ ἀνήρ, ὃν ἄνδρα εἶδες[2].

§ 286. Ainsi, quand on rencontre dans une phrase ὅς, ἥ, ὅ, ou un de ses dérivés, il faut d'abord se dire à soi-même : il y a là deux propositions au moins, et ce relatif appartient à la seconde. Ensuite, il faut lui chercher un antécédent dans la première; et quand on a trouvé cet antécédent, il faut y joindre immédiatement le relatif et toute la proposition dont il fait partie :

ὑφ' ὧν κρατεῖσθαι τὴν ψυχὴν αἰσχρόν, τούτων ἐγκράτειαν ἄσκει πάντων, κέρδους, ὀργῆς, ἡδονῆς, λύπης, Isoc. : exercez-vous à maî-

---

[1]. Cf. Méth. lat., § 226. — 2. Cf. ibid., § 230. C'est ainsi que Virgile a dit :
Urbem quam statuo, vestra est,
pour, Urbs, quam urbem statuo, vestra est.

triser toutes *les choses* par *lesquelles* il est honteux que l'âme soit maîtrisée, l'intérêt, la colère, le plaisir, la peine ; mot à mot : ἄσκει ἐγκράτειαν τούτων πάντων, *exerce imperium horum omnium*, ὑφ' ὧν, etc.

Si l'antécédent est sous-entendu, le sens aide à le suppléer :

ὧν τὰς δόξας ζηλοῖς, μιμοῦ τὰς πράξεις, Isoc. : imitez les actions *de ceux dont* vous voulez égaler la réputation ; c'est-à-dire, τὰς πράξεις τῶν ἀνθρώπων ὧν.

ἀπόδος ἀνθ' ὧν σε διεπορθμευσάμην, Luc. : paye ton passage ; c'est-à-dire, ἀπόδος τὰ πορθμεῖα ἀντὶ ὧν.

ATTRACTION DU RELATIF AU CAS DE L'ANTÉCÉDENT.

§ 287. Jusqu'ici la construction de l'adjectif conjonctif ou relatif est tout à fait semblable en grec et en latin. Mais le grec admet une irrégularité dont il faut parler dès à présent à cause de son fréquent usage ; la voici :

Quand l'antécédent est au GÉNITIF ou au DATIF, le relatif se met le plus souvent au même cas, lors même que le verbe auquel il se rapporte gouvernerait l'accusatif :

μεταδίδως αὐτῷ τοῦ σίτου οὗπερ αὐτὸς ἔχεις, vous lui faites part de la nourriture *que* vous avez vous-même ; οὗπερ ἔχεις, pour ὅνπερ ἔχεις.

εὖ προσφέρεται τοῖς φίλοις οἷς ἔχει, il se conduit bien avec les amis *qu'*il a ; οἷς ἔχει, pour οὓς ἔχει.

Avec cette sorte de construction, l'antécédent peut aussi être sous-entendu :

μέμνημαι ὧν ἔπραξα, je me souviens *de ce que* j'ai fait ; c'est-à-dire, τῶν πραγμάτων, ἃ ἔπραξα. — οἷς ἔχω χρῶμαι, je me sers *de ce que* j'ai ; c'est-à-dire, τοῖς χρήμασιν ἃ ἔχω.

RELATIF ENTRE DEUX NOMS DIFFÉRENTS.

§ 288. Dans les phrases précédentes, le relatif s'éloigne de la règle générale sous le rapport des cas. Il en est d'autres où il s'en éloigne sous le rapport des nombres et des genres. En effet, de même qu'on peut dire en latin, *animal quem vocamus hominem*[1], on peut dire en grec,

τὸ ζῷον ὅνπερ ἄνθρωπον καλοῦμεν, l'animal *que* nous appelons homme.

---

1. Cf. Méth. lat., § 231.

πάρεστιν αὐτῷ φόβος, ἣν αἰδῶ καλοῦμεν, il a l'espèce de crainte *que* nous appelons pudeur.

ὁ οὐρανός, οὓς δὴ πόλους καλοῦσιν, Plat. : *cœlum quos polos vocant.*

De cette manière, le relatif se trouve non plus entre deux cas du même nom, mais entre deux noms différents. Quelquefois le premier de ces deux noms est sous-entendu :

εἰσὶν ἐν ἡμῖν ἃς ἐλπίδας ὀνομάζομεν, il y a en nous *ce que* nous nommons espérances; c'est-à-dire, les sentiments que nous nommons espérances sont en nous.

ADJECTIFS RELATIFS ET CONJONCTIFS οἷος, ὅσος, ἡλίκος.

§ 289. Les adjectifs οἷος, tel, ὅσος, aussi grand, ἡλίκος, aussi grand que, ont toujours, comme ὅς, ἥ, ὅ, leurs antécédents exprimés ou sous-entendus (cf. § 201) :

τοιοῦτος γίγνου πρὸς τοὺς γονεῖς, οἵους ἂν εὔξαιο περὶ σεαυτὸν γενέσθαι τοὺς σαυτοῦ παῖδας, Isoc. : soyez *tel* envers vos parents, *que* vous voudriez que vos enfants fussent envers vous[1].

τὰ ἀνθρώπινα πράγματα, ὅσον ἂν ἐπαρθῇ καὶ λάμψῃ, τοσούτῳ μείζονα τὴν πτῶσιν ἐργάζεται, S. Chr. : *plus* les grandeurs humaines ont d'éclat et d'élévation, *plus* elles sont exposées à une chute terrible ; mot à mot : τοσούτῳ μείζονα, ὅσον.... d'autant plus grande, que....[2].

ADJECTIFS CONJONCTIFS OU RELATIFS CONTENANT EN EUX-MÊMES LA VALEUR D'UNE CONJONCTION[3].

§ 290. Le nom même de l'adjectif conjonctif, et la propriété qu'il a de rappeler un terme antécédent, font voir qu'il contient en lui-même la valeur d'une conjonction :

Κρόνος κατέπιεν Ἑστίαν, εἶτα Δήμητραν καὶ Ἥραν· μεθ' ἃς Πλούτωνα, καὶ Ποσειδῶνα, Apollod. : Saturne dévora Vesta, ensuite Cérès et Junon ; après *lesquelles* (c'est-à-dire *et après elles*), Pluton et Neptune ; μεθ' ἅς équivaut à καὶ μετ' αὐτάς.

ἐμακάριζον τὴν μητέρα, οἵων τέκνων ἐκύρησε, Hérodote : on félicitait la mère *d'avoir* de *tels* enfants ; οἵων, pour ὅτι τοιούτων.

Il en est de même en latin : *Ranæ regem petiere ab Jove, qui dissolutos mores vi compesceret; qui* pour *ut ille.*

---

1. Cf. Méth. lat., § 236. — 2. Cf. ibid., § 258. — 3. Cf. ibid., §§ 234 et 235.

CONJONCTIONS DÉRIVÉES D'ὅς, ἥ, ὅ,
ET ADVERBES CONJONCTIFS.

§ 291. I. De l'adjectif conjonctif se tirent plusieurs conjonctions que nous avons déjà vues § 163, par exemple : ὡς, ὥσπερ, ὥστε, ὅπως.

Toutes supposent un antécédent exprimé ou sous-entendu : οὐδὲν οὕτω μερίζειν καὶ διασπᾶν ἡμᾶς ἀπ' ἀλλήλων εἴωθεν, ὡς φθόνος καὶ βασκανία, *rien ne nous divise et ne nous sépare les uns des autres, comme l'envie et la jalousie;* οὕτω—ὡς, *sic-ut*[1].

ἐπειδὴ οὐ γίγνεται τὰ πράγματα ὡς βουλόμεθα, δεῖ βούλεσθαι ὡς γίγνεται, *puisque les choses n'arrivent point comme nous les voulons, il faut les vouloir comme elles arrivent.* Ὡς répond ici à *ut, comme;* l'antécédent sous-entendu est οὕτω, *sic.*

II. Il faut ranger dans la même classe plusieurs mots qu'on peut appeler *adverbes conjonctifs* ou *relatifs*, et qui ne se présentent jamais sans avoir pour antécédent un *adverbe démonstratif,* exprimé ou sous-entendu. En voici le tableau, avec les antécédents et les interrogatifs qui leur correspondent :

DÉMONSTRATIFS ANTÉCÉDENTS.	RELATIFS.	INTERROGATIFS.
1 ἔνθα, ἐκεῖ, là; *ibi.*	οὗ, ὅπου, où; *ubi.*	ποῦ; où? *ubi?*
2 ἔνθεν, ἐκεῖθεν, de là; *inde.*	ὅθεν, ὁπόθεν, d'où; *unde.*	πόθεν; d'où? *unde?*
3 ἐκεῖσε, là; *illuc.*	οἷ, ὅποι, où; *quo.*	ποῖ; où? *quo?*
4 τῇ, par là; *illac.*	ᾗ, ὅπῃ, par où; *qua.*	πῇ; par où? *qua?*
5 τότε, } alors; *tum.*	ὅτε, ὁπότε, } lorsque; *quum.*	πότε; } quand?
6 τηνίκα,	ἡνίκα,	πηνίκα; } *quando?*
7 τέως, tant; *tandiu.*	ἕως, *quandiu.*	

REMARQUES. 1° Quand on trouve dans une proposition un des relatifs n⁰ˢ 1, 2, 3 et 4, il faut lui donner pour antécédent celui des quatre premiers démonstratifs qui est indiqué par le sens. Ainsi ἐκεῖ servira d'antécédent à ὅθεν dans cette phrase : οὐκ ἔτι θερμός ἐστιν ὁ Νεῖλος, ὡς ὅθεν ἤρξατο, HÉLIOD. : *le Nil n'est plus chaud comme à l'endroit d'où il tire ses eaux;* c'est-à-dire, ἐκεῖ ὅθεν ἤρξατο, *illic unde incepit.*

2° Les adverbes relatifs sont susceptibles d'attraction comme

---

1. Le mot français *comme* vient du latin *quomodo* (de la manière que...). Il contient donc aussi l'antécédent et le relatif, mais combinés et réunis ensemble.

l'adjectif ὅς, ἥ, ὅ, dont ils sont tirés : διεκομίζοντο εὐθύς, ὅθεν ὑπεξέθεντο, παῖδας, Thuc. : ils ramenèrent aussitôt leurs enfants *de l'endroit où* ils les avaient déposés ; ὅθεν pour ἐκεῖθεν οὗ. De même en français : Le mal me vient *d'où* j'attendais mon bonheur (*Dictionn. de l'Acad.*) [1].

3° τῇ, ᾗ, οὗ, sont des cas de l'article et du relatif, employés adverbialement [2].

4° Les interrogatifs, employés après d'autres mots, deviennent indéfinis, et signifient : ποῦ, quelque part, *alicubi;* ποθέν, de quelque part, *alicunde;* ποῖ, quelque part, *aliquo;* ποτέ, un jour, *aliquando.*

Alors, comme nous l'expliquerons en parlant des accents, ils deviennent *enclitiques*, c'est-à-dire que leur accent est reporté sur le mot qui précède, et qu'ils en sont eux-mêmes privés. Il en est de même de πῶς, comment? et πώς, en quelque manière.

5° ὅπου, ὁπόθεν, ὅποι, ὅπως, etc., se mettent entre deux verbes, comme ὁποῖος, ὁπόσος, etc. [3] :

οὐκ ἔχω ἔγωγε ὅπως εἴπω ἃ νοῶ, Plat. : je ne sais *comment* dire ce que je pense.

DES INTERJECTIONS.

§ 292. Les Interjections équivalent à des propositions entières. Par exemple, quand on s'écrie, *ah!* c'est comme si l'on disait, *quelle douleur j'éprouve!* Elles ne font donc point partie d'une proposition. Elles ne régissent donc rien, et ne sont régies par rien. Si l'on en trouve quelques-unes suivies d'un nom à tel ou tel cas, c'est par ellipse. Dans φεῦ τοῦ λόγου! quel discours! τοῦ λόγου est complément non de φεῦ, mais de περί ou ἕνεκα sous-entendus : je m'étonne *à cause de* ce discours.

De même en latin, dans *proh! deos immortales*, l'accusatif est régi non par *proh*, mais par *testor* sous-entendu. C'est aussi par une ellipse imitée des Grecs que Properce a dit, avec le génitif, *Fœderis heu taciti!* et Plaute (*Mostell.*, III, 3), *Dii immortales! mercimoni lepidi* [4]!

---

1. L'exemple français diffère un peu du grec, en ce que l'attraction y est plus apparente que réelle; il peut en effet se résoudre par une ellipse : Le mal me vient *de là, d'où* j'attendais, etc. — 2. Cf. ci-dessus, § 156, Rem. 2.
3. Cf. ci-dessus, § 204, Rem. 5. — 4. Cf. Méth. lat., § 389.

LIVRE DEUXIÈME.

SYNTAXE PARTICULIÈRE.

Les principes exposés dans le premier livre sont, excepté deux ou trois, communs à toutes les langues. Le second livre contiendra les principaux faits de grammaire particuliers à la langue grecque, et fera voir en quoi ils se rapprochent ou s'éloignent des principes généraux.

VERBE A UN AUTRE NOMBRE QUE LE SUJET.

§ 293. I. Nous avons vu, § 257, le verbe au singulier, avec le pluriel neutre, τὰ ζῶα τρέχει. On l'y trouve quelquefois même avec les autres genres :

ἔστιν οἷς οὐχ οὕτως ἔδοξεν, *il est des hommes* auxquels la chose ne parut pas ainsi. Le relatif οἷς suppose nécessairement l'antécédent ἄνθρωποι (cf. § 388, 2, 2°).

δέδοκται τλήμονες φυγαί, EURIPIDE : *decreta sunt misera exsilia,* hardiesse poétique.

Le duel se met aussi avec le singulier : εἰ ἔστι τούτω διττὼ τὼ βίω, PLAT. : si ces deux vies existent.

Avec cette construction les Attiques mettent toujours le verbe avant le sujet ; mais les poëtes, et surtout Pindare, le mettent souvent après :

μελιγάρυες ὕμνοι ὑστέρων ἀρχαὶ λόγων τέλλεται, PIND. : il se fait entendre des hymnes flatteurs, préludes des éloges de l'avenir.

ξανθαὶ δὲ κόμαι κατενήνοθεν ὤμους, HOM. : des cheveux blonds flottent sur ses épaules.

II. NOMS COLLECTIFS. Le verbe peut, au contraire, se mettre au pluriel avec un nominatif singulier, quand celui-ci est un nom collectif, c'est-à-dire quand il exprime une réunion de plusieurs personnes ou de plusieurs choses :

τὸ στρατόπεδον ἀνεχώρουν, THUCYD. : l'armée se retirait[1].

III. On trouve souvent le verbe au pluriel avec un sujet au duel, et réciproquement :

τὼ δὲ τάχ' ἐγγύθεν ἦλθον, tous deux s'approchèrent aussitôt ;
δύω δέ οἱ υἱέες ἤστην[2], HOM. : il avait deux fils.

---

1. Cf. Méth. lat., § 237.
2. οἱ est le datif du pronom réfléchi, employé dans le sens de εἷ, à lui. — Le duel du verbe se trouve même quelquefois quand il est question de plus de deux ; voy. *Iliad.* V, 487, et VIII, 186.

ADJECTIF A UN AUTRE GENRE QUE LE SUBSTANTIF.

I. κοῦφον ἡ νεότης.

§ 294. L'adjectif s'emploie ou comme mot *qualificatif*, ou comme *attribut*. Dans *un homme sage*, il est qualificatif; dans *cet homme est sage*, il est attribut.

L'adjectif servant d'attribut se met quelquefois au neutre, quoique le substantif soit au masculin ou au féminin; alors on peut sous-entendre χρῆμα, *chose*, idée qui d'ailleurs est assez indiquée par le genre neutre :

κοῦφον ἡ νεότης καὶ εὐκίνητον πρὸς τὰ φαῦλα, S. Bas. : la jeunesse est *légère* et *facile à porter* au mal (est chose légère).

On dit de même en latin, *triste lupus stabulis*[1].

II. ἄμφω τὼ πόλεε.

Avec un substantif féminin au duel, les Grecs donnent souvent à l'article, à l'adjectif et au participe la terminaison masculine : ἄμφω τὼ πόλεε (pour τὰ πόλεε), Thuc. : les deux villes.

δύο τινέ ἐστον ἰδέα ἄρχοντε καὶ ἄγοντε, οἷν ἑπόμεθα, Plat. : il y a deux idées dominantes et dirigeantes que nous suivons. — Les Attiques aiment surtout cette construction.

III. φίλε τέκνον.

On fait quelquefois rapporter l'adjectif ou le participe à l'idée contenue dans le substantif, plutôt qu'au mot lui-même :

φίλε τέκνον, mon cher fils : τέκνον est du genre neutre; mais en le prononçant on a dans l'esprit l'idée du masculin.

ὦ ἀγαθὴ καὶ πιστὴ ψυχή, οἴχῃ δὴ ἀπολιπὼν ἡμᾶς, Xén. *Cyr.*, VII, iii, 8 : âme généreuse et fidèle, tu nous as donc quittés pour toujours! ψυχή est du féminin et ἀπολιπών du masculin, parce que c'est à un homme que l'on parle.

τριήρεις πλέουσαι ἐς Αἴγυπτον ἔσχον κατὰ τὸ Μενδήσιον κέρας, οὐκ εἰδότες τῶν γεγενημένων οὐδέν, Thuc., I, 110 : les galères qui voguaient vers l'Égypte, abordèrent à la bouche Mendésienne (du Nil), ne sachant rien de ce qui était arrivé. — C'est ce qu'on nomme Syllepse.

APPOSITION.

§ 295. I. Beaucoup de substantifs qui désignent un état ou une profession se joignent à d'autres substantifs, et alors ils se prennent adjectivement : ὁ ποιμήν, le berger; ἀνὴρ ποιμήν, un berger (un homme *qui est* berger). Cette tournure, qu'on nomme Apposition, nous offre en grec divers emplois remarquables.

---

1. Cf. Méth. lat., § 238.

On se sert souvent de l'apposition pour adresser la parole à plusieurs : ἄνδρες δικασταί! juges! mot à mot : hommes juges!

II. Par l'apposition, un nom substantif, et tout ce qui en dépend, sert de qualificatif à un autre nom :

κρατῆρές εἰσιν, ἀνδρὸς εὔχειρος τέχνη, SOPH. : il y a des cratères, ouvrage d'un habile artiste (κρατῆρες οἵ εἰσι τέχνη).

γεφύρας ζεύγνυει ἐπὶ τοῦ ποταμοῦ, διάβασιν τῷ στρατῷ, HÉROD. : il construit des ponts sur le fleuve, pour faire passer son armée (γεφύρας ἐσομένας διάβασιν).

III. Quelquefois l'apposition qualifie, non pas un substantif, mais une idée tout entière :

Ἑλένην κτάνωμεν, Μενέλεῳ λύπην πικράν, EURIP. : mot à mot : tuons Hélène, douleur amère pour Ménélas; c.-à-d., causons, en tuant Hélène, une douleur amère à Ménélas. λύπην πικράν se rapporte à l'action de tuer Hélène.

ADJECTIF TENANT LIEU D'ADVERBE.

§ 296. Souvent les Grecs mettent un adjectif, où nous mettons un adverbe ou une préposition avec son complément :

ἐθελοντὴς ἀπῄει, il est parti volontaire, pour, il est parti volontairement. On dit aussi en latin, *feci libens.*

σκοταῖος ἦλθεν, il est venu dans les ténèbres. Virgile a dit de même : *ibant obscuri.*

Cette manière de parler est très-fréquente avec les adjectifs numéraux qui désignent un temps : τριταῖοι ἀφίκοντο, ils arrivèrent au bout de trois jours.

ADJECTIF ATTRIBUT D'UN INFINITIF.

I. ἀδύνατον et ἀδύνατά ἐστι.

§ 297. L'adjectif attribut se met au neutre quand le sujet est un infinitif :

τὸν θάνατον ἀδύνατόν ἐστιν ἀποφυγεῖν, *il est impossible* d'éviter la mort[1].

Mais souvent les Attiques, au lieu du neutre singulier, mettent le neutre pluriel : ἀδύνατά ἐστιν.

II. δίκαιοί ἐσμεν κινδυνεύειν.

Quelquefois même, surtout avec les adjectifs δίκαιος, juste ; δῆλος, φανερός, évident, la phrase se tourne ainsi :

δίκαιοί ἐσμεν, σώσαντές σε, κινδυνεύειν τοῦτον τὸν κίνδυνον, PLAT. : *nous sommes justes de courir ce danger après vous avoir sauvé;*

---

1. Cf. Méth. lat., § 220, Rem. 2.

c'est-à-dire, il est juste que, pour vous sauver, nous courions ce danger. On pourrait dire aussi à la manière ordinaire, δίκαιόν ἐστιν ἡμᾶς κινδυνεύειν.

ADJECTIF A UN AUTRE CAS QUE LE SUBSTANTIF.

I. οἱ γνήσιοι τῶν φίλων.

§ 298. Souvent le nom avec lequel l'adjectif devrait s'accorder en cas se met au génitif pluriel :

οἱ γνήσιοι τῶν φίλων οὐκ ἀεὶ ἐπαινοῦσι, les véritables *amis* ne louent pas toujours.

Les amis sont considérés comme un tout, et ceux qu'on qualifie de véritables comme une partie de ce tout : οἱ γνήσιοι ἐκ τῶν φίλων, les véritables *d'entre* les amis[1].

II. ὁ ἥμισυς τοῦ χρόνου.

Les Attiques emploient même cette construction avec le singulier : ὁ ἥμισυς τοῦ χρόνου, Dém. : la moitié *du temps* (ὁ ἥμισυς χρόνος ἐκ τοῦ χρόνου).

τὴν πλείστην τῆς στρατιᾶς παρέταξε, Thuc. : il rangea en bataille la plus grande partie *de l'armée* (τὴν πλείστην στρατιὰν ἐκ τῆς στρατιᾶς).

III. πρὸς τοῦτο καιροῦ.

Dans les exemples précédents l'adjectif est toujours au même genre que le substantif. Dans les suivants il est au neutre, avec ou sans ellipse :

πρὸς τοῦτο καιροῦ πάρεστι τὰ πράγματα, les affaires en sont *à ce point*, littér. *à cela de circonstance*.

Μενεκράτης εἰς τοσοῦτον προῆλθε τύφου, Ménécrate en vint *à ce degré* d'orgueil ; comme on dit en latin *ad id* ou *in tantum superbiæ*.

IV. ἀνὴρ τῶν ἐνδόξων.

D'après ce que nous venons de voir (ci-dessus, I), on peut dire, οἱ ἔνδοξοι τῶν ἀνδρῶν, les hommes célèbres.

Par une construction inverse de celle-là, on peut dire aussi, ἀνὴρ τῶν ἐνδόξων, un homme célèbre (un homme *d'entre* les hommes célèbres).

D'après la même analogie, au lieu de ἄδικόν ἐστι τοῦτο, cela est injuste, on dit fort bien :

---

[1]. Si, dans ces exemples et dans les suivants, nous suppléons ἐκ, c'est uniquement pour mieux faire saisir le sens partitif, que le génitif exprime d'ailleurs par lui-même et sans le secours d'aucune préposition.

τῶν ἀδίκων ἐστί (ἐκ τῶν ἀδίκων πραγμάτων).

τῶν ἀτοπωτάτων ἂν εἴη, il serait bien étrange (πρᾶγμα ἐκ τῶν ἀτοπωτάτων πραγμάτων). On dit de même en français, *ce serait une chose des plus étranges.*

ADJECTIFS VERBAUX EN τέος.

§ 299. Ces adjectifs ne sont jamais qualificatifs, ils servent toujours d'attribut à quelque proposition ; ainsi, quand le verbe *être* n'y est pas joint, il faut le sous-entendre : ὁ ἀγαθὸς μόνος τιμητέος, l'homme de bien seul *est* estimable.

Très-souvent l'adjectif verbal se met au neutre, et alors il régit le cas du verbe dont il est tiré : τοὺς φίλους εὐεργετητέον, *il faut faire* du bien à ses amis[1].

Il se met aussi au neutre pluriel, surtout chez les Attiques : οὐ προδοτέα τοὺς ξυμμάχους, Thuc. : *il ne faut* pas trahir ses alliés.

Ainsi la proposition, *il faut honorer la vertu,* peut s'exprimer de trois manières :

τιμητέα ἐστὶν ἡ ἀρετή,
τιμητέον ἐστὶ τὴν ἀρετήν,
τιμητέα ἐστὶ τὴν ἀρετήν.

Avec ces adjectifs, le nom de la personne qui doit faire l'action se met au datif : νέοις ζηλωτέον τοὺς γέροντας, les jeunes gens *doivent* chercher à imiter les vieillards ; de même en latin, *juvenibus senes æmulandi sunt*[2].

Quelquefois même il se met à l'accusatif :

οὐ δουλευτέον τούς γε νοῦν ἔχοντας τοῖς οὕτω κακῶς φρονοῦσι, Isoc. : les hommes sensés ne *doivent* pas obéir à ceux qui pensent aussi mal. C'est comme si l'on disait, οὐ δεῖ τοὺς νοῦν ἔχοντας δουλεύειν.

COMPARATIFS.

I. *Comparatifs avec le génitif.*

§ 300. Le mot qui sert de terme à la comparaison se met au génitif, et l'on explique ordinairement ce cas par l'ellipse de πρό :

ἡ ἀρετὴ πλούτου μὲν κρείττων, χρησιμωτέρα δὲ εὐγενείας ἐστί, Isoc. : la vertu est meilleure *que l'opulence,* et plus utile *que la noblesse.*

---

[1]. Varron a mis de même l'accusatif avec *habendum*, il faut avoir : *canes paucos et acres habendum*. Mais cette construction est tombée en désuétude dans la langue latine, au lieu qu'elle est très-commune en grec.

[2]. Cf. Méth. lat., § 413, 3.

καὶ ταῦτα τοῖς ὁπλίταις οὐχ ἧσσον τῶν ναυτῶν παρακελεύομαι, Tʜᴜᴄ. : et je ne le recommande pas moins *aux soldats* qu'*aux matelots*.

II. *Comparatifs avec* ἤ.

§ 301. 1. Le *que* peut aussi s'exprimer par ἤ, *quam* :

κρεῖττον σιωπᾶν ἐστιν, ἢ λαλεῖν μάτην, mieux vaut se taire, *que* de parler en vain.

μᾶλλον εὐλαβοῦ ψόγον ἢ κίνδυνον, Iꜱᴏᴄ. : appréhendez plus le blâme *que* le danger [1].

2. Le positif suivi de ἤ fait quelquefois l'effet du comparatif :

ἡμέας δίκαιον ἔχειν τὸ ἕτερον κέρας, ἤπερ Ἀθηναίους, Hᴇ́ʀ. : il est *plus* juste *que* nous occupions l'autre aile, que les Athéniens. Avec δίκαιον, sous-entendez μᾶλλον, plus.

Cette ellipse a lieu surtout avec βούλομαι et αἱρέομαι.

μείζων ἢ κατά, ἢ ὡς.

§ 302. Le comparatif, avec ἤ suivi de κατά, πρός, ὡς, ou ὥςτε, entre dans certaines constructions qui répondent au français *trop pour*, et au latin *magis quam ut*, ou *quam pro* :

σοφία μείζων ἢ κατ' ἄνθρωπον, Pʟᴀᴛ. : une sagesse *trop* grande *pour* un homme ; plus grande que celle dont un homme est capable ; *major quam ut in hominem cadat*. La construction pleine serait, σοφία μείζων ἢ σοφία κατ' ἄνθρωπον οὖσα, *plus* grande *que* celle qui est en proportion avec l'homme.

ἡ δόξα ἐστὶν ἐλάττων ἢ πρὸς τὸ κατόρθωμα, la gloire est trop petite pour le service ; *minor quam pro merito*.

ἔργα μείζω ἢ ὡς τῷ λόγῳ τις ἂν εἴποι, *facta majora quam ut quis dixerit* [2].

III. ἄλλος, ἕτερος, διπλάσιος.

§ 303. 1. Les adjectifs ἄλλος et ἕτερος, supposant toujours une comparaison, peuvent, comme les comparatifs, se construire,

Ou avec le génitif : ἄλλος ἐμοῦ, un autre *que* moi ; ἕτερα τούτων, des choses autres *que* celles-ci [3] ;

Ou avec la conjonction ἤ : ἄλλος ἤ, *alius quam*.

2. Les adjectifs numéraux tels que διπλάσιος, double ; τρι-

---

1. Cf. Méth. lat., §§ 246 et 247. — 2. Cf. ibid., §§ 255 et 256.
3. C'est d'après la même analogie qu'Horace a dit avec l'ablatif, cas où se met en latin le nom de l'objet comparé :

Neve putes *alium* sapiente bonoque beatum.

πλάσιος, triple; πολλαπλάσιος, multiple, bien des fois autant, se construisent aussi avec le génitif:

ἡ γῆ ἀντιδίδωσι πολλαπλάσια ὧν ἔλαβε, la terre rend bien des fois *autant qu'*elle a reçu. Nous disons de même en français : rendre le double *de* ce qu'on a reçu.

SUPERLATIFS.

§ 304. 1. Les superlatifs se construisent comme en latin avec le génitif employé dans le sens partitif (cf. § 298) :

οὐρανὸς ἥδιστον τῶν θεαμάτων, le ciel est *le plus beau* des spectacles.

οἱ Λακεδαιμόνιοι ἄριστα τῶν Ἑλλήνων ἐπολιτεύοντο, les Lacédémoniens étaient *les mieux* gouvernés de tous les Grecs[1].

2. Au superlatif on joint souvent les adverbes conjonctifs ὡς, ὅπως, ὅτι, ᾗ, ὅσον, avec la signification du latin *quam :* ὡς τάχιστα, ὅσον τάχιστα, quam celerrime, *le plus vite possible.* — ᾗ ἄριστον, qua optimum est, *le mieux possible*[2].

ἐν τοῖς μάλιστα.

ἐν τοῖς, avec un superlatif, forme un idiotisme très-remarquable dont voici quelques exemples :

ἀνὴρ ἐν τοῖς μάλιστα εὐδόκιμος, un homme *des plus* estimés. Construisez : ἀνὴρ εὐδόκιμος ἐν τοῖς μάλιστα εὐδοκίμοις οὖσι.

τοῦτό μοι ἐν τοῖσι θειότατον φαίνεται γίγνεσθαι, HÉROD. : ceci me paraît une *des* choses *les plus* divines. θειότατον est évidemment la même chose que μάλιστα θεῖον. En résolvant, nous aurons donc : τοῦτό μοι φαίνεται γίγνεσθαι, ἐν τοῖς μάλιστα, θεῖον ; et par conséquent : θεῖον ἐν τοῖς πράγμασι μάλιστα θείοις οὖσι.

ἐν τοῖς πλεῖσται νῆες, une flotte *des plus* nombreuses (THUC., III, 17). πλεῖσται étant la même chose que μάλιστα πολλαί, nous avons encore : νῆες πολλαί, ἐν τοῖς πράγμασι μάλιστα πολλοῖς οὖσι.

Cette locution répond au français, *des plus ;* en latin la même idée se rend par *ut qui maxime*[3].

COMPARATIFS ET SUPERLATIFS AVEC LES PRONOMS RÉFLÉCHIS.

§ 305. Un objet peut être comparé à lui-même. Si l'on veut dire qu'il possède telle ou telle qualité à un plus haut degré qu'auparavant, on se sert du comparatif avec le génitif du pronom réfléchi :

πόνος συνεχὴς ἐλαφρότερος ἑαυτοῦ τῇ συνηθείᾳ γίγνεται, un travail

---

1. Cf. Méth. lat., § 265, et la Rem. 2. — 2. Cf. ibid., § 269. — 3. Cf. ibid., § 270.

continuel devient, par l'habitude, *plus* léger *qu'il n'était d'abord*, mot à mot : plus léger que lui-même.

Si l'on veut désigner le plus haut degré auquel l'objet soit parvenu ou puisse parvenir, on se sert du superlatif avec ce même génitif :

ὅτε δεινότατος σαυτοῦ ἦσθα, Xén. : à l'époque de votre plus grande habileté, mot à mot : lorsque vous étiez *le plus habile de vous-même,* le plus habile que vous ayez jamais été.

DE L'ARTICLE.

γέρων, ὁ γέρων.

§ 306. L'article désigne un objet dont on a déjà parlé, ou qui est connu.

Un vieillard appelait la mort.... Comme on n'a pas encore parlé de ce vieillard et qu'il n'est point connu, on dit sans article : γέρων τὸν θάνατον ἐπεκαλεῖτο.

Mais quand la mort fut venue, *le vieillard lui dit en tremblant....* Comme ici l'on parle du même vieillard dont il a déjà été question, on dit avec l'article : δειλιάσας ὁ γέρων ἔφη.... Quant au mot θάνατον, il est accompagné de l'article dès la première fois qu'il paraît dans le récit, parce qu'il réveille une idée connue de tout le monde.

Σωκράτης, ὁ Σωκράτης.

§ 307. 1. Les noms propres se mettent avec ou sans article : Σωκράτης, ou ὁ Σωκράτης εἶπε, Socrate a dit.

En général, ils n'en prennent pas lorsqu'ils sont déterminés par un autre mot : Σωκράτης ὁ φιλόσοφος.

2. L'article est souvent omis devant les noms θεός, βασιλεύς, et devant un certain nombre d'autres désignant des objets très-familiers à l'esprit. Ainsi, pour ὁ βασιλεύς, ou ὁ μέγας βασιλεύς, le grand roi, le roi de Perse, on dit simplement βασιλεύς.

οὗτος ὁ ἀνήρ. ὁ δοῦλός σου.

§ 308. L'article se met avec les démonstratifs οὗτος, ἐκεῖνος, τοιοῦτος, etc. οὗτος ὁ ἀνήρ, *cet* homme (l'homme que voici). — ὁ τοιοῦτος ἀνήρ, *un* tel homme (l'homme qui est tel).

Il est nécessaire avec les mots possessifs pour éviter l'équivoque : ὁ σὸς δοῦλος, ou ὁ δοῦλός σου, ton esclave (l'esclave tien, l'esclave de toi). Si l'on disait σὸς δοῦλος, ou δοῦλός σου, sans article, ces mots signifieraient *un tien esclave, un esclave de toi,* et par conséquent *un de tes esclaves.*

ὁ, celui.

§ 309. ὁ, ἡ, τό se rend quelquefois par *celui, celle.*

ὁ ἐμὸς πατὴρ καὶ ὁ τοῦ φίλου, mon père et *celui* de mon ami. Le mot πατήρ est sous-entendu avec le second ὁ.

οἱ τοῦ δήμου, *ceux* du peuple, les plébéiens (ἄνθρωποι).

Ellipses avec l'article.

§ 310. En général, on sous-entend avec l'article un grand nombre de substantifs faciles à suppléer :

υἱός, fils ; Ἀλέξανδρος ὁ τοῦ Φιλίππου, et même sans article : Ἀλέξανδρος Φιλίππου, Alexandre fils de Philippe.

μαθηταί, disciples ; οἱ τοῦ Πλάτωνος, les disciples de Platon.

πόλις, ville, république ; ἡ τῶν Ἀθηναίων, la république d'Athènes.

ἡμέρα, jour ; ἡ ὑστεραία, le jour d'après, le lendemain.

πρᾶγμα, chose, affaire ; τὰ τῶν φίλων κοινά, tout est commun entre amis (les choses, les biens, etc., des amis sont communs).

τὰ τῆς πόλεως, les affaires de la république ; τὸ τῆς πόλεως, la république (elle-même) ; exemple : τὸ τῆς πόλεως γενναῖον καὶ ἐλεύθερόν ἐστι, la république est libre et magnanime.

τὰ τῆς τύχης, la fortune (les choses de la fortune) ; exemple : τὰ τῆς τύχης ὀξείας ἔχει τὰς μεταβολάς, la fortune a des retours soudains[1].

παράγγελμα, précepte ; τὸ Γνῶθι σαυτόν πανταχοῦ 'στι χρήσιμον, le précepte « Connais-toi toi-même » est utile partout.

On sous-entend souvent πατήρ, μήτηρ, ἀδελφός, θυγάτηρ, χείρ, μέρος, ὁδός, λόγος, et autres que l'usage apprendra.

Autres ellipses.

§ 311. Il faut encore remarquer les ellipses suivantes :

οἱ μεθ' ἡμῶν (sous-entendu ὄντες), ceux d'avec nous.

οἱ ἐξ ἡμῶν (sous-entendu ἐσόμενοι), nos descendants, ceux qui naîtront de nous.

Et de même avec les adverbes :

---

[1]. Ici nous mettons « *des* retours, » quoiqu'il y ait, avec l'article, τὰς μεταβολάς. C'est que le mot à mot est : a *les* changements rapides ; *les* changements qu'elle éprouve sont rapides.

οἱ τότε (sous-entendu ὄντες), ceux d'alors.
οἱ νῦν, ceux d'à présent.
ὁ πλησίον (sous-entendu ὤν), le prochain, le voisin.
ὁ μεταξὺ τόπος, l'espace intermédiaire.
ἡ ἐξαίφνης μετάστασις, la révolution soudaine.

τὸ ἄνω, τὸ κάτω.

§ 312. Dans tous ces exemples l'adverbe précédé de l'article fait l'effet d'un adjectif. En voici d'autres où il équivaut, comme en français, à un substantif : τὸ ἄνω, le haut ; τὸ κάτω, le bas ; τὸ ἔξω, le dehors ; τὸ ἄγαν, le trop, l'excès. Sous-entendez le participe ὄν : τὸ ἄνω ὄν, ce qui est en haut.

Article redoublé.

§ 313. Souvent l'article se redouble pour déterminer avec plus de précision :

πείθου τοῖς νόμοις τοῖς ὑπὸ τῶν βασιλέων κειμένοις, Isoc. : obéissez aux lois établies par les princes (*à celles* qui sont établies).

αἱ συμφοραὶ αἱ ἐκ τῆς ἀβουλίας (sous-entendu γενόμεναι), les malheurs qui résultent de l'imprudence.

Mots enclavés entre l'article et le nom.

§ 314. On pourrait dire aussi, sans redoubler l'article : αἱ ἐκ τῆς ἀβουλίας συμφοραί. De cette manière, on intercale entre l'article et le mot auquel il se rapporte tout ce qui sert à déterminer ce dernier[1] :

οἱ νέοι τῷ τῶν γεραιτέρων ἐπαίνῳ χαίρουσι, les jeunes gens aiment à être loués par les vieillards. τῶν γεραιτέρων détermine ἐπαίνῳ, voilà pourquoi il est entre ce nom et son article.

ὁ τὰ τῆς πόλεως πράγματα πράττων, celui qui administre les affaires de l'État. Ce dernier exemple présente jusqu'à trois articles de suite ; ὁ πράττων enferme τὰ πράγματα, qui à son tour enferme τῆς πόλεως.

ὁ μέν,... ὁ δέ, l'un,... l'autre.

§ 315. 1. ὁ μέν,... ὁ δέ, signifient *l'un,... l'autre*, hic,... ille :

τῶν στρατιωτῶν (ou οἱ στρατιῶται) οἱ μὲν ἐκύβευον, οἱ δὲ ἔπινον, οἱ δὲ ἐγυμνάζοντο, des soldats, *les uns* jouaient, *les autres* buvaient, *les autres* s'exerçaient.

προηγόρευε τὰ μὲν ποιεῖν, τὰ δὲ μὴ ποιεῖν, Xén. : il prescrivait de faire *ceci*, de ne pas faire *cela*[2].

1. Cf. ci-dessus, § 269. — 2. Cf. ci-dessus, 273.

2. τὰ μέν,... τὰ δέ, signifient aussi *en partie ,... en partie ; d'un côté ,... d'un autre côté* (quum,... tum ; hinc,... illinc) : γλώσσῃ τὰ μὲν Ἑλληνικῇ, τὰ δὲ Σκυθικῇ χρέωνται (χρῶνται), Hérod. : [les Gélons] se servent d'une langue *en partie* grecque, *en partie* scythique (κατὰ τὰ μέν,... κατὰ τὰ δέ).

On emploie dans le même sens τοῦτο μέν,... τοῦτο δέ, avec la même ellipse de κατά.

3. Remarquons encore les locutions suivantes :

πρὸ τοῦ, ou en un seul mot, προτοῦ, ci-devant, autrefois (πρὸ τούτου τοῦ χρόνου).

τῷ, par là, c'est pourquoi, *idcirco* (τούτῳ τῷ τρόπῳ).

ἐν δὲ τοῖς, entre autres (ἐν τούτοις τοῖς πράγμασι).

τὸ καὶ τό : εἰ τὸ καὶ τὸ ἐποίησε, Dém. : s'il avait fait telle et telle chose.

ὁ, ἡ, τό, il, elle, lui, le.

§ 316. L'article est généralement employé dans Homère comme pronom de la troisième personne :

ἕως ὁ ταῦθ' ὥρμαινε κατὰ φρένα, tandis qu'*il* roulait ces pensées dans son esprit.

τὸν σκήπτρῳ ἐλάσασκε, il *le* frappa de son sceptre.

En prose même on trouve dans les narrations :

ὁ δὲ εἶπε, or *il* dit ; ou : mais lui, *il* dit.

Et de même à l'accusatif :

καὶ τὸν ἀποκρίνασθαι λέγεται, on dit qu'*il* répondit.

ὁ, ἡ, τό, pour ὅς, ἥ, ὅ.

§ 317. Dans l'origine, l'article et l'adjectif conjonctif étaient absolument le même mot. De là, ὁ pour ὅς dans les poëtes épiques[1]. De là, τοῦ, τῆς, τοῦ, τῷ, τῇ, τῷ, etc., pour οὗ, ἧς, οὗ, ᾧ, ᾗ, ᾧ, dans Homère et chez les Ioniens et les Doriens.

ὅς, ἥ, ὅ, pour ὁ, ἡ, τό.

§ 318. L'adjectif conjonctif s'emploie quelquefois,

1° Au nominatif, dans le sens de *il, lui, elle* :

καὶ ὅς, ἀκούσας ταῦτα,.... *lui*, ayant entendu ces paroles,....

καὶ ὃς ἔφη, et *il* dit ; — ἦ δ' ὅς, dit-*il*. En ce sens, ὅς initial est toujours précédé de καί. Sur ἦ, voy. § 148, 2°.

2° Aux autres cas, avec μέν et δέ, dans le sens de *l'un,... l'autre* : πόλεις Ἑλληνίδας, ἃς μὲν ἀναιρεῖ, εἰς ἃς δὲ τοὺς φυγάδας

---

1. Quelques éditions écrivent ὅ, *qui*, avec un accent, pour le distinguer de ὁ, *le*, ou *il*.

κατάγει, Démosth. : des villes grecques, il détruit *les unes*, il fait rentrer les exilés dans *les autres*[1].

Adjectif πολύς, *avec et sans article.*

§ 319. πολλοί, sans article, signifie *multi*, beaucoup :

πολλοὶ δοκοῦντες φίλοι εἶναι οὐκ εἰσί, καὶ οὐ δοκοῦντές εἰσι, *beaucoup*, tout en paraissant amis, ne le sont pas ; et *beaucoup* le sont sans le paraître.

οἱ πολλοί signifie *la plupart, le grand nombre, le vulgaire* : οἱ πολλοὶ τὴν μὲν ἀλήθειαν ἀγνοοῦσι, πρὸς δὲ τὴν δόξαν ἀποβλέπουσι, Isoc. : *le vulgaire* ignore la vérité, et ne considère que l'opinion.

Adjectif ἄλλος, *et noms de nombre, avec et sans article.*

§ 320. L'article modifie de même la signification de l'adjectif ἄλλος.

ἄλλοι, d'autres, *alii*; οἱ ἄλλοι, *les autres*, *ceteri*. — ἄλλη χώρα, un autre pays ; ἡ ἄλλη χώρα, *le reste* du pays.

Et celle des noms de nombre :

εἴκοσι νῆες, vingt vaisseaux ; αἱ εἴκοσι νῆες, *les vingt* vaisseaux (dont on a déjà parlé).

Participes avec et sans article.

§ 321. Il en est de même des participes :

κολακεύοντες οὗτοι ἀπατῶσι, ces hommes trompent *en flattant*, comme en latin *adulando*.

οἱ κολακεύοντες ἀπατῶσι, *ceux qui flattent* trompent.

Il est pourtant des manières de parler où l'on joint l'article au participe, quoique l'objet ne soit pas déterminé :

ἐδέθη ἡ Ἥρα, καὶ ὁ λύσων οὐκ ἦν, Junon fut liée, et il n'y avait personne pour la délier ; mot à mot : et *celui* qui devait la délier n'était pas ; *non erat qui eam solveret*.

Il faut encore remarquer la locution suivante : ἡ ὀνομαζομένη, ἡ λεγομένη φιλοσοφία, ce qu'on appelle philosophie[2].

ἡ δοκοῦσα εὐδαιμονία, le prétendu bonheur ; *hæc, quæ videtur, felicitas*.

---

[1]. Le *qui* français a la même acception dans cette phrase : ils coururent aux armes, et se saisirent *qui* d'une épée, *qui* d'une pique, *qui* d'une hallebarde. Ce tour a vieilli.

[2]. On dit de même en français, mais seulement avec les noms propres, *le nommé* Pierre (cf. Méth. lat., § 517, xix).

αὐτός, *avec et sans article.*

§ 322. Nous avons fait voir, § 44, en quoi αὐτός diffère de ὁ αὐτός. Voici quelques exemples :

1. ὁ αὐτός, le même.

φίλοις εὐτυχοῦσι καὶ ἀτυχοῦσιν ὁ αὐτὸς ἴσθι, sois *le même* pour tes amis, heureux ou malheureux.

2. αὐτός, même.

μᾶλλον τὴν αἰσχύνην φοβοῦμαι, ἢ τὸν θάνατον αὐτόν, je crains plus la honte que la mort *même.*
αὐτὸν τὸν βασιλέα ὁρᾶν ἐβούλετο, il voulait voir le roi *lui-même.*

3. αὐτός, moi-même, toi-même, lui-même.

αὐτὸς παρεγενόμην, je me présentai *moi-même (ipse adfui).*
ἃ τοῖς ἄλλοις ὡς φαῦλα ἐπιτιμᾷς, ταῦτα πρότερον αὐτὸς ποιέειν φυλάσσεο, ce que tu reproches aux autres comme mauvais, garde-toi d'abord de le faire *toi-même.*
αὐτὸς ἔφα, il a dit *lui-même.*

Nota. Ces mots, dans la bouche d'un disciple de quelque philosophe, signifient : *le maître l'a dit.*

αὐτός, seul.

§ 322 *bis.* 1. αὐτός s'emploie quelquefois dans le sens de *seul :* αὐτοὶ γάρ ἐσμεν, car nous sommes *seuls;* proprement : nous sommes *nous-mêmes et non d'autres.*

αὐτὰ τὰ πρὸ τῶν ποδῶν ὁρᾶν, XÉN. : *ne* voir *que* ce qui est à ses pieds (voir les choses *mêmes* qu'on a devant les pieds, *et non d'autres*). — αὐτὰ τὰ ἀναγκαιότατα εἰπεῖν, DÉM. : *ne* dire *que* les choses les plus nécessaires.

Remarque sur ἑαυτοῦ, ῆς, οῦ.

§ 323. ἑαυτοῦ, et par contraction αὑτοῦ (esprit rude), s'emploient quelquefois pour la première et la seconde personne, dans le sens réfléchi, aussi bien que pour la troisième [1] :

δεῖ ἡμᾶς ἀνερέσθαι ἑαυτούς, PLAT. : il faut que nous nous interrogions *nous-mêmes* (ἑαυτούς pour ἡμᾶς αὐτούς).

Quand αὐτός paraît être pour ἐγώ, σύ, ἡμεῖς, etc., cela tient uniquement à ce que ces pronoms personnels sont sous-entendus.

---

[1]. On rencontre assez souvent, surtout dans les anciennes éditions, αὐτοῦ, αὐτῷ, αὐτόν, là où l'on se serait attendu à trouver αὑτοῦ pour ἑαυτοῦ, etc.; souvent aussi les manuscrits balancent entre les deux formes. Voyez à ce sujet Matthiæ, § 148, Rem. 3, p. 301 de la trad. franç. de MM. Gail et Longueville.

εἴπερ ὑπὲρ σωτηρίας αὐτῶν φροντίζετε, DÉMOSTH. : si vous vous occupez de *votre propre* salut[1].

Remarque sur les adjectifs possessifs.

§ 324. On trouve dans les poëtes ioniens :

1° ἑός, son, pour σφέτερος, leur ; et réciproquement :

ὃς προλιπὼν σφέτερόν τε δόμον σφετέρους τε τοκῆας, qui ayant quitté *sa* maison et *ses* parents. HÉSIODE.

2° ἑός et σφέτερος, pour ἐμός, mon, et σός, ton : φρεσὶν ᾗσιν, dans *mon* cœur ; HOM., *Od.*, liv. XIII, v. 321.

δώμασιν οἷσιν ἀνάσσοις, puisses-tu régner dans *ta propre* maison ! Id. *ibid.*, liv. I, v. 403.

Il faut, dans ces exemples et autres semblables, se représenter ἑός et σφέτερος comme répondant à l'adjectif latin *proprius*, et désignant par conséquent les deux premières personnes, aussi bien que la troisième.

USAGES PARTICULIERS DES CAS.

DU GÉNITIF.

§ 325. Nous avons vu, § 264, que le génitif met en rapport deux noms substantifs, comme en français la préposition DE. En cela, il ressemble au génitif latin.

Mais il en diffère en ce que le génitif latin ne sert jamais de complément aux prépositions, au lieu que le génitif grec leur en sert très-souvent.

Il y a beaucoup d'exemples où le génitif peut être considéré comme régi soit par un nom, soit par une préposition sous-entendue.

GÉNITIF RÉGI PAR UN NOM SOUS-ENTENDU.

1. Ellipse d'ἔργον, chose, ouvrage.

§ 326. ἐλευθέρου ἀνδρός ἐστι τἀληθῆ λέγειν, *c'est le propre* d'un homme libre de dire la vérité (sous-entendu ἔργον).

πενίαν φέρειν οὐ παντός, ἀλλ' ἀνδρὸς σοφοῦ, supporter la pauvreté n'*est* pas *donné à* tout le monde, mais au seul sage (sous-ent. ἔργον ἐστί)[2].

---

1. Cet usage est fondé sur l'ellipse d'ἕκαστος, chacun : εἰ φροντίζετε ὑπὲρ σωτηρίας, ἕκαστοι αὐτῶν ; comme dans Virgile : *quisque* suos *patimur manes.*

2. Cf. Méth. lat., § 307.

II. Ellipse de μέρος, partie.

ἔδωκά σοι τῶν χρημάτων, je vous ai donné *de* mon bien (sous-ent. μέρος, une partie). Si l'on disait, τὰ χρήματα, la phrase signifierait : *je vous ai donné mon bien, tout mon bien.*

πίνειν ὕδατος, boire *de* l'eau.

ἐσθίειν κρεῶν, manger *de* la viande; ἐσθίειν τὰ κρέα signifierait manger *les* viandes, celles dont on aurait déjà parlé.

On trouve encore le génitif régi par l'idée de μέρος comprise dans les verbes qui marquent participation : μέτεστί μοι τῶν πραγμάτων, j'ai part aux affaires (μέρος τῶν πραγμάτων ἐστί μοι). — μετέχειν τῆς ὠφελείας, participer à l'utilité.

μεταδιδόναι τοῖς φίλοις τοῦ κέρδους, partager *le profit* avec ses amis (leur donner une *part du* profit).

ξυλλήψομαι δὲ τοῦδέ σοι κἀγὼ πόνου, je partagerai *ce travail* avec vous, EURIP. (λήψομαι μέρος τοῦ πόνου σὺν σοί).

RAPPORTS DIVERS, DONT PLUSIEURS PEUVENT S'EXPLIQUER PAR L'ELLIPSE D'UNE PRÉPOSITION.

§ 327. On met souvent au génitif les mots qui désignent :

1° La matière : ῥάβδος σιδήρου πεποιημένη, une baguette faite *de fer* (ἐκ σιδήρου) [1].

2° Le prix et l'estime [2] : πόσου νῦν ὁ πυρός ἐστιν ὤνιος; *combien le blé se vend-il maintenant* (ἀντὶ πόσου ἀργυρίου) ?

δόξα χρημάτων οὐκ ὠνητή, Isoc. : la gloire ne s'achète point *à prix d*'argent (ἀντὶ χρημάτων).

ἐλάττονος ποιεῖν, estimer *moins* (περὶ ἐλάττονος τιμήματος). La préposition est même très-souvent exprimée :

περὶ πλείστου ποιεῖσθαι, estimer beaucoup.

3° La partie [3] : λύκον τῶν ὤτων κρατῶ, je tiens le loup *par* les oreilles (ἐκ τῶν ὤτων).

4° Le rapport sous lequel on considère quelque chose : οὐκ οἶδα παιδείας ὅπως ἔχει καὶ δικαιοσύνης, PLAT. : je ne sais *quelle* est sa science et sa probité. (Cf. § 330.)

εὐδαιμονίζω σε τῆς σοφίας, je vous estime heureux *pour* votre sagesse (ἕνεκα τῆς σοφίας).

5° Le temps : πέντε ὅλων ἐτέων, cinq ans entiers (sous-ent. διά).

6° L'étonnement et l'indignation : τῆς τύχης ! *quel* bonheur ! — τῆς ἀναιδείας ! *quelle* impudence ! — Ces mots équivalent,

---

1. Cf. Méth. lat., § 337. — 2. Cf. ibid., § 310 et suiv. — 3. Cf. ibid., § 336.

comme les interjections, à une proposition entière : θαυμάζω περὶ τῆς τύχης. — ἀγανακτέω περὶ τῆς ἀναιδείας[1].

GÉNITIF AVEC LES VERBES.

§ 328. I. On trouve le génitif avec la plupart des verbes qui expriment une opération ou une affection de l'âme :

SENTIR : αἰσθάνεσθαι (avoir la sensation, le sentiment de).
DÉSIRER : ἐπιθυμεῖν (éprouver le désir de).
ADMIRER : θαυμάζειν (éprouver l'admiration, l'étonnement de).
NÉGLIGER : ὀλιγωρεῖν (faire peu de cas de).
SE SOUVENIR : μεμνῆσθαι (avoir le souvenir de).
OUBLIER : λανθάνεσθαι (perdre le souvenir de).

II. On le trouve encore avec les verbes qui expriment une action des sens, excepté celle de *voir* ;

TOUCHER : ἅπτεσθαι (faire, pour ainsi dire, la *taction* de).
FLAIRER : ὀσφραίνεσθαι (sentir l'odeur de).
ENTENDRE : ἀκούειν (percevoir l'audition de).
GOUTER : γεύεσθαι (percevoir le goût de) [2].

Au reste, quelques-uns de ces verbes (notamment αἰσθάνεσθαι et ἀκούειν) et de ceux dont nous parlerons encore se trouvent aussi avec l'accusatif, de même qu'on dit en latin, *oblivisci alicujus rei* et *aliquam rem*.

III. Presque tous les verbes qui, en français, sont suivis d'un complément indirect avec la préposition *de*, veulent en grec ce même complément au génitif:

Écarter quelqu'un *de* la mer, εἴργειν τινὰ τῆς θαλάσσης.
S'écarter *de* sa route, ἁμαρτάνειν τῆς ὁδοῦ.
Différer *des* autres, διαφέρειν τῶν ἄλλων.
Avoir besoin *d'*argent, δεῖσθαι χρημάτων.

On peut supposer l'ellipse d'ἀπό ; mais l'idée de séparation comprise dans ces verbes suffit pour expliquer le génitif [3].

IV. Il en est d'autres où le génitif est régi par la préposition qui entre dans la composition du verbe :

ἐξέρχεσθαι τῆς οἰκίας, sortir *de* la maison.

---

1. Cf. Méth. lat., § 389. Sur ces gén., voy. Matthiæ, § 374, tr. de MM. Gail et Longueville.
2. Il est inutile de sous-entendre des prépositions pour expliquer le génitif régi par ces verbes; il suffit de leur donner pour régime direct le nom tiré d'eux-mêmes : αἰσθάνεσθαι αἴσθησιν, ἐπιθυμεῖν ἐπιθυμίαν, ἀκούειν ἄκουσμα, γεύεσθαι γεῦσιν; comme κινδυνεύειν κίνδυνον, ἄρχειν ἀρχήν, § 343. Cette analyse est rendue sensible par l'explication française que nous donnons de chaque verbe. Cf. Méth. lat., § 314.
3. Le génitif grec joue ici le rôle de l'ablatif latin. Cf. Méth. lat., § 323.

ἐπιβαίνειν ἵππου, monter à cheval.

πολλοῖς ἡ γλῶττα προτρέχει τῆς διανοίας, Isoc. : chez beaucoup la langue va plus vite que la pensée (*court avant* la pensée).

περιεῖναι τῶν ἐχθρῶν, triompher de ses ennemis (εἶναι περί, être au-dessus).

V. On construit encore avec le génitif un grand nombre de verbes que l'usage apprendra. Nous citerons seulement :

1° Ceux qui signifient *commander, commencer, cesser, épargner, obtenir, céder,* qu'on expliquera facilement en cherchant en eux-mêmes leur régime direct, suivant la note 2, p. 252.

2° Ceux qui sont dérivés des comparatifs et des superlatifs : ἡττᾶσθαί τινος, le céder à quelqu'un (ἥττω εἶναι).

ὑστερεῖν τῶν πραγμάτων, Démosth. : manquer les occasions (ὕστερον εἶναι, être en arrière).

Ἕκτωρ ἀριστεύεσκε Τρώων, Hom. : Hector était le plus brave *des* Troyens (ἄριστος ἦν).

GÉNITIF AVEC LES ADJECTIFS.

§ 329. I. Beaucoup d'adjectifs, qui, en français, sont suivis de la préposition *de*, reçoivent en grec leur complément au génitif [1] :

πόλις μεστὴ θορύβου,	ville pleine *de* trouble.
κενὴ ὀϊστῶν φαρέτρα,	carquois vide *de* traits.
ἀνὴρ διψαλέος αἵματος,	homme altéré *de* sang.
ἄξιος ἐπαίνου,	digne *de* louanges [2].

II. D'autres adjectifs ont leur complément au génitif, quoique en français ils ne prennent point *de* :

κοινωνὸς τῶν ἀποῤῥήτων,	participant *aux* secrets.
ἔμπειρος τῶν πολεμικῶν,	habile *dans* l'art militaire (*peritus rerum bellicarum*).
ἐπιστήμων τινός,	connaisseur *en* quelque chose.

On peut se représenter ces trois adjectifs comme équivalant à ἔχων τὴν κοινωνίαν, τὴν ἐμπειρίαν, τὴν ἐπιστήμην, et alors le génitif qui les suit s'explique tout naturellement.

III. Presque tous les adjectifs en ικός, dérivés des verbes, et qui expriment une *faculté*, une *aptitude* à faire quelque chose, prennent aussi le génitif :

παρασκευαστικὸν τῶν εἰς πόλεμον τὸν στρατηγὸν εἶναι χρή, καὶ ποριστικὸν τῶν ἐπιτηδείων τοῖς στρατιώταις, Xén. : il faut que le

---

1. Cf. Méth. lat., § 313. — 2. Cf. ibid., § 332, avec la Rem.

général sache préparer tout ce qui est nécessaire à la guerre, et pourvoir à tous les besoins des soldats[1].

IV. Le génitif se met enfin avec un grand nombre d'adjectifs composés d'α privatif :

ἄγευστος τῆς ἐλευθερίας, qui ne connaît point les douceurs de la liberté. — ἀθέατος τῆς ἀληθείας, qui ne voit point la vérité.

Et avec les participes[2] : θεοπροπίων εὖ εἰδώς, Hom., habile dans la science des présages. Horace a dit de même *sciens pugnæ*; et Salluste, *locorum sciens* (*habens scientiam pugnæ, locorum*).

GÉNITIF AVEC LES ADVERBES.

§ 330. 1. Tout adverbe représente une préposition suivie de son complément. Par exemple, ἀξίως, *dignement*, équivaut à ces mots : *d'une manière digne*, ou *selon la dignité*. Un adverbe peut donc avoir un complément au génitif : βουλεύεσθε ἀξίως τῆς πόλεως, prenez une résolution digne *de* la république.

II. Il en est de même des adverbes de lieu et de temps :

ποῦ τῆς γῆς; et en latin, *ubi terrarum?* en quel lieu *de* la terre (ἐπὶ τίνος τόπου τῆς γῆς) ?

ἔξω τῆς πόλεως, hors *de* la ville (à l'extérieur de la ville).

ὁπότε τοῦ ἔτους ; en quel temps *de* l'année? comme on dit en latin, *tunc temporis*, c'est-à-dire, *in illa parte temporis*; et en français, *lors de la moisson*, c'est-à-dire, dans le temps de la moisson[3].

On doit expliquer de même les locutions suivantes :

τηλοῦ γὰρ οἰκῶ τῶν ἀγρῶν, Aristoph. : je demeure bien loin *dans* les champs (dans une partie des champs éloignée d'ici).

πόρρω τῆς ἡλικίας φιλοσοφεῖν, Plat. : s'adonner à la philosophie *dans* un âge avancé (dans une partie avancée de l'âge).

πόρρω σοφίας ἐλαύνειν, Plat. : aller loin *dans* la sagesse[4].

---

1. Παρασκευαστικός signifie *habens vim parandi* ; or les mots *parandi-vim* peuvent être considérés comme formant une idée complexe qui équivaudrait à un substantif composé, ainsi que cela est expliqué pour *eligendi-potestas*, Méth. lat., pag. 286, not. 3. Παρασκευαστικός contient donc en lui-même ce qu'il faut pour régir un génitif. Il en est de même de ἄγευστος, *expers gustandi* ; ἀθέατος, *expers videndi* ; εἰδώς, *habens scientiam*.

2. Cf. Méth. lat., § 343, vi.

3. Cf. ibid., § 320. *Tunc* est formé de *tum* et de *ce* démonstratif. *Alors*, et par abréviation, *lors*, vient de l'italien *allora*, littéralement *à l'heure*.

4. Cette observation explique le fait énoncé § 155, que quelques adverbes font l'office de prépositions. On peut même regarder comme de véritables adverbes les six mots ajoutés aux prépositions, § 153, savoir : ἄτερ, ἄνευ, ἕνεκα, ἄχρι, μέχρι, πλήν.

ἄτερ et ἄνευ, ainsi que χωρίς, qu'on traduit aussi par *sans*, signifient *séparément de....* ; ἕνεκα, *à cause de....* ; or ce DE est compris dans le génitif complément, et non dans ἄνευ, χωρίς, ἕνεκα.

REMARQUES SUR LE GÉNITIF POSSESSIF.

§ 331. I. Ces mots, l'amour de Dieu, ἡ ἀγάπη τοῦ Θεοῦ, sont susceptibles de deux acceptions bien différentes. Quand on dit, *l'amour de Dieu pour les hommes*, c'est Dieu qui aime ; le génitif est pris *activement*. Quand on dit, *l'amour de Dieu est la première des vertus*, c'est Dieu qui est aimé ; le génitif est pris *passivement*[1].

En grec comme en latin, le génitif est très-souvent pris passivement :

πόθος υἱοῦ, regret que cause la perte d'un fils.

ἔχθρα Λακεδαιμονίων, haine pour les Lacédémoniens.

ἡ τῶν Πλαταιέων ἐπιστρατεία, THUC. : l'expédition de Platées, c'est-à-dire, contre les Platéens.

C'est ainsi que ces mots βίᾳ ἐμοῦ, ou πρὸς βίαν ἐμοῦ, désignent non la violence que je fais, mais celle qui m'est faite, et signifient *malgré moi*.

C'est le raisonnement et le sens général qui doivent indiquer si un génitif est employé *activement* ou *passivement*.

II. Les adjectifs possessifs ἐμός, σός, etc., exprimant le même rapport que les génitifs ἐμοῦ et σοῦ, peuvent, comme eux, se prendre passivement[2].

ἐπὶ διαβολῇ τῇ ἐμῇ λέγει, PLAT. : il le dit pour me décrier ; mot à mot : *in meam calumniam dicit*.

εὐνοίᾳ ἐρῶ τῇ σῇ, je le dirai par bienveillance pour vous.

III. L'identité de signification d'ἐμός et σός, adjectifs, avec ἐμοῦ et σοῦ, génitifs des pronoms, explique encore la locution suivante et celles qui y ressemblent :

τὰ ἐμὰ σπαθῶσι τοῦ κακοδαίμονος, mot à mot : ils dissipent les biens de moi malheureux ; *mea infelicis bona disperdunt*. τὰ ἐμά en grec, *mea* en latin, équivalent à ἐμοῦ, *mei*, et c'est à ce génitif que se rapporte l'adjectif[3].

Cette construction s'étend à tous les adjectifs qui remplacent un nom de personne :

ἄχρι et μέχρι se mettent avec πρός et l'accusatif : μέχρι πρὸς τὸν οὐρανόν est littéralement le français jusqu'*au ciel*, et le latin *usque* ad *cælum*. Suivis du génitif, il faut les résoudre par *au terme de....*; ou sous-entendre ἐπί : μέχρις [ἐπὶ] Ῥώμης, jusqu'à Rome.

πλήν signifie *excepté, hormis*, et se trouve devant tous les cas, même le nominatif : οὐκ ἔστιν ἄλλος πλὴν ἐγώ, il n'y en a pas d'autre que moi. Avec le génitif, il signifie : *à l'exception de....*

Concluons de tout ceci que les anciens grammairiens ont bien fait de ne reconnaître que 18 prépositions.

1. Cf. Méth. lat., § 321. — 2. Cf. ibid., § 321. — 3. Cf. ibid., § 322.

εἰ δέ με δεῖ καὶ γυναικείας τι ἀρετῆς, ὅσαι νῦν ἐν χηρείᾳ ἔσονται, μνησθῆναι, Thuc. : s'il faut aussi que je dise quelque chose de la vertu des femmes qui vont désormais vivre dans le veuvage. L'adjectif γυναικείας semble remplacer le génitif τῶν γυναικῶν, auquel se rapporte ὅσαι.

DU DATIF.

§ 332. Le datif marque, comme en latin, le but auquel se rapporte une action ou un sentiment. Mais il diffère du datif latin en ce qu'il peut servir de complément aux prépositions.

DATIF AVEC LES VERBES.

§ 333. Le datif se joint par sa force naturelle :

1° Aux verbes actifs comme complément indirect : διδόναι τί τινι, donner quelque chose *à* quelqu'un. C'est surtout dans ce sens qu'on l'appelle cas d'attribution [1].

2° A un grand nombre de verbes neutres :

νέῳ σιγᾶν μᾶλλον ἢ λαλεῖν πρέπει, il sied mieux *à* un jeune homme de se taire que de parler.

μέλει ἐμοὶ περὶ τῆς σωτηρίας ὑμῶν, je prends soin *de* votre conservation, mot à mot : *cura est mihi de vestra salute.*

σοὶ δὲ καὶ τούτοις πρᾶγμα τί ἐστιν; quelle affaire avez-vous *avec* eux? Et avec ellipse du verbe : τί ἐμοὶ καὶ σοί; qu'y a-t-il de commun *entre* vous *et* moi?

3° A certains verbes que le grec considère comme neutres, quoique en français ils aient un complément direct [2] :

ἀκολουθεῖν τινι, suivre quelqu'un.

εὔχεσθαι τῷ Θεῷ, prier Dieu (adresser des prières *à* Dieu).

λατρεύειν τῷ Θεῷ, adorer Dieu (rendre un culte *à* Dieu).

ἀρήγειν τινί, secourir quelqu'un (*auxiliari alicui*).

4° Aux verbes πολεμεῖν, faire la guerre à....; μάχεσθαι, combattre contre....; ὁμιλεῖν, converser avec...., et à beaucoup d'autres que l'usage apprendra.

---

1. Cf. Méth. lat., § 341.
2. C'est ainsi qu'en latin le verbe *favere* est considéré comme neutre, tandis qu'en français *favoriser* est actif. La distinction des verbes en actifs et en neutres provient uniquement d'une vue de l'esprit, d'un sentiment vague, qu'on suit sans s'en rendre compte, et qui varie d'un peuple à l'autre. Au reste, FAIRE est l'idée qui domine dans tout verbe actif; ÊTRE est celle qui domine dans tout verbe neutre. Favoriser quelqu'un, équivaut à : *faire* quelqu'un *favorisé*. *Favere alicui*, équivaut à : *être favorable à* quelqu'un. — Voyez la même chose, envisagée sous un autre point de vue, Méth. lat., § 341, note *.

REMARQUES. 1° Quelques verbes prennent tantôt le datif, et tantôt l'accusatif :

τοῖς θανοῦσι πλοῦτος οὐδὲν ὠφελεῖ, ESCHYLE : la richesse ne sert de rien *aux* morts. Ici ὠφελεῖ représente *utilis est*.

δίκαια τοὺς τεκόντας ὠφελεῖν τέκνα, EURIP. : il est juste que des enfants aident leurs parents. Ici ὠφελεῖν représente *juvare*.

ἀρέσκειν τινί, plaire *à* quelqu'un ; ἀρέσκειν τινά, contenter quelqu'un.

2° Souvent le datif est régi par la préposition qui entre dans la composition du verbe :

μὴ συνδείπνει ἀνδρὶ ἀσεβεῖ, ne soupez point *avec* un impie.

τῷ δυςτυχοῦντι μὴ ἐπιγέλα, ne vous moquez point du malheureux (ne riez point *sur* le malheureux).

3° Comme la plupart des prépositions gouvernent plusieurs cas, les verbes qui en sont composés peuvent aussi, suivant les circonstances, prendre différents régimes :

παρακαθῆσθαί τινι,   être assis *auprès* de quelqu'un ;
παραβαίνειν τοὺς νόμους, transgresser les lois.

DATIF AVEC LES NOMS SUBSTANTIFS.

§ 334. Le datif se met souvent après les substantifs dérivés des verbes, pour exprimer le même rapport qu'il exprime avec ces verbes :

ἡ τοῦ Θεοῦ δόσις ὑμῖν, PLAT. : le don que Dieu vous a fait ; mot à mot : le don de Dieu *à* vous.

ἡ ἐν τῷ πολέμῳ τοῖς φίλοις βοήθεια, PLAT. : les secours qu'on donne *à* ses amis dans la guerre ; βοήθεια avec le datif, parce qu'on dit βοηθεῖν τινι.

DATIF AVEC LES ADJECTIFS.

§ 335. Le datif se met avec les adjectifs qui marquent,

1° Ressemblance : ὅμοιος, semblable à.... ; ὁ αὐτός, le même que.... ; ὁμόγλωττος, qui parle la même langue ; σύμφωνος, qui s'accorde avec....

2° Opposition : ἐναντίος, contraire à.... ; ἐχθρός, ennemi de...., et une infinité d'autres [1].

Exemples du datif avec ὁ αὐτός.

ταὐτὰ (τὰ αὐτὰ) πάσχω σοι, j'éprouve la même chose *que vous*.

Θησεὺς κατὰ τὸν αὐτὸν χρόνον Ἡρακλεῖ γενόμενος, Thésée qui vécut dans le même temps *qu'Hercule* [2].

---

1. Cf. Méth. lat., § 349. — 2. Horace a dit : *Invitum qui servat, idem facit occidenti*; ce qui pourrait se rendre ainsi en grec : ὁ ἄκοντα σώζων, ταὐτὸ ποιεῖ τῷ κτείνοντι.

Rem. Le datif se met encore avec quelques adjectifs en ικός dérivés de verbes qui prennent le datif : τοῖς πάθεσιν ἀκολουθητικὸς ὁ νέος, le jeune homme est disposé à suivre ses passions.

DATIF AVEC LES ADVERBES.

§ 336. Les adverbes se joignent au datif, comme les adjectifs ou les participes dont ils dérivent[1] :

ὁμολογουμένως τῇ φύσει ζῆν, vivre conformément *à la nature* (*convenienter naturæ*).

Les adverbes ἅμα et ὁμοῦ, *simul*, se mettent aussi avec le datif, à cause de leur signification qui tient à l'idée d'accord, de simultanéité : ἅμα τῇ ἡμέρᾳ, *avec* le jour.

DATIF CONSIDÉRÉ EN GÉNÉRAL COMME EXPRIMANT UN RAPPORT A UNE PERSONNE OU A UNE CHOSE.

§ 337. I. Le datif exprimant *tendance, direction, rapport*, s'emploie pour montrer qu'une action se fait à l'avantage ou au désavantage de quelqu'un[2] :

Μενελάῳ τόνδε πλοῦν ἐστείλαμεν, Soph. : nous avons entrepris ce trajet *pour* Ménélas.

εἰ τιμωρήσεις Πατρόκλῳ τῷ ἑταίρῳ τὸν φόνον, Plat. : si vous vengez la mort de Patrocle votre ami ; mot à mot, si vous vengez *pour* Patrocle.

ἄξιος ἦν θανάτου τῇ πόλει, Xén. : il était coupable *envers* l'État d'un crime capital ; mot à mot, *morte dignus erat civitati*.

II. Le datif exprime quelquefois la possession :

ὄσσε δέ οἱ πυρὶ λαμπετόωντι εἴκτην, Hom. : *ses* yeux ressemblaient à un feu étincelant. De même en français on pourrait dire : la flamme *lui* sort des yeux, pour, sort de *ses* yeux.

III. Avec les verbes ἐστί et γίγνεται, on trouve quelquefois un participe au datif de la manière suivante :

εἴ σοι βουλομένῳ ἐστὶν ἀποκρίνεσθαι, Plat. : si vous voulez répondre.

Salluste a dit de même : *uti militibus exæquatus cum imperatore labos* volentibus esset ; afin que les soldats *supportassent volontiers* des travaux partagés par le général.

οὐκ ἂν ἔμοιγε ἐλπομένῳ τὰ γένοιτ', οὐδ' εἰ θεοὶ ὣς ἐθέλοιεν, Hom. : non, je n'espèrerais pas que ces choses arrivassent, quand même

---

1. Cf. Méth. lat., § 352. — 2. Cf. ibid., § 345.

les dieux le voudraient ainsi ; mot à mot : *non hæc* mihi speranti *evenirent.*

IV. On trouve le datif des pronoms personnels et d'αὐτός, *ipse*, employés comme le pronom *moi* dans ce vers de Boileau :

<blockquote>Prends-*moi* le bon parti, laisse là tous les livres.</blockquote>

δίζεό μοί τινα πύργον, Musée : cherche-*moi* une tour. Ces mots ne signifient pas cherche *pour* moi ; mais, je te conseille de chercher.

Ou comme *mihi* dans ce vers d'Horace :

<blockquote>Qui metuens vivit, liber *mihi* non erit unquam.</blockquote>

ἡ μήτηρ ἐᾷ σε ποιεῖν ὅ τι ἂν βούλῃ, ἵν' αὐτῇ μακάριος ᾖς, Plat. : votre mère vous permet de faire tout ce que vous voulez, afin de vous voir heureux. αὐτῇ ne signifie pas *pour elle, pour son avantage*; on pourrait le retrancher sans altérer notablement le sens. Cependant il ajoute quelque énergie à la phrase. Il présente la mère comme s'intéressant au bonheur du fils. Voilà pourquoi nous traduisons : *afin de vous voir heureux.*

DATIF GREC DANS LE SENS DE L'ABLATIF LATIN.

§ 338. Les Grecs expriment par le datif certains rapports que les Latins expriment par l'ablatif. Ainsi ils mettent au datif les mots qui désignent :

1° L'instrument : χρῆσθαί τινι, se servir *de* quelque chose.
πατάσσειν ῥάβδῳ, frapper *avec* une baguette.
σμίλῃ πεποιημένον, fait *avec* le ciseau[1].

On peut dans tous ces exemples sous-entendre σύν, qui se trouve même souvent exprimé. Au reste, la préposition française à exprime quelquefois le même rapport : broder *à* l'aiguille ; aller *à* voiles et *à* rames.

2° La manière : ταῦτα ἐγένετο τῷδε τῷ τρόπῳ, la chose arriva *de* cette manière. — δρόμῳ παρῆλθεν, il passa *en* courant (s.-ent. ἐν).

On dit de même en français : marcher *à* grands pas ; obtenir *à* force de prières[2].

3° La cause : οἱ Λακεδαιμόνιοι καὶ Ἀθηναῖοι οὐδὲν ἔπρασσον κατὰ τοῦ Ἀλεξάνδρου, οἱ μὲν εὐνοίᾳ τῇ πρὸς αὐτόν, οἱ δὲ φόβῳ τῆς δυνάμεως αὐτοῦ, les Lacédémoniens et les Athéniens ne faisaient rien contre Alexandre, les uns *par bienveillance* pour lui, les autres *par crainte* de sa puissance (sous-ent. ἐπί).

---

1. Cf. Méth. lat., § 329. — 2. Cf. ibid., § 333.

4° LE TEMPS PRÉCIS : παρῆν τῇ τρίτῃ ἡμέρᾳ, il se présenta le troisième jour (sous-ent. ἐν) [1].

5° LE LIEU : Δωδῶνι, *à* Dodone; Μυκήναις, *à* Mycènes; Μαραθῶνι καὶ Σαλαμῖνι καὶ Πλαταιαῖς, *à* Marathon, *à* Salamine, *à* Platées (ἐν est le plus souvent exprimé) [2].

REM. Nous avons indiqué les prépositions que l'on a coutume de sous-entendre avec le datif; mais en réalité ce cas désigne seul et par sa propre force *l'instrument, la manière, la cause, le temps précis,* et *le lieu où l'on est.*

ELLIPSE REMARQUABLE DE σύν AVEC LE DATIF.

§ 339. Un nom au datif, accompagné d'αὐτός, doit souvent se traduire en français comme s'il était précédé de σύν, avec.

τὰ Σαμόσατα ἀράμενος, αὐτῇ ἀκροπόλει καὶ τείχεσι μετέθηκεν εἰς Μεσοποταμίαν [3], il prit Samosate, et la transporta *avec* la citadelle et les murailles en Mésopotamie.

Σύν est souvent sous-entendu avec les mots στόλος, flotte; στρατός, armée; πεζοί, fantassins, et autres désignant des corps de troupes : αὐλισάμενος δὲ τῷ στρατῷ ἐν τῷ Διὸς ἱερῷ, THUC. : ayant passé la nuit *avec son armée,* dans l'enceinte consacrée à Jupiter.

DE L'ACCUSATIF.

ACCUSATIF AVEC LES VERBES TRANSITIFS.

§ 340. L'accusatif indique l'objet immédiat d'une action, et sert de complément direct aux verbes actifs ou transitifs (cf. § 267) : τὰς μεταβολὰς τῆς τύχης γενναίως ἐπίστασο φέρειν, apprenez à supporter courageusement les revers de la fortune.

Objet indirect des verbes transitifs, à l'accusatif.

εὖ ποιεῖν τινα.

§ 341. Dans cette phrase, *faire du bien à quelqu'un,* DU BIEN est le résultat de l'action, son objet direct et immédiat ; A QUELQU'UN en est l'objet médiat et indirect.

Les Grecs mettent à l'accusatif le nom qui exprime en français l'objet indirect de certains verbes :

---

1. Cf. Méth. lat., § 373. — 2. Cf. ibid., § 364.
3. Lucien, en parlant d'un historien qui ignorait la géographie.

εὖ ou κακῶς ποιεῖν τινα, faire du bien ou du mal *à quelqu'un*.

εὖ ou κακῶς λέγειν τινά, dire *à quelqu'un* des choses agréables ou choquantes ; et dans un autre sens : dire du bien ou du mal *de quelqu'un* [1].

DOUBLE ACCUSATIF.

§ 342. L'objet indirect mis à l'accusatif n'empêche pas qu'on n'y mette aussi l'objet direct; et de là résulte ce grand nombre de verbes construits avec deux accusatifs, celui de la chose, et celui de la personne.

De ces deux accusatifs, l'un est régi par le verbe ; pour expliquer l'autre, on suppose l'ellipse de εἰς, πρός, κατά, περί [2] :

τί ποιήσω αὐτόν; que lui ferai-je (πρὸς αὐτόν) ?

οἱ ἐχθροὶ πολλὰ κακὰ ἐργάζονται ἐμέ, mes ennemis me causent bien des maux (πρὸς ἐμέ).

ὁ Σωκράτης πολλὰ καὶ μεγάλα ἐδίδασκε τοὺς μαθητάς, Socrate donnait à ses disciples beaucoup d'excellents préceptes (κατὰ πολλά). On dit de même en latin : *unum te oro ; hoc te moneo.*

L'usage des *deux accusatifs* est très-étendu en grec. Il s'applique aux verbes qui signifient vêtir, dépouiller, ôter, priver, demander, exiger, interroger, forcer, ordonner, empêcher, cacher, accuser, et beaucoup d'autres.

Au reste, on trouve certains verbes construits tantôt avec deux accusatifs, tantôt avec un seul, dans le même sens : ἀποστερεῖν τινα τὰ χρήματα, et τῶν χρημάτων, priver quelqu'un de ses biens.

1. Avec εὖ et κακῶς on forme les verbes composés εὐεργετεῖν, κακουργεῖν τινα, bien traiter, maltraiter quelqu'un. — εὐλογεῖν, κακολογεῖν τινα, bénir, maudire (injurier) quelqu'un; où l'on remarque une parfaite analogie entre le grec et le français (voy. la note suivante).

2. Ce procédé artificiel d'explication laisse à désirer une analyse plus logique ; la voici. Soit l'ex. τέχνην διδάσκω τινά, *j'enseigne un art à quelqu'un;* nous y voyons un premier complément, τέχνην, objet immédiat de l'action du verbe, et un second, τινά, objet plus éloigné de la même action. Prenons à présent, au lieu de τέχνην διδάσκω, son équivalent τεχνόω : n'est-il pas visible que le premier complément, τέχνην, se trouve réuni et, pour ainsi dire, incorporé au verbe, et que le second en est rapproché d'un degré? Eh bien, la synthèse faite matériellement dans τεχνόω se fait par la pensée dans τέχνην διδάσκω, dont les Grecs auraient pu, s'ils avaient voulu, former le composé τεχνοδιδασκέω, qui eût tout naturellement régi l'accusatif. Cette même synthèse se voit dans κακολογεῖν, κακουργεῖν, p. κακὸν λέγειν, κακὸν ἐργάζεσθαι : elle se voit même dans les verbes français *bénir, maudire,* qui, analysés, voudraient un régime indirect. Ainsi, dans tout verbe qui régit deux accusatifs, celui de la chose doit être considéré comme faisant partie du verbe, celui de la personne comme en étant le complément direct. Cf. Méth. lat., § 358.

ACCUSATIF AVEC LES VERBES INTRANSITIFS.

§ 343. I. On joint quelquefois aux verbes neutres, comme régime direct, un accusatif dont la signification est analogue à celle du verbe lui-même :

αἱ πηγαὶ ῥέουσι γάλα καὶ μέλι, le lait et le miel coulent des fontaines. Γάλα et μέλι, désignant des liquides, ont un sens analogue à celui de ῥέω, *couler*. C'est ainsi que Virgile a dit, *et duræ quercus sudabunt roscida mella*[1].

Souvent le nom à l'accusatif est tiré du verbe même : κινδυνεύειν κίνδυνον, courir un danger; ἀρχὴν ἄρχειν, exercer une magistrature ; ou d'un verbe de signification identique : ζῇ βίον ἥδιστον, il mène une vie très-agréable. On trouve de même en latin *felicem vivere vitam; duram servire servitutem*; et en français Bossuet a dit, *dormez votre sommeil, grands de la terre*, ce qui revient au grec καθεύδειν ὕπνον.

On peut résoudre de cette manière les locutions suivantes où le verbe est construit avec un adjectif neutre à l'accusatif :

μεγάλα ἀδικεῖν, faire de grandes injustices (μεγάλα ἀδικήματα ἀδικεῖν).

ἱκανὸς εἶ ἔτι πλείω ὠφελεῖν, ὧν λαμβάνεις, Dém. : vous êtes capable de procurer encore plus d'avantages que vous n'en recevez (πλείω ὠφελήματα ὠφελεῖν).

ὅσα ἡμαρτήκασιν οἱ Λακεδαιμόνιοι, toutes les fautes qu'ont faites les Lacédémoniens (ὅσα ἁμαρτήματα).

οὐκ ἔστιν ὅστις πάντ' ἀνὴρ εὐδαιμονεῖ, il n'y a pas d'homme qui soit heureux en tout (πάντα εὐδαιμονήματα, qui ait tous les *bonheurs*).

II. L'accusatif se met encore avec les verbes neutres pour déterminer la partie du sujet à laquelle se rapporte spécialement l'état exprimé par le verbe : τὸν δάκτυλον ἀλγῶ, je souffre *du doigt*; — τὰς φρένας ὑγιαίνει, il est sain *d'esprit*. Au lieu de sous-entendre κατά, on peut analyser ainsi : ἀλγοῦντα ἔχω τὸν δάκτυλον; — τὰς φρένας ὑγιεῖς ἔχει[2].

III. L'accusatif désigne également *la partie* avec les verbes passifs : πλήττομαι τὴν κεφαλήν, je suis frappé *à la tête;* ἐκκοπεὶς τοὺς ὀφθαλμούς, ayant les yeux crevés. Le participe, marquant un état, s'explique très-bien par ἐκκοπέντας ἔχων τοὺς ὀφθαλμούς. Quant aux modes personnels, voyez l'explication indiquée § 349, note 2.

---

1. Cf. Méth. lat., § 358. — 2. Cf. ibid., § 361.

ACCUSATIF AVEC LES ADJECTIFS.

§ 344. Les adjectifs sont aussi très-souvent accompagnés d'un accusatif qu'on explique ordinairement par κατά sous-entendu : ἀνὴρ ῥωμαλέος τὸ σῶμα, un homme *dont le corps* est robuste ; — πόδας ὠκὺς Ἀχιλλεύς, Achille *aux pieds* légers. Mais la terminaison de tout adjectif annonçant que le sujet possède la qualité exprimée par le radical, ῥωμαλέος τὸ σῶμα équivaut à *robustum habens corpus*, πόδας ὠκύς à *pedes celeres habens*, et l'accusatif est régi par l'idée de possession comprise dans l'adjectif. Il en est de même du latin, *Os humerosque deo similis (similia habens)*[1].

Les noms de pays et les noms propres suivent la même analogie que les adjectifs : Σύρος τὴν πατρίδα, ayant la Syrie pour patrie ; — Σωκράτης τοὔνομα, ayant nom Socrate.

τὰ μετέωρα φροντιστής.

Quelques verbes actifs communiquent à leurs dérivés la propriété de régir l'accusatif sans préposition, quoique περί, *circa*, s'y trouve quelquefois joint : ἀνὴρ φροντιστὴς τὰ μετέωρα, un homme qui étudie les phénomènes célestes ; — ἐπιστήμονες τὰ προςήκοντα, connaissant ce qui convient. Nous avons vu, § 329, que ces adjectifs se joignent aussi au génitif.

NOM DE TEMPS ET DE DISTANCE A L'ACCUSATIF.

§ 345. τρεῖς ὅλους μῆνας παρέμεινεν, il resta trois mois entiers[2].
εἴκοσιν ἔτη γεγονώς, âgé de vingt ans ; *viginti annos natus*[3].
ἐν Βαβυλῶνι κεῖμαι τρίτην ταύτην ἡμέραν, LUC. : voilà aujourd'hui trois jours que je suis gisant dans Babylone[4].
ἀπέχει δέκα σταδίους, il est éloigné *de* dix stades[5].

ACCUSATIF AVEC ELLIPSE D'UN VERBE.

§ 346. Dans une apostrophe véhémente on omet quelquefois le verbe λέγω, je dis, ou ἐρωτῶ, j'interroge :

σὲ δή, σὲ τὴν νεύουσαν ἐς πέδον κάρα, φὴς δεδρακέναι τάδε; SOPH. : *et toi, toi* qui penches la tête vers la terre, conviens-tu d'avoir fait cette action (ἐρωτῶ σε)?

On sous-entend aussi le participe ἔχων, ayant :
ὁ δὲ τὴν πορφυρίδα οὑτοσὶ καὶ τὸ διάδημα, τίς ὢν τυγχάνεις; LUC. :

---

1. Cf. Méth. lat., § 362. — 2. Cf. ibid., § 375. — 3. Cf. ibid., § 375, R. — 4. Cf. ibid., § 374. — 5. Cf. ibid., § 372.

et *vous*, l'homme à la robe de pourpre et au diadème, qui êtes-vous (ἔχων τὴν πορφυρίδα)?

DU VERBE PASSIF.

§ 347. I. Le nom de la personne qui fait l'action, et que les Latins mettent à l'ablatif avec *a* ou *ab*, se met ordinairement en grec au génitif avec la préposition ὑπό : ὁ Δαρεῖος ἐνικήθη ὑπὸ τοῦ Ἀλεξάνδρου, Darius fut vaincu *par* Alexandre[1].

Souvent on emploie la préposition πρός, aussi avec le génitif : πρὸς ἁπάντων θεραπεύεσθαι, être honoré *de* tout le monde.

Quelquefois même, surtout chez les Ioniens, on emploie la préposition ἐκ :

εἴ τί σοι κεχαρισμένον ἐξ ἐμοῦ ἐδωρήθη, si vous avez reçu de moi quelque présent agréable; mot à mot, *si* ex me *tibi datum est*.

II. En grec, comme en latin, le nom de la personne qui fait l'action est aussi très-souvent au datif sans préposition :

οὐκ εἰς περιουσίαν ἐπράττετο αὐτοῖς τὰ τῆς πόλεως, Dém. : ils ne cherchaient pas dans l'administration de l'Etat un moyen de fortune (ἐπράττετο αὐτοῖς, *administrabantur illis*)[2].

καλῶς λέλεκταί σοι, vous avez très-bien dit[3].

III. La chose qui produit ou qui cause l'action, et que les Latins mettent à l'ablatif sans préposition, se met généralement en grec au datif, comme nom de manière, de cause ou d'instrument (cf. § 338) :

χρήμασιν ἐπαιρόμενος, enflé *de* ses richesses.

ἐννῆμαρ φερόμην ὀλοοῖς ἀνέμοισι, Hom. : je fus ballotté neuf jours par les vents irrités (mot à mot, pernicieux).

PASSIF AVEC L'ACCUSATIF.

διδάσκεται τὰς τέχνας.

§ 348. D'après le § 342, on peut dire avec deux accusatifs : διδάσκω τὰς τέχνας τὸν παῖδα, j'instruis l'enfant *sur* les arts. Si l'on tourne cette phrase par le passif, on aura : ὁ παῖς διδάσκεται τὰς τέχνας ὑπ' ἐμοῦ, l'enfant est instruit *par moi* sur les arts.

On voit que τὸν παῖδα, nom de la personne et complément direct du verbe actif, devient ὁ παῖς, sujet du verbe passif;

---

[1]. Cf. Méth. lat., § 328. — [2]. Cf. ibid., § 348.
[3]. En français même on dit familièrement : c'est bien dit *à vous*, c'est bien fait *à vous*, pour : vous avez bien dit, vous avez bien fait.

tandis que τὰς τέχνας, nom de la chose, reste à l'accusatif. On dit de même en latin, *puer docetur grammaticam*[1].

πιστεύεται τὴν ἐπιμέλειαν.

§ 349. Le nom de la personne peut également devenir sujet du verbe passif, quand même à l'actif il serait complément indirect. Ainsi cette proposition : *le peuple confia à Lycurgue l'administration de l'État*, peut s'exprimer de trois manières :

Activement : ὁ δῆμος ἐπίστευσε Λυκούργῳ τὴν τῆς πόλεως ἐπιμέλειαν.

Passivement, à la manière ordinaire : Λυκούργῳ ἐπιστεύθη ὑπὸ τοῦ δήμου ἡ τῆς πόλεως ἐπιμέλεια.

Passivement, en prenant Lycurgue pour sujet, et laissant le nom de la chose à l'accusatif, comme objet direct de l'action : Λυκοῦργος τὴν τῆς πόλεως ἐπιμέλειαν ἐπιστεύθη ὑπὸ τοῦ δήμου[2].

Cette dernière manière est la plus élégante. Virgile a dit de même, *flores inscripti nomina regum*.

τύπτεται πληγὰς πολλάς.

§ 350. De même qu'on dit κινδυνεύειν κίνδυνον, καθεύδειν ὕπνον, de même aussi l'on peut joindre aux verbes passifs l'accusatif du nom le plus voisin de leur forme ou de leur signification : τύπτεται πληγὰς πολλάς, il reçoit un grand nombre de coups. L'idée de *frapper*, contenue dans τύπτεται, est complétée en grec par πληγάς, comme elle l'est en français par le mot *coup* dans la locution *frapper un grand coup*.

DU VERBE MOYEN.

§ 351. Nous avons vu (cf. §§ 203 et 267) que certains verbes ont la forme moyenne et passive, et la signification active ou neutre ; par exemple, αἰσθάνομαι, sentir ; δέχομαι, recevoir ; γίγνομαι, devenir ; δύναμαι, pouvoir ; ἔρχομαι, aller ; ἡγέομαι, conduire ; κεῖμαι, être étendu ; μάχομαι, combattre, et beaucoup d'autres.

Ces verbes sont privés de la forme active et s'appellent Dépo-

---

[1]. Pour l'explication de cet accusatif, voy. § 342, note 2.
[2]. Dans ἐπιστεύθη il faut considérer deux choses ; 1° le radical qui exprime l'idée active, *confier*; 2° la terminaison qui exprime l'idée passive, *il fut celui à qui [l'on confia]*. Or ἐπιμέλειαν est le complément direct de l'idée d'action contenue dans le verbe, et l'accusatif s'explique ici sans qu'il soit nécessaire de sous-entendre κατά. Ceci doit s'appliquer également à πλήττομαι τὴν κεφαλήν du § 343, proprement : *on me frappe la tête*. Cf. Méth. lat., §§ 360 et 361.

nents[1]. Ils n'entrent pour rien dans ce que nous avons à dire du verbe Moyen.

Nous considérons ici le moyen d'après l'idée que nous en avons donnée § 57, c'est-à-dire comme appartenant à un verbe qui a les trois voix.

§ 352. La voix moyenne exprime en général action *causée et soufferte* par la même personne, ou *retour de l'action vers le sujet*.

Or, l'action retourne vers le sujet, 1° lorsqu'il en est l'objet direct; et ce rapport est marqué en français par *se* :

ἐπείγειν, presser quelqu'un ; ἐπείγεσθαι, *se presser, se hâter*.
καθίζειν, asseoir, faire asseoir ; καθίζεσθαι, s'asseoir.

Ces verbes, dont le sens est directement réfléchi, sont très-peu nombreux, et peuvent rentrer dans la classe des déponents.

2° Lorsqu'il en est l'objet indirect ; et ce rapport est marqué en français par *se, à soi, de soi, pour soi, vers soi, devant soi, sur soi, etc.* ; et en latin par le datif *sibi*, et l'ablatif *se* avec toutes les prépositions.

πορίζειν τινί τι, procurer quelque chose à quelqu'un ; πορίζεσθαί τι, *se procurer* quelque chose (*à soi-même*).

ἐνδύειν τινὰ χιτῶνα, mettre une tunique à quelqu'un ; ἐνδύεσθαι χιτῶνα, *se mettre* une tunique (*à soi-même*).

λούειν τινά, baigner quelqu'un ; λούεσθαι, *se baigner* (s.-ent. τὸ σῶμα, se laver le corps).

ἀπωθεῖν τινος κίνδυνον, éloigner un danger de quelqu'un ; ἀπώσασθαι κίνδυνον, éloigner *de soi* un danger.

πέμπειν τινά, envoyer quelqu'un en quelque endroit ; πέμπεσθαι, et plus souvent, μεταπέμπεσθαί τινα, faire venir quelqu'un *vers soi*, le mander.

αἴρειν τι, lever quelque chose ; αἴρεσθαι, lever *sur soi*, porter, se charger de....

---

[1]. Si l'on connaissait bien le sens précis qu'a eu, si jamais elle a été usitée, la forme active des verbes déponents, il n'y a pas de doute qu'on ne pût les ramener à l'analogie du moyen proprement dit. Ainsi, μιμεῖσθαι (imiter) a la forme moyenne, parce qu'il signifie, *se proposer pour modèle....* ; αἰσθάνομαι (sentir, comprendre), parce qu'il exprime une action intellectuelle dans laquelle le sujet agit nécessairement sur lui-même ; μάχομαι (combattre), parce que dans tout combat il y a réciprocité, retour de l'action vers le sujet.

On dit aussi en français, *s'apercevoir de* quelque chose, *se battre avec* quelqu'un. Et les verbes déponents des Latins ne furent probablement eux-mêmes dans l'origine que des verbes moyens ; *imitari* est le même mot que μιμεῖσθαι, et *amplecti*, embrasser, est, à la lettre, ἀμφιπλέκεσθαι, se plier autour. Cf. Méth. lat., § 180.

αἰτῶ σε τοῦτο, je vous demande cela ; αἰτοῦμαί σε τοῦτο, je vous le demande *pour moi*[1].

πράττειν, négocier ; πράττεσθαι, négocier *pour soi*, exiger, faire payer : αὐτοὺς δ' οὐκ ἐπράττετο χρήματα, XÉN. : il n'exigeait d'eux aucune rétribution.

3° Lorsque l'objet direct du verbe appartient au sujet ; et ce rapport s'exprime en français par les adjectifs possessifs :

ἐκλαυσάμην τὰ πάθη, je pleurai *mes* malheurs.

οἱ Ἀθηναῖοι ἐξεκομίζοντο ἐκ τῶν ἀγρῶν παῖδας καὶ γυναῖκας, THUC. : les Athéniens transportaient des champs dans la ville *leurs* femmes et *leurs* enfants.

4° Lorsque plusieurs sujets exercent l'un sur l'autre une action réciproque :

διαλύειν, séparer, réconcilier deux ennemis ; διελύσαντο, ils *se* réconcilièrent *entre eux*.

λοιδορεῖν, dire des injures à quelqu'un ; λοιδορεῖσθαι, *s'entre-dire des injures*.

διαιρεῖν, diviser, partager ; διῄρηνται τὸν κλῆρον, LUC. : ils *se* sont partagé l'héritage, ils l'ont partagé *entre eux* (cf. §§ 86 et 354).

REMARQUE. Souvent un verbe moyen, sans perdre sa signification réfléchie, peut néanmoins se traduire en français par un simple verbe neutre ou actif :

παύειν τινά, faire cesser quelqu'un ; παύεσθαι, *se* faire cesser *soi-même*, et par conséquent, *cesser*.

φυλάττειν, garder quelque chose ; φυλάττεσθαι, *se* garder de...., et par conséquent, *éviter*.

φοβεῖν, effrayer ; φοβεῖσθαι, s'effrayer, et par conséquent, *craindre*.

§ 353. On se sert aussi du moyen pour exprimer que le sujet *fait faire* l'action :

δανείζειν, prêter ; δανείζεσθαι, *se faire* prêter, emprunter.

λύειν αἰχμάλωτον, délivrer un prisonnier, le renvoyer libre ; λύσασθαι αἰχμάλωτον, *se faire* délivrer un prisonnier, le racheter.

παρατιθέναι, mettre devant ; παρατίθεσθαι τράπεζαν, *faire* mettre une table devant soi.

κείρειν, raser ; κείρεσθαι, *se* raser, ou *se faire* raser (s. κόμην).

διδάσκειν, instruire ; διδάσκεσθαι τὸν υἱόν, *faire* instruire son fils.

---

1. Cet exemple fait voir que le moyen peut, comme son actif, prendre deux accusatifs.

ÉCHANGE DE FORMES ENTRE LE PASSIF ET LE MOYEN.

§ 354. Le moyen n'ayant une forme différente du passif qu'au futur et à l'aoriste, toutes les fois qu'un verbe à terminaison passive sera au présent, à l'imparfait, au parfait, ou au plus-que-parfait, c'est le sens général qui décidera s'il est passif ou moyen. Quant au futur et à l'aoriste, il faut faire les remarques suivantes :

1° Le futur moyen a souvent la signification passive : κωλύσομαι, je serai empêché; καταλύσομαι, je serai détruit; στερήσομαι, je serai privé, etc. Le futur passif, au contraire, n'a presque jamais la signification moyenne.

2° L'aoriste moyen n'a jamais la signification passive ; le peu d'exemples où il paraîtrait l'avoir peuvent tous se ramener au sens réfléchi.

L'aoriste passif, au contraire, a souvent la signification moyenne : κατεκλίθην, *je me* couchai; ἀπηλλάγην, *je me* débarrassai; ὠρέχθην, je désirai (littéralement : *je me* portai vers...); ἐφοβήθην, *je m'*effrayai, je craignis.

Cet échange de formes temporelles entre le passif et le moyen, n'introduit aucune confusion dans la langue. Car tel est le rapport qu'ont entre elles ces deux voix, que l'une peut souvent se prendre pour l'autre, sans rien changer au sens. En français même, nous voyons le verbe réfléchi employé dans le sens passif[1] : Les histoires ne *se* liront plus. Bossuet.

Et votre heureux larcin ne *se* peut plus celer. Racine.

Suivez-moi dans ces lieux,
Où *se* garde caché loin des profanes yeux
Ce formidable amas de lances et d'épées. Racine.

A l'égard des futurs moyens pris dans le sens actif, comme ἀκούσομαι, j'entendrai, nous en avons parlé § 204.

DU PARFAIT EN α,

APPELÉ PARFAIT SECOND.

§ 355. Ce parfait, comme nous l'avons vu § 117, est une seconde forme de parfait actif.

1. S'il appartient à un verbe où cette seconde forme soit seule

---

[1]. Cf. Méth. lat., § 68, 2, et § 295.

PARTICULIÈRE.   269

en usage, ou au moins soit la plus usitée, il suit la signification des autres temps :

Transitifs.
- ἀκούω, j'entends ; ἀκήκοα, j'ai entendu.
- κεύθω, je cache ; κέκευθα, j'ai caché.
- λείπω, je laisse ; λέλοιπα, j'ai laissé.

Intransitifs.
- ΓΗΘΩ, je me réjouis ; γέγηθα, je me suis réjoui.
- ἘΛΕΥΘΩ, je viens ; ἐλήλυθα, je suis venu.
- λανθάνω, je suis caché ; λέληθα, j'ai été caché.

II. Dans les verbes suivants, où les deux formes sont en usage, le parfait premier a la signification transitive, et le parfait second la signification intransitive :

ἀνέῳχα τὴν θύραν, j'ai ouvert la porte ; ἀνέῳγεν ἡ θύρα, la porte est ouverte.
ἐγήγερκα, j'ai éveillé ; ἐγρήγορα, je suis éveillé, je veille.
ὀλώλεκα, j'ai perdu, *perdidi* ; ὄλωλα, je suis perdu, *perii*.
πέφαγκα, j'ai fait voir ; πέφηνα, j'ai paru.
πέπεικα, j'ai persuadé ; πέποιθα, je me fie.
πέπραχα, j'ai fait ; εὖ ou κακῶς πέπραγα, j'ai bien ou mal fait mes affaires ; j'ai été heureux ou malheureux [1].

L'usage a encore donné la signification intransitive aux parfaits seconds dont voici la liste :

Prés. ἄγνυμι, je brise ; Parf. ἔαγα, je suis brisé.
δαίω (poét.), je brûle ; δέδηα, je suis brûlé.
ἔλπω (*id.*), je fais espérer ; ἔολπα, j'espère.
ὈΡΩ, ὄρνυμι, j'excite ; ὄρωρα, je me suis élevé.
πήγνυμι, je consolide ; πέπηγα, je suis consolidé.
ῥήγνυμι, je romps ; ἔρρωγα, je suis rompu.
σήπω, *putrefacio* ; σέσηπα, *putrefactus sum*.
τήκω, je fonds ; τέτηκα, je suis fondu [2].

III. Plusieurs parfaits seconds sont quelquefois transitifs, et quelquefois intransitifs :

διέφθορα, j'ai corrompu, et j'ai été corrompu ;

---

1. εὖ πράττειν, même au présent, signifie *réussir, être heureux* ; κακῶς πράττειν, *mal réussir, être malheureux*.

2. Cet article II contient à peu près tous les verbes qui, transitifs aux autres temps, sont intransitifs au parfait second. Quelques-uns deviennent intransitifs même au parfait ordinaire : ἕστηκα, *sto* ; ἑάλωκα, *captus sum* ; πέφυκα, *sum a natura comparatus* ; et à l'aoriste second : ἔστην, ἑάλων, ἔφυν, et chez les poëtes, ἔτραφον, *nutritus sum*. Cette propriété n'est donc point particulière au parfait improprement appelé *moyen*.

πέπληγα, j'ai frappé (*Hom.*), et j'ai été frappé (*prose*);
τέτροφα, j'ai nourri, et j'ai été nourri (*ce dernier poétique*).

Pour expliquer ce fait, on peut supposer que, dans l'origine, presque tous les verbes ont eu la double signification par eux-mêmes et dans tous leurs temps. C'est ainsi que toutes les langues, et particulièrement la nôtre, ont un nombre infini de verbes qui sont en même temps actifs et neutres.

ÉCHANGE DES DIFFÉRENTES SORTES DE VERBES ENTRE ELLES.

§ 356. Mais ce n'est pas seulement au parfait second que les verbes peuvent prendre une signification qui paraît étrangère à leur forme. Beaucoup de verbes transitifs deviennent intransitifs au moyen d'une ellipse :

ἐπεὶ δ' ἐγγὺς ἦγον οἱ Ἕλληνες (s. στρατιάν), comme les Grecs *marchaient* de ce côté ; mot à mot, conduisaient leur armée.

εἰσβάλλειν, faire une irruption (s. ἑαυτόν..., se jeter sur...).
ἐπιδιδόναι, faire des progrès (s. ἑαυτόν..., s'avancer).

L'actif se trouve même employé pour le passif : ὁ δέ, θανών, κεύθει κάτω γῆς, mort, il est caché sous la terre (Soph., *Œdipe roi*, v. 968).

VALEUR DES TEMPS.

§ 357. Nous avons vu, §§ 60 et 255, la véritable valeur des temps. On doit apporter la plus grande attention à expliquer chaque temps grec par le temps français correspondant. C'est le seul moyen de saisir avec exactitude la pensée d'un auteur. Cependant, comme nous en avons averti, les nuances se confondent quelquefois. Ainsi, il est des cas où l'aoriste peut se traduire en français,

1° Par le parfait : τοὺς θησαυροὺς τῶν πάλαι σοφῶν, οὓς ἐκεῖνοι κατέλιπον ἐν τοῖς βιβλίοις γράψαντες, σὺν τοῖς φίλοις διέρχομαι, XÉN. : je passe en revue avec mes amis les trésors des sages de l'antiquité, trésors qu'ils nous *ont laissés* dans leurs écrits[1].

2° Par le pl.-q.-parf. Xénophon, après avoir dit qu'Abradate était allé en ambassade chez le roi de Bactriane, ajoute :

ἔπεμψε δὲ αὐτὸν ὁ Ἀσσύριος περὶ συμμαχίας, le roi d'Assyrie *l'avait envoyé* pour solliciter l'alliance de ce prince.

---

[1]. On dirait également bien, avec le parfait défini,.... les trésors que les sages de l'antiquité nous *laissèrent* dans leurs écrits.

3° Par le présent, quand il marque que telle ou telle chose a coutume de se faire :

μικρὸν πταῖσμα ἀνεχαίτισε καὶ διέλυσε πάντα, Dém. : le moindre échec suffit pour tout renverser et tout détruire. Voyez à ce sujet le § 255, vers la fin.

Remarque. La principale différence entre le parfait et l'aoriste consiste en ce que le parfait exprime une action accomplie, mais dont l'effet subsiste au moment où l'on parle (cf. § 77, 2°); tandis que l'aoriste présente l'action comme simplement passée, sans indiquer s'il en reste ou non quelque chose. Ainsi, lorsqu'en parlant de celui qui a bâti une maison on dit ᾠκοδόμηκε, on annonce que la maison subsiste encore; si l'on dit ᾠκοδόμησε, la chose est laissée en doute. De même, γεγάμηκα signifie *je suis marié*; ἔγημα, *j'épousai*, ou *j'ai épousé*; et ce dernier peut se dire même quand on est veuf. Dans la phrase suivante d'Isocrate, les parfaits expriment des états durables, l'aoriste (ἠνάγκασε) s'applique à une action passagère : ὁ μὲν πόλεμος ἁπάντων ἡμᾶς τῶν εἰρημένων ἀπεστέρηκε· καὶ γάρ τοι πενεστέρους πεποίηκε, καὶ πολλοὺς κινδύνους ὑπομένειν ἠνάγκασε, καὶ πρὸς τοὺς Ἕλληνας διαβέβληκε, καὶ πάντα τρόπον τεταλαιπώρηκεν ἡμᾶς.

§ 358. Nous avons vu qu'il y a, entre l'imparfait et l'aoriste grec, la même différence qu'entre *je lisais* et *je lus*. Mais les Grecs emploient bien plus souvent que nous l'imparfait dans les narrations. Ils s'en servent toutes les fois qu'une action se prolonge, ou qu'on peut l'envisager comme simultanée avec une autre. Voilà pourquoi on trouve souvent dans la même phrase des imparfaits et des aoristes mêlés ensemble :

πορευόμενοι ἐπλανῶντο, καὶ οὐ πρόσθεν ἀφίκοντο εἰς τὸ τοῦ Κύρου στράτευμα...., mot à mot : en marchant ils *erraient*, et ils ne *parvinrent* à l'armée de Cyrus que....; ἐπλανῶντο à l'imparfait, parce que l'action d'*errer* est nécessairement prolongée, et que d'ailleurs elle est simultanée avec celle de *marcher*. On pourrait traduire, sans altérer le sens, ils *s'égarèrent* en chemin, et....

Mais avant de se décider ainsi à rendre un imparfait grec par un parfait défini français, il faut d'abord essayer notre imparfait, et se bien assurer que le changement de temps ne dénature point la pensée.

Remarque. Il paraît qu'au siècle d'Homère l'emploi des temps n'était pas encore déterminé d'une manière bien précise. Aussi trouve-t-on dans ce poëte des imparfaits qu'il faut nécessairement traduire comme des aoristes. On en trouve même dans Hérodote ; par exemple : ἐκάλεε, il appela ; ἐκέλευε, il ordonna ; ἠρώτα, il interrogea.

§ 359. Les Grecs mettent le présent dans certaines phrases où nous sommes absolument forcés de mettre un autre temps. Par exemple, Xénophon, après avoir raconté que l'armée de Cyrus arriva sur un fossé, ajoute :

ταύτην δὲ τὴν τάφρον βασιλεὺς μέγας ποιεῖ ἀντὶ ἐρύματος, ἐπειδὴ πυνθάνεται Κῦρον προςελαύνοντα. Comme le sens général indique clairement le véritable temps, le grec emploie le présent, ποιεῖ, πυνθάνεται, tandis que la régularité de notre langue exige le plus-que-parfait : le grand roi *avait fait* creuser ce fossé pour sa défense lorsqu'il *avait appris* la marche de Cyrus.

Virgile a dit de même, *quem dat Sidonia Dido*, pour *quem dedit*; ÆN. lib. IX, v. 266.

DU FUTUR ANTÉRIEUR PASSIF.

§ 360. La signification de ce temps est marquée § 77. Voici quelques exemples :

οὐκοῦν ἡμῖν ἡ πολιτεία τελέως κεκοσμήσεται, ἐάν.... PLAT. : **notre république** *sera* complétement *organisée*, si.... (κεκοσμήσεται signifie *disposita erit* ; κοσμηθήσεται signifierait *disponetur*, s'organisera).

μάτην ἐμοὶ κεκλαύσεται, ARISTOPH. : *j'aurai pleuré* en vain.

γράμματα δ' ἐν φλοιῷ γεγράψεται, THÉOCR. : *on verra* des lettres *tracées* sur l'écorce ; *litteræ scriptæ legentur* (γραφήσεται aurait signifié *scribentur* ; on tracera des lettres).

φράζε καὶ πεπράξεται, ARISTOPH. : parlez et la chose *sera faite* ; vous n'aurez pas plutôt parlé qu'elle *sera déjà faite* (πραχθήσεται signifierait seulement, *on s'occupera de la faire*).

Comme ce futur a le redoublement du parfait, il en suit la signification :

Prés. λείπεται, on laisse ; Futur, λειφθήσεται, on laissera.
Parf. λέλειπται, il reste ; Fut. ant. λελείψεται, il restera.
Prés. κτάομαι, j'acquiers ; Futur, κτήσομαι, j'acquerrai.
Parf. κέκτημαι, je possède ; Fut. ant. κεκτήσομαι, je possèderai.

REMARQUE. Quelquefois cependant le futur antérieur paraît se confondre avec le futur ordinaire, ce que l'usage apprendra.

DES TEMPS CONSIDÉRÉS DANS LES AUTRES MODES QUE L'INDICATIF.

§ 361. Ce que nous venons de dire des temps s'applique particulièrement à l'indicatif. Leur valeur s'observe encore d'une manière assez précise au participe : γράφων, écrivant ; γράψων, devant écrire ; γράψας, ayant écrit, qui écrivit ; γεγραφώς, ayant écrit, qui a écrit.

L'aoriste et le parfait se confondent pourtant quelquefois : μηδὲν κακὸν πεποιηκώς, μηδὲ βουληθείς, n'ayant fait aucun mal, n'en ayant pas même eu l'intention.

Temps de l'impératif et de l'infinitif.

§ 362. Le présent et l'aoriste s'emploient souvent l'un pour l'autre à l'impératif et à l'infinitif, ou du moins avec des nuances dont nous ne tenons pas compte en français : fais, ποίει, ou ποίησον ; faire, ποιεῖν, ou ποιῆσαι. La différence la plus ordinaire est celle-ci : le présent marque un état, une action qui dure ; l'aoriste, une action passagère.

On trouve quelquefois dans la même phrase l'un et l'autre temps : ἐπειδὰν ἅπαντα ἀκούσητε, κρίνατε, καὶ μὴ πρότερον προλαμβάνετε, Dém. : lorsque vous aurez tout entendu, *jugez*, et ne *concevez* d'avance aucune prévention.

Temps du subjonctif et de l'optatif.

§ 363. 1. Le temps qu'expriment ces modes est le plus souvent déterminé par celui de la proposition principale. Aussi l'aoriste du subjonctif se met bien dans des phrases où en latin on mettrait le présent : οὐκ οἶδα ὅποι τράπωμαι, *nescio quo me vertam*; et celui de l'optatif dans les phrases où l'on mettrait l'imparfait : οὐκ ᾔδειν ὅποι τραποίμην, *nesciebam quo me verterem*, je ne sais, je ne savais de quel côté me tourner.

2. L'aoriste du subjonctif, après les conjonctions composées de ἄν, comme ἐάν, si ; ὅταν, lorsque ; ἐπειδάν, après que, indique ordinairement un futur antérieur : ἐπειδὰν ἀκούσητε, après que vous aurez entendu.

VALEUR DES MODES.

DE L'INDICATIF.

§ 364. 1. L'indicatif affirme d'une manière positive ; il présente un fait comme existant réellement, et indépendamment de l'idée de celui qui parle.

On l'emploie dans certains cas où le latin et le français mettent le subjonctif; par exemple avec le relatif ὅς ou ὅςτις, après une proposition négative :

παρ' ἐμοὶ οὐδεὶς μισθοφορεῖ, ὅςτις μὴ ἱκανός ἐστιν ἴσα ποιεῖν ἐμοί, Xén. : je n'ai pas à ma solde un homme qui ne *soit* capable des mêmes travaux que moi. ἐστίν est à l'indicatif, parce qu'on affirme que tous *sont* capables[1].

2. On met souvent le futur de l'indicatif après la conjonction ὅπως, comment, afin que, quand il s'agit d'une action à venir.

ἔπρασσον ὅπως βοήθειά τις ἥξει, Thuc. : ils cherchaient les moyens de faire venir quelque secours. En latin on dirait, *ut aliquid auxilii veniret;* le grec envisage la chose autrement : *ils travaillaient à ceci : comment arrivera-t-il du secours?*

Quelquefois le verbe qui devrait précéder ὅπως est sous-entendu :

ὅπως οὖν ἔσεσθε ἄξιοι τῆς ἐλευθερίας, Xén. : montrez-vous donc dignes de la liberté. La phrase complète serait : τοῦτο πράττετε, ὅπως ἔσεσθε ἄξιοι, travaillez à ceci : *comment* vous serez dignes.

ὅπως peut d'ailleurs gouverner aussi le subjonctif, comme nous le verrons plus bas, § 386, 5.

DU SUBJONCTIF ET DE L'OPTATIF.

§ 365. L'optatif n'est point réellement un mode à part; c'est une simple dénomination sous laquelle on a rangé les temps secondaires du subjonctif.

I. Le subjonctif se lie avec les temps principaux de l'indicatif : πάρειμι ἵνα ἴδω, *adsum ut videam.* L'optatif se lie avec les temps secondaires : παρῆν ἵνα ἴδοιμι, *aderam ut viderem.* L'usage apprendra les exceptions.

II. Le subjonctif s'emploie sans être précédé d'un autre verbe,

1° Pour commander à la première personne : ἴωμεν, allons [2].

2° Pour défendre : μὴ ὀμόσῃς, ne jure pas [3].

3° Pour délibérer avec soi-même : ποῖ τράπωμαι; de quel côté me tournerai-je? εἴπωμεν, ἢ σιγῶμεν; parlerons-nous, ou garderons-nous le silence [4] ?

---

1. Voyez, § 276, un autre exemple, où l'indicatif grec ne peut être traduit en français que par le subjonctif : διδασκάλους ζητητέον, οἵ εἰσιν ἀνεπίληπτοι, il faut chercher des maîtres qui *soient* irréprochables. On met l'indicatif en grec, parce que ces maîtres, une fois trouvés, *existent réellement.* On met le subjonctif en français, parce que l'idée de celui qui parle est celle-ci : il faut chercher des maîtres *tels, qu'ils soient irréprochables.* Cf. Méth. lat., § 279.

2. Cf. Méth. lat., § 400, 2. — 3. Cf. ibid., § 400, 4. — 4. Cf. ibid., § 399, 3°.

Dans les phrases de cette espèce, la proposition principale est sous-entendue : *il faut* que nous allions ; *je défends* que tu jures ; de quel côté *faut-il* que je me tourne ? etc.

III. L'optatif marquant un souhait peut s'expliquer par une ellipse semblable : τοῦτο μὴ γένοιτο, ὦ πάντες θεοί, puisse cela ne pas arriver, grands dieux ! L'idée complète est : *je désirerais* que cela n'arrivât point [1].

IV. L'optatif s'emploie dans le style indirect, c'est-à-dire quand on rapporte les paroles ou l'opinion d'un autre :
ἔλεξέ μοι ὅτι ἡ ὁδὸς φέροι εἰς τὴν πόλιν, il me dit que ce chemin *conduisait* à la ville.
ἔλεγες ὅτι Ζεὺς τὴν δικαιοσύνην πέμψειε τοῖς ἀνθρώποις, vous disiez que Jupiter *avait envoyé* la justice aux hommes [2].

V. Il s'emploie encore pour exprimer une action répétée plusieurs fois :
οὓς μὲν ἴδοι εὐτάκτως ἰόντας, οἵτινες εἶεν ἠρώτα, καὶ ἐπεὶ πύθοιτο, ἐπῄνει, tous ceux qu'il voyait marchant en bon ordre, il leur demandait qui ils étaient, et après l'avoir appris, il leur donnait des éloges. οὓς ἴδοι équivaut pour le sens à *chaque fois qu'il voyait quelqu'un*. — ἐπεὶ πύθοιτο, *à mesure qu'il en était instruit* [3].

DU CONDITIONNEL.

§ 366. Les Grecs n'ont point de forme particulière qui réponde à notre conditionnel. Ils se servent de l'adverbe ἄν (α bref) avec l'indicatif ou l'optatif.

1. Ils emploient l'indicatif (des temps secondaires), quand celui qui parle regarde la chose comme impossible, ou comme n'ayant pas eu lieu ; et alors le verbe de la proposition corrélative se met aussi à l'indicatif avec εἰ, si : εἴ τι εἶχεν, ἐδίδου ἄν, s'il avait quelque chose, il le *donnerait*. — εἴ τι ἔσχεν, ἔδωκεν ἄν, s'il avait eu quelque chose, il *l'aurait donné* (sous-entendu, *mais il n'a, mais il n'avait rien*) [4].

2. Ils emploient l'optatif quand ils regardent la chose comme simplement incertaine ; et alors le verbe de la proposition corrélative se met aussi à l'optatif avec εἰ, si : εἴ τις ταῦτα πράττοι,

---

1. Cf. Méth. lat., § 399, 4°. — 2. φέροι, πέμψειε, sont à l'optatif, 1° parce que celui qui parle n'affirme rien de son chef ; 2° parce qu'il fallait des temps secondaires pour répondre à ἔλεξε et à ἔλεγες. — 3. Quant à εἶεν (pour εἴησαν), il est à l'optatif par les mêmes raisons que φέροι et πέμψειε.
4. Cf. Méth. lat., § 214, 3.

μέγα μ' ἄν ὠφελήσειε, si quelqu'un le faisait, il me *rendrait* un grand service (sous-entendu, *mais je ne sais si on le fera*).

3. Si la proposition conditionnelle, au lieu d'être énonciative comme dans « *il donnerait* s'il avait, » est dépendante et subordonnée comme dans « il ordonna qu'on les laissât aller *où ils voudraient*, » l'optatif suffit sans ἄν : ἐᾶν ἀπιέναι ὅποι βούλοιντο ἐκέλευσε, Xén.

4. L'optatif avec ἄν exprime souvent une probabilité, une supposition, et cela sans qu'il y ait aucune proposition corrélative exprimée : ἀλλ' οὖν, εἴποι τις ἄν, mais, dira-t-on peut-être[1].

Quelquefois aussi cette forme conditionnelle équivaut à un véritable futur affirmatif : οὐκ ἄν φεύγοις, tu n'échapperas pas. On dit de même en français, tu ne *saurais* échapper. Dans l'une et dans l'autre langue on sous-entend la proposition corrélative, *quand même tu le voudrais*.

5. En joignant le mot ἄν à l'infinitif et au participe, les Grecs ont des infinitifs et des participes conditionnels :

οἴονται ἀναμαχέσασθαι ἄν, συμμάχους προςλαβόντες, ils pensent qu'ils *rétabliraient* leurs affaires, s'ils avaient des alliés.

οἱ ῥᾳδίως ἀποκτιννύντες, καὶ ἀναβιωσκόμενοί γ' ἄν, εἰ οἷοί τ' ἦσαν, Plat. : qui font mourir sans réflexion, et qui *rappelleraient* à la vie, s'ils en étaient capables[2].

6. Dans tous les cas rapportés ci-dessus, ἄν n'est jamais le premier mot de la proposition. Sa place semble dépendre quelquefois de l'euphonie. Il arrive qu'on le répète jusqu'à deux et trois fois dans une même phrase, sans autre intention que celle de marquer plus fortement le sens conditionnel.

En poésie ἄν a pour synonyme κέ, qui s'emploie absolument de la même manière.

7. L'adverbe ἄν se sous-entend quelquefois, surtout avec les imparfaits χρῆν (pour ἐχρῆν), ἔδει, προςῆκεν, εἰκὸς ἦν, qui signifient alors, *il faudrait, il conviendrait, il serait naturel*. On dit de même en latin *erat, debebam, oportuit*, au lieu de *esset, deberem, oportuisset*[3].

8. Il ne faut pas confondre avec ἄν (α bref) dont il vient d'être parlé, la conjonction ἄν (α long), qui est une contraction de ἐάν (εἰ ἄν), et signifie *si*. Lorsque ἄν est le premier mot d'une proposition, il ne peut avoir que ce dernier sens.

[1]. Cf. Méth. lat., § 399, 2°. — 2. οἷός τέ εἰμι, je suis capable. Cf. § 387, 9. — 3. Cf. Méth. lat., § 398.

DE L'IMPÉRATIF.

§ 367. 1. L'impératif s'emploie quelquefois pour le futur de l'indicatif après le verbe οἶσθα, lorsqu'on veut conseiller quelque chose :

οἶσθ' οὖν ὃ δρᾶσον; Eurip. : sais-tu ce que tu feras? Cette locution paraît être une sorte de transposition : δρᾶσον... οἶσθα ὅ; fais...., sais-tu quoi?

2. Pour commander d'une manière adoucie, on se sert de ἄν avec l'optatif : ποιήσαις ἄν, vous pourriez faire, *pour*, faites, je vous prie.

3. On commande aussi avec l'infinitif en sous-entendant *il faut, je vous conseille, veuillez, etc.* : μὴ πολλὰ λέγειν, ne parlez pas beaucoup. — πίστιν ἐν πᾶσι φυλάσσειν, gardez la foi en tout.

DE L'INFINITIF.

§ 368. 1. Nous avons fait voir, § 279 et suiv., les différents usages de l'infinitif. Nous ajouterons ici quelques exemples qui s'éloignent tout à fait de la construction latine :

οὐ γὰρ ἐκπέμπονται οἱ ἄποικοι, ἐπὶ τῷ δοῦλοι, ἀλλ' ἐπὶ τῷ ὅμοιοι τοῖς λειπομένοις εἶναι, Thuc. : car les colons sont envoyés non *pour être des esclaves*, mais *pour être les égaux* de ceux qui restent. τῷ εἶναι, au datif, à cause de la préposition ἐπί.— δοῦλοι, ὅμοιοι au nominatif, parce qu'ils se rapportent au sujet οἱ ἄποικοι (cf. § 280).

ἐπέδειξε τὰς πολιτείας προεχούσας τῷ δικαιοτέρας εἶναι, il montra que les États s'élèvent au-dessus des autres, *parce qu'ils sont plus justes.* τῷ εἶναι, datif exprimant la manière ; δικαιοτέρας, accusatif se rapportant à τὰς πολιτείας.

2. L'infinitif, précédé de ὡς ou ὥστε, se rend en français par l'infinitif avec *pour :*

ὡς ἔπος εἰπεῖν, *pour* ainsi dire, ou, pour trancher le mot.

μηδεὶς τηλικοῦτος ἔστω παρ' ὑμῖν, ὥστε τοὺς νόμους παραβὰς μὴ δοῦναι δίκην, Dém. : que chez vous nul ne soit assez puissant *pour* ne pas être puni, s'il transgresse les lois [1].

Cette manière de parler est fondée sur l'ellipse du subjonctif ᾖ, *sit*, ou de l'infinitif εἶναι. Ce qui le prouve, c'est l'exemple suivant, où le datif ne peut dépendre que d'un verbe sous-entendu :

ὡς συνελόντι εἰπεῖν, pour le dire en peu de mots ; c'est-à-dire,

---
[1]. Cf. Méth. lat., §§ 503 et 465, 2°, sur *assez pour* et *assez pour ne pas*.

ὡς ᾖ (ou εἶναί) μοι εἰπεῖν συνελόντι, *ut sit mihi dicere contrahenti* [*orationem*].

Quelquefois on sous-entend ὡς, pour :

ἑνὶ δὲ ἔπει πάντα συλλαβόντα εἰπεῖν, *pour* tout comprendre en un seul mot.

βοσκημάτων ἐσμοὶ πλείους ἢ ἀριθμῆσαι, S. Bas. : des troupeaux innombrables ; pour πλείους ἢ ὡς ἂν δύναιτό τις ἀριθμῆσαι, *plures quam ut quis possit numerare*[1]. Voyez ci-dessus, § 302.

DU PARTICIPE.

§ 369. Le participe grec, outre les propriétés qui lui sont communes avec le latin et le français, a encore un usage très-remarquable ; c'est d'unir une proposition complétive à la proposition principale, comme le ferait l'infinitif ou la conjonction ὅτι.

1. Si le sujet des deux propositions est le même, le participe se met au nominatif :

μέμνησο ἄνθρωπος ὤν, souviens-toi *que tu es* homme.

οἱ πλεῖστοι οὐκ αἰσθάνονται διαμαρτάνοντες, la plupart ne s'aperçoivent pas *qu'ils se trompent*[2].

2. Si les sujets sont différents, le participe se met souvent au cas exigé par le verbe de la proposition principale :

Génitif : ᾐσθόμην αὐτῶν οἰομένων εἶναι σοφωτάτων, Plat. : je remarquai *qu'ils se croyaient* très-sages. αὐτῶν οἰομένων, au génitif, à cause du verbe ᾐσθόμην.

Datif : μηδέποτε μετεμέλησέ μοι σιγήσαντι, φθεγξαμένῳ δὲ πολλάκις, Plut. : je ne me suis jamais repenti *de m'être tu*, mais souvent *d'avoir parlé*. σιγήσαντι et φθεγξαμένῳ, au datif, parce que μεταμέλει μοι signifie, *repentir est à moi*[3].

Accusatif : γνῶτε ἀναγκαῖον ὂν ὑμῖν ἀνδράσιν ἀγαθοῖς γίγνεσθαι, Thuc. : sachez qu'il faut nécessairement *que vous soyez courageux*[4] ; mot à mot : *connaissez étant nécessaire...*

3. Si le verbe est accompagné d'un pronom réfléchi, on fait accorder le participe soit avec le sujet, soit avec ce pronom :

ἐμαυτῷ σύνοιδα οὐδὲν ἐπισταμένῳ, ou ἐπιστάμενος, j'ai l'intime conviction *que je ne sais rien* ; littéralement, *mihi conscius sum nihil scienti*, ou *nihil sciens*.

---

1. Cf. Méth. lat., § 255. — 2. Virgile a dit de même : *sensit medios delapsus in hostes*, pour *se delapsum esse*. — 3. Cf. Méth. lat., § 347, sur *licuit esse otioso*. — 4. Cf. ibid., § 347, Rem. 2, dernier exemple.

ἑαυτὸν οὐδεὶς ὁμολογεῖ κακοῦργος ὤν, ou κακοῦργον ὄντα, personne n'avoue *être méchant.*

4. Cette construction est très-ordinaire en grec. Nous venons de la voir avec les verbes *se souvenir, s'apercevoir, se repentir, savoir.* — On la trouve encore avec les verbes *continuer, cesser, oublier, négliger, supporter, se plaire à...., se lasser de....,* et beaucoup d'autres :

διατέλει με ἀγαπῶν, continuez de m'aimer. — παύσατε τὸν ἄνδρα ὑβρίζοντα, faites cesser les insolences de cet homme. — μὴ κάμῃς φίλον ἄνδρα εὐεργετῶν, ne vous lassez point de faire du bien à un ami.

DES CAS NOMMÉS ABSOLUS.

§ 370. I. Ce que les Latins expriment par l'ablatif qu'on nomme absolu, les Grecs le mettent au génitif. Ces cas s'expliquent ordinairement par une préposition sous-entendue[1] :

χαλεπὸν ὅρον ἐπιθεῖναι ταῖς ἐπιθυμίαις, ὑπηρετούσης ἐξουσίας, il est difficile de mettre un frein à ses passions, *quand on a tout pouvoir de les satisfaire* (μετὰ ἐξουσίας ὑπηρετούσης).

Κύρου βασιλεύοντος, sous le règne de Cyrus, s. ἐπί. La préposition est même souvent exprimée : ἐπὶ Κύρου βασιλεύοντος.

II. Les Grecs emploient quelquefois le datif dans le même sens : περιιόντι τῷ ἐνιαυτῷ, l'année étant révolue.

III. Ils emploient même l'accusatif, soit par une sorte d'apposition (cf. § 295, III), soit en sous-entendant une préposition.

οἱ πατέρες εἴργουσι τοὺς υἱεῖς ἀπὸ τῶν πονηρῶν ἀνθρώπων, ὡς τὴν τούτων ὁμιλίαν διάλυσιν οὖσαν ἀρετῆς, les pères écartent leurs fils de la société des méchants, *persuadés que* leur fréquentation est le fléau de la vertu.

REMARQUE. Dans cette phrase et autres semblables, le mot ὡς, *comme*, annonce le motif qui fait agir ceux dont on parle; mot à mot : *comme la fréquentation de ces hommes étant, etc.* Cet ὡς se met également devant le génitif.

IV. On trouve à l'accusatif un grand nombre de participes neutres qui équivalent à une proposition entière précédée des conjonctions *comme, puisque, quoique, tandis que, etc.*

1. On les expliquerait plus logiquement en disant que le sujet des *propositions circonstancielles* dont le verbe est au participe se met au génitif en grec et à l'ablatif en latin, de même que le sujet de tout infinitif est l'accusatif, et celui de tout mode personnel le nominatif. Quand l'auteur ajoute une préposition, c'est afin de déterminer d'une manière plus précise. Cf. Méth. lat., § 421.

ἐξόν, étant permis, puisqu'il est, *ou* quoiqu'il soit permis (du verbe ἔξεστι, *licet*).

δέον, puisqu'il faut, quoiqu'il faille, *ou* qu'il fallût (du verbe δεῖ, *oportet*).

δόξαν, vu que..., étant arrêté que... (de δοκεῖ, *videtur*, on juge à propos).

On peut le plus souvent expliquer cette locution par l'ellipse d'une préposition :

δόξαντα δὲ ταῦτα, quand cette résolution fut prise (μετὰ ταῦτα δόξαντα, après cela arrêté) [1].

δῆλον ὅτι τοῦτ' οἶσθα, μέλον γέ σοι, PLAT. : il est évident que vous le savez, puisque vous vous en occupez. Ici μέλον doit plutôt être considéré comme une apposition à τοῦτο.

V. On rencontre quelquefois des nominatifs vraiment absolus et indépendants, puisqu'ils ne sont le sujet d'aucun verbe :

οἱ πολέμιοι, τὸ λόγιον εἰδότες, κοινὸν αὐτοῖς ἦν παράγγελμα, ἐν ταῖς μάχαις ἀπέχεσθαι Κόδρου, POLYEN : les ennemis, connaissant la réponse de l'oracle, avaient tous ordre d'épargner Codrus dans les combats.

On pourrait expliquer ce nominatif en supposant une ellipse : ἐπεὶ εἰδότες ἦσαν.

Mais il est plus naturel de penser que l'auteur, après avoir commencé sa phrase par le nominatif, a tout à coup abandonné cette tournure pour une autre qui lui a paru plus commode [2]. C'est ainsi que dans ces vers de Corneille :

> Toutes les dignités que tu m'as demandées,
> Je te les ai sur l'heure et sans peine accordées,

toutes les dignités, n'est ni sujet, ni attribut, ni complément d'aucun verbe; c'est le pronom *les* qui est complément d'*accorder*.

DES PRÉPOSITIONS.

§ 371. Les prépositions sont destinées à exprimer ceux des rapports qui ne seraient point suffisamment déterminés par les cas.

Des dix-huit prépositions, les unes régissent un seul cas, les autres deux, les autres trois.

---

1. On dit aussi δόξαν ταῦτα, ce qu'on peut résoudre par μετὰ τὸ δόξαν ταῦτα ἔσεσθαι.
2. Toutes les phrases de cette espèce tiennent à la figure que les grammairiens appellent ἀνακόλουθον, c'est-à-dire, *construction non suivie*.

PARTICULIÈRE.

La préposition qui ne régit qu'un cas n'exprime des rapports que d'un seul genre. La préposition qui régit plusieurs cas exprime plusieurs genres de rapports, suivant le cas dont elle est suivie [1].

PRÉPOSITIONS A UN SEUL CAS.

GÉNITIF. Quatre prépositions : ἐκ ou ἐξ, ἀπό, πρό, ἀντί.

§ 372. I. ἘΚ, devant une consonne, ἐξ, devant une voyelle ; *de* ; en latin *e* ou *ex* [2].

ἀπιέναι ἐκ τῆς πόλεως, s'en aller *de* la ville.

οἱ ἐκ τῆς στοᾶς, ceux *du* portique, les stoïciens.

ἐκ τοῦ ἐμφανοῦς, ouvertement, *ex aperto*.

γελᾶν ἐκ τῶν πρόσθεν δακρύων, XÉN. : rire aussitôt après avoir pleuré ; mot à mot : au sortir *des* larmes.

II. ἈΠΌ, de (*a* ou *ab*), marque à peu près les mêmes rapports que ἐκ ; l'usage en fera connaître la différence [3] :

ἀπιέναι ἀπὸ τῆς πόλεως, s'en aller *de* la ville. (ἐκ suppose ordinairement qu'on sort de dedans ; ἀπό, qu'on part d'à côté.)

ἀφ' ἵππων ἆλτο χαμᾶζε, *du* char il s'élança à terre.

ἀφ' ἵππων μάχεσθαι, combattre *de dessus* un char [4].

παραπλεῖν ἀπὸ κάλῳ, longer la côte *à l'aide* d'un câble.

οἱ ἀπὸ τῶν μαθημάτων, les savants ; mot à mot : les gens *des* sciences.

οἱ ἀπὸ τῆς ὑπατείας, les hommes consulaires, ceux qui sont hors *du* consulat.

ἀφ' οὗ (s. χρόνου), depuis que.

ἀφ' ἑαυτῶν, d'eux-mêmes, de leur propre mouvement.

III. ΠΡΌ, devant, avant ; *præ, ante, coram, pro*.

πρὸ θυρῶν, devant la porte ; *pro foribus* [5].

πρὸ τοῦ βασιλέως, *devant* le roi ; *coram rege*.

οἱ πρὸ ἡμῶν, ceux *d'avant* nous ; *qui ante nos fuerunt*.

ἠμύνοντο πρὸ τῶν ὑπάτων, HÉRODIEN : ils combattaient *pour* les consuls. La préposition πρό est rare dans ce dernier sens, excepté chez Hérodote ; on se sert plus ordinairement d'ὑπέρ.

IV. ἈΝΤΊ, pour, en échange de, au lieu de ; *pro*.

ἓν ἀνθ' ἑνός, une chose *pour* l'autre.

---

1. Cf. Méth. lat., § 425. — 2. Cf. ibid., § 440. — 3. Cf. ibid., §§ 85 et 438. — 4. ἵπποι, les chevaux, l'attelage, sont souvent pris dans Homère pour le char même. — 5. Cf. Méth. lat., § 442.

οἱ ἀγαθοὶ ἀντὶ μικρῶν οἴδασι χάριν, THUC. : les gens de bien savent gré *des* moindres bienfaits[1].

ἀντὶ κακῶν ἁπάντων κἂν ἀγαθὸν ἕνα τιθείμην, je préférerais un seul homme de bien à tous les méchants ; mot à mot : τιθείμην ἂν καὶ ἕνα ἀγαθόν, ἀντί, etc., je mettrais même un seul bon *à la place de* tous les méchants.

DATIF. Deux prépositions : ἐν et σύν.

§ 373. I. ἘΝ, à, en, dans; *in,* sans mouvement. Outre les rapports de lieu et de temps, qui n'offrent aucune difficulté, cette préposition en exprime encore d'autres dont voici quelques exemples :

ἐν τοῖς δικασταῖς, *devant* les juges.

ἐν ὅπλοις, *en* armes ; ἐν στεφάνοις, *avec* des couronnes.

ἐν ἀκοντίῳ κτανεῖν, tuer *avec* un javelot.

ἐν αἰτίᾳ εἶναι, être accusé *de* (mot à mot : être en cause).

ἐν λύπῃ εἶναί τινι, causer à quelqu'un du déplaisir ; mot à mot ; être à quelqu'un *en* déplaisir ; *incommodo esse alicui*[2].

ἐν ὀργῇ ποιεῖσθαί τινα, faire de quelqu'un l'objet de sa colère ; s'irriter contre lui.

ἐν λόγῳ ἄνδρα τίθεσθαι, faire cas d'un homme ; en tenir compte.

REMARQUE. Les Doriens, substituant (dans ἐς pour εἰς) ν à ς, emploient quelquefois ἐν avec l'accusatif pour marquer du mouvement.

II. ΣΎΝ, attiquement ξύν ; toutes les acceptions d'*avec,* en français ; *cum,* en latin.

σὺν Θεῷ, *avec* l'aide de Dieu.

σὺν τῷ νόμῳ, *conformément à* la loi.

σὺν τοῖς Ἕλλησιν εἶναι, être *du parti* des Grecs ; *cum Græcis stare.*

σὺν τῷ σῷ ἀγαθῷ, *à* votre avantage ; *cum tuo commodo.*

ACCUSATIF. Deux prépositions : εἰς ou ἐς, et ἀνά.

§ 374. I. ΕἸΣ, *à, vers, en, dans, pour, contre,* marque mouvement soit du corps, soit de l'esprit ; représente *in* avec l'accusatif, *ad,* et même *adversus.*

σπεύδομαι εἰς Ἀχιλῆα, je cours *chez* Achille.

ὕμνος εἰς Ἀπόλλωνα, hymne *à* Apollon.

1. Remarquez l'analogie des deux langues : εἰδέναι χάριν, savoir gré.
2. Cf. Méth. lat., § 345.

ἐγκλήματα εἰς τοὺς Ἀθηναίους, accusations *contre* les Athéniens.

ἐλλόγιμος εἰς τοὺς Ἕλληνας, illustre aux yeux des Grecs.

ἐπαινεῖν τὴν ἀρετὴν εἰς τὸ μέσον, S. Bas. : louer la vertu *en public* (aux yeux du public).

ἐπαινεῖν τινα εἴς τι, louer quelqu'un *de* quelque chose.

εἰς τόδε, jusqu'ici. ἐς ὅ, jusqu'à ce que; en tant que.

ἐς ἀεί, à jamais.

ἐς τρίς, par trois fois. ἐς δύο, deux à deux.

ναῦς ἐς τὰς τετρακοσίας, environ quatre cents vaisseaux; mot à mot : des vaisseaux vers les quatre cents.

Quelquefois εἰς se met avec des verbes qui par eux-mêmes n'expriment pas de mouvement : εἰς τὴν Σαλαμῖνα ὑπέκκειται ἡμῖν τέκνα τε καὶ γυναῖκες, Hérodote : nos femmes et nos enfants sont en sûreté *à* Salamine. ὑπέκκειται, *sont déposés*, n'exprime pas de mouvement; mais, avant d'avoir été déposés, ils ont été *transportés*, et c'est ce qui motive εἰς avec l'accusatif.

Quelquefois même εἰς se trouve par ellipse devant un génitif : εἰς Ἀθηνᾶς (sous-entendu τὸ ἱερόν), *dans* le temple de Minerve. — εἰς Ἅδου (sous-entendu τὸν οἶκον), *dans* les enfers; dans la demeure de Pluton [1].

La même ellipse a lieu avec ἐν : ἐν Ἅδου (sous-ent. τῷ οἴκῳ).

II. ἈΝΆ, *par*, en latin *per*, marque mouvement en montant, trajet, durée, continuité, réitération :

ἀνὰ τὴν Ἑλλάδα, *à travers* la Grèce.

ἀνὰ τὸν πόλεμον τοῦτον, *pendant le cours de* cette guerre.

ἀνὰ τὸν ποταμόν, *en remontant* le fleuve.

ἀνὰ στόμα ἔχειν, avoir toujours *à* la bouche (parler souvent de).

ἀνὰ χρόνον, *au bout d'*un temps, *avec* le temps.

ἀνὰ μέρος, tour à tour.

ἀνὰ πᾶν ἔτος, chaque année (mot à mot : *par* toute année).

ἀνὰ δώδεκα, douze à douze, douze à la fois, chacun douze, par douzaines ; *duodeni*.

Remarque. Les poëtes épiques et les poëtes lyriques emploient généralement ἀνά avec le datif, et alors cette préposition signifie *sur*. Exemple : εὕδει δ' ἀνὰ σκάπτῳ Διὸς αἰετός, l'aigle dort sur le sceptre de Jupiter [2].

---

1. Cf. Méth. lat., § 426.
2. σκάπτῳ, dorique, pour σκήπτρῳ; Pindare, *Pyth.*, 1, v. 10 = 6, Bœckh.

PRÉPOSITIONS A DEUX CAS.

GÉNITIF ET ACCUSATIF. Quatre prépositions, διά, κατά, ὑπέρ, μετά.

§ 375. I. ΔΙΆ tient au radical δαίω, diviser. Avec le génitif il signifie *par, à travers, entre*. Il marque passage, distance, intervalle soit de temps, soit de lieu :

δι' ἀγορᾶς, *à travers* la place publique.

διὰ νυκτός, *pendant* toute la nuit.

διὰ χρόνου, *après* longtemps ; mot à mot : *en traversant* du temps.

διὰ τρίτου ἔτους, *de* trois ans *en* trois ans, par intervalles de trois ans.

κῶμαι διὰ πολλοῦ (sous-entendu διαστήματος), villages *à* une grande *distance* les uns des autres.

διὰ πάντων, *entre* tous, *au-dessus* de tous, partout.

Au figuré : δι' οἴκτου λαβεῖν, EURIP. : prendre *en* pitié.

δι' ὀργῆς ἔχειν τινά, THUC. : s'irriter *contre* quelqu'un.

διά marque aussi le moyen : διὰ σοῦ, par vous, par votre moyen[1].

ΔΙΆ, avec l'accusatif, répond à *ob* et *propter*. Il marque la cause finale : διὰ σέ, *à cause de* vous ;

Et même la cause efficiente : οὐ δι' ἐμέ, cela n'est pas arrivé *par* ma faute, *par* moi, *à cause de* moi.

II. ΚΑΤΆ, avec le génitif, marque le terme où aboutit un mouvement ou une action ; il signifie *à, contre, sur, de,* [*du haut*] *de,* etc.

Au propre : κατὰ σκοποῦ στοχάζεσθαι, viser *à* un but.

Au figuré, en mauvaise part : ὁ κατὰ Κτησιφῶντος λόγος, le discours *contre* Ctésiphon.

En bonne part : τὸ μέγιστον καθ' ὑμῶν ἐγκώμιον, DÉM. : le plus grand éloge qu'on puisse faire *de* vous.

Il marque mouvement en descendant, comme le latin *de* : βῆ δὲ κατ' Οὐλύμποιο καρήνων, HOM. : il descendit *du* haut de l'Olympe. — κατὰ γῆς δῦναι, descendre *sous* terre.

ΚΑΤΆ, avec l'accusatif, signifie *en, par, sur, pendant, chez* ; en latin *ad, per, apud* :

κατὰ γῆν πορεύεσθαι, aller *par* terre.

---

1. Cf. Méth. lat., § 427.

κατὰ τοὺς Νομάδας, *chez* les Nomades.
κατὰ τοὺς πατέρας ἡμῶν, *du temps de* nos pères.
Très-souvent il marque conformité, ressemblance, et signifie, *à la manière de, suivant, selon ;* en latin *secundum*.
κατὰ γνώμην, *à* souhait; *secundum sententiam*.
τὰ καθ' ἡμᾶς, ce qui nous concerne.

D'après ces analogies, οἱ καθ' ἡμᾶς, *qui sunt secundum nos*, pourra signifier, au besoin, ceux de notre caractère, de notre état, de notre temps, de notre pays, de notre religion.

κατὰ signifie aussi *environ* : κατὰ πεντήκοντα, *environ* cinquante.

Il s'emploie dans le sens distributif, comme en français *à* et *par* [1].

καθ' ἕνα, un *à* un ; chacun.
κατὰ μικρόν, peu *à* peu ; *par* petites quantités.
καθ' ἡμέραν, *par* jour ; chaque jour.
κατὰ πόλεις, ville *par* ville ; chaque ville, *ou* chaque nation de son côté.

Il marque quelquefois le but où l'on tend : ἀποπλέειν κατὰ βίου τε καὶ γῆς ζήτησιν, HÉROD. : s'embarquer *pour* chercher des aliments et une patrie. On dit de même en français : se mettre *en* quête de quelque chose.

III. ὙΠΈΡ, avec le génitif, *sur* : ὁ ἥλιος ὑπὲρ ἡμῶν πορευόμενος, XÉN. : le soleil passant *sur* nos têtes.

Pour : μάχεσθαι ὑπὲρ τῆς πατρίδος, combattre *pour* la patrie.

De, touchant [2] : ὑπὲρ ὧν ἔπραξα ἐρῶ, je parlerai *de* ce que j'ai fait. Virgile a employé de même *super :*

<small>Multa super Priamo rogitans, super Hectore multa.</small>

Avec l'accusatif : ῥίπτειν ὑπὲρ τὸν δόμον, HÉROD. : jeter *par-dessus* la maison.

ὑπὲρ ἡμίσεας τῶν ἀστῶν, HÉROD. : *plus de* la moitié des citoyens ; *au-dessus de* la moitié.

IV. ΜΕΤΆ, suivi du génitif, signifie *avec*, et comme σύν, il marque tantôt union, tantôt coopération : μετὰ σοῦ, *avec* vous, ou *par* votre moyen.

ΜΕΤΆ, avec l'accusatif, signifie *après :*
μετ' ὀλίγον (s. χρόνον), *après* peu de temps ; peu *après*.
μεθ' ἡμέραν, *après* un jour, un jour *après*, le lendemain.

---

1. Nous avons déjà vu εἰς et ἀνά dans le même sens. — 2. Cf. Méth. lat., § 449.

Quelquefois il signifie *pendant :* μεθ' ἡμέραν, *pendant* le **jour**; cette acception est ordinaire chez les Attiques.

Entre : μετὰ χεῖρας ἔχειν, Thuc. : avoir *entre* les mains [1].

Vers : ἐλθὲ μετὰ Τρῶας, Hom. : va *vers* les Troyens; mot à mot : *après* les Troyens, dans le même sens qu'on dit *courir après quelqu'un* (cf. § 401, I, 4°).

REMARQUE. μετά se trouve dans les poëtes avec le datif : μετὰ στρατῷ, *dans* l'armée. μετὰ πρώτῃ ἀγορῇ, *au* premier rang de l'assemblée. μετὰ δὲ τριτάτοισιν ἄνασσεν, il régnait *sur* une troisième génération. πηδάλιον μετὰ χερσὶν ἔχοντα, tenant *en* main le gouvernail.

PRÉPOSITIONS A TROIS CAS.

GÉNITIF, DATIF, ACCUSATIF. Six prépositions : περί, ἀμφί, ἐπί, παρά, πρός, ὑπό.

§ 376. I. ΠΕΡΊ, avec le génitif : *de, sur, touchant;* en latin *de :* περί τινος λέγειν, parler de quelque chose.

περὶ πατρίδος μάχεσθαι, combattre *pour* sa patrie; proprement, *de patria dimicare.*

Au figuré : περὶ πλείστου ποιεῖσθαι, estimer beaucoup.

ΠΕΡΊ, avec le datif; *à* (sans mouvement), *pour :*

περὶ τῇ χειρὶ χρυσοῦν δακτύλιον φέρειν, PLAT. : porter *au* doigt un anneau d'or.

δεδιέναι περί τινι, craindre *pour* quelqu'un.

Dans les poëtes : περὶ φόβῳ, *par* crainte, *præ metu.*

ΠΕΡΊ, avec l'accusatif; *autour, vers, envers :*

περὶ τὴν Θεσσαλίαν, *autour,* aux environs de la Thessalie.

περὶ τούτους τοὺς χρόνους, *vers* ces temps-là.

περὶ πλήθουσαν ἀγοράν, *à l'heure* où la place est remplie de monde.

περί τι εἶναι, être occupé *à* quelque chose.

ἁμαρτάνειν περὶ Θεόν, pécher *envers* Dieu.

II. ἈΜΦΊ a, en général, le même sens que περί :

ἀμφὶ ἀστέρων γραφή, écrit *sur* les astres.

ἀμφὶ Ὀδυσῆϊ, *pour* Ulysse; à cause d'Ulysse.

ἀμφὶ μὲν τῷ νόμῳ τούτῳ, HÉROD. : *touchant* cet usage, à l'égard de cet usage.

τὰ ἀμφὶ τὸν πόλεμον, ce qui *concerne* la guerre.

---

[1]. μετά, *entre, avec*, est de la même famille que μέσος, *milieu.*

οἱ ἀμφὶ γῆν ἔχοντες, les laboureurs, ceux qui sont occupés *autour* de la terre.

REMARQUE. Les prépositions ἀμφί et περί, avec l'article pluriel et un nom propre, ou même un nom commun, font une périphrase qui désigne, suivant le sens général, ou l'homme seul, ou lui et sa suite, ou sa suite seule :

οἱ περὶ Ἀλέξανδρον, Alexandre ; Alexandre et ses gens ; les gens d'Alexandre. — οἱ ἀμφὶ Κορινθίους, les Corinthiens. — οἱ ἀμφὶ τὴν σκηνήν, pour οἱ σκηνικοί, les poëtes dramatiques.

III. Ἐπί, avec le génitif, marque le lieu et le temps où l'on est ; *en, dans, sur :*

ἐπὶ γῆς, *sur* terre.

ἐπὶ τοσούτων μαρτύρων, *devant* de si nombreux témoins.

ἐπ' εἰρήνης, *en temps* de paix.

Quelquefois même il marque du mouvement :

ᾤχετο φεύγων ἐπὶ Λιβύης, il s'enfuit *en* Libye.

Au figuré : λέγειν ἐπί τινος, parler *de* quelqu'un.

ἐπ' ὀλίγων τεταγμένοι, soldats rangés *sur* peu d'hommes de hauteur.

ἐφ' ἑαυτοῦ, *à part* soi ; séparément (plus souvent, ἐφ' ἑαυτῷ).

οἱ ἐπὶ τῶν ἀποῤῥήτων, les secrétaires, *a secretis*[1].

Ἐπί, avec le datif, marque 1° Subordination : τὰ ἐφ' ἡμῖν, ce qui *dépend de* nous, *quæ penes nos sunt.*

2° Addition : ἐπὶ τούτοις, *outre* cela.

3° Suite : ἕτερος ἀνέστη ἐπ' αὐτῷ, un autre se leva *après* lui.

4° But et motif : ἐπὶ δηλήσει, *pour* nuire.

5° Condition : ἐφ' ᾧ (sous-entendu λόγῳ), *à condition* que. — ἐπὶ τούτοις μόνοις, *à ces conditions* seules.

Quelquefois, avec le datif, il a les mêmes significations qu'avec le génitif : ἐπὶ χθονί, *à* terre, etc.

Ἐπί, avec l'accusatif, marque le lieu où l'on va : ἐπὶ τὴν πόλιν, *vers,* ou *contre* la ville.

1° Le but d'une action : ἐπ' αὐτό γε τοῦτο πάρεσμεν, nous sommes ici *pour* cela même.

2° L'espace de temps ou de lieu : ἐπὶ δύο ἡμέρας, *pendant* deux jours.

3° La situation relative : ἐπὶ δεξιὰ κεῖσθαι, être situé *à* droite. — οἱ μὲν ἐπ' ἀσπίδα, οἱ δ' ἐπὶ δόρυ, PLUT. : les uns à

---

1. Cf. Méth. lat., § 439.

gauche, les autres *à* droite (*du côté du bouclier, du côté de la lance*).

IV. ΠΑΡΆ signifie proprement : *auprès, à côté de*....

Avec le datif, il garde cette signification, et répond au latin *apud* : παρὰ τῷ βασιλεῖ, *auprès* du roi ; *chez* le roi.

Avec le génitif, il y joint l'idée de départ au propre et au figuré, et répond au latin *a* ou *ab* : ἥκειν παρὰ τοῦ βασιλέως, venir *d'auprès* du roi, *de chez* le roi, *de la part* du roi.

Avec l'accusatif, il y joint l'idée de mouvement vers...., en latin *ad* : ἦλθον παρὰ σέ, je vins *vers* vous, *chez* vous.

Il signifie aussi *par* : παρά τε Ἰκάριον τὸν πλόον ἐποιεῦντο, Hérod. : ils faisaient le trajet *par* la mer Icarienne.

Pendant : παρ' ὅλον τὸν βίον, *pendant* toute la vie.

Contre : παρὰ γνώμην, *contre* toute attente (*præter opinionem*) ; opposé à κατὰ γνώμην [1].

En comparaison de... ; plutôt que de... Ἀχιλλεὺς τοῦ κινδύνου κατεφρόνησε, παρὰ τὸ αἰσχρόν τι ὑπομεῖναι, Plat. : Achille méprisa le danger, *plutôt que* d'endurer la honte.

De l'idée de comparaison vient l'idée d'*à cela près* : παρὰ πολύ, à beaucoup près ; παρὰ μικρόν, à peu près ; presque.

παρὰ μικρὸν ἦλθον ἀποθανεῖν, je vins *à peu de chose près* de mourir ; c'est-à-dire, peu s'en fallut que je ne mourusse.

παρ' ἡμέραν ἄρχειν, Plut. : commander *de deux jours l'un* (à un jour près).

οὐ παρὰ τὴν αὐτοῦ ῥώμην τοσοῦτον ἐπηύξηται, ὅσον παρὰ τὴν ἡμετέραν ἀμέλειαν, Dém. : son agrandissement tient moins *à* ses forces qu'*à* notre négligence ; ce n'est pas tant par ses propres forces que par notre négligence qu'il s'est agrandi. Dans ce sens, παρά représente *par, à cause de, par le moyen de*.

V. ΠΡΌΣ marque, en général, mouvement, soit au propre, soit au figuré.

Avec l'accusatif, qui est son cas le plus naturel, il se prend dans tous les sens du latin *ad* et *adversus ;* à, vers, pour, à l'égard de, en comparaison de.

Avec le génitif, il signifie, *de, du côté de,* et prend tous les sens du latin *a* ou *ab* :

τὰ πρὸς Θεοῦ, ce qui vient *de* Dieu.

πρὸς τῶν θεῶν, *par* les dieux, au nom des dieux.

---

[1]. Cf. Méth. lat., § 433.

οἱ πρὸς αἵματος, nos parents ; ceux qui nous appartiennent *du côté* du sang.

εἶναι πρός τινος, être *du parti de* quelqu'un ; *stare ab aliquo*. — πρὸς βορέου ἀνέμου, *du côté du* nord.

Avec le datif, *auprès* : πρὸς τῇ πόλει, *auprès* de la ville.

Dans : κομίζουσαι τὰ τέκνα πρὸς ταῖς ἀγκάλαις, PLUT. : portant leurs enfants *dans* leurs bras.

Outre : πρὸς τούτοις, *outre* cela.

VI. ὙΠΌ, avec le génitif et le datif, *sous* : ποταμοί τινες καταδύντες ὑπὸ γῆς ἀφανεῖς γίνονται, STRAB. : quelques fleuves, se perdant *sous* terre, disparaissent.

ὑπὸ τῷ Πηλίῳ, *au pied du* mont Pélion (*sub monte Pelio*).

Avec l'accusatif, *sous* (avec mouvement), et toutes les acceptions du latin *sub*[1].

ὑπὸ τὴν πόλιν ἦλθον, ils vinrent *sous* les murs de la ville ; *sub urbem*.

ὑπὸ τοὺς αὐτοὺς χρόνους, *vers* le même temps ; *sub idem tempus*.

Quelquefois il se met indistinctement avec l'accusatif ou avec le datif : ὑφ' ἑαυτόν, et ὑφ' ἑαυτῷ ποιεῖσθαι, réduire en sa puissance. ὑπὸ τὴν πόλιν, près de la ville (même sans mouvement). De même, Plut. *Vie d'Alex*. 8 : εἶχε δ' ἀεὶ τὴν Ἰλιάδα κειμένην ὑπὸ τὸ προςκεφάλαιον, il avait toujours l'Iliade placée sous son chevet.

ὙΠΌ, *par*, en latin, *a* ou *ab*. Comme l'effet est pour ainsi dire *sous* la cause, et en dépend, ὑπό est très-usité pour désigner l'agent ou le mobile d'une action. Voyez § 347, du Passif.

Avec le génitif : ὑπὸ ἀπειρίας, *par* inexpérience ;

ὑπὸ κήρυκος, *par* la voix du héraut ;

ἀπέθανεν ὑπὸ πυρετοῦ, il mourut *de* la fièvre.

Avec le datif : ἀποθανὼν ὑπὸ Μενέλεῳ, tué *par* Ménélas.

Avec le génitif et le datif : χορεύειν ὑπὸ φορμίγγων, — ὑπὸ βαρβίτῳ, danser *au son de* la cithare, — du luth.

PRÉPOSITIONS - ADVERBES.

§ 377. Souvent le régime d'une préposition n'est pas exprimé ; alors elle devient un véritable adverbe : ἐν, dedans ; ἐπί,

[1]. Cf. Méth. lat., § 447.

dessus; παρά, à côté; ἀνά, en haut; κατά, en bas; περί, alentour; σύν, conjointement; πρός, de plus; ἀπό, derrière, en détachant, en éloignant, etc.[1]

Dans les verbes composés on doit considérer ces mots, tantôt comme prépositions:

ἔνεστί μοι (ἐν ἐμοί ἐστι), il est *en* moi, en mon pouvoir.

Tantôt comme adverbes: περιφέρειν, porter *çà et là;* promener de tous côtés.

Leur union avec le verbe est plutôt une juxtaposition, qu'une véritable composition. Voilà pourquoi on met entre deux l'augment et le redoublement: ἀπ-έβαλλον, ἀπο-βέβληκα. Voilà pourquoi, surtout, on trouve chez les poëtes tant de prépositions séparées des verbes:

ἰδὼν κατὰ δάκρυ χέουσαν, Hom.: la voyant verser des larmes;

πόλεμον περὶ τόνδε φυγόντες, évitant cette guerre;

ἔστη ἐπ᾽ οὐδὸν ἰών, μετὰ δὲ δμωῇσιν ἔειπεν, il s'arrêta sur le seuil et dit aux suivantes.

κατά, dans le premier exemple, signifie *en bas;* περί, dans le second, *en faisant des détours;* μετά, dans le troisième, *se tenant au milieu;* δάκρυ, πόλεμον, δμωῇσιν, sont les compléments des verbes, et non des prépositions.

En prose, l'usage a prévalu de dire: καταχέουσαν, περιφυγόντες, etc. Cependant on trouve souvent dans Hérodote la préposition séparée du verbe par un autre mot, surtout par ὦν (pour οὖν), donc: ἀπ᾽ ὦν ἔδωκα, pour ἀπέδωκα οὖν[2].

PRÉPOSITIONS AVEC ELLIPSE D'UN VERBE.

§ 378. Les prépositions-adverbes, mises seules, expriment quelquefois la même chose que si elles étaient unies au verbe εἶναι, être:

πάρα, pour πάρεστι, *adest.*

ὕπο, pour ὕπεστι, *subest.*

ἔνι (ionien, au lieu d'ἐν), pour ἔνεστι, *inest,* ou *licet:* ὡς ἔνι μάλιστα, le plus qu'il est possible.

---

1. Cf. Méth. lat., § 85, Rem. 4.
2. C'est improprement que les grammairiens ont appelé cette manière de parler *tmèse,* c'est-à-dire division d'un mot en deux. Dans la langue antique des poëtes, particulièrement d'Homère, les prépositions-adverbes n'étaient point encore unies en un seul mot avec le verbe. Depuis, elles l'ont été. Voilà toute la différence. Peut-être même M. Buttmann donne-t-il un précepte très-propre à faciliter la lecture d'Homère, en conseillant de partir du principe qu'il n'y a point, chez ce poëte, de verbes véritablement composés.

Il faut joindre ici ἄνα, *sursum*, pour ἀνάστηθι, lève-toi.

Les prépositions employées ainsi ont, comme on voit, l'accent sur la première syllabe, au lieu de l'avoir sur la dernière.

DES NÉGATIONS.

§ 379. 1. Les Grecs ont deux négations, οὐ et μή [1].

Οὐ nie d'une manière positive et absolue : οὐκ ἀγαθὸν πολυκοιρανίη, Hom. : le gouvernement de plusieurs *n'est pas une bonne chose* (il n'est pas bon d'avoir plusieurs rois).

Μή nie d'une manière conditionnelle, dépendante et subordonnée : τὸ μὴ τιμᾶν τοὺς γέροντας ἀνόσιόν ἐστι, ne pas honorer les vieillards est une impiété.

Dans le premier exemple, la négation tombe sur un fait; dans le second, elle tombe sur une simple supposition : *si quelqu'un n'honore pas.*

2. En conséquence de ce principe, μή s'emploie après toutes les conjonctions conditionnelles, comme εἰ, ἐάν, ὅταν, ἐπειδάν, et après toutes celles qui marquent un but, un motif, comme ἵνα, ὡς, ὅπως, ὥστε.

On le met, comme le latin *ne*, après les verbes *désirer, craindre, défendre, prendre garde* : δέδοικα μή τι γένηται, je crains qu'il n'arrive quelque chose, *ne quid eveniat* [2].

On s'en sert dans les optations négatives : μὴ γένοιτο, puisse-t-il ne pas arriver!

On le joint, pour défendre quelque chose [3], soit au *présent* de l'impératif : μὴ συγγίγνου τῷ νεανίᾳ τῷ τῆς ἀρετῆς καταφρονοῦντι [4], ne fréquentez pas le jeune homme qui méprise la vertu;

Soit à l'*aoriste* du subjonctif : τοῦ ἀργυρίου ἕνεκα μὴ τὸν Θεὸν ὀμόσῃς, Isoc. : ne prenez point Dieu à témoin pour un motif d'intérêt.

Remarque. Quelquefois devant μή, ou μήποτε, on sous-entend l'impératif ὅρα, *vide*, prenez garde; φοβοῦμαι, je crains;

---

1. Tout ce qui sera dit d'οὐ et de μή doit s'appliquer à leurs composés respectifs, οὐδέ, μηδέ; οὐδείς, μηδείς; οὐδέποτε, μηδέποτε, etc.

2. En grec, comme en latin, la conjonction est sous-entendue : δέδοικα ὅπως μή τι γένηται, *ut ne quid eveniat* (cf. Méth. lat., § 458).

3. Cf. Méth. lat., § 400, 4.

4. καταφρονεῖν régit le plus ordinairement le génitif; on le trouve aussi avec l'accusatif.

ou un autre verbe semblable ; et alors cette locution répond au français *peut-être* : μήποτε ἄγαν εὔηθες ᾖ, *vide ne nimis simplex sit*, peut-être serait-ce une folie.

3. Οὐ et μή, placés entre l'article et le nom, font de ce dernier une espèce de composé négatif :

ἡ οὐ διάλυσις τῶν γεφυρῶν, Thuc. : la *non*-rupture des ponts.

ἡ μὴ ἐμπειρία, la *non*-expérience ; l'inexpérience.

4. Il en est de même de certains verbes :

οὔ φημι, je nie, *nego* ; οὐχ ὑπισχνέομαι, je refuse ; οὐκ ἀξιόω, *indignum esse censeo*.

Ainsi, οὐκ ἔφασαν τοῦτο εἶναι, ne signifie pas, *non dixerunt illud esse ;* mais, *dixerunt illud non esse*, ils nièrent que cela fût.

5. Quelquefois le mot sur lequel tombe la négation est sous-entendu : τὰ ὁρατὰ καὶ τὰ μή, Plat. : ce qui est visible et ce qui ne l'est pas (καὶ τὰ μὴ ὁρατά).

NÉGATIONS REDOUBLÉES.

§ 380. 1. Quand deux ou plusieurs négations se rapportent au même verbe, au lieu de se détruire, comme en latin[1], elles nient plus fortement :

οὐκ ἐποίησε τοῦτο οὐδαμοῦ οὐδείς, *personne* n'a fait cela *nulle part*.

μηδέποτε μηδὲν αἰσχρὸν ποιήσας ἔλπιζε λήσειν, Isoc. : n'espérez *jamais* que votre faute reste cachée (littér. que vous resterez caché) si vous avez fait quelque chose de honteux.

2. Si deux négations se rapportent à deux verbes différents, elles s'entre-détruisent et valent une affirmation :

οὐ δυνάμεθα μὴ λαλεῖν, nous *ne* pouvons nous *empêcher* de parler [2].

οὐδεὶς ὅςτις οὐ γελάσεται, il *n'*y aura personne qui *ne* rie. (οὐδείς se rapporte à ἐστί, sous-entendu.)

Remarque. Cette ellipse du verbe ἐστί était si ordinaire, qu'on finit par la perdre tout à fait de vue, et par faire accorder ensemble à tous les cas οὐδείς et ὅςτις :

οὐδενὶ ὅτῳ οὐκ ἀρέσκει, il *n'est personne à qui* il ne plaise ; pour οὐδείς ἐστιν ὅτῳ οὐκ ἀρέσκει [3].

1. Cf. Méth. lat., § 454. — 2. Cf. ibid., § 455. — 3. Cf. ibid., § 292, Not. 1.

Μὴ οὐ, et Οὐ μή.

§ 381. 1. Μὴ οὐ, attiquement μὴ οὐχί, placés à côté l'un de l'autre, ne sont autre chose que la négation μή renforcée :

τὸν Ὀδυσσέα μὴ οὐχὶ μισεῖν οὐκ ἂν δυναίμην, Luc. : il me serait impossible de *ne point* haïr Ulysse.

Cependant après le verbe *craindre*, et autres semblables, μὴ οὐ répondent au latin *ne non :*

φοβοῦμαι μὴ οὐ καλὸν ᾖ, je crains qu'il *ne* soit *pas* beau, *ne non honestum sit*[1].

On peut même sous-entendre φοβοῦμαι, suivant la Remarque § 379, 2 : μὴ οὐ καλὸν ᾖ, peut-être n'est-il pas beau.

2. Οὐ μή est la négation οὐ renforcée.

On le joint au futur de l'indicatif : οὐ μὴ δυσμενὴς ἔσῃ φίλοις, vous *ne* serez *pas* (ne soyez pas) irritée contre vos amis [2].

On le joint surtout à l'aoriste subjonctif pour nier fortement une chose future :

οὐδὲν δεινὸν μὴ πάθητε, Dém. : *non,* vous *n'*éprouverez aucun mal.

οὐ μὴ κρατηθῶ ὥστε ποιεῖν τι ὧν μὴ χρὴ ποιεῖν, *non*, on *ne* me forcera *jamais* à rien faire de ce qu'il ne faut point faire.

ἂν καθώμεθα οἴκοι, οὐδέ ποτ' οὐδὲν ἡμῖν οὐ μὴ γένηται τῶν δεόντων, Dém. : si nous restons tranquilles chez nous, *non, jamais* nous *ne* ferons rien de ce qui est nécessaire.

Tite-Live a dit de même avec le parfait du subjonctif : *ne istud Jupiter optimus maximus siverit,* non, le grand Jupiter ne le permettra pas.

NÉGATION APRÈS LES VERBES NÉGATIFS.

§ 382. Après les verbes *nier, contredire, empêcher, s'opposer à*, et autres semblables qui contiennent déjà en eux-mêmes une idée négative, on ajoute encore en grec une négation simple ou double, suivie de l'infinitif :

ἠναντιώθην αὐτῷ μηδὲν ποιεῖν παρὰ τοὺς νόμους, je l'empêchai de *rien* faire contre les lois ; ou, avec la négation en français comme en grec, j'empêchai qu'il *ne* fît rien contre les lois[3].

οὐκ ἂν ἔξαρνος γένοιο μὴ οὐκ ἐμὸς υἱὸς εἶναι, Luc. : tu *ne* nieras

---

1. Cf. Méth. lat., § 460, 2°.
2. Euripide, *Médée*, v. 1151.
3. Mot à mot : ἠναντιώθην αὐτῷ ὥστε μηδὲν ποιεῖν, je m'opposai à lui *afin qu'il ne* fît rien ; en latin, *quominus aliquid faceret.* Cf. Méth. lat., § 461.

pas que tu sois mon fils ; ou mieux avec la négation, que tu *ne* sois mon fils[1].

NÉGATION A LA TÊTE D'UNE PHRASE, DÉTRUISANT TOUT CE QUI LA SUIT.

§ 383. Il faut encore remarquer la manière de parler suivante :

καὶ οὐ ταῦτα μὲν γράφει ὁ Φίλιππος, τοῖς δ' ἔργοις οὐ ποιεῖ, Démosth. : et *ne croyez pas que* Philippe écrive ces choses, mais qu'il ne les exécute point. Le premier οὐ tombe, non sur γράφει, mais sur l'ensemble des deux propositions. Il nie une assertion qui serait ainsi conçue : γράφει μέν, οὐ ποιεῖ δέ, il l'écrit, mais il ne le fait pas.

οὐ δὴ τῶν μὲν χειρωνάκτων ἐστί τι πέρας τῆς ἐργασίας, τοῦ δὲ ἀνθρωπίνου βίου σκοπὸς οὐκ ἔστι, πρὸς ὃν ἀφορῶντα πάντα ποιεῖν καὶ λέγειν χρή, τόν γε μὴ τοῖς ἀλόγοις προςεοικέναι μέλλοντα, S. Basile : *il n'est pas possible que* les artisans aient un but dans leurs travaux, et que la vie humaine n'en ait pas un, que doit avoir en vue, dans toutes ses actions et dans toutes ses paroles, quiconque ne veut pas ressembler aux brutes[2].

Dans les phrases de cette espèce, les deux propositions sont, comme on voit, ordinairement distinguées par μέν et δέ, et la seconde est presque toujours négative.

Οὐ et μή, EN INTERROGATION.

§ 384. Οὐ, dans une proposition interrogative, équivaut au latin *nonne* ; il attend pour réponse, *oui* :

οὐ καὶ καλόν ἐστι τὸ ἀγαθόν ; le bon *n*'est-il *pas* beau en même temps[3] ?

Μή répond à *anne*, et attend pour réponse, *non* : μὴ λαθόμην ; Théoc. : me serais-je trompé ? ou bien, en conservant la négation et sans changer le sens : je *ne* me suis *pas* trompé ?

De μή et οὖν vient μῶν, *num*, est-ce que (cf. § 160) ?

---

1. Proprement, tu ne nieras pas *en disant* n'être point mon fils.
2. De même Cicéron, pro *Milone*, XXXI, dit : neque in his corporibus inest quidquam quod vigeat et sentiat, et non inest in hoc tanto naturæ tam præclaro motu, phrase dont le sens est que, « si nos corps fragiles sont animés par un principe vivant et pensant, à plus forte raison l'univers doit être mû par une intelligence suprême, » et qui se présente de cette manière : « *il n'est pas possible qu*'il y ait dans nos corps un principe qui vit et qui pense, et qu'il n'y en ait pas dans ce vaste et admirable mécanisme de la nature. »
3. Cf. Méth. lat., § 467, 3.

IDIOTISMES ET LOCUTIONS DIVERSES.

EMPLOI DE QUELQUES ADVERBES ET EXPRESSIONS ADVERBIALES.

§ 385. 1. Ἄν. Nous avons vu, § 366, l'emploi de cet adverbe avec l'indicatif et l'optatif. Il se joint aussi très-souvent au subjonctif, et cela pour ajouter au verbe l'idée de supposition, de simple possibilité :

πᾶν ὅ τι ἂν μέλλῃς λέγειν, πρότερον ἐπισκόπει τῇ γνώμῃ, Isoc. : quelque chose *que vous ayez* à dire, réfléchissez-y bien auparavant.

Les conjonctions dans la composition desquelles entre ἄν, comme ἐάν, ὅταν, ἐπειδάν, prennent le subjonctif : ὅταν ἴδω quand je verrai ; bien différent de ὅτε εἶδον, quand je vis.

On les trouve aussi quelquefois avec l'optatif, mais seulement dans le style indirect, et dans les propositions subordonnées dont le verbe exprime une simple supposition.

ἄν indique quelquefois que le verbe et l'attribut de la proposition précédente doivent être répétés :

εἰ δή τῳ σοφώτερος φαίην εἶναι, τούτῳ ἄν, Plat. : si je croyais être plus sage en quelque chose, *ce serait* en cela (τούτῳ ἂν φαίην εἶναι σοφώτερος).

ἄν s'emploie encore dans les récits avec l'indicatif, pour exprimer une ou plusieurs actions répétées. Alors on traduit par l'indicatif français [1].

2. ἄλλως τε καί, surtout ; mot à mot : et autrement, et aussi.

3. τά τε ἄλλα, au premier membre, καί au second : τά τε ἄλλα εὐδαιμονεῖ, καὶ παῖδας ἔχει κατηκόους αὐτῷ, *entre autres* prospérités, il a des enfants soumis ; mot à mot : *et in aliis felix est, et filios habet dicto audientes.*

4. ἀεί, successivement, à mesure : κατέβαινον τοῖς ἀπαντῶσιν ἀεὶ τὸ πεπαιγμένον ἀπαγγέλλοντες, Plut. : ils descendaient, racontant la plaisanterie *à tous ceux* qu'ils rencontraient ; *obviis usque narrantes.* — τὰς ἀεὶ πληρουμένας ναῦς ἐξέπεμπον, Thuc. : ils faisaient partir leurs vaisseaux *à mesure* qu'on les équipait.

---

[1]. Voyez plusieurs exemples, Soph., *Philoctète*, éd. Schæfer, vers 290 et suivants. Au reste, toutes les fois que ἄν s'emploie ainsi, c'est qu'il est question d'un fait éventuel et subordonné à telles ou telles conditions, indiquées par le sens général.

5. ἄχρι et μέχρι, ou ἄχρις et μέχρις devant une voyelle, jusqu'à : ἡ ἄχρι ῥημάτων φιλοσοφία, la philosophie qui se borne à des paroles ; qui va *jusqu'aux* paroles, et pas plus loin[1].

μέχρις οὗ, jusqu'à ce que; ellipse pour μέχρι τοῦ χρόνου ἐφ' οὗ, jusqu'au temps où.

μέχρις, sous-ent. οὗ, même signification (voyez une ellipse du même genre, plus bas n° 16) : περιμενῶ μέχρις ἔλθῃ, j'attendrai qu'il soit venu; *donec advenerit* (cf. § 330, note 4).

6. εἶτα, et, ensuite, après cela ; adverbe d'étonnement ou d'indignation : εἶτα οὐκ αἰσχύνεσθε ! *et* vous ne rougissez pas !

εἶτα, ἔπειτα, ensuite ; οὕτω et οὕτως, ainsi, ne font souvent que résumer une proposition exprimée par le participe, et la joindre à la proposition suivante:

οὐ δυνάμενοι εὑρεῖν τὰς ὁδούς, εἶτα πλανώμενοι ἀπώλοντο, ΧΈΝ. : ne pouvant trouver les routes, ils s'égarèrent et périrent. (εἶτα, par cette raison, parce qu'ils ne pouvaient trouver les routes.)

λέγεται ὁ Μωϋσῆς ἐκεῖνος ὁ πάνυ, τοῖς Αἰγυπτίων μαθήμασιν ἐγγυμνασάμενος τὴν διάνοιαν, οὕτω προςελθεῖν τῇ θεωρίᾳ τοῦ ὄντος, S. BAS. : on dit que le grand Moïse exerça son esprit par l'étude des sciences de l'Égypte, avant de se livrer à la contemplation de la Divinité[2] (ayant exercé son esprit, οὕτω, *sic*, dans cet état, il se livra à la contemplation de la Divinité).

7. ἦ μήν, oui, en vérité, je le jure : ἦ μὴν ἔπαθον τοῦτο, je jure que je l'ai souffert. Et avec l'infinitif : ὄμνυμι ἦ μὴν δώσειν, je fais serment de donner.

8. μά et νή sont deux autres formules de serment.

νή est toujours affirmatif : νὴ τὸν Δία, par Jupiter.

μά est affirmatif après ναί, oui ; négatif après οὐ, non : ναὶ μὰ Δία, oui, *par* Jupiter; οὐ μὰ Δία, non, *par* Jupiter. Placé seul, μά nie toujours : μὰ τὸν Ἀπόλλωνα, non, *par* Apollon.

Les accusatifs qui suivent ces adverbes sont régis par le verbe ὄμνυμι sous-entendu : ὄμνυμι τὸν Δία.

9. μᾶλλον δέ, ou plutôt, *vel potius;* littéralement : *magis autem.*

10. μάλιστα μέν, au premier membre; εἰ δὲ μή, au second, *potissimum..., sin vero :* μάλιστα μὲν δεῖ τοῦτο ποιεῖν, εἰ δὲ μή, il faut faire *de préférence* ceci, *le mieux* serait de faire ceci, sinon, etc.

μάλιστα signifie quelquefois *à peu près :* πηνίκα μάλιστα;

---

1. Cf. Méth. lat., § 444.
2. Littéralement « De ce qui est, de l'être [par excellence]. »

PLAT. : quelle heure est-il *à peu près?* proprement : quelle heure est-il plutôt que toute autre ?

ἐς ὀκτακοσίους μάλιστα, Thuc. : *environ* huit cents.

11. μήτοιγε δή, et μή τί γε δή, encore bien moins, *nedum* (mot à mot : non assurément du moins) :

οὐκ ἔνι αὐτὸν ἀργοῦντα οὐδὲ τοῖς φίλοις ἐπιτάττειν ὑπὲρ αὐτοῦ τι ποιεῖν, μή τί γε δὴ τοῖς θεοῖς, DÉM. : quand vous êtes vous-même dans l'inaction, vous n'avez pas droit d'exiger de vos amis qu'ils fassent quelque chose pour vous, *bien loin de* pouvoir l'exiger des dieux.

12. μόνον οὐ, et μόνον οὐχί, presque, *tantum non.*

13. ὅσον οὐ (et en un seul mot ὁσονοῦ), même signification : ὁ μέλλων καὶ ὁσονοῦ παρὼν πόλεμος, la guerre qui doit avoir lieu, et qui se fait *presque* déjà. (ὅσον signifiant *quantum*, l'idée complète serait : la guerre à laquelle il manque seulement *autant qu'il faut* pour ne pas se faire en ce moment.)

14. ὅσον devant un infinitif : διένειμεν ἑκάστῳ ὅσον ἀποζῆν, il distribua à chacun précisément *assez pour* vivre ; il donna le strict nécessaire, et rien de plus. En remplissant l'ellipse, on aurait : διένειμεν ἑκάστῳ τοσοῦτον, ὅσον ἤρκει πρὸς τὸ ἀποζῆν.

Dans toutes les phrases de cette espèce, ὅσον (ainsi que son antécédent τοσοῦτον) a une force restrictive ; il signifie *autant et pas plus que* [1].

15. οὕτω et οὕτως, voyez εἶτα, ci-dessus.

16. πρίν, avant, suivi de l'infinitif avec ou sans ἤ, que : πρὶν ἢ ἐλθεῖν ἐμέ, ou πρὶν ἐλθεῖν ἐμέ, *avant que* j'arrivasse (celui qui parle ainsi est arrivé).

πρίν, avec ἄν et le subjonctif : πρὶν ἂν ἔλθω, avant que j'arrive (celui qui parle ainsi n'est pas encore arrivé).

Quelquefois on trouve dans une même phrase πρότερον et πρίν, quoique l'un des deux eût suffi pour le sens.

Quelquefois aussi, particulièrement dans Homère, πρίν répété a le même sens que πρίν...ἤ. Ainsi

οὐδέ τις ἔτλη
πρὶν πιέειν (πιεῖν), πρὶν λεῖψαι ὑπερμενέϊ Κρονίωνι
(*Il.*, VIII, 480),

et personne n'osa boire avant d'avoir fait une libation au tout-puissant fils de Saturne.

---

[1]. Il en est de même du latin *tantum*; s'il peut se traduire par *seulement*, c'est qu'il signifie *autant et rien de plus*. Cf. Méth. lat., § 517, 18.

17. σχολῇ γε, mot à mot, *à loisir*. Après une proposition négative, cette locution a, par antiphrase, le même sens que μήτοιγε δή, encore bien moins; à plus forte raison ne.... pas.

---

§ 386.   EMPLOI DE QUELQUES CONJONCTIONS.

1. ἀλλὰ γάρ, mais dira-t-on, *at enim* (formule d'objection). ἀλλ' ἤ, ou πλὴν ἀλλ' ἤ, si ce n'est que, excepté que.

μὲν οὖν et μενοῦν, lat. *imo*, avec le sens, ou affirmatif: *certes, oui vraiment*; ou négatif: *tout au contraire*.

2. εἰ répond aux conjonctions latines *si* et *an*.

Il se met après les verbes *admirer, se contenter*, et quelques autres, dans le sens du français *que* : θαυμάζω εἰ ταῦτα ποιεῖ, je m'étonne *qu'*il fasse cela. On dit de même en latin, *miror si*; et en français, je ne m'étonne pas *s'*il agit ainsi.

3. εἰ, εἰ γάρ, εἴθε (ioniq. αἰ γάρ, αἴθε), formules d'optation répondant au latin *utinam* : εἴ μοι ξυνείη μοῖρα, Soph.: *puissé-je* avoir le bonheur! On dit également en français : *si j'avais le bonheur !*

4. εἰ μή, à moins que, *nisi*, est souvent précédé des adverbes ἐκτός, hors, ou πλήν, excepté, qui n'en changent point la signification : ἐκτὸς εἰ μή τις εἴη, ou πλὴν εἰ μή τις εἴη, à moins qu'il n'y eût quelqu'un.

5. ὅπως, afin que, précédé d'un verbe au présent ou au futur, veut le subjonctif : ὅπως εἰδῆτε, afin que vous sachiez. Sur ὅπως avec l'indicatif, voyez § 364.

6. ὅτι, que. Nous avons vu, § 278, le principal emploi de ce mot. On s'en sert aussi en rapportant les propres paroles de quelqu'un. Par exemple, au lieu de dire, comme en français, λέγεις ὅτι πλούσιος εἶ, vous dites *que* vous êtes riche; on s'exprime ainsi : λέγεις ὅτι πλούσιός εἰμι, vous dites « je suis riche » (vous dites ceci qui est : je suis riche).

ἀπεκρίνατο ὅτι οὐκ ἂν δεξαίμην, il répondit « je ne recevrais pas ; » pour ὅτι οὐκ ἂν δέξαιτο, *qu'*il ne recevrait pas.

7. ὅτι μή, si ce n'est; ne.... que, *nisi* : οὐδέν, ὅτι μὴ ἐργάτης, ἔσῃ, Luc. : tu *ne* seras rien *qu'*un manœuvre.

ὅτι μή signifiant littéralement *quod non*, ou *quin*, ὅτι μὴ καί s'emploie quelquefois pour *quin etiam*, bien plus.

8. μὴ ὅτι, οὐχ ὅτι, οὐχ οἷον, οὐχ ὅσον, οὐχ ὅπως, au premier

membre; ἀλλὰ καί, au second; non-seulement...., mais encore : οὐχ ὅτι μόνος ὁ Κρίτων ἐν ἡσυχίᾳ ἦν, ἀλλὰ καὶ οἱ φίλοι αὐτοῦ, XÉN.: *non-seulement* Criton, *mais encore* ses amis étaient tranquilles. Entre οὐκ et ὅτι il faut sous-entendre λέγω : je *ne* dis *pas que* Criton seul, οὐ [λέγω] ὅτι μόνος ὁ Κρίτων.

μὴ ὅτι, οὐχ ὅτι, etc., au premier membre; ἀλλ' οὐδέ, et même ἀλλά seul, au second, *non modo non...., sed ne quidem :* μὴ γὰρ ὅτι πόλις, ἀλλ' οὐδ' ἂν ἰδιώτης οὐδὲ εἷς οὕτως ἀγεννὴς γένοιτο, ESCH. : *non-seulement* il n'y a pas un État, il n'y a *pas même* un particulier capable d'une telle lâcheté; littéralement, en sous-entendant λέγω : *je ne dis pas* qu'aucun État, *mais je dis* qu'aucun particulier même ne serait si lâche, μὴ γὰρ [λέγω] ὅτι πόλις, ἀλλὰ [λέγω ὅτι] ἰδιώτης οὐδὲ εἷς ἂν γένοιτο. En latin, *non modo non civitas,* ou simplement, *non modo civitas, sed ne privatus quidem ullus.*

Si μὴ ὅτι, οὐχ ὅτι, etc., sont au second membre, ils répondent à *nedum :* ἄχρηστον καὶ γυναιξί, μὴ ὅτι ἀνδράσι, chose inutile aux femmes, et, *à plus forte raison*, aux hommes; *ne feminis quidem utile, nedum viris.* En changeant de place les deux membres de la phrase, cette locution s'explique comme les précédentes, μὴ [λέγω] ὅτι ἀνδράσι, [ἀλλὰ λέγω ὅτι] καὶ γυναιξὶν ἄχρηστον [1].

REMARQUE. On voit par ce qui précède qu'il faut bien distinguer ὅτι μή de μὴ ὅτι. Au reste, ces deux locutions ont quelquefois la signification toute simple de *quod non,* et *non quod,* de même que οὐχ ὅπως peut avoir celle de *non ut.*

9. ὡς, comme, afin que, *ut.* Cette conjonction a une foule d'acceptions qu'on peut voir dans le dictionnaire. Nous indiquerons seulement les suivantes :

ὡς (pour ὅτι), que : μέμνησο, νέος ὤν, ὡς γέρων ἔσῃ ποτέ, souviens-toi, étant jeune, qu'un jour tu seras vieux [2].

ὡς, avec le superlatif, voyez § 304. Il s'emploie même avec certains positifs, quand on veut insister sur l'idée : ὡς ἀληθῶς, réellement; ὡς ἑτέρως, tout autrement.

ὡς, après un adverbe d'admiration, voyez § 387, 13.

ὡς, avec l'infinitif, voyez § 368. Remarquez encore : ὡς ἐμοὶ δοκεῖν, ou simplement, ὡς ἐμοί, à mon avis. La phrase pleine serait ὡς συμβαίνει δοκεῖν ἐμοί, comme il m'arrive de croire.

1. Cf. Méth. lat., § 479. — 2. Cf. ci-dessus, § 278.

παῖδα ὡραῖον, ὡς ἂν εἶναι Αἰγύπτιον, Élien : bel enfant *pour* un Égyptien. On dirait de même en français, *pour être* un Égyptien, il n'en est pas moins beau.

μακρὰν γάρ, ὡς γέροντι, προὐστάλης ὁδόν, Soph. : car vous avez fait une bien longue route *pour* un vieillard. On dit de même en latin, *multæ* ut *in homine romano litteræ* [1].

ὡς devant εἰς, πρός, ἐπί, indique un but, une intention : ἐπορεύετο ὡς ἐπὶ τὸν ποταμόν, il marchait vers le fleuve ; proprement, il marchait *comme pour aller* au fleuve.

ὡς, vers. L'habitude de joindre ensemble ces mots ὡς εἰς, ὡς πρός, finit par faire supprimer la préposition, à la place de laquelle il ne resta que ὡς, qui alors signifie *vers* : ὡς ἐμὲ ἦλθεν, il vint vers moi.

ὡς ne s'emploie ainsi que devant les noms d'êtres animés.

10. ὥς (avec accent) pour οὕτως, ainsi : ὣς ἄρα φωνήσας, ayant ainsi parlé. Ce mot est poétique. Il ne s'emploie en prose que dans ces façons de parler : καὶ ὥς, *sic quoque*, même de cette manière ; οὐδὲ ὥς, *ne sic quidem*, pas même ainsi, pas même de cette manière.

EMPLOI DE QUELQUES ADJECTIFS.

§ 387. 1. ἄλλος, autre. Après les mots οὐδὲν ἄλλο, τί ἄλλο, et ἄλλο τι, suivis de ἤ, que, il faut sous-entendre un verbe comme ποιεῖν ou γενέσθαι. Exemple : οὐδὲν ἄλλο μοι δοκοῦσιν, ἢ ἁμαρτάνειν, il me paraît évident qu'ils se trompent ; mot à mot : ils ne me paraissent *faire* rien autre chose que se tromper.

τί ἄλλο γε ἢ ἐξήμαρτον; ne me suis-je pas trompé? On pourrait dire de même en latin, *quid aliud quam erravi?*

ἄλλο τι ἢ ἐρωτᾷς; ne demandez-vous pas? proprement, *aliudne quid* facis, *quam* interrogas?

2. ἄξιος, digne, qui vaut tel ou tel prix : πολλοῦ ἄξιος ἀνήρ, un homme très-estimable ; οὐδενὸς ἄξιος, nullement estimable (sous-entendu τιμήματος).

ἄξιόν ἐστι καὶ τοῦτο εἰπεῖν, il n'est pas inutile de dire encore ceci ; *operæ pretium est.*

οὐκ ἄξιόν ἐστι, ce n'est pas la peine.

3. αὐτός, même : ταὐτὸ τοῦτο (sous-entendu κατά), précisément ainsi ; c'est cela même.

[1]. Cf. Méth. lat., § 515, 8.

4. τὸ λεγόμενον (sous-entendu κατά), comme on dit, comme dit le proverbe.

5. οὗτος. On se sert quelquefois de ce mot, soit seul, οὗτος, soit avec l'interjection, ὦ οὗτος, pour appeler quelqu'un sans le nommer, comme on dit en latin, *heus tu!* En français on dit familièrement dans le même sens, *l'homme! la femme!*

6. καὶ ταῦτα, et cela : τὴν Ἀθηνᾶν ἐν κεφαλῇ ἔθρεψεν ὁ Ζεύς, καὶ ταῦτα, ἔνοπλον, Luc. : Jupiter porta Minerve dans son cerveau, *et cela,* tout armée; *et quidem armis instructam.*

7. ὅ, *quod,* au commencement d'une proposition, signifie quelquefois *quant à ce que* : ὃ δ' ἐζήλωσας ἡμᾶς, Xén. : *quant à ce que* vous nous portez envie ; *pour ce qui est de la jalousie que vous avez* contre nous (κατὰ τοῦτο καθ' ὅ).

8. ἀνθ' ὧν, avec ellipse de l'antécédent (cf. § 287) : λαβὲ τοῦτο ἀνθ' ὧν ἔδωκάς μοι, recevez ceci *pour ce que* vous m'avez donné (ἀντὶ τῶν χρημάτων ἃ ἔδωκας).

χάριν σοι οἶδα ἀνθ' ὧν ἦλθες, je vous sais gré *de ce que* vous êtes venu (ἀνθ' ὧν, au lieu de ἀντὶ τούτου ὅτι).

9. τοιοῦτος ὥστε, suivi de l'infinitif, répond à la locution de *homme à....* : ὁ δὲ κόλαξ τοιοῦτός ἐστιν, ὥστε εἰπεῖν, Théoph. : le flatteur est *homme à dire; is est qui dicat.*

A ὥστε, on peut substituer le relatif οἷος, et l'on a τοιοῦτός ἐστιν οἷος εἰπεῖν [1].

On peut même sous-entendre l'antécédent τοιοῦτος, et alors on a simplement οἷός ἐστιν εἰπεῖν.

De là cette manière de parler si usitée : οἷός εἰμι, et οἷός τέ εἰμι, je suis capable de, je suis en état de, je suis homme à;

Et en parlant des choses inanimées : οἷόν τέ ἐστι, il est possible; οὐχ οἷόν τέ ἐστι, il n'est pas possible.

10. οἷον εἰκός, comme il est naturel, comme on peut croire.

11. οὐδὲν οἷον ἀκούειν αὐτοῦ τοῦ νόμου, Dém. : il n'y a *rien de tel* que d'entendre la loi elle-même (le mieux est de l'entendre).

12. οἷος, avec attraction : ἡδέως χαρίζονται οἵῳ σοι ἀνδρί, **on fait volontiers plaisir à un homme** *tel que vous.* La construction régulière serait, ἀνδρὶ τοιούτῳ, οἷος σὺ εἶ.

L'article se joint à οἷος, lorsque cet adjectif se rapporte à des objets déjà qualifiés : τοῖς οἵοις ἡμῖν χαλεπὴ ἡ δημοκρατία, Xén.: la démocratie est dangereuse pour un peuple tel que nous [2].

---

1. Cf. Méth. lat., § 279. — 2. Cf. ibid., § 483, Rem.

13. ὅσος s'emploie avec les adjectifs qui marquent étonnement et admiration.

Cette phrase : *il a fait des progrès étonnants dans la sagesse*, peut s'exprimer de deux manières, qui l'une et l'autre s'expliquent par ἐστί sous-entendu :

1° θαυμαστὸν ὅσον ἐν σοφίᾳ προὔκοψε, il est étonnant *combien* il a profité. Proprement, θαυμαστόν ἐστιν ὅσον.

2° θαυμαστὴ ὅση ἦν ἡ προκοπὴ αὐτοῦ ; ou, en renversant la construction, ce qui est plus usité : ἦν ἡ προκοπὴ αὐτοῦ θαυμαστὴ ὅση ; mot à mot : ses progrès sont étonnants, *combien* grands ils ont été ; ἡ προκοπὴ θαυμαστή [ἐστιν] ὅση ἦν.

Cependant l'habitude de sous-entendre ἐστί finit bientôt par en effacer la trace, et, à quelque cas que dût être ὅσος, on mit aussi l'autre adjectif à ce même cas : ἀμηχάνῳ δὴ ὅσῳ πλεῖον ὁ ἀγαθὸς νικήσει τὸν κακόν, Plat. : on ne peut dire *combien* l'homme vertueux l'emportera davantage sur le méchant ; pour ἀμήχανόν ἐστιν ὅσῳ πλεῖον νικήσει.

C'est par la même analogie qu'on dit, avec ὡς, *combien :* ὑπερφυῶς ὡς βούλομαι, il est étonnant *combien* je désire.

Dans ces sortes de phrases, ὅσος et ὡς servent donc uniquement à fortifier la signification des mots qu'ils accompagnent, et dont ils prennent la forme par attraction.

On dit dans le même sens en latin : *mirum quantum*, il est très-étonnant.

14. τί πλέον ἐστὶν ἐμοί ; quel avantage me revient-il ? *ou*, comme on dit vulgairement en français, *en suis-je plus avancé ?*

ὅτ' οὐδὲν ἦν ἐρευνῶσι πλέον, Soph. : comme nos recherches n'aboutissaient à rien ; mot à mot : *quum nihil plus esset investigantibus*.

EMPLOI DE QUELQUES VERBES [1].

§ 388. 1. δεῖ, il faut ; πολλοῦ δεῖ, il s'en faut beaucoup. — πολλοῦ δέω τοῦτο λέγειν, je suis très-éloigné de dire cela. — πολλοῦ δεῖν (s. ὥστε), il s'en faut beaucoup ; à beaucoup près.

On dit de même, ὀλίγου et μικροῦ δεῖν, et (en sous-entendant δεῖν) ὀλίγου, μικροῦ, il s'en faut peu ; presque ; à peu de chose près [2].

---

[1]. On trouvera dans ce paragraphe un recueil d'idiotismes formés par certains verbes, sur lesquels on peut d'ailleurs consulter le dictionnaire. — [2]. Cf. méth. lat., § 463.

δέον, tandis qu'il faut; ἐς δέον, à propos : οὐδὲν δέον, quand il ne faut pas; sans nécessité; sans utilité.

2. εἶναι, être. Cet infinitif paraît quelquefois surabondant,

1° Avec ἑκών, *libens* : οὐκ ἄν, ἑκὼν εἶναι, ψευδοίμην, je ne mentirais pas de propos délibéré (proprement, ὥςτε ἑκὼν εἶναι, de manière à le faire volontairement).

2° Avec τὸ νῦν : τὸ νῦν εἶναι, pour aujourd'hui (κατὰ τὸ εἶναι νῦν).

ἔστιν, il est possible (au physique et au moral).
ἔνεστι, il est possible (au physique).
ἔξεστι, il est permis, *licet* (au moral).
πάρεστι, il est facile, *in promptu est*.
οὐκ ἔστιν ὅπως, il n'est pas possible; il n'y a pas moyen; *non est quomodo*.
ἔστιν ὅτε, et ἐνίοτε, quelquefois; *est quum*.
ἔστιν ὅς, quelqu'un; *est qui* : εἰ γὰρ ὁ τρόπος ἔστιν οἷς δυςαρεστεῖ, si la manière déplaît à quelques-uns; proprement : εἰ ἔστιν οἷς ὁ τρόπος δυςαρεστεῖ, s'il en est à qui....

D'ἔνι (pour ἔστι), s'est formé l'adjectif pluriel ἔνιοι, quelques-uns, *sunt qui*.

3. ἐθέλω (et non θέλω), avec l'infinitif, doit souvent se traduire par, *volontiers* : δωρεῖσθαι ἐθέλουσι, Xén. : ils font *volontiers* des présents (proprement : ils sont disposés à faire des présents).

4. εἶμι et ἔρχομαι, aller. Avec le participe futur : ἔρχομαι φράσων, je *vais* dire; ὅπερ ᾖα ἐρῶν, ce que *j'allais* dire. Avec le participe présent : ᾔει ταύτην αἰνέων διὰ παντός, Hérod. : il *allait* la louant toujours, c'est-à-dire il ne cessait de la louer.

5. ἔχω, avec un adverbe, signifie *être dans tel* ou *tel état* : ἀπείρως ἔχει τῶν πραγμάτων, il n'a pas d'expérience dans les affaires; proprement : *il est dans un état* d'inexpérience des affaires, ἀπείρως τῶν πραγμάτων ἔχει [ἑαυτόν].

οὕτως ἔχω τῆς γνώμης, je suis de cet avis; καλῶς ἔχει (sous-entendu τοῦτο), cela est bien; à la bonne heure.

ὡς εἶχε, comme il était; par exemple : il se rendit à l'assemblée *comme il était*, c'est-à-dire, tout de suite et sans changer de vêtements (ὡς εἶχε ἑαυτόν, *ut se habebat*).

ἔχω, avec un participe, donne de l'énergie à la phrase : πάλαι θαυμάσας ἔχω, il y a longtemps que j'admire.

τοὺς παῖδας ἐκβαλοῦσ' ἔχεις, Soph. : tu as chassé tes enfants; (*je suis* ayant admiré; *tu es* ayant chassé).

ἔχω signifie encore *pouvoir* : οὐκ ἔχω, je ne puis; — *savoir* : ἔλεγες ὅτι οὐκ ἂν ἔχοις ὅ τι χρῷο σαυτῷ, Plat. : vous disiez que vous ne *sauriez* que faire de vous-même, que devenir.

6. κινδυνεύω, risquer, dans le sens de *paraître, avoir l'air* : κινδυνεύει ἡμῶν οὐδέτερος οὐδὲν καλόν, οὐδ' ἀγαθὸν εἰδέναι, Plat. : *nous risquons bien* de ne savoir, ni l'un ni l'autre, rien de beau ni de bon; c'est-à-dire, il est bien probable qu'aucun de nous deux ne sait, etc.

κινδυνεύει τῷ ὄντι ὁ Θεὸς σοφὸς εἶναι, Plat. : la Divinité *paraît* seule être réellement sage; il y a grande apparence qu'elle seule est sage.

7. λανθάνω, être caché; avec l'accusatif, comme le latin *latere aliquem*[1] : εἰ δὲ Θεὸν ἀνήρ τις ἔλπεταί τι λασέμεν[2] ἔρδων, ἁμαρτάνει, Pind. : si un homme espère échapper aux regards de Dieu, quand il fait quelque chose, il se trompe.

Quand il est construit avec un participe, il faut, en traduisant, faire de ce participe le verbe principal :

ἔλαθον ἡμᾶς ἀποδράντες, ils s'enfuirent *à notre insu;* mot à mot : *ils furent cachés* à nous s'enfuyant.

ὁ Κροῖσος φονέα τοῦ παιδὸς ἐλάνθανε βόσκων, Hérod. : Crésus nourrissait *sans le savoir* le meurtrier de son fils; mot à mot : ἐλάνθανε [ἑαυτὸν] βόσκων, était caché à lui-même nourrissant.

Remarque. Les mots φανερός et δῆλός εἰμι, se construisent avec le participe, de la même manière que λανθάνω :

θύων τε φανερὸς ἦν ὁ Σωκράτης, καὶ μαντικῇ χρώμενος οὐκ ἀφανὴς ἦν, Xén. : on voyait Socrate offrir des sacrifices, et *c'était un fait notoire* qu'il avait recours à la divination. Voyez, § 297, une autre remarque sur δῆλος, φανερός, etc.

8. μέλλω, devoir. Ce verbe, joint à un infinitif, est une espèce de verbe auxiliaire qui marque le futur :

μέλλω ποιεῖν, je dois faire, je *suis pour* faire; *facturus sum*.

ὁ γεωργὸς οὐκ αὐτὸς ποιήσεται ἑαυτῷ τὸ ἄροτρον, εἰ μέλλει κάλλιον εἶναι, Plat. : le laboureur ne fera pas lui-même sa charrue, *s'il veut qu'elle soit* bonne; mot à mot : si cette charrue *est pour* être bonne[3].

---

1. Cf. Méth. lat., § 382, et la Remarque. — 2. Dorien, p. λήσειν, § 248.
3. C'est ainsi que Tite-Live a dit : *qui visuri domos, parentes, liberos estis, ite mecum;* vous tous qui *voulez* revoir vos maisons, etc.

L'infinitif qui accompagne μέλλω est quelquefois au futur, comme dans cette phrase : il faisait tout en présence de ceux qu'il supposait devoir le louer, οἳ αὐτὸν ἐπαινέσεσθαι ἔμελλον ; mot à mot : qui *étaient pour* devoir le louer.

Comme le français *devoir*, μέλλω peut signifier aussi *être vraisemblable* :

οὕτω που Διῒ μέλλει φίλον εἶναι, Hom. : sans doute Jupiter le veut ainsi (cela *doit* être, il *est vraisemblable que* cela est agréable à Jupiter).

τί δ' οὐ μέλλει ; — τί δ' οὐκ ἔμελλε ; en sous-entendant εἶναι, ou tout autre infinitif indiqué par le sens, signifie : *pourquoi non?* mot à mot : *comment cela doit-il, devait-il ne pas être?*

9. οἶδα. Quelques verbes, comme οἶδα, je sais ; ἀκούω, j'entends ; λέγω, je dis, prennent pour complément, à l'accusatif, le nom qui devrait être sujet de la proposition complétive : γῆν ὁπόση ἐστὶν εἰδέναι, savoir combien la terre est grande ; mot à mot : savoir la terre, combien elle est grande.

πολλάκις ἔγωγε ἔγνων δημοκρατίαν, ὅτι ἀδύνατός ἐστιν ἑτέρων ἄρχειν, Thuc. : j'ai reconnu plus d'une fois qu'un État démocratique est incapable de commander à d'autres peuples.

εὖ οἶδα ὅτι se met souvent comme en parenthèse, et signifie *je le sais* (je sais que cela est).

10. ὀφείλω, ὀφλισκάνω, devoir, *debere*.

ὀφλισκάνειν ζημίαν, être condamné à une amende. — ἐρήμην δίκην, être condamné par défaut (mot à mot : *debere desertam litem*).

ὀφλισκάνειν γέλωτα, apprêter à rire. — ἄνοιαν, encourir le reproche de folie. Horace a dit de même : *debes ludibrium ventis*.

Ce verbe, joint à un infinitif, sert à exprimer un souhait.

ἦ μάλα λυγρῆς
πεύσεαι ἀγγελίης, ἣ μὴ ὤφελλε γενέσθαι, Hom. :

vous allez apprendre un bien triste événement, et *plût à Dieu qu'il ne fût jamais arrivé!* mot à mot : qui aurait dû ne pas arriver.

Quelquefois on met, avant ὀφείλω, les conjonctions εἰ γάρ, εἴθε, ὡς (cf. § 386, 3) :

εἰ γὰρ ὤφελον θανεῖν, que ne suis-je mort ! mot à mot : si j'avais dû (si j'avais pu) mourir !

μηδὲ γιγνώσκων, ὡς μηδὲ νῦν ὤφελον (sous-entendu γιγνώσκειν), ne le connaissant pas, et plût à Dieu que je ne le connusse pas encore ! mot à mot : *comme je devrais* ne pas le connaître encore.

Quelques écrivains ont, par corruption, employé ὄφελον comme invariable. Il répond alors à *utinam*.

11. πάσχω, souffrir, être dans tel ou tel état.

εὖ ou κακῶς πάσχειν, essuyer de bons *ou* de mauvais traitements : ἐλάττων γὰρ ὁ παθὼν εὖ τοῦ ποιήσαντος, celui qui reçoit un bienfait est au-dessous de celui qui l'accorde.

ὅπερ πάσχουσιν οἱ πολλοί, ce qui arrive à la plupart des hommes.

ὅταν ὁ νοῦς ὑπὸ οἴνου διαφθαρῇ, ταὐτὰ πάσχει τοῖς ἅρμασι τοῖς τοὺς ἡνιόχους ἀποβαλοῦσι, Isoc. : il en est d'un esprit troublé par les fumées du vin, comme d'un char qui a perdu son conducteur.

εἴ τι πάθοι ὁ Φίλιππος, Dém. : s'il arrivait quelque chose à Philippe, c'est-à-dire, s'il mourait.

Comme en *faisant* quelque chose on est *dans tel ou tel état*, πάσχω s'emploie aussi dans le sens de *faire :*

τί γὰρ πάθωμεν, μὴ βουλομένων ὑμῶν τιμωρέειν; Hérod. : car enfin que pouvons-nous faire, si vous nous refusez votre secours ?

τί γὰρ ἂν πάθη τις, ὁπότε φίλος τις ὢν βιάζοιτο; Lucien : car que pourrait-on faire, quand c'est un ami qui vous presse ?

τί πάθω; οὐ γὰρ ἐγὼ αἴτιος, que voulez-vous que j'y fasse? ce n'est pas ma faute.

12. ποιέω, faire. Parmi les nombreuses acceptions de ce verbe, nous remarquerons seulement les suivantes, où le grec et le français ont une parfaite conformité :

ἀλγεῖν ποιοῦσι τοὺς ἀκούοντας, *ils font* souffrir leurs auditeurs.

εὖ ἐποίησας ἀφικόμενος, vous avez bien *fait* de venir (mot à mot, en venant).

ποιέω, dans ce dernier sens, se met aussi au participe :

ἥκεις καλῶς ποιῶν, *vous avez bien fait* de venir (mot à mot, vous êtes venu faisant bien[1]).

οἱ ἐπαινούμενοι πρὸς αὐτῶν μισοῦσι ὡς κόλακας, εὖ ποιοῦντες, Lucien : ceux qui sont loués par eux les haïssent comme des flatteurs, et *ils font* bien.

ποιεῖν τινα λέγοντα, *faire* parler quelqu'un (le représenter parlant de telle ou telle manière).

1. Cf. Méth. lat., § 490.

13. πέφυκα, je suis né pour; je suis disposé par la nature de telle ou telle manière:

τὰ μὲν σώματα τοῖς συμμέτροις πόνοις, ἡ δὲ ψυχὴ τοῖς σπουδαίοις λόγοις αὔξεσθαι πέφυκε, Isoc. : *il est dans la nature* que les travaux modérés augmentent les facultés du corps, et les bons préceptes celles de l'âme.

τὸ ἡδὺ θαυμασίως πέφυκε πρὸς τὸ δοκοῦν ἐναντίον εἶναι τὸ λυπηρόν, Plat. : la nature a mis des *rapports étonnants* entre le plaisir, et ce qui lui paraît opposé, la douleur.

14. τυγχάνω, avec le génitif, *obtenir*: τυγχάνειν τῶν δικαίων, obtenir justice.

τυγχάνω, avec un participe, *se trouver par hasard*:

ὡς δὲ ἦλθον, ἔτυχεν ἀπιών, lorsque j'arrivai, il s'en allait; mot à mot : il se trouva justement s'en allant[1].

ὡς ἔτυχε (sous-ent. τὸ πρᾶγμα), comme cela se trouva; au hasard, d'une manière indifférente; sans conséquence.

ἂν τύχῃ (sous-ent. τὸ πρᾶγμα), si le cas échoit, c'est-à-dire, peut-être.

ὁ τυχών, le premier venu; le premier qui se rencontre; εἷς τῶν τυχόντων, un homme du peuple[2].

15. φαίνομαι, δοκέω. Le premier de ces deux verbes, joint *à un participe*, se dit d'une chose démontrée, certaine, évidente: φαίνεται, *apparet*, il est constant.

Joint *à un infinitif*, il se dit d'une simple apparence, d'une probabilité : φαίνεται, *videtur*; il paraît, il semble.

δοκέω s'emploie seulement dans ce dernier sens.

16. φθάνω, prévenir, gagner de vitesse, prendre les devants, se hâter; 1° Avec l'accusatif: φθάσω τὴν ἐπιστολήν, Plut. : j'arriverai avant la lettre; *je la préviendrai*.

2° Avec l'infinitif : ἔφθη τελευτῆσαι, πρὶν ἢ ἀπολαβεῖν..., il mourut avant d'avoir reçu....

3° Avec le participe, ce qui est sa construction la plus ordinaire : ἔφθασαν πολλῷ οἱ Σκύθαι τοὺς Πέρσας ἐπὶ τὴν γέφυραν ἀπικόμενοι (ion. pour ἀφικόμενοι), Hérodote : les Scythes arrivèrent au pont bien avant les Perses; mot à mot : *prévinrent de beaucoup en arrivant*.

4° Avec négation au premier membre, et καί au second:

---

1. Employé en ce sens, τυγχάνω fait à peu près le même effet en grec que le verbe abstrait en anglais dans le présent et l'imparfait déterminés : *I am reading*, je suis lisant; *I was reading*, j'étais lisant. — 2. Cf. Méth. lat., §§ 440, *ad fin*, et 513, 9.

οὐκ ἔφθημεν ἐλθόντες, καὶ νόσοις ἐλήφθημεν, Isoc. : nous ne fûmes *pas plutôt* arrivés *que* nous fûmes attaqués de maladies.

5° A l'optatif avec οὐκ ἄν : — οὐκ ἂν φθάνοις λέγων, dites sur-le-champ; proprement, *vous ne sauriez dire trop vite;* ou avec interrogation, *ne direz-vous pas plus vite?*

Une invitation faite par la formule οὐκ ἂν φθάνοις, amène naturellement pour réponse : « οὐκ ἂν φθάνοιμι, » qui par cette raison signifie *je le ferai, je n'y manquerai pas.*

Cette locution une fois reçue a donné lieu à la suivante :

οὐκ ἂν φθάνοι ἀποθνήσκων, il ne peut *éviter* de mourir; il mourra nécessairement.

οὐκ ἂν φθάνοι τὸ πλῆθος δουλεῦον, εἰ..., etc., le peuple ne peut *manquer* d'être asservi; il ne peut échapper à l'esclavage, si...

Le sens qu'a φθάνω dans ces deux phrases est d'ailleurs très-naturel; car *éviter, échapper, se sauver de,* c'est toujours *gagner de vitesse,* signification de ce verbe.

6° φθάνω signifie aussi gagner un endroit, atteindre un but, réussir à quelque chose; et par conséquent, οὐ φθάνω, ne pas atteindre son but, ne pas réussir.

17. χαίρω, se réjouir : ὁ Θεὸς πολλάκις χαίρει τοὺς μικροὺς μεγάλους ποιῶν, τοὺς δὲ μεγάλους μικρούς, Dieu *se plaît* souvent à élever les petits, et à abaisser les grands.

Au participe : οὐ χαίροντες ἀπαλλάξετε, vous ne vous en tirerez pas impunément (vous n'aurez pas lieu de vous réjouir).

A l'impératif et à l'infinitif : χαῖρε (formule de salutation, bonjour. τὸν Ἴωνα χαίρειν (sous-ent. κελεύω), Platon ; bonjour, Ion ; *Ionem gaudere jubeo.*

πολλὰ εἰπὼν χαίρειν ταῖς ἡδοναῖς, ayant dit un long adieu aux voluptés; y ayant renoncé.

ἐᾶν χαίρειν, laisser de côté, ne pas s'embarrasser de...., et comme on dit vulgairement, *envoyer promener* : ἔα χαίρειν τὸν ληροῦντα τοῦτον, laissez là ce radoteur.

18. ἄγειν καὶ φέρειν. Ces deux verbes réunis veulent dire *piller, ravager, dévaster,* parce que des pillards *emmènent* les hommes et les animaux, *emportent* les denrées et les meubles. Démosthène (*Philipp.* III) compte parmi les avantages que les Athéniens avaient contre Philippe, ἡ φύσις τῆς ἐκείνου χώρας, ἧς ἄγειν καὶ φέρειν ἐστὶ πολλήν, la nature de son pays, dont on peut *ravager* une grande partie. Cette manière de parler se retrouve en latin : *Tum demum fracta pertinacia est, ut ferri agique res suas viderunt* (Tite-Live, XXXVIII, 15).

EMPLOI DE QUELQUES PARTICIPES.

I. ἀνύσας et τελευτῶν.

§ 389. Ces deux participes signifient également *finissant;* mais ils ne s'emploient pas de la même manière :

οὐκ ἀνύσαντε δήσετον; Aristoph. : ne finirez-vous pas tous deux par lier, ne lierez-vous pas enfin (littéralement : *ne lierez-vous pas finissant*)? ἀνύτω, signifie proprement *achever, parfaire.*

τελευτῶν συνεχώρησε, enfin il accorda ; il finit par accorder. τελευτάω, de τέλος, proprement : *finir, cesser de faire.*

II. φέρων.

Souvent ce participe, perdant la signification de *porter,* exprime la même idée que l'adverbe *ultro,* en latin, et que le verbe *aller,* dans ces vers de Boileau :

> *N'allez* pas sur des vers sans fruit vous consumer.
> Oh! le plaisant projet d'un poëte ignorant,
> Qui de tant de héros *va* choisir Childebrand!

αἰτιῶ τὴν Θέτιν, ἥ, δέον σοι τὴν κληρονομίαν τῶν ὅπλων παραδιδόναι συγγενεῖ γε ὄντι, φέρουσα ἐς τὸ κοινὸν κατέθετο αὐτά. Luc. : accuse Thétis, qui, au lieu de te livrer les armes d'Achille, comme un héritage dû à son parent, les a mises au concours; *a eu la fantaisie* de les mettre au concours ; et comme on dirait familièrement : *a été* les mettre au concours.

εἰς ταῦτα φέρων περιέστησε τὰ πράγματα, Eschine : voilà où, *par sa faute,* il a conduit nos affaires.

φέρων s'appliquera très-bien à un homme qui donne *tête baissée* dans un piége.

φέρουσα ἐνέβαλε se dira d'un navire qui est allé se heurter violemment contre un écueil, etc.

III. ἔχων, μαθών, παθών.

τί ἔχων (quoi ayant?), avec une seconde personne, répond à la tournure française, *qu'as-tu à [faire telle ou telle chose]*?

τί κυπτάζεις ἔχων περὶ τὴν θύραν; Aristoph., *Nuées,* 509 : *qu'as-tu à* perdre ainsi le temps autour de la porte? Pourquoi fais-tu tant de façons pour entrer? On le trouve aussi avec la première personne.

L'habitude d'employer ainsi ἔχων le fit admettre par analogie, même dans des phrases non interrogatives, avec quelques secondes personnes, comme παίζεις, ληρεῖς, φλυαρεῖς : — παίζεις ἔχων, vous plaisantez ; vous faites là une pure plaisanterie. — ἔχων ληρεῖς, vous déraisonnez.

τί μαθών, pourquoi ? mot à mot : quoi ayant appris ? τί μαθὼν ἔγραψας τοῦτο ; pourquoi as-tu écrit cela ? comment as-tu osé écrire, qui t'a *appris* à écrire cela ?

On trouve aussi μαθών employé sans interrogation, par la même analogie que nous venons de voir pour ἔχων : — τί ἄξιός εἰμι ἀποτῖσαι, ὅ τι μαθών, etc. ; Plat. : quelle amende ai-je encourue pour avoir osé, etc. ? proprement : pour m'être mis dans le cas qu'on puisse me dire : « qui t'a *appris* à...? »

τί παθών, pourquoi ? mot à mot : dans quelle disposition étant ? τί παθὼν σεαυτὸν εἰς τοὺς κρατῆρας ἐνέβαλες, Lucien ; quelle idée avez-vous eue de vous précipiter dans le cratère de l'Etna ?

DES DIALECTES.

OBSERVATIONS GÉNÉRALES.

§ 390. Les divers et nombreux dialectes de la langue grecque peuvent être ramenés à deux branches principales, comme les peuples qui parlaient cette langue se divisent en deux familles principales. Ces deux branches sont : 1° le Dorien, auquel se rattache l'Éolien ; 2° l'Ionien, dont plus tard se forma l'Attique (voyez aux §§ 391-394 l'indication des auteurs qui ont employé ces quatre dialectes dans leurs écrits).

Le Dorien, l'Éolien et l'Ionien que nous trouvons dans les auteurs doivent être distingués des dialectes doriens, éoliens et ioniens que l'on parlait, modifiés selon les lieux, dans les divers pays occupés par les races qui portaient ces noms : ces dialectes locaux se rencontrent particulièrement dans les inscriptions. Le Dorien de Pindare, pour ne citer qu'un exemple, est un dialecte artificiel, composé de formes et de tours qui sont empruntés à plusieurs dialectes particuliers de peuples doriens. Ce poëte, d'ailleurs, né à Thèbes, appartenait à la race éolienne. On ne cite qu'un petit nombre d'écrivains, Sophron de Syracuse entre autres, qui paraissent s'être attachés à écrire dans la langue même de leur pays.

Quant au dialecte attique, après s'être formé et perfectionné chez le peuple athénien, il se répandit de là dans toute la Grèce, et devint, surtout depuis le siècle d'Alexandre, la langue de la plupart des écrivains en prose, qu'ils fussent ou non Athéniens.

Sous une forme un peu altérée par la négligence de beaucoup de ceux qui l'employaient, et par l'introduction d'éléments étrangers provenant d'autres dialectes, il s'appela plus tard la langue commune ou le dialecte commun, à cause de son extension même. On peut se faire une idée de cette langue commune par le grec de Polybe. Il faut la distinguer du dialecte auquel donna naissance, dans Alexandrie, le mélange de l'idiome macédonien avec les idiomes des divers peuples que le commerce attirait dans cette nouvelle capitale de l'Égypte. C'est le dialecte alexandrin qui domine dans la traduction des livres saints connue sous le nom de version des Septante (voy. p. 316).

Les règles que nous avons données dans cette grammaire sont celles du dialecte attique, tel que l'employaient, en général, les bons prosateurs de tous les pays grecs. Ce n'est guère que dans le Supplément que nous avons indiqué un certain nombre de particularités essentielles et remarquables des différents dialectes. Nous allons présenter ici un tableau résumé des habitudes et des formes propres à chacun d'eux qu'il importe le plus de connaître.

I. DIALECTE DORIEN.

§ 391. Le dialecte dorien était parlé dans tout le Péloponnèse, dans la Sicile, dans la partie de l'Italie appelée la grande Grèce. Il a été suivi par Pindare, Théocrite, Archimède, et par les philosophes pythagoriciens. Les chœurs des tragédies et des comédies du théâtre athénien offrent beaucoup de formes doriques. C'est avec ce dialecte, et avec l'éolien, que la langue latine a le plus de conformité.

1. Les Doriens mettent α pour ε : γε (*certes*). — γα.

α pour η : ἥλιος — ἅλιος ; φήμη — φάμα ; ποιμήν — ποιμάν.

α pour ο : εἴκοσι — εἴκατι (où l'on voit encore τ p. σ).

α pour ω résultant d'une contraction : πρῶτος — πρᾶτος ; Ποσειδῶν — Ποσειδᾶν. — *Nota*. Les formes primitives sont πρότατος, inusité, Ποσειδάων.

α pour ου, au génitif de la première déclinaison : αἰχμητοῦ — αἰχματᾶ (§ 176).

2. ω pour ου : διδοῦν (διδόναι) — διδῶν ; βοῦς — βῶς ; λόγου —

λόγω; λόγους — λόγως (§ 177). On trouve dans Théocrite des exemples comme τὼς λύκος (o bref) pour τοὺς λύκους, les loups.

ω pour αυ dans certains mots : αὐλαξ — ὦλαξ, sillon.

3. δ pour ζ et ϑ : Ζεύς — Δεύς; μάζα — μάδδα.

4. κ pour τ, et τ p. κ : πότε — πόκα; ὅτε — ὅκα; κεῖνος, — τῆνος, celui-là.

5. ν pour λ devant ϑ et τ : ἦλθον — ἦνθον; φίλτατος — φίντατος.

6. σ pour ϑ : Θεός — Σιός; ce qui prouve que le ϑ avait quelque chose de sifflant comme le *th* anglais.

7. τ pour σ : τύ et τύνη p. σύ, *tu*; τεός p. σός, *tuus*.

8. σδ pour ζ : συρίσδω et συρίσδω p. συρίζω.

9. Dans certains mots seulement γ pour β : γλέφαρον p. βλέφαρον; δ pour γ : δᾶ p. γῆ, la terre; ρ pour λ : φαῦρος p. φαῦλος, vil.

10. Ils transposent le ρ : βάρδιστος pour βράδιστος. Quelquefois ils le retranchent : σκᾶπτον p. σκῆπτρον.

11. Dans les verbes ils disent τυψοῦμαι pour τύψομαι; νομιξῶ p. νομίσω (§ 216).

ἐτύπτευ pour ἐτύπτου (§ 232); τύπτοισα p. τύπτουσα; τύψαις p. τύψας (§ 233).

τύπτες, ἀμέλγες, συρίσδες, pour τύπτεις, ἀμέλγεις, συρίζεις.

τύπτομες pour τύπτομεν; τυπτόμεσθα p. τυπτόμεθα (§ 233).

ἔτυφθεν, pour ἐτύφθησαν (§ 240); τίθητι p. τίθησι, troisième personne du singulier.

τύπτοντι et τύπτοισι pour τύπτουσι (§§ 237 et 233).

τύπτεν pour τύπτειν; φιλῆν p. φιλεῖν (§ 244).

φοιτῆν pour φοιτᾶν; φοιτῆς p. φοιτᾶς; ἐφοίτη p. ἐφοίτα (§ 212).

12. Dans les crases : κἠγώ pour κἀγώ; κἤν p. κἄν; κἤπειτα p. κἄπειτα (καὶ ἐγώ, καὶ ἄν, καὶ ἔπειτα).

Nota. Ces deux derniers cas, φιλῆν, φοιτῆν, et κἠγώ, etc., sont les seuls où le dorien préfère l'η. Du reste, il aime en général à faire dominer l'α. On lit néanmoins dans Théocrite, πεπόνθης, ὀπώπη, pour ἐπεπόνθεις, ὀπώπει; ἐλελήθης p. ἐλελήθεις, etc.

II. DIALECTE ÉOLIEN.

§ 392. L'éolien fut d'abord parlé en Béotie; de là il passa, avec les colonies éoliennes, dans la partie de l'Asie Mineure qu'elles occupèrent, et dans les îles voisines, comme Lesbos et autres. Ce dialecte est celui d'Alcée et de Sapho. Il ressemble beaucoup au dorien; parmi les usages qui lui sont propres, nous remarquerons les suivants :

1. Les Éoliens changent l'esprit rude en ϝ (§ 171) ; ou le remplacent par un esprit doux sur les voyelles : ἡμέρα pour ἡμέρα; par un β devant le ρ : βρόδον p. ῥόδον.

2. Ils échangent entre elles les muettes du premier ordre, y compris le μ : ὄππατα pour ὄμματα; βέλλω p. μέλλω; ἀμπί p. ἀμφί.

3. Ils disent ἄμμες pour ἡμεῖς; ὔμμες p. ὑμεῖς (§ 202).

4. Ils disent αἰχμητᾶο pour αἰχμητοῦ; Μουσάων p. Μουσῶν; Μούσαις p. Μούσας à l'accusatif (§ 176) ; et au nominatif (comme les Doriens), τάλαις p. τάλας (primitivement τάλανς), malheureux.

5. Ils changent ου en οι : Μοῖσα pour Μοῦσα (comme τύπτοισα p. τύπτουσα).

o en υ : ὄνυμα pour ὄνομα ; nous trouvons ce nom sous cette forme dans les composés ἀνώνυμος, *anonyme,* συνώνυμος, *synonyme, etc.*

ᾶν et οῦν (infinitif) en αις et οις : γέλαις, ὕψοις, pour γελᾶν, ὑψοῦν. Cette forme est très-rare.

REMARQUE. Au dorien et à l'éolien se rapportent plusieurs dialectes secondaires qui ne nous sont connus que par quelques vestiges peu nombreux, conservés particulièrement dans les inscriptions. Ce sont le béotien, le lacédémonien, le thessalien, le macédonien, le crétois, etc. Ils sont du ressort de l'érudition plutôt que de la grammaire classique.

III. DIALECTE IONIEN.

§ 393. Les Ioniens occupèrent d'abord l'Attique. De là ils envoyèrent des colonies dans la province d'Asie Mineure qui, de leur nom, fut appelée Ionie, et où leur idiome continua de se parler, tandis que celui de la mère patrie changea en se perfectionnant, et devint le dialecte attique.

Les anciens poëtes, Homère, Hésiode, Théognis, ont suivi le dialecte ionien, avec mélange de quelques formes primitives, dont les unes ne se sont conservées que dans leurs ouvrages, et dont les autres ont passé depuis dans d'autres dialectes.

Les poëtes qui, dans les siècles postérieurs, écrivirent en vers hexamètres, comme Apollonius, Callimaque, Oppien, Quintus, prirent tous Homère pour modèle, en sorte que l'ionien fut proprement la langue épique. Anacréon suivit aussi ce dialecte dans ses odes. En prose, il fut employé par Hérodote et Hippocrate.

Les Ioniens aiment beaucoup le concours des voyelles et les sons doux et mouillés ; ainsi,

1. Ils rejettent presque toutes les contractions et disent : νόος, ἀοιδή, παΐς, κτανέω, φιλέειν, au lieu de νοῦς, ᾠδή, παῖς, κτανῶ, φιλεῖν.

2. De τύπτεσαι, ils font τύπτεαι et non τύπτῃ ; de κέρατος, ils font κέραος et non κέρως.

3. Ils ajoutent des voyelles : ἀδελφός—ἀδελφεός.

4. Ils résolvent α long en αε : ἆθλος — ἄεθλος.

ει et ᾳ en ηϊ : μνημεῖον — μνημήϊον ; ῥάδιος — ῥηΐδιος.

αυ en ωυ : θαῦμα — θώϋμα ; ἑαυτόν — ἑωϋτόν.

5. Ils changent les brèves en longues et en diphthongues : βασιλέος — βασιλῆος ; ξένος — ξεῖνος ; νόσος — νοῦσος.

Nota. Quelquefois, au contraire, ils mettent des brèves au lieu des longues et des diphthongues : ἥσσων — ἔσσων ; — κρείσσων — κρέσσων (§ 197).

6. Ils retranchent la première lettre d'un mot pour amollir la prononciation : λείβω—εἴβω ; γαῖα—αἶα, la terre.

7. Ils mettent ευ pour εο et ου : σεῦ p. σοῦ ; πλεῦνες p. πλέονες ; ποιεῦμεν p. ποιέομεν - ποιοῦμεν.

8. Ils évitent les aspirées : αὖτις pour αὖθις ; ἐπορᾶν p. ἐφορᾶν.

9. Ils changent π en κ : ὅκως, κοτέ, pour ὅπως, ποτέ.

10. Ils font dominer l'η dans la première déclinaison : σοφίη. Ils font le génitif pluriel en έων, Μουσέων ; le génitif singulier masculin en εω : Πηληϊάδεω (§ 176).

Dans l'une et dans l'autre ils font le datif pluriel en σι : Μούσῃσι, λόγοισι.

Ils disent à la troisième : Ἕλληνεσσι pour Ἕλλησι (§ 184).

Ils ajoutent dans les trois déclinaisons la syllabe φι (§ 190).

Ils déclinent en ιος les noms en ις : πόλις — πόλιος (§ 23).

11. Dans les verbes, ils disent : περήσω pour περάσω (§ 219) ; ὁρέομεν p. ὁράομεν-ὁρῶμεν (§ 234).

ἐτετύφεα pour ἐτετύφειν (§ 235) ; τετληώς p. τετληκώς (§ 222).

τύπτεσκον pour ἔτυπτον (§ 230) ; ἔχῃσι p. ἔχῃ (§ 229).

τυπτοίατο pour τύπτοιντο (§ 236) ; τυπτέμεν, τυπτέμεναι p. τύπτειν (§ 244).

IV. DIALECTE ATTIQUE.

§ 394. L'attique, en devenant langue générale, ne put manquer d'éprouver des altérations sensibles. Les grammairiens donnèrent le nom d'Attiques purs aux auteurs du bon siècle, et appelèrent exclusivement attiques certaines formes employées par ces auteurs et tombées depuis en désuétude.

Les Attiques purs sont, pour la prose, Thucydide, Xénophon, Platon, Isocrate, Démosthène, et les autres orateurs du même temps. Pour la poésie dramatique, Eschyle, Sophocle, Euripide, Aristophane.

Les écrivains postérieurs à cette époque sont généralement compris sous le nom d' Ἕλληνες, par opposition aux anciens et vrais Attiques, dont, au reste, ils se rapprochent les uns plus, les autres moins. On appelle Atticistes (Ἀττικισταί) ceux qui, comme Lucien, se sont efforcés d'imiter en tout les Attiques.

La principale propriété du dialecte attique est le penchant à contracter tout ce qui peut être contracté.

Outre les contractions des noms et des verbes, qui sont passées dans la langue commune, les Attiques en ont d'autres qu'on peut voir à l'article *Apostrophe* (§ 174).

1. En outre, ils changent σ en ξ (ce qui leur est commun avec les Doriens) : ξύν p. σύν; et (surtout les nouveaux Attiques) σ en ρ : ϑαῤῥεῖν pour ϑαρσεῖν ; σσ en ττ : πράττω p. πράσσω; ϑάλαττα p. ϑάλασσα.

2. Ils ajoutent ι à certains mots : οὑτοσί, οὐχί, pour οὗτος, οὐκ, etc.

3. Ils ôtent quelquefois ι aux diphthongues ει et αι : ἐς pour εἰς; πλέον p. πλεῖον; κλάω p. κλαίω.

4. Dans la deuxième déclinaison, ils disent νεώς pour ναός (§ 18).

5. Dans les verbes, ἀνέῳγα pour ἄνωγα; quelquefois ἀγήοχα p. ἄγηχα—ἦχα, d'ἄγω ; mais ἦχα est la véritable forme attique. ὀρώρυγα p. ὤρυχα; ἤγαγον p. ἦγον (§ 209).

6. A l'augment de quelques verbes, η pour ε : ἤμελλον, etc. (§ 205).

7. Au futur, τυπτήσω (§ 214); ἐξελῶ, καλῶ, νομιῶ (§ 215); et de plus : πλευσοῦμαι, comme les Doriens, pour πλεύσομαι (§ 216).

8. Ils font l'optatif en οίην, pour οιμι (§ 227).

9. La seconde personne de l'indicatif passif en ει, au lieu de η (§ 226).

10. Ils terminent la 3ᵉ pers. plur. de l'impératif en όντων pour έτωσαν; ἔσθων pour ἐσθωσαν (§§ 242 et 243).

Tels sont les principaux traits qui distinguent le dialecte attique de la langue commune ou hellénique.

La langue commune, cultivée à Alexandrie en Égypte, sous les successeurs d'Alexandre, y fut peu à peu altérée par le mélange de formes étrangères, et de là résulta le dialecte alexandrin, dont beaucoup de traces se rencontrent dans l'Ancien Testament, et quelques-unes dans le Nouveau.

Enfin, des termes barbares et des locutions nouvelles s'introduisirent encore en bien plus grand nombre, lorsque Constantinople fut devenue le siége de l'empire ; leur mélange avec la langue hellénique forma celle des écrivains byzantins, et, par suite, celle qui se parle encore aujourd'hui sous le nom de grec moderne ou vulgaire.

DES ACCENTS.

ACCENT TONIQUE.

§ 395. 1. Dans tout mot de plusieurs syllabes, il y en a toujours une sur laquelle on appuie plus fortement que sur les autres. Cette élévation de la voix s'appelait en grec τόνος, ou προςῳδία, que les Latins ont traduit par *accentus*. Dans les langues modernes, on l'appelle Accent tonique.

2. Toutes les langues ont l'accent tonique. On le remarque moins dans la nôtre, parce qu'il y est plus uniforme. En effet, dans tous les mots à terminaison masculine [1], sans exception, la voix appuie sur la dernière syllabe : ver*tu*, triom*phant*, adora*teur*. Dans les mots à terminaison féminine, elle appuie sur la syllabe qui précède l'*e* muet : tri*om*phe, sanctu*ai*re, ad*o*rable [2].

---

[1]. On appelle terminaisons *masculines* toutes celles qui n'ont pas l'*e* muet; terminaisons *féminines*, toutes celles qui ont l'*e* muet.

[2]. Il est impossible de ne pas sentir, dans les vers suivants, une élévation de voix très-prononcée sur les syllabes imprimées en italique :

    Le *masque tombe*, l'*homme reste*
    Et le *héros* s'évanou*it*.   Rousseau.

    L'*arbre* tient bon ; le roseau *plie*,
    Le vent re*double* ses *efforts*.   La Fontaine.

    Le dieu, poursui*vant* sa carri*ère*,
    Vers*ait* des tor*rents* de lu*mière*
    Sur ses obs*curs* blasphéma*teurs*.   Le Franc de P.

On le remarque davantage en italien, parce qu'il y est plus varié, pouvant être sur la dernière, *virtù;* sur la seconde en reculant à gauche, *amóre;* sur la troisième, toujours en reculant, *amábile* [1].

Que l'on compare le ton de la syllabe accentuée dans les mots précédents, soit italiens, soit français, avec celui des autres syllabes; et, si l'on n'a pas une idée de l'harmonie que produisait l'accent grec, on aura au moins, de sa nature, l'idée la plus nette qu'on puisse s'en faire sans l'entendre prononcer.

3. En grec, l'accent porte sur une des trois dernières syllabes, sans pouvoir jamais reculer plus loin que la troisième.

Sur la dernière : ποταμός. Le mot ainsi accentué se prononce tout à fait à la manière française.

Sur la seconde : ἡμέρα. L'α est très-faible, et l'έ sonne à peu près comme *è* dans *ils aimèrent.*

Sur la troisième : ἄνθρωπος. La voix s'élève sur ἄν, et se rabaisse sur θρωπος, comme, dans l'italien *amábile,* elle s'élève sur *ma,* et se rabaisse sur *bile.*

SIGNES APPELÉS ACCENTS.

On appelle, par extension, Accents, les signes destinés à noter l'accent tonique.

Ils sont au nombre de trois : l'Aigu, le Grave, le Circonflexe.

VALEUR ET PLACE DE L'AIGU.

§ 396. L'Aigu est le véritable signe de l'accent tonique. Il peut affecter soit des brèves, καλός; soit des longues, ποιμήν. Il peut, en outre, comme on vient de le voir, occuper les trois places. Mais pour qu'il soit sur la troisième, il faut que la dernière soit brève : πόλεμος, ἄνθρωπος, ἀλήθεια [2].

Si la dernière était longue, il ne pourrait être reculé plus

---

1. Pour abréger, nous substituons aux mots techniques *pénultième* et *antépénultième*, les mots *seconde, troisième;* bien entendu que c'est toujours en commençant par la dernière. Ainsi, dans τετυμμένος, μέ sera la seconde; et dans ἄνθρωπος, ἀν sera la troisième.

2. α est bref, 1° au singulier, nominatif, vocatif et accusatif, des noms en α, génitif τῆς : μοῦσα, μοῦσαν.

loin que sur la seconde : ἀνθρώπου, ἡμέρα. La raison en est que toute dernière longue est comptée pour deux brèves, et que si l'on écrivait ἄνθρωπου, ἥμερα, ce serait mettre après l'accent la valeur de trois syllabes, ce qui ne peut être [1].

VALEUR ET PLACE DU GRAVE.

§ 397. Le GRAVE n'est point un accent particulier; il se met à la place de l'aigu, quand la syllabe accentuée est, comme dans ποιμήν et καλός, la dernière du mot, et que ce mot est joint par la prononciation à ceux qui le suivent : ὁ καλὸς ποιμήν, καλός reçoit le grave, parce qu'il est au milieu de la phrase. S'il était à la fin et que ποιμήν fût au milieu, καλός garderait l'aigu, et ποιμήν prendrait le grave : ὁ ποιμὴν ὁ καλός.

Ce changement de l'aigu en grave avertit, non de supprimer l'accent sur la syllabe qui en est marquée, mais de lui donner une élévation moindre que si elle gardait l'aigu. Tel est aujourd'hui le seul usage du signe appelé accent grave, et on ne le trouvera jamais que sur la dernière syllabe d'un mot.

2° Aux mêmes cas des substantifs en εια, qui ne viennent point d'un verbe en εύω : ἀλήθεια, εὐμένεια.

3° Aux mêmes cas des adjectifs et des participes féminins en εια et υια, dont le masculin est en ύς et en ώς : γλυκεῖα, τετυφυῖα.

4° Au vocatif des noms en ης, πολῖτα.

5° Au neutre singulier σῶμα; au neutre pluriel δῶρα.

6° α, ας, ι, sont brefs aux cas de la troisième déclinaison : παῖδα, παῖδας, βασιλεῦσι. Cependant les accusatifs en εα, εας, ont α long chez les Attiques dans les noms en εύς, § 24. Les formes ioniennes, βασιλῆα, βασιλῆας, rentrent dans la règle générale.

7° Sont réputées brèves, quant à leur influence sur l'accent (excepté dans le dialecte dorien), les finales αι et οι, partout ailleurs qu'à la 3ᵉ personne de l'optatif.

1. α est long, 1° quand il a un ι souscrit.

2° Aux deux cas en ας et au duel en α dans la première déclinaison.

3° Aux génitifs en α, § 176.

Il est encore long, même au nominatif et à l'accusatif, 1° dans les dissyllabes en εια : λεία, proie; 2° dans les polysyllabes en εια, qui viennent des verbes en εύω : βασιλεία, royauté, de βασιλεύω (βασίλεια, reine, a l'α bref, parce qu'il vient de βασιλεύς et non de βασιλεύω); 3° dans les adjectifs féminins de la première classe (§ 30), excepté les mots poétiques πότνια, vénérable, et δῖα, divine; 4° dans tous les féminins en α, génitif ας, qui ont l'aigu sur la dernière, comme χαρά; ou sur la seconde, comme ἡμέρα.

Nota. Par conséquent, si le nominatif a l'aigu sur la troisième, ou le circonflexe sur la seconde, c'est une preuve que la dernière est brève : μοῖρα, ἀλήθεια, ἄκανθα. (Voyez plus bas, page 319, note.)

VALEUR ET PLACE DU CIRCONFLEXE.

§ 398. 1. Le Circonflexe est considéré comme un accent qui élève et abaisse la voix sur la même syllabe. Il ne peut donc affecter que des sons qui aient deux temps, c'est-à-dire, des diphthongues ou des voyelles longues par nature [1].

2. Le circonflexe peut se placer sur la dernière et sur la seconde, mais jamais sur la troisième. En effet, la longue qui le reçoit est produite, ou censée produite par l'union de deux brèves; ὁρῶμεν vient de ὁράομεν, σῶμα est réputé venir de σόομα, πρᾶγμα de πράαγμα; en sorte que toute voyelle ou diphthongue marquée du circonflexe équivaut à deux voyelles séparées, dont la première aurait l'aigu, άο - ῶ; άα - ᾶ; έε - ῆ; έο - οῦ, etc. Si donc l'on écrivait ὁρῶμεθα, σῶματα, ce serait la même chose que ὁράομεθα, σόοματα; et l'aigu aurait, contre la règle, trois syllabes après lui. On écrira donc ὁρώμεθα, σώματα, πράγματα.

3. Par la même raison, il ne peut y avoir de circonflexe sur la seconde, quand la dernière est longue. Ainsi l'on écrira θήρα, la chasse, et non θῆρα, qui équivaudrait à θέερα.

4. Mais si la dernière est brève et la seconde longue, cette seconde, en supposant d'ailleurs qu'elle doive être accentuée, aura toujours le circonflexe: μοῖρα, δῆλος, δοῦλος, σῶμα, μᾶλλον[2].

C'est donc surtout à la dernière syllabe qu'il faut faire attention pour déterminer la forme et la place de l'accent.

APPLICATIONS DES RÈGLES PRÉCÉDENTES.

ACCENT DANS LES DÉCLINAISONS.

§ 399. On connaît, en général, par l'usage et les dictionnaires l'accent premier d'un nom, c'est-à-dire l'accent du nominatif. Une fois cet accent connu, voici les règles qu'il faut suivre.

---

1. L'usage apprendra dans quels mots α, ι, υ, sont longs par nature. Nous nous bornerons à dire qu'ils le sont, 1° dans les noms de la troisième déclinaison dont le génitif est en ανος, ινος, υνος, comme παιάν, παιᾶνος; 2° à la pénultième des noms verbaux en μα, dérivés d'un parfait où l'α est long; ainsi, πρᾶγμα a le premier α long par nature, parce qu'il l'est dans πέπρᾱγα; mais τάγμα a le premier α bref par nature, et long seulement par position, parce qu'il est bref dans τέτᾰγα.

2. De l'accent on peut souvent conclure la quantité. Par exemple, le circonflexe d'αὖλαξ fera voir que l'α de la terminaison n'est long que par position; la position cessant, il redevient bref dans αὔλακος. L'aigu de κήρυξ fera voir que υ est long par nature au nominatif, et que par conséquent il reste long aux autres cas, κήρυκος. *Nota.* Quelques-uns écrivent κῆρυξ avec le circonflexe, sous prétexte que υ se prononce bref devant ξ; mais cela n'influe en rien sur sa quantité *naturelle*.

I. L'accent reste sur la même syllabe où il est au nominatif, si la quantité de la dernière ne s'y oppose point :

ἡμέρα, λόγος, ποιμήν, κόραξ,
ἡμέρας. λόγου. ποιμένος. κόρακος.

II. Les variations occasionnées par la quantité de la dernière consistent,

1° A changer le circonflexe en aigu, quand la dernière devient longue :

μοῦσα, δοῦλος, δῶρον, οὗτος,
μούσης. δούλου. δώρου. αὕτη.

2° A rapprocher l'aigu vers la fin, dans le même cas :

ἀλήθεια, ἄνθρωπος, Ἕλληνες, σώματα,
ἀληθείας. ἀνθρώπου. Ἑλλήνων. σωμάτων.

REMARQUES. 1° L'ω des génitifs ioniens comme Πηληϊάδεω, et des terminaisons attiques εως, εων, comme Μενέλεως, ἀνώγεων, πόλεως, ne rapproche pas l'accent, parce que, dans la prononciation, l'ε qui précède cet ω ne fait pas un temps distinct :

Μῆνιν ἄειδε, θεά, Πηληϊάδεω Ἀχιλῆος.

εὔκερως, φιλόγελως, et quelques autres semblables, suivent la même analogie.

2° Les finales οι et αι, étant réputées brèves, ne changent rien à l'accent, et n'empêchent pas la troisième de prendre l'aigu, ni la seconde de prendre un circonflexe.

μοῦσα, μοῦσαι ; ἄνθρωπος, ἄνθρωποι ; προφήτης, προφῆται.

Exceptez οἴκοι, *à la maison*, pour le distinguer de [οἱ] οἶκοι, *les maisons*. Ce mot est d'ailleurs un ancien datif pour οἴκῳ. Cf. § 156, R. 2°.

3° Le circonflexe se change en aigu, quand la syllabe accentuée devient la troisième : σῶμα, σώματος, σώματι, etc.

III. Tout mot de la 1re et de la 2e déclinaison qui a l'aigu sur la dernière, prend le circonflexe au génitif et au datif des trois nombres. Cf. § 15 et suiv., κεφαλή, ποιητής, ὁδός.

Exceptez le génitif singulier des formes attiques, λεώς, νεώς, gén. λεώ, νεώ, § 18.

IV. Le génitif pluriel de la 1re déclinaison ayant été primitivement en άων ou έων (cf. § 176), a toujours le circonflexe, quel que soit l'accent des autres cas : μοῦσα, μουσῶν ; ἄκανθα, ἀκανθῶν.

Exceptez les adjectifs et les participes féminins dont le masculin est en ος, et qui ont l'aigu sur la seconde : ξένη, ξένων; ἁγία, ἁγίων; τυπτομένη, τυπτομένων. — Exceptez encore les mots χρήστης, χρήστων; χλούνης, χλούνων; ἐτησίαι, ἐτησίων.

V. Les accusatifs en όα-ώ, des féminins en ώ, § 27, conservent l'aigu malgré la contraction : ἠχόα-ἠχώ. Ceux en ώς, comme αἰδώς, prennent le circonflexe : αἰδόα-αἰδῶ.

VI. Les monosyllabes de la 3ᵉ déclinaison prennent l'accent sur la désinence au génitif et au datif des trois nombres; partout ailleurs ils le conservent sur la syllabe radicale :

S. θήρ, θηρός, θηρί, θῆρα. D. θῆρε,
P. θῆρες, θηρῶν, θηρσί, θῆρας. θηροῖν.

EXCEPTIONS. 1.° Les participes monosyllabes, comme ὤν, θείς, δούς, gardent partout l'accent sur le radical. Cf. § 64 et § 401, 1, ὤν, ὄντος.

2° Les noms suivants prennent au génitif pluriel l'accent sur le radical; ils sont réguliers partout ailleurs :

παῖς, παίδων; δμώς, δμώων; Τρώς, Τρώων;
θώς, θώων; οὖς, ὤτων; ΚΡΑΣ, κράτων;
δάς, δάδων; φῶς, lumière, φώτων; φώς, brûlure, φώδων.

3° πᾶς fait au génitif et au datif pluriel πάντων, πᾶσι. Cf. § 35.

4° ἦρ (ἔαρ) ver; κῆρ (κέαρ) cor, font ἦρος, κῆρος, pour ἔαρος, κέαρος.

VII. Les mots κύων, κυνός; γυνή, γυναικός (cf. § 185), et les noms en ηρ qui ont perdu l'ε, comme πατήρ, πατρός; ἀνήρ, ἀνδρός, s'accentuent comme les monosyllabes. Cf. § 29.

Le datif pluriel des noms en ηρ reçoit pourtant l'accent sur α et non sur σι : πατράσι, ἀνδράσι. Sur ἀστράσι, voy. § 185, 3°.

Δημήτηρ fait Δήμητρος, Δήμητρι, Δήμητρα, en reculant l'accent.

On le recule aussi dans θύγατρα pour θυγατέρα; θύγατρες pour θυγατέρες.

1. *Accent premier dans les mots composés.*

§ 400. 1°. Les mots composés reculent l'accent sur la troisième autant que la quantité de la dernière le permet : σοφός, φιλόσοφος; ὁδός, σύνοδος. Gén. φιλοσόφου, συνόδου.

2º Il y a pourtant des exceptions : εὐσεβής, περικαλλής, θαυματουργός, et autres que l'usage apprendra.

II. *Accent premier de quelques adjectifs.*

1. Les adjectifs verbaux en τέος et en ικός, composés ou non, ont tous l'accent sur τέ et sur κός :

ποτέος, συνεκποτέος ;   δεικτικός, ἐπιδεικτικός.

2. Les adjectifs verbaux en τός ont l'accent sur τός ; mais ils le reculent dans les composés qui sont formés de la combinaison de l'adjectif simple avec quelque autre élément, et ne se tirent pas directement d'un verbe composé : κτητός, ἐπίκτητος ; ainsi toujours dans ceux qui ont l'α privatif : ὁρατός, ἀόρατος.

3. Les adjectifs en εος-οῦς, désignant le métal ou la matière dont une chose est faite, suivent l'accentuation marquée, § 178, sur χρύσεος, χρυσοῦ. L'ω final du duel a toujours l'aigu malgré la contraction : χρυσώ, χρυσᾶ, χρυσώ.

Il en est de même dans les substantifs contractes πλόω, πλώ ; ὀστέω, ὀστώ.

4. Les adjectifs en οος-ους, composés des monosyllabes νοῦς, esprit, πλοῦς, trajet, etc., reculent l'accent au nominatif et le gardent à tous les cas sur la même syllabe :

N. εὔνοος-εὔνους ; G. εὔνου (et non εὐνόου-εὐνοῦ) ; Pl. εὔνοι.
N. περίπλοος-περίπλους ; G. περίπλου ; Pl. περίπλοι.

5. Les comparatifs et superlatifs de toute espèce reculent l'accent le plus qu'il est possible : σοφός, σοφώτερος, σοφώτατος ; ἡδίων, ἥδιον, ἥδιστος.

ACCENT DANS LES VERBES.

§ 401. L'accent des verbes se recule autant que le permet la quantité de la dernière syllabe[1] : λύω, ἔλυον, ἐλυόμην, ἔλυσα, ἐλυσάμην, etc.

Exceptions.

1. Ont l'aigu sur la dernière au nominatif et, par conséquent, sur la pénultième aux cas obliques, 1° les participes en ώς, είς, et ceux des verbes en μι : λελυκώς, λυθείς, ἱστάς, διδούς, ζευγνύς.

---

[1]. Les désinences α et ας sont brèves à l'indicatif : ἔλυσα, ἔλυσας. Au participe, ας est long comme venant de αντς, λύσας ; αν est bref, λῦσαν. Nous avons déjà dit que οι et αι finales comptent pour brèves, excepté à l'optatif, comme νομίζοι, φυλάττοι, φιλήσοι ; νομίσαι, φυλάξαι, φιλῆσαι. Voy. p. 323, Rem. 10.

2° Tous les participes aoristes seconds actifs : εἰπών, λαβών, ἐλθών, etc. ; gén. εἰπόντος, etc.

3° Les participes des composés d'εἰμί : παρών, ξυνών, etc. ; gén. παρόντος, etc.

4° Les trois impératifs suivants : εἰπέ, ἐλθέ, εὑρέ ; et de plus chez les Attiques : λαβέ, ἰδέ.

II. Ont le circonflexe sur la dernière, 1° le subjonctif des verbes en μι, et celui des aoristes passifs de tous les verbes : τιθῶ, ἱστῶ, διδῶ, τυφθῶ. Cet ῶ vient d'une contraction [1]. Cf. § 234.

2° Tout futur second ou attique : τυπῶ, νομιῶ ; ainsi que les futurs des verbes en λω, μω, νω, ρω, § 120.

3° L'infinitif aoriste second actif : λαβεῖν, εὑρεῖν, εἰπεῖν.

4° L'impératif aoriste second moyen, au singulier : γενοῦ, λαθοῦ. Mais on dit au pluriel γένεσθε, λάθεσθε.

III. Ont l'accent sur la seconde, *aigu*, si elle est brève, *circonflexe*, si elle est longue, 1° tout infinitif en ναι (excepté les formes ioniennes en μεναι, § 244) :

λελυκέναι,	τιθέναι,	ἱστάναι,	διδόναι,	ἀπιέναι.
λυθῆναι,	θεῖναι,	στῆναι,	δοῦναι,	παρεῖναι.

2° L'infinitif aoriste 1ᵉʳ actif : νομίσαι, φιλῆσαι, ἀγγεῖλαι.

3° L'infinitif aoriste 2 moyen : λαβέσθαι, ἰδέσθαι, γενέσθαι.

4° Tout infinitif et participe parfait passifs : λελύσθαι, πεφιλῆσθαι ; λελυμένος, πεφιλημένος.

Exceptez ἥμενος, καθήμενος, *sedens*; et les formes poétiques, ἐληλάμενος (ἐλαύνω), ἀρηρέμενος (ἀραρίσκω), ἐσσύμενος (σεύω), ἀλιτήμενος (ἀλιταίνω), κιχήμενος (κιχάνω), ἀλάλησθαι, ἀλαλήμενος (ἀλάομαι), ἀκάχησθαι, ἀκαχήμενος et ἀκηχέμενος (ἀκαχίζω). Quant à βλήμενος et δέγμενος, ils peuvent être considérés comme des aoristes seconds moyens. (Cf. § 208, à la fin.)

REMARQUES. 1° Des règles précédentes résulte l'accentuation suivante de trois formes semblables :

---

[1]. C'est par cette même raison que les verbes en μι font au subjonctif passif τιθῶμαι, ἱστῶμαι, διδῶμαι ; excepté les formes attiques non contractes, τίθωμαι, κάθωμαι. Voy. § 142, 6°.

INFINITIF.	OPTATIF, 3ᵉ pers.	IMPÉR. MOYEN.
φιλῆσαι,	φιλήσαι,	φιλήσαι.
φυλάξαι,	φυλάξαι,	φύλαξαι.

L'infinitif φυλάξαι ne peut avoir de circonflexe, l'α étant bref par nature. Dans τύπτω, qui a deux syllabes seulement, et υ bref par nature, ce sera toujours τύψαι.

2° Pour les contractions, voyez les verbes en έω, άω, όω. La syllabe contractée n'a de circonflexe qu'autant qu'il y a un aigu sur la première des deux syllabes composantes (cf. § 398, 2). Ainsi : φιλέομεν–φιλοῦμεν ; mais ἐφίλεον–ἐφίλουν.

3° Les participes actifs ont l'accent du nominatif sur la même syllabe aux trois genres :

νομίζων,	νομίζουσα,	νομίζον.
φιλήσων,	φιλήσουσα,	φιλῆσον.
φιλήσας,	φιλήσασα,	φιλῆσαν.

4° Si un verbe comme ἔβη, ἔφη, ἔφυ, perd son augment, on met l'accent circonflexe sur la syllabe restante : βῆ, φῆ, φῦ.

Accent dans les verbes composés.

§ 402. 1. En composition, les formes d'une ou de deux syllabes reculent l'accent sur la préposition, quand la quantité de la dernière syllabe le permet : δός, ἀπόδος ; σχές, ἐπίσχες ; ἐστί, πάρεστι ; ἄγε, ἄναγε ; ἐλθέ, ἄπελθε. On dit aussi παρέσται, parce qu'il vient de παρέσεται. — De même κατέθου, pour κατάθεσο ; mais si, dans ces impératifs aoristes 2, la préposition n'a qu'une syllabe, la dernière prend le circonflexe : προςθοῦ, προδοῦ, ἀφοῦ. Au pluriel et au duel, l'accent se recule : πρόδοσθε, ἄφεσθε.

L'augment temporel conserve l'accent, parce qu'il résulte d'une contraction : ἦρχε, ὑπῆρχε ; εἶχον, προςεῖχον (ὑπ' — ἔαρχε ; προς — ἔεχον). — On dit de même, κατέσχον, l'aigu sur l'augment ε ; mais οἶδα, σύνοιδα, l'aigu sur la préposition.

Pour les participes composés παρών, ξυνών, etc., cf. § 401, I, 3°.

ACCENT DANS LES PRÉPOSITIONS.

§ 403. Toutes les prépositions de deux syllabes ont l'accent sur la dernière. Cependant cet accent se recule,

1° Quand elles supposent l'ellipse d'un verbe : ἔπι pour ἔπεστι ; πάρα pour πάρεστι (cf. § 378).

ACCENTS. 325

2° Quand elles sont après leur régime, ce qu'on appelle *anastrophe*, c'est-à-dire retrait : τῷ ἔπι ; ὀφθαλμῶν ἄπο ; νηὸς ἔπι γλαφυρῆς.

Nota. Si l'adjectif était le premier, γλαφυρῆς ἐπὶ νηός, l'accent ne serait pas reculé ; car c'est le substantif et non l'adjectif qui est le véritable régime de la préposition.

ἀμφί, ἀντί, ἀνά, διά, sont exceptés de la règle de l'anastrophe.

EFFET DE L'APOSTROPHE SUR L'ACCENT.

§ 404. Quand une syllabe accentuée se trouve élidée par l'apostrophe, l'accent qu'elle portait se place sur celle qui précède immédiatement : τὰ δείν' ἔπη pour τὰ δεινὰ ἔπη. — τἀγάθ' αὐξάνεται pour τἀγαθὰ αὐξάνεται.

Exceptez la conjonction ἀλλά et les prépositions, qui perdent tout accent : ἀλλ' ἐγώ pour ἀλλὰ ἐγώ ; ἀπ' αὐτοῦ pour ἀπὸ αὐτοῦ.

Cependant les prépositions elles-mêmes conservent leur accent dans πὰρ Ζηνί, κὰγ γόνυ, ἂμ φόνον, et autres semblables (cf. § 174, IV).

MOTS PRIVÉS D'ACCENT.

I. PROCLITIQUES.

§ 405. Tout mot grec a un accent. Les dix suivants en sont ordinairement privés, parce que la prononciation les unit presque en un seul avec le mot qui vient après, savoir :

4 formes de l'article : ὁ, ἡ, οἱ, αἱ.
3 prépositions : ἐν, εἰς (ἐς), ἐκ (ἐξ).
2 conjonctions : εἰ, ὡς.
1 adverbe négatif : οὐ (οὐκ, οὐχ).

Mais quand ces mots n'en ont plus un autre sur lequel ils puissent s'appuyer, ils reprennent l'accent. Ainsi on le donne à οὐ à la fin d'une proposition : πῶς γὰρ οὔ ; *pourquoi non ?* — A ὡς après le mot qui en dépend : θεὸς ὥς, comme un dieu. — Aux prépositions après leur régime : κακῶν ἔξ.

Plusieurs le donnent, peut-être avec raison, à l'article, quand il signifie *il* : ὃ γὰρ ἦλθε θοὰς ἐπὶ νῆας Ἀχαιῶν.

Les modernes ont nommé ces mots *proclitiques* (de προκλίνω), parce qu'ils se penchent, pour ainsi dire, en avant, et s'appuient sur le mot qui les suit. C'est cette combinaison de *proclitiques* et de mots accentués qui rend si harmonieux ce vers de Racine, quoique tout composé de monosyllabes :

Le jour n'est pas plus pur que le fond de mon cœur[1].

II. ENCLITIQUES.

On appelle *enclitiques* (d'ἐγκλίνω) les mots qui s'appuient sur celui qui précède, comme en latin *que*, dans *hominum*que *deum*que ; et en français *ce*, dans

Est-ce Dieu, sont-ce les hommes
Dont les œuvres vont éclater ? RAC.

Les enclitiques sont, 1° τὶς, τὶ, *quelque*, à tous les cas ; 2° τοῦ, τῷ pour τινός, τινί ;

3° Les cas indirects des pronoms : μοῦ, μοί, μέ ; σοῦ, σοί, σέ ; οὗ, οἷ, ἕ (p. αὐτοῦ, etc.) ; μίν, νίν ; σφέων, σφίσι, σφέας, σφέ ; σφώ p. σφωέ (3ᵉ personne) ; σφῶν et σφᾶς gardent leur accent.

4° Tout l'indicatif présent de εἰμί et de φημί, excepté les secondes personnes εἶ et φής.

5° Les adverbes indéfinis (cf. § 291 à la fin), πώς, πή, ποί, πού, ποθί, ποθέν, ποτέ.

6° Dix autres adverbes : πώ, τέ, τοί, θήν, γέ, κέ ou κέν, πέρ, ῥά, νύ, νύν, *donc* (différent de νῦν, *maintenant*).

7° Les particules inséparables postpositives θε et δε. (δέ, *mais*, n'est point enclitique.)

I. Si le mot qui précède l'enclitique a l'accent, aigu ou circonflexe, sur la dernière, l'enclitique perd son accent, et l'aigu de l'autre mot ne se change pas en grave :

		DERNIÈRE AIGUË.	DERNIÈRE CIRCONFLEXE.
ENCLITIQUE	Brève.	ἀνήρ τις.	ἀνδρῶν τε.
	Longue.	θεός μου.	θεῷ μου.
	Dissyllabe.	θεός φησι.	ἀνδρῶν τινων ; ὁρᾶν τινα.

---

1. Les proclitiques sont les mots en caractères italiques. Par leur moyen, ce vers a en tout cinq mesures, dont chacune paraît faire un seul mot :

Le jour | n'est pas | plus pur | que le fond | de mon cœur.

II. Si le mot qui précède a l'aigu sur la seconde, cet accent sert pour l'enclitique monosyllabe ; mais l'enclitique dissyllabe garde le sien :

	SECONDE AIGUË.	
ENCLITIQUE	Brève. Longue. Dissyllabe.	ἄνδρα τε. ἄνδρα μου. ἄνδρα τινά ; λόγος ἐστί.

L'enclitique dissyllabe garde encore son accent, quand le mot qui précède a une apostrophe : ἀγαθὸς δ' ἐστί. — πολλοὶ δ'εἰσί.

III. Si le mot qui précède a l'aigu sur la troisième, ou le circonflexe sur la seconde (ce qui revient au même, voy. § 398, 2), il reçoit sur sa dernière l'accent de l'enclitique :

		TROISIÈME AIGUË.	DEUXIÈME CIRCONFLEXE.
ENCLITIQUE	Brève. Longue. Dissyllabe.	ἄνθρωπός τις. κύριός μου. κύριός φησι.	σῶμά τε. δοῦλός σου. δοῦλός φησι ; ὁρῶμέν τινα.

IV. Les proclitiques prennent l'accent de l'enclitique : ἔκ τινος ; εἴ τις. Cependant οὐ et εἰ n'ont jamais d'accent devant εἰμί, ἐστί. (*Voyez*, sur ἐστί, Rem. 3.)

V. Si plusieurs enclitiques sont de suite, celle qui précède reçoit toujours l'accent de celle qui vient après : εἴ τίς τινά φησί μοι παρεῖναι. On voit que la dernière enclitique μοι reste seule sans accent.

VI. Quelques enclitiques peuvent s'unir à d'autres mots pour former des mots composés. Tels sont les inséparables θε et δε : εἴθε, ὧδε, τοιόσδε, τηλικόσδε [1] ; et plusieurs autres que l'usage apprendra : ὥστε, οὔτε, τοίνυν, ὅστις, οὕτινος, etc.

---

[1]. La particule δε appelle sur la dernière l'accent de τοῖος, τηλίκος, ἔνθα, et autres semblables : τοιόσδε, τηλικόσδε, τοιοῦδε, τηλικοῦδε, ἐνθάδε. A la question *quo*, δε, joint à l'accusatif d'un nom, rejette son accent sur ce nom selon la règle des enclitiques : οἰκόνδε, *domum*, Ἔρεβόσδε, *in Erebum* (§ 156).

Rem. 1° Les pronoms régis par une préposition cessent d'être enclitiques, et gardent leur accent : περὶ σοῦ ; παρὰ σφίσιν.

2° Les enclitiques gardent leur accent après un point, une virgule, et en général lorsqu'il n'y a pas un mot sur lequel elles puissent s'appuyer : σοῦ γὰρ κράτος ἐστὶ μέγιστον ; et εἰ βούλοιντο, σὲ ἐξαπατῷεν et non εἰ βούλοιντό, σε ἐξαπατῷεν.

3° La troisième personne du singulier ἐστί est enclitique, lorsqu'elle ne sert que de liaison : θεός ἐστιν ὁ πάντα κυϐερνῶν. Mais quand elle offre une idée complète et contient en elle-même l'attribut, l'accent se met sur ἔ : ἔστι θεός, *il existe un Dieu.*

Il en est de même toutes les fois que ἔστι commence la proposition, ou vient immédiatement après εἰ, καί, μέν, μή, οὐκ, ὡς, ὅτι, ποῦ, ἀλλ' pour ἀλλά, τοῦτ' pour τοῦτο.

4° L'accentuation ὁρᾶν τινα, ἀνδρῶν τινων, ἄνδρα μου, est contraire au principe général énoncé § 396 ; et quelques grammairiens voudraient que l'on écrivît ὁρᾶν τινά, ἀνδρῶν τινῶν, ἄνδρα μοῦ. D'autres écrivent même ἄνδρά μου, ἄνδρά τινα. Nous avons donné la règle la plus généralement suivie.

Dénominations données par les anciens aux mots d'après leur accent.

ὀξύτονον	(dernière aiguë),	θεός, ποταμός.
περισπώμενον	(dernière circonflexe),	φιλῶ.
βαρύτονον	(dernière sans accent[1]),	τύπτω.
παροξύτονον	(seconde aiguë),	λόγος, τετυμμένος.
προπαροξύτονον	(troisième aiguë),	ἄνθρωπος.
προπερισπώμενον	(seconde circonflexe),	σῶμα, φιλοῦσα.

1. Il est remarquable que le terme *baryton*, malgré la signification qui semble résulter de son étymologie, ne désigne pas, chez les grammairiens grecs, les mots *oxytons* où l'accent grave est substitué à l'accent aigu par suite de la construction qui les unit étroitement au mot suivant. (Voy. § 397.)

TABLE ALPHABÉTIQUE

DES MOTS ET DES FORMES GRECQUES LES PLUS DIFFICILES CONTENUES DANS LA PREMIÈRE PARTIE ET DANS LE SUPPLÉMENT.

[Les chiffres renvoient aux pages.]

NOTA. Le plus grand nombre des verbes irréguliers rangés par classes et disposés alphabétiquement, pages 206 à 215, ne sont pas répétés dans cet index. On n'y trouvera pas non plus, du moins en totalité, les *prépositions*, les *adverbes*, les *conjonctions* et les *interjections*. On peut chercher tous ces mots chacun en son lieu.

ἀ privat., page 166.
α (ἔτραπον), 109, n° 4.
ἀγάγωμι, 201.
ἄγε, 163.
ἀγήγερχα, 191.
ἀγήοχα, 213.
ἀγήρω, 174.
ἀγυιεύς, 175.
ἀείσεο, δ'ἀείδω, 197.
ἄημι, ἀηθέσσω, 190.
Ἀθηνᾶ, 12.
Ἀθήνησι, 156.
Ἄθω, 174.
αι pour α (τύψαις), 202.
Αἴας, 19.
αις pour ας (acc.), 172.
αισι, αισιν (D. pl.), 171.
αἰσχύνω, 117.
ἀίω, 190.
αἰῶ pour αἰῶνα, 175.
ἀκαχμένος, 213.
ἀκήκοα, 191.
ἀκηκόεσαν, 203.
ἀλέξω, ἀλεξήσω, 120.
ἀλέομαι, ἠλευάμην, 197.
ἀλήλιφα, 191.
ἀλίσκομαι, 190, 208.
ἀλλήλων, 185.
ἄλλος, 184.
ἄλφι, 178.
ἀμές, ἄμμες, 187.
ἀμείνων, 183.
ἀμφιβέβηκας, 215.
ἀμφιῶ, 195, 209.
ἀμφόνον, 170.
ἄμφω, 185.
αν p. ην, 203.
ἄναξ, 20.
ἀνέγνωσα, 208.
ἀνήνοθα, 213.

ἀνήρ, 29, ἀνήρ, 170, l. 3.
ἀντιδικέω, 192.
ἀνώγω, 199, 210.
ἄνωχθι, 199.
ἄξετε, 197, § 220, 2°.
αο, α (G. sing.), 171.
ἄπειμι, etc., 58.
ἀπήλαυον, 192.
ἀπηύρων, 213.
ἁπλοῦς, ἁπλους, 173.
Ἀπόλλω (acc.), 175.
ἀποστειλάντω, 205.
ἄρα, ἄρα, 159.
ἄραρα, ἄρηρα, 191.
Ἄρης, Mars, 177.
ἄρι, ἔρι, 176.
ἀρνός, ἀρνάσι, 176, n° 4.
ἀρόωσι, 202.
ἁρπάζω, 113.
ἆσσον, ἄγχιστα, 160.
ἄσσα, ἄττα, 184, V.
ἀστράσι, 176, n° 3.
αται p. νται, 204.
ἄτε, 162.
ἄτερος, 185.
αὔξω, αὐξήσω, 120, l. 9.
αὑτοῦ (esp. rude), 47.
ἀφ' ἡμῶν, 7, l. 9.
ἄγθομαι, 195.
ἀων-ᾶν (G. pl.), 171.
ἄωρτο, 213.
βάλλω, 117, 194.
βάπτω, 109, l. 6.
βασιλῆος, 25.
βεβαώς, 198.
βελτίων, 183.
βέντιστος, 183, l. 10.
βήσεο, 197, § 220.
βίηφι, 178, § 190.

βλάπτω, 109, l. 4.
βοόωσι, 202, n° 2.
βορέας, βορρᾶς, 171.
βόσκω, 195.
βου, βρι, 166.
βούλομαι, 189, 195.
βούλει, 201.
βοῦς, 177.
βρέμω, 117.
γάλως (glos), 177, n° 1.
γε, 159.
γελεῦσα, 202, § 232.
γελόωντες, 202.
γέλως, 177.
γέντο, 214.
γήθω, γέγηθα, 113.
γραῦς, 176.
γυνή, 176, n° 2.
δα, ζα, 166.
δαμείετε p. δαμῆτε, 203, l. 20.
δέγμενος, 191, l. 15.
δέδηα, 111, n° 4.
δέδια, 111, 199.
δέδιμεν, δείδιμεν, 199.
δείδω, 112, 189, § 205.
δεῖνα, 43.
δέμας, 177, l. 42.
δέμω, 117.
δεσπότεα, 177.
δηϊόωντο, 202, n° 3.
δηλονότι, 162, n° 3.
Δημήτηρ, 29.
διαιτάω, διακονέω, 193, n° 4.
δίγαμμα, 168.
διδόασι, 138, n° 3; 204, § 238.
δικάσσω, 196.
δίκην, 160.

δίφρος, δίφρα, 178.
δόατο, δέατο, 214.
δύναμαι, 189, 211.
δυνέαται, 204, l. 6.
δυς, 166.
δύσεο, 197, n° 2.
δῶ p. δῶμα, 178, § 189.
δώω, 203, l. 19.
εα (pl. parf.), 203.
ἐάλην, 214.
ἑάλωκα, 190, l. 22 ; 208, § 249.
ἔαξα, 190, § 251 ; 209, l. 21.
ἔαται p. ἦνται, 204, l. 7.
ἔβην, 140.
ἐϐήσετο, 197, l. 12.
ἔγνων, 140, 208.
ἔγωγε, 187.
ἐγῷδα, 170, l. 15.
ἐδάην, 110, 211.
ἔδδεισε, 189, § 205.
ἐδήδοκα, 214.
ἔδομαι, 196, 206.
ἔδον p. ἔδοσαν, 205.
ἔδρακον, 200.
ἔδραμον, 207.
ἔδυν, 140, l. 12 ; 205.
ἐδύσετο, 197, l. 13.
ἕζομαι, 114, 196.
ἔθεν p. ἔθησαν, 205.
ἕθεν p. οὗ, 187.
ἐθέλητι, 202, l. 3.
ει (sec. pers. attiq.), 201.
ει p. λε et με, 190.
ει (augment), 190.
εἴαον-εἴων, 190, l. 20.
εἴατο p. ἦντο, 204.
εἶδον, 207, l. 12.
εἶεν, 57.
εἰκώς, ἐοικώς, 212.
εἴλημμαι, 190, l. 3.
εἶλον, 206, § 247.
εἴλοχα, p. λέλεχα, 99, not.
εἷμαι, 144, l. 10.
εἵμαρμαι, 190.
εἶναι (dialect. d'), 206.
εἶπα, εἶπον, 197, 207.
εἴρηκα, 207.
εἱστήκειν, 132, n° 6.

εἴωθα, 214, 215.
ἐκάην, 110.
ἔκηα, 197, n° 3.
ἐκλίνθην, 117, not.
ἔκλυν, 140, l. 11.
ἔκλυον, 110.
ἐκποδών, 160.
ἔκτημαι, κέκτημαι, 189, n° 4.
ἐλάσσων, 182.
ἐλέγχω, 104.
ἐμέθεν, 187.
ἔμεναι (infin.), 206.
εν, ἔμεν (id.), 206.
εν p. ησαν, 205.
ἐνήνοθα, 214.
ἐνήνοχα, 214.
ἐνίοτε, 162.
ἐξελῶ, 195.
ἕο, εἷο, εὗ, 187.
ἔοικα, 191, 212.
ἔολπα, ἐώλπειν, 191, n° 8.
ἔοργα, ἐώργειν, 191, n° 8.
ἔπεσον, 197, 212.
ἐπιπλόμενος, 214.
ἐπίσπω, 214.
ἐπίσταμαι, 149.
ἐπιτηδεύω, 192, n° 4.
ἔπλεο, ἔπλευ, 214.
ἔπραθον, 200, § 225.
ἐρέϐεσφι, 178, § 190.
ἔρις, ἔριδα, ἔριν, 22.
Ἑρμέας, Ἑρμῆς, 14.
ἐρρύην, 110.
ἔρρω, 195.
εσαν p. εισαν, 203. REM.
ἔσθων (impér.), 205.
ἔσο, sois, 56.
ἔσσευα, 197, n° 3.
εσσι (dat. pl.), 176.
ἔσταμεν, 198.
ἔσταν p. ἔστησαν, 205, § 240.
ἑστάναι, 198.
ἐστησάμην, 133.
ἐσχαρόφι, 178, § 190.
ἕτερος, 184.
ἔτλην, 140.
εὗ, 166, 193, n° 2.
ευ p. ευ-ου, 202.

εὔνους, 173.
εὐρέα p. εὐρύν, 35.
ἔφησθα, 201.
ἐφύην, 110.
ἔφυν, 140, n° 4.
ἔχεα, ἔχευα, 197.
ἔχησι, 202.
ἐχθίων, ἔχθιστος, 38.
ἔχω, 194, 209.
ἕψω, ἑψήσω, 120, l. 11.
ἕω p. ἄω, 203.
εω (G. sing.), 171.
ἔωκα, 144, l. 9.
ἐών, ἐοῦσα, 206.
ἐων-ῶν (G. pl.), 171.
ἑώρων, 190, n° 6 ; 207.
ἕως-ἔω, 174.
ἕωσμαι, 191.
Ζεύς, 176.
ζῆν, 194.
ζώννυμι, 140.
ἦ interrogat., 159.
η (augment p. ε), 189.
ἦα, ἤϊα, 146.
ἤγαγον, 191, n° 2.
ἠγάπευν, 202, § 232.
ἦγμαι, d'ἄγω, 104.
ἤδη, ἤδης, 203.
ἡδὺς ἀϋτμή, 36.
ἠκηκόη, 203.
ἦλθον, 206.
ἡλίκος, 186.
ἦμαι, κάθημαι, 144, 145.
ἤμϐροτον, 200.
ἤμελλον, 189.
ἦμμαι, d'ἄπτω, 102.
ἦν p. ἦ (erat), 56.
ἦν p. ἔφην, 148.
ἦν (infinit.), 194, 206.
ἤνεγκα, 197, 207.
ἤνθον, 312, n° 5.
ἠπιστάμην, 192.
Ἡρακλῆς, 175.
ἤραρον, 191.
ἦργμαι, d'ἄρχω, 104.
ἤρω p. ἤρωα, 175.
ῃς, ῃσι (dat. pl.), 171.
ἦσθα, 56.
ἥσσων, ἥττων, 183.
ἡ' ὑσέϐεια, 169.

DES MOTS ET FORMES GRECQUES. 331

ηὐχόμην, 190, n° 2.
ἠώς-ἠόος, 27.
θαλφθείς, 168, n° 4.
θάσσων, θάττων, 182.
θατέρῳ, 185, n° 9.
θέλω-ήσω, 195.
θεν, θι (désinences), 156.
θέω-θεύσομαι, 194.
θρέξομαι, fut. de τρέχω, 194.
θρίξ-τριχός, 21.
θύψω, τύφω, 194.
Θωμᾶς, 171.
ι démonstratif, 184.
ιδης, ιάδης (patron.), 179.
ιδρύνθην, 117, not. 3.
ιδρῶ p. ιδρῶτα, 175.
ἵεμαι, 144.
Ἰησοῦς, 176.
ἵκωμι, 201.
ἵν p. οἵ, 187.
ἵομεν p. ἴωμεν, 203, l. 20.
ἶξον, 197, l. 11.
ἱππότα, 172, l. 10.
ἵς, ιάς, ιώνη, 180.
ἴσθι, sache, 148.
ἱστάω, 141.
ιῶ (fut. attique), 195.
ιών, ιωνγα et ιωγα, 187.
ιών, 147.
ίων (Κρονίων), 179.
κα (aoristes en), 127.
κἀγώ, 170.
κὰδ δύναμιν, 170.
καθεύδω, 192, 195.
καίω, 110, 194.
καλέω, 95, not. 3; 195.
κάμνω, 117.
κἄν, 161.
κάρη, 178, §189.
κάρρων, 183, l. 12.
κᾆτα, 170.
καυάξαις, 214.
κέαται p. κεῖνται, 204.
κεισεῦμαι, 196.
κέκαμον, 190.
κέκευθα, 111, n° 2.
κεκόρυθμαι, 199, n° 3.
κέκραγμεν, 199, l. 5.
κεκτήμην, κεκτώμην, 200.

κέονται, 149.
κέχυμαι, 199, n° 2.
κῆνος, 184, III.
κλάω-κλάσω, 94.
κλάω - κλαύσομαι, 194, §213.
κλείς, κλεῖς, 22, 175, §183.
κρῖ, 178, §189.
κρύπτω, 109, l. 3.
κύρω, κύρσω, 119.
κύων, κυνός, 176.
Κῶ, 174.
λᾶας, λᾶς, 177.
λάβε p. ἔλαβε, 191, REM.
λαβοῖσα, 202, §233.
λαμβάνω, 109, 208.
λανθάνω, 109, 208.
λείπω, 109, 111.
λέλαθον, 190.
λελῦτο, 200, n° 2.
λέξεο, 197, n° 2.
λεώς, λεώ, 17.
Λήδα, 12.
λίς, λῖν, 176.
λυθεῖμεν, 75, n° 2.
λύκος, acc. pl., 312, n°2.
λύσεια, 66.
λωίων, 183.
μάδδα, 312, n° 3.
μάχομαι, 195, 196.
μείζων, 38, 182.
μείων, 183.
μέλει, μελήσει, 195.
μελιτοῦς, 34.
μέλλω, 189, 195.
μεμαώς, 198, n° 2.
μέμβλεται, 214.
μέμβλωκα, 214.
μέμνα, 188, n° 4.
μεμνήμην, -ῴμην, 200, REM.
μένω, 117.
μες, μεσθα, 203.
μι, σι (dans les verbes en ω), 201, 202.
μίν, νίν, 187.
μνᾶ p. μνάα, 12.
μνάομαι, 96.
ν euphonique, 169.

ν p. σαν final, 205.
ναῦς-νεώς, 176.
νε, νη, 166.
νέμω, 117.
νέω-νεύσομαι, 194, §213.
νεώς-ώ, 17, 174.
νομιῶ, 195.
νομιξῶ, 196.
νόμως (acc.), 172, §177.
νοῦς, 16, 172.
ντς (participe), 205.
ντι p. σι final, 204.
ξῶ p. σω (fut. en), 196.
ο (τέτροπα), 111, n° 5.
ὁ αὐτός, 42.
ὅδε, 41, 184.
ὁδί, 184.
ὄζω-ὀζήσω, 195.
οι p. ου (λαβοῖσα), 202.
οἶδα, 211.
οἰδάνω, 190, n° 4.
οἴει, ὄψει, 201.
οἴην p. οἰμι, 201.
οἴκοι (domi), 156.
οιο (g. sing.), 172, §177.
οἴομαι, 195, 212.
οἷος, ὅσος, 186.
ὄϊς et οἶς, brebis, 177.
οἶσε, 197, l. 17.
οἶσθα, 201, 211.
οισι, οισιν (dat. pl.), 172.
οἴσω, οἰσθήσομαι, 207, l. 17.
οἴχωκα, 214.
ὀλεῖ, δ'ὀλοῦμαι, 201.
ὀλίζων, 182, n° 3.
ὄλλυμι, 195, 210.
ὄμνυμι, 95, 210.
ὀνίνημι, 141, 212.
ὄνομαι, 95, 212.
ὄντων (impérat.), 205.
ὁποιοσοῦν, 186, n° 6.
ὁράαν, 202, §234.
ὁρέω-ὁράω, 203.
ὄρνις, 21, 175, §183.
ὄρσεο, 197, l. 15.
ὄρω, ὄρσω, 119.
ὀρώρυγα, 191, §209.
ὅς, qui, 44.
ὅς, ἑός, suus, 48.

οσαν p. ον, 205.
ὀστέοφι, 178.
ὅτεων, 184, V.
ὅτου, ὅτῳ, 184, V.
οὐ μὴν ἀλλά, 162, n° 2.
οὐδείς, 185.
οὗς-ωτός, 20.
οὑτοσί, 184.
ὄφελος, 177, § 187.
ὄχεσφι, 178, § 190.
ὄχωκα, 214.
παράστα, 132, n° 4.
παραχρῆμα, 160.
παρηνόμησα, 192.
πάσχα, 178, n° 1.
πάσχω, 209.
παύω, 96.
Πειραιεύς, 175, § 182.
πεπεραίμην, 200, n° 1.
πέπνυμαι, 199, n° 2.
πεποίθειν, 203, § 235.
πέρ, 162, n° 2.
περήσω, 197.
πεφιλήμην, 200.
πεφράδαται, 204.
πέφραδμαι, 199, n° 3.
πεφύασι, 198.
πίομαι, 196, 212.
πίμπρημι, 140, l. 36.
πίπτω, 197, 212.
πλακοῦς, 20.
πλάσσω, 113.
πλέον, πλεῖν, πλεῦν, 183.
πλέω, 193, § 212; 194.
πλευσοῦμαι, 196.
πλὴν εἰ μή, 162, n° 2.
πλοῦς, 172, § 178.
πνέω-πνεύσομαι, 194.
πόθι, πόθεν, etc., 156.
ποιεύμενος, 202.
πόσος, 186.
πρᾶος ou πρᾷος, 186.
πράσσω, 113, 114.
προὔργου, 160, l. 14.
προὔτρεπον, 192, l. 12.
προὔχων, 165, not.
πρῶτος, 182, 185.
πῶϋ, 26.
ῥᾴδιος, ῥηΐδιος, 183.
ῥάων, 183.

ῥέω, ῥεύσομαι, 194, § 213.
ῥίπτω, 102, 109, l. 6.
Σαπφώ, 169.
σέθεν p. σοῦ, 156, 187.
σκεδάω, 195.
σκον (imparf.), 202.
σμαι (parf. pass.), 95, 101.
σμύχω, ἐσμύγην, 109, n°2.
σπείρω, 116, n° 2; 119.
σπένδω, σπείσω, 104.
σσω (futur en), 196.
στείω p. στῶ, 203, l. 18.
στέλλω, 115, 119.
στεῦται, 214.
συκῆ, 12.
συνέζων (συζάω), 192, n° 2.
σφέ, σφέα, 46.
σφί, σφίσι, 46.
σφωέ, σφώ (eos), 46.
σφῶϊ, σφῴ, σφώ (vos), 45.
Σωκράτην, 24, 177.
σῶς, 180.
τἀνδρός, 170, l. 3.
τεθνάναι, τέθναα, 198, 209.
τέθραμμαι, 199.
τελέω, 95, 195, n° 3.
τέμνω, 117.
τέος, τός (adj. en), 150.
τέρπω, 109, n° 4.
τετληώς, 198.
τέτμον, 214.
τέτραμμαι, 199, n° 1.
τέτραφα, τέτροφα, 199, note 2.
τέτυγμαι, 199, n° 2.
τετύφαται, 204, l. 14.
τηλίκος, 186.
τῆνος p. ἐκεῖνος, 184, III.
τίγριδας-τίγρις, 175, § 183
τιθέασι, 126, 204, § 238.
τιθέω, 141, 203.
τιμάσω p. τιμήσω, 197.
τιμῆς-ῆντος, 35.
τιμῴην, 87.
τίν, τείν, 187.
τὶς, τινός, 43, 184.
τίς, τίνος, 43.
τλάω, 95, 140.
τοιόσδε, 186.

τοιοῦτος, 186.
του, τῳ, 184, IV.
τοὔνομα, 170, l. 8.
τουτί, ταυτί, 184, l. 5.
τρέπω, 102, 112.
τρέφω, 109, 194, § 213.
τρέχω, 5, 194, 207.
τριχός, de θρίξ, 21.
ττω p. σσω, 114.
τύ, τοί, 187.
τύπτω, 98, sqq.
τυπτήσω, 194.
τύπτεσκον, 202, l. 9.
τυψοῦμεν, 196, n° 2.
τώς p. τούς, 172, § 177.
τὠϋτοῦ, τὠϋτῷ, 184, l. 12.
ὑγιής, 175, § 182.
υἱός, 177, l. 22.
ὑμές, ὔμμε, 187.
ὕπαρ, 177.
ὕπατος, 182, l. 3.
ὑπισχνέομαι, 209.
φάγομαι, 196, 206.
φαίνω, 115, sqq.
φεύγω, 109, 111, n° 2.
φευξεῖται, 196, n° 4.
φημί, 147.
φι (ajouté), 178.
φίλημι, 140, l. 31.
φιλοίην, 83.
Φιλομήλα, 12.
φίντατος, 312, n° 5.
φοιτῆν, 194, l. 13.
φράζω, 114, n° 5.
χαρίεις, 20, 34.
χάριν, 160.
χείρ, 176.
χείρων, 183.
χέω, χεύσω, 194, l. 16 et 18.
χρῆ, χρῆται, 194, l. 10.
χρυσοῦς, 172.
χὠ p. καὶ ὁ, 170, l. 11.
χὠ p. καὶ οἱ, 170, l. 11.
ψέ, σφέ, 187.
ψύχω, ἐψύγην, 109, n° 2.
ὦ 'γαθέ, 169.
ὡνήρ, 170, l. 3.
ὦ 'τάν, ou ὦ τάν, 169.
ωὑτός, 184, l. 12.

TABLE ALPHABÉTIQUE
DE QUELQUES EXPRESSIONS GRECQUES EXPLIQUÉES DANS LA DEUXIÈME PARTIE.

[Les chiffres renvoient aux pages.]

ἄγειν καὶ φέρειν, page 308.
ἀεί, 295. — ἀλλά, 226, 298.
ἄλλος, avec et sans article, 248.
ἄλλος, ἕτερος, διπλάσιος, 242.
ἄλλο τι, et τί ἄλλο, 300.
ἄλλως τε καί, 295.
ἄν, 275, 295. — (Conjonctions composées de), 161, 162, 295.
ἄν sous-entendu, 276, n° 8.
ἀνθ' ὧν, 301, n° 8.
ἀνύσας, 309.
ἄξιος πολλοῦ, — οὐδενός, 300, n° 2.
αὐτός, ὁ αὐτός, 249, 257, § 335.
ἄχρι, μέχρι, 255, 296.
βίᾳ ἐμοῦ, *malgré moi*, 255, l. 13.
γάρ, 227.
δεινὸς λέγειν, 230.
δέω, δεῖ, δέον, 302, 303.
διδάσκειν (avec deux accusatifs), 261.
διδάσκεσθαι (avec l'accusatif), 264.
δίκαιοί ἐσμεν κινδυνεύειν, 239.
ἑαυτοῦ, pour la 1ʳᵉ et la 2ᵉ pers., 249, n° 2.
ἐθελοντὴς ἀπῄει, 239, § 296.
ἐθέλω, 303, n° 3.
εἰ, εἰ γάρ, εἴθε, 298, n° 3.
εἰκὸς ἦν (s. ἄν), 276, n° 7.
εἶναι (ἑκών. — νῦν), 303.
εἰς Ἀθηνᾶς, εἰς Ἅιδου, 283.
εἶτα, 296.
ἐν τοῖς μάλιστα, 243.
ἔνι pour ἔνεστι, 290.

ἐξόν, δόξαν, etc., 280.
ἐπ' ἀσπίδα, ἐπὶ δόρυ, 287, n° 3.
ἔρχομαι φράσων, 303, n° 4.
ἔστι βουλομένῳ, 258, III.
ἔστιν οἷς, 237. — ὅπως, ὅτε, etc., 303.
εὖ ποιεῖν τινα, 260.
ἔχω, 303; ἔχων, 309.
ἤ, après le comparatif, 242.
ἦ μήν, 296.
θαυμαστὸν ὅσον, 302.
καί, 225. — καὶ ταῦτα, 301, n° 6.
καὶ ὅς, οὐδὲ ὅς, 300, n° 10.
κινδυνεύειν κίνδυνον, 262.
κινδυνεύειν, *paraître*, 304.
κοῦφον ἡ νεότης, 238.
λανθάνω, 304.
μά et νή, 296, n° 8.
μαθών, 310.
μᾶλλον, μάλιστα, 296.
μέλλω, 304.
μὲν οὖν, 298.
μέτεστί μοι τῶν πραγμάτων, 251, l. 8.
μὴ ὅτι (nedum), 298, n°8.
μήτοιγε δή, 297, n° 11.
μοί, paraissant explétif, 259.
μόνον οὐ, 297.
ὁ, ἡ, τό, pour ὅς, ἥ, ὅ, etc., 247.
οἶδα, 305.
οἷος, 234 — οὐδὲν οἷον, 301.
οἷος, avec attraction, 301.
οἷός τε, *capable*, 301, l. 26.
οἶσθ' οὖν ὃ δρᾶσον, 277, l. 4.
ὅπως, avec le superlatif, 243, n° 2. — avec le futur indicatif, 274, n° 2.

οὐχ ὅπως, οὐχ ὅτι, 298, n° 8.
ὅσος, 234, § 289. — ὅσον οὐ, 297, n° 13. — θαυμαστὸν ὅσον, 302, l. 6.
ὅτι, *que*, 228. — dans le discours direct, 298, n° 6.
ὅτι μή, et μὴ ὅτι, 298, n°ˢ 7 et 8.
οὔ φημι, 292, n° 4.
οὐδεὶς ὅστις, 292, n° 2.
οὗτος, αὕτη, 301.
ὀφείλω, ὀφλισκάνω, 305, n° 10.
πάσχω, 306, n° 11; παθών, 310, l. 22.
πιστεύεται τὴν ἐπιμέλειαν, 265.
πλέον (τί, οὐδέν), 302, n°14.
ποιέω, 306, n° 12.
ποιήσαις ἄν, 277, l. 8.
πρὶν ἤ, πρὶν ἄν, 297.
σχολῇ γε, 298.
τελευτῶν, 309.
τριταῖοι ἀφίκοντο, 239, l. 24.
τυγχάνω, 307.
τύπτεται πληγὰς πολλάς, 265.
φανερός, δῆλός εἰμι, 304, l. 25.
φαίνομαι, δοκέω, 307.
φέρων, 309.
φθάνω, 307.
χαίρω, 308.
ὦ p. οὖν, *donc*, 290, l. 25.
ὡς, 235 — avec le superlatif, 243, n° 2. — avec les cas absolus, 279, l. 25. — avec l'infinitif, 277, § 368. — (Div. acceptions de), 299.
ὤφελον, ὄφελον, 305, 306.

TABLE ALPHABÉTIQUE DES LOCUTIONS FRANÇAISES
EXPLIQUÉES ET TRADUITES DANS CET OUVRAGE.

[Les chiffres renvoient aux pages.]

A.

A, exprimé par le datif, pag. 222, 256, 258; — par πρὸς τό avec l'infinitif, 230; — par le génitif, 250, § 326.
A (agréable à entendre), 230, l. 25.
A beaucoup près, 288, l. 20; 302, § 388.
A ce deg., à ce point, 240, III.
A condition que, 287, n° 5.
A (douze à douze), 283, II.
A droite, 287, l. 37.
A (habile à parler), 230, l. 20.
A jamais, 283, l. 6.
A la tête (je suis frappé), 262, III.
A mesure (ἀεί), 295, n° 4.
A moins que ne, 298, n° 4.
A mon avis, 299, n° 9.
A notre insu, 304, n° 7.
A part soi, 287, l. 20.
A peine fûmes-nous arrivés, que; voyez Nous ne fûmes pas plutôt arrivés, que, 308.
A peu près, presque, 288, l. 20 et 302, n° 1.
A plus forte raison, 299, l. 18.
A prix d'argent, 254, 2°.
A propos, 303.
A souhait, 285, l. 5.
A votre avantage, 282, II.
Afin que (ἵνα), 274, § 365; (ὅπως), 298, n° 5.
Agé de 20 ans, 263, § 345.
Aller (n'allez pas sur des vers, etc.), 309.
Aller par terre, 284.
Aller loin dans la sagesse, 254, l. 29.
Appréhendez plus le blâme que le danger, 242, n° 1.
Apprêter à rire, 305, n° 10.
Après que vous aurez entendu, 273.
Assez pour ne pas, 277, n° 2.
Au bout de trois jours (ils arrivèrent), 239, § 296.
Au hasard, 307, n° 14.
Au lieu de (δέον), 309, II.
Au nom des dieux, 288, V.
Au pied du mont, 289, VI.

Avancé (en suis-je plus)? 302, n° 14.
Avant que j'arrivasse, 297, n° 16.
Avant q. j'arrive, 297, n° 16.
Avantage (quel avantage me revient-il?), 302, n° 14.
Avec (ne soupez point avec un impie), 257, 2°.
Avec le jour, 258, l. 11.
Avoir (qu'as-tu à faire cela?), 309.
Avoir besoin de, 252, III.
Avoir toujours à la bouche, 283, II.

B. C.

Beaucoup, 248, § 319.
Bien des fois autant, 243.
Bien loin de, 297, n° 11.
Capable de, 301, n° 9.
Cas (faire cas de), 282.
Cause (noms de), 259.
Causer du déplaisir, 282.
Ce n'est pas ma faute, 306, n° 11.
Ce n'est pas la peine, 300, n° 2.
Ce que (vous moissonnerez ce que vous aurez semé), 232.
Ce qu'on appelle philosophie, 248, § 324.
Ce qui vient de Dieu, 288, V.
C'est de (avec l'infin.), 231.
C'est que (γάρ), 227, n° 2.
C'est le propre de, 250, § 326.
Céder (le céder à qqn), 253, n° 2.
Cela est bien, 30, n° 5.
Celui, celle (ὁ, ἡ), 245.
Cesser, continuer de, 279.
Cet (je suis de cet avis), 308, n° 5.
Cet homme, 244, § 308.
Ceux d'alors, 246.
Ceux du peuple, les plébéiens, 245.
Combien le blé se vend-il maintenant? 251, n° 2.
Comme il est naturel, 301, n° 10.
Comme il était, 303, n° 5.
Comme on dit, 301.
Comme (rendu par ὡς), 235, l. 7.

Comment (je ne sais comment dire ce que je pense), 236.
Conformément à la nature, 258, § 336.
Conduire (il se conduit bien avec les amis qu'il a), 283, § 287.
Consulaires (les hommes), 284.
Continuez de m'aimer, 279, n° 4.
Contre toute attente, 288.
Courir ce danger, 239.
Craindre que, 294, n° 2; — que ne pas, 293, n° 1.

D.

Dans les bras (porter), 289.
D'autres, les autres, 248.
D'autant plus que, 234, l. 21.
De, exprimé par le génitif, 222, 250; avec les verbes, 252; — avec les adjectifs, 253.
De pour PAR, avec le passif, 264.
De (parler de quelque chose), 286, § 376.
De la part du roi, 288, l. 8.
De propos délibéré, 303, 1°.
Défendre de, 229, l. 31.
Depuis que (ἀφ' οὗ), 234.
Des plus estimés, 243, n° 2.
Des plus étranges, 241.
De trois ans en trois ans, 284.
D'un côté, d'un autre côté, 247, n° 2.
Devant la porte, 281, III.
Devoir (marquant obligation, adj. verbal en τέος), 244, § 299.
Devoir (marquant un futur ou un dessein), 304, n° 8.
Digne de louanges, 253, l. 23.
Dire adieu (renoncer), 308, n° 17.
Donner (il n'est pas donné à tout le monde de), 250, § 326.
Distance (noms de), 263.
Du (le chemin du salut), 224, § 269.
Du côté du nord, 289, l. 4.

TABLE ALPHABÉTIQUE DES LOCUTIONS FRANÇAISES. 335

E.

Écarter quelqu'un de, 252.
Empêcher (nous ne pouvons nous), 292, § 380, n° 2.
Éloigné de dix stades, 263, § 345.
En armes, 282, § 373.
En quel lieu de la terre? 254, § 330, II.
Eu (prendre en pitié), 284.
En temps de paix, 287, III.
En flattant (participe), 248.
Encore bien moins, 297, n° 11, et 298, n° 17.
Enflé de ses richesses, 264.
Enseigner (διδάσκειν), 261, 264.
Entre autres, 247, n° 3 ; 295, n° 3.
Envers (la piété *envers* Dieu), 224, § 269.
Environ quatre cents, 283, l. 7.
Est-ce que? 228, l. 3.
Estimer beaucoup, 286, § 376.
Estimer moins, 251, n° 2.
Estimer (je vous *estime heureux* pour votre sagesse), 254, 4°.
Et (adv. d'étonnement), 296, n° 6.
Et cela, 301, n° 6.
Être du parti de, 282, 289.
Être en état de, 301, n° 9.
Être homme à, 301.
Être né pour, 307, n° 13.
Être occupé à qq. ch., 286, § 376.

F. G. H.

Faire bien de, 306, n° 12.
Faire de grandes injustices, 262, § 343.
Faire cas de quelqu'un, 282.
Faire du bien à qqn., 260.
Faire parler qqn., 306, n° 12.
Falloir (il s'en faut beaucoup), 302, n° 1.
Féliciter (ils *félicitaient* la mère *d'avoir* de tels enfants), 234, § 290.
Fils (sous-entendu), 245.
Finir par, 309, § 389.
Gré (savoir gré), 282.
Habile dans l'art militaire, 253, l. 27.

I. J.

Il en est de..., comme de, 306, n° 11.
Il est juste que, 240.
Il est permis, 231, 303, n° 2.
Il est possible, 231, § 283; 301, n° 9, et 303, n° 2.
Il est dans la nature que, 307, n° 13.
Il est des hommes, 237, § 293.
Il est étonnant combien il a profité, 302, n° 13.
Il existe des vertus, 224, § 268.
Il convient, il sied, 231, § 283.
Il faut, 231, 244.
Il n'y a pas d'homme qui soit heureux en tout, 262, l. 23.
Il n'y a rien de tel que de, 301, n° 11.
Il n'y a pas moyen, 303, n° 2.
Il paraît, 231.
Il s'en faut beaucoup, 302, n° 1.
Il vaut la peine (*operæ pretium est*), 300, n° 2.
Il y a en nous, 234, l. 8.
Impossible (il est), 239, 301, n° 9.
Instruit à avoir besoin de peu, 230, l. 7.
Instrument (noms d'), 259.
Je le sais, 305, n° 9.
Je nie, je refuse, 292, n° 4.
Jusqu'ici, jusqu'à ce que, 283, l. 5, et 296, n° 5.

L.

La jeunesse est légère, 238.
La langue va plus vite que la pensée, 253.
La plus grande partie de l'armée, 240, II.
La plupart, 248, l. 8.
Lasser (ne vous lassez pas de), 279, n° 4.
Le bas, le haut, 246, § 312.
Le beau, le bon, l'être, 222, § 262.
Le lendemain, 245, l. 26.
Le même, 249, § 322 ; le même que, 257, § 335.
Le mieux serait de, 296, n° 10.
Le plus qu'il est possible, 290, § 378.
Le plus vite possible, 243, n° 2.
Le premier venu, 307, n° 14.
Le prochain, 246, l. 3.
Les véritables amis, 240.
Le travail est un trésor, 221.
Lieu (noms de), 260.
L'instabilité des choses humaines, 222, § 262.
L'un, l'autre, 246, § 315.

M.

Mais, dira-t-on, 276, n° 4 ; et 298, § 386, n° 1.
Malgré moi (ἄκων), 34 ; (βίᾳ ἐμοῦ), 255.
Manière (noms de), 259.
Manquer les occasions, 253, n° 2.
Manquer (le peuple ne peut manquer d'être asservi si), 308, 5°.
Matière (noms de), 254, 1°.
Même (rendu par καί), 225.
Même (je crains plus la honte que la mort *même*), 249, n° 2.
Miel (le lait et le) *coulent* des fontaines, 262, § 343.
Mieux vaut se taire que de parler en vain, 242, § 304.
Moi-même, etc., 249.
Moins (estimer), 251, 2°.
Moyen (ils cherchaient les moyens de), 274, n° 2.

N.

Ne (pour défendre), 257, 273, 291 ; — après les verbes négatifs, 293, § 382.
Ne... pas même, 226, l. 11.
Ne pouvoir s'empêcher, 292, n° 2.
Ne... que (tu *ne* seras *qu'*un manœuvre), 298, n° 7.
Ne reprochez à personne son malheur, 227, § 276.
Ni, répété, 226.
Nommé Socrate, 263.
Non plus (οὐδέ, μηδέ), 226, § 272.
Non-seulement, mais encore, 226, § 273.
Nous ne fûmes pas plutôt arrivés, que, 308, 4°.

O.

Ombre (notre vie est une ombre qui passe), 221, § 261.
On dit, 220, 231, l. 25.
Oublier (rég. de ce verbe), 252.
Oui, en vérité, 296, n° 7.
Ou plutôt, 296, n° 9.
Outre cela, 287, 2°; 289, l. 8.
Ouvertement, 284, § 372.

P.

Par (avec le passif), 264.
Par bienveillance pour lui, 259, 3°.

TABLE ALPHABÉTIQUE DES LOCUTIONS FRANÇAISES.

Par inexpérience, 289.
Par jour, chaque jour, 285.
Par Jupiter, 296, n° 8.
Par les oreilles (tenir) 254, 3°.
Part (j'ai part aux affaires), 254, l. 9.
Partager avec, 254.
Pas même ainsi (*ne sic quidem*), 300, n° 10.
Passage (paye *ton passage*), 233, l. 9.
Passif (régime indirect du), 264.
Peu à peu, 285, l. 15.
Peu après, 285, IV.
Peu s'en fallut que, 288, IV.
Peut-être, 307, n° 14.
Plaire (se plaire à), 308, n° 17.
Plus, répété, 234, § 289.
Plût à Dieu que! 305, n° 10.
Plutôt que de, 288, l. 16.
Pour (expr. par le datif), 249, § 322; et 258, § 337.
Pour (expr. par le participe futur), 248, § 321.
Pour (nous sommes ici pour cela même), 287, l. 34.
Pour me décrier, 255, II.
Pour ainsi dire, 277, § 368.
Pour aujourd'hui, 303, 2°.
Pour ce que vous m'avez donné, 304, n° 8.
Pour la patrie (combattre), 285, III.
Pour le dire en peu de mots, 277.
Pour un Égyptien, 300, n° 9.
Pour (infin. avec ὥστε), 277, § 368.
Presque, 297, n° 12.
Prétendu, 248, § 321.
Prévenir, devancer, 307, n° 16.
Prier de (avec l'infin.), 229.
Prix (la santé est *le prix* de la tempérance), 222, § 264.
Prix et estime, 254, § 327.
Puisse cela, puisse-t-il ne pas arriver! 275, 294, n° 2.
Puissé-je (*utinam*)! 298, n° 3.

Q.

Quand (exprimé par le génitif absolu), 270, § 370.
Quand je voudrai, ὅταν, 295.
Quand je vis, ὅτε, 295, § 385.
Que, exprimé par ὡς, 228;
par l'infinitif, 229; par le participe, 278.
Que (rien d'étonnant *que* des hommes se trompent), 231.
Que, après *craindre*, *défendre*, *prendre garde*, 293; — après *admirer*, 298, § 386.
Que, conjonctif ou relatif, 231 *et suiv.*
Que, après un comparatif, 242. — après ἄλλος, ἕτερος, 242.
Que faire? 306, n° 11.
Que, suivi du subjonctif, 294.
Quel (je ne sais *de quel côté* me tourner), 273, § 363.
Que lui ferai-je? 261.
Quelque chose que vous ayez à dire, 295.
Qui, conjonctif ou relatif, 231 *et suiv.*
Qui ne soit capable (ὅςτις μὴ ἱκανός ἐστιν), 274.

R.

Rapport (la nature a mis des rapports étonnants entre...), 307, n° 13.
Ravager un pays, 308.
Repentir (se), 278, § 369.
Reste (le reste du pays), 248, § 320.
Rien ne nous divise comme l'envie, 235, § 291.

S.

Sain d'esprit (il est), 262, II.
Sans la prudence, 225, l. 16.
Sans le savoir, 304, n° 7.
Sans nécessité, 303, l. 2.
Sans expérience des affaires (il est), 303, n° 5.
Saurais (tu ne saurais échapper, 276, n° 4.
Savoir gré, 282, et 301, n° 8.
Se borner (la philosophie qui se borne à des paroles), 296, n° 5.
Sentir (régime de ce verbe), 252, § 328.
Servir (*je me sers de ce que j'ai*), 233, l. 27.
Se souvenir (régime de ce verbe), 252, § 328.
Si, conditionnel, 228, 275; —exprimé par le participe, 276, n° 5.
Si ce n'est que, 298, § 386, I.

Soit, soit que (εἴτε), 228.
Soin (je prends soin de), 256, § 333, 2°.
Soudain (la révolution *soudaine*), 246, § 311.
Sous le règne de, 279, § 370.
Souvenir (*je me souviens de ce que j'ai fait*), 233.
Souviens-toi que tu es homme, 278, n° 1.
Suivre (rég. de ce v.), 256, 3°.
Sur peu d'hommes de hauteur (rangés), 287, III.
Sur terre, 287, III.
Surtout (ἄλλως τε καί), 295, n° 2.
Style indirect, 275, IV.

T.

Tandis qu'il faut, 308.
Tel..., que, 234, § 289; — un homme tel que vous, 301, n° 12.
Temps (*quandiu*), 254, 5°, et 263; — (*quando*), 260, 4°.
Tenir (son agrandissement *tient* moins à ses forces qu'à...), 288, IV.
Tête baissée (φέρων), 309.
Ton esclave (ὁ δοῦλός σου), 245.
Tour à tour, 283, II.
Tout est commun entre amis, 245, § 310.
Toutes les fautes qu'ont faites les Lacédémoniens, 262, l. 22.
Très-estimable, 300, n° 2.
Trois mois entiers, 263, § 345.
Trop pour, 242, § 302 (cf. 278, l. 7).

U.

Un à un (καθ' ἕνα), 285.
Un homme célèbre, 240, IV.
Un tel homme, 244, § 308.

V.

Vers ces temps-là, 286, § 376.
Vers le même temps, 289, VI.
Viser à un but, 284, II.
Voici (expr. par τάδε), 227, § 276, 2°.
Voilà (οὗτός ἐστι), 232.
Voilà trois jours que, 263, § 345.
Vu que (δόξαν), 280.
Vulgaire (le), 248, § 319.

FIN.

www.ingramcontent.com/pod-product-compliance
Lightning Source LLC
Chambersburg PA
CBHW050311170426
43202CB00011B/1851